KB197906

플랫폼 자본과 노동

플랫폼 자본과 노동

초판 1쇄 인쇄일 2025년 1월 15일
초판 1쇄 발행일 2025년 1월 24일

지 은 이 김상준 김정훈 김진두 노성철 류연미 박수민 송용한
신재열 안정화 안주영 이상아 이찬우 장희은 조현민
펴 낸 이 양옥매
교   정 조준경
디 자 인 표지혜
마 케 팅 송용호

펴낸곳 도서출판 책과나무
출판등록 제2012-000376
주소 서울특별시 마포구 방울내로 79 이노빌딩 302호
대표전화 02.372.1537 **팩스** 02.372.1538
이메일 booknamu2007@naver.com
홈페이지 www.booknamu.com
ISBN 979-11-6752-535-2 (03300)

* This study was supported by the Japan Society for the Promotion of
  Science, KAKENHI (Grant Numbers 20K20787, 23K12625).

플랫폼 자본과 노동

자본의 새로운 전략과 노동의 응전

김상준 김정훈 김진두 노성철 류연미 박수민 송용한
신재열 안정화 안주영 이상아 이찬우 장희은 조현민

＊ 노동포럼나무 기획 ＊

자본의 새로운 전략과 노동의 응전

플랫폼 경제의 부상은 단순한 기술혁신이나 비즈니스 모델의 등장을 넘어서는 의미를 지닌다. 노동자들의 노동 방식과 고용 구조, 자본의 축적 방식을 크게 변화시키고 있다. 이러한 변화는 우리가 당면한 자본과 노동 문제들을 다시금 생각하게 하고, 변화의 방향을 모색하고 그 가능성을 탐색하도록 만들고 있다.

이 책은 플랫폼 경제가 초래한 자본-노동 관계의 변화와 그 영향을 분석한 것이다. 지난 2년여의 기간 동안 노동포럼 나무의 연구자들은 플랫폼 경제의 부상 현상과 그 영향, 그에 대한 주요 행위자들의 대응 양상을 연구하였다. 그리고 이러한 변화가 제기하는 문제들과 해소 방안을 탐구하고자 하였다. 이 책은 그 숙고의 결과물들이다.

1부. 플랫폼 축적 구조, 기술

플랫폼 자본과 노동의 등장은 상품가치의 생산과 생산된 가치의 분배를 둘러싼 새로운 갈등을 형성시켰다. 그리고 새롭게 형성된 갈등이 기존 제도와의 부조화로 해소되지 못하면서 노사관계의 새로운 쟁점들이 제기되고 있다. 1부에서는 플랫폼 자본과 노동의 성격을 플랫폼 축적 구조와 기술 변화 측면에서 전체적으로 조망한다. 저자들은 특히 새로운 축적 구조와 기술 변화가 만든 새로운 갈등의 형성을 통해 플랫폼 자본과 노동의 성격을 분석하고 있다.

1부 1장

안정화는 1장에서는 플랫폼 경제에서 자본과 노동의 관계가 어떻게 변화하고 있는지, 그리고 이러한 변화가 노동자와 사회에 어떤 함의를 가지는지 분석하였다. 특히, 공장 기반의 전통적인 축적 구조에서 플랫폼 축적 구조로의 전환이 노동 문제와 자본-노동 갈등 구조에 미치는 새로운 영향을 조망하며, 이를 통해 플랫폼 노동의 특징과 문제점을 탐구한다.

주요하게는 플랫폼 경제의 특성을 기반으로 한 새로운 이윤 수취 경로와 노동 통제 방식에 대한 논의가 포함된다. 플랫폼 자본은 시장을 소유하고 규율하면서 노동자와 소비자를 자율적 존재로 포장하며, 자기착취와 알고리즘 통제를 통해 생산성을 극대화한다. 이 과정에서 전통적인 고용 관계는 점차 해체되고, 초단기 고용과 불안정성이 노동자의 삶을 지배하게 된다. 이러한 변화는 기존의 제도와의 불일치를 낳으며, 새로운 노동권과 사회적 과제가 제기된다.

이러한 논의에 기초하여 1장에서는 플랫폼 자본과 노동의 재구성이 자본과 노동의 새로운 갈등과 함께 노동자들의 권리와 안정성을 저해하는 방식으로 작동하고 있다는 점이 강조된다. 이는 노동 과정의 유연성을 확대하는 동시에, 노동자의 권익을 침해하며 새로운 제도적 접근이 요구되는 상황을 만들어 낸다. 따라서 플랫폼 노동의 현실에 대한 비판적 이해와 더불어, 노동자 보호를 위한 정책적 대안이 필요함을 제시하고 있다.

1부 2장

송용한은 2장에서 기술 변화가 플랫폼 노동에 미치는 영향을 다룬다. 주요 내용은 다음과 같다. 먼저 디지털 기술 발전, 특히 인공지능(AI)은 기존 노동관계를 재구성하고 인간의 창조적 노동 대체 가능성을 보인다. 이러한 기술 발전에 따라 고용 없는 생산이 증가하고 임금노동이 감소하는 반면, 자기고용이나 프리랜서 형태의 노동은 증가하고 있다. 디지털 기술은 일상생활을 상품화하며, 다양한 형태의 플랫폼 노동을 증가시키고 있는 것이다.

저자에 따르면 플랫폼 노동자는 기존 노동에 비해 상대적으로 자유로운 시간과 공간에서 노동을 제공하지만, 디지털 기술에 의한 새로운 통제가 적용되고 있다. 디지털 기술의 선택과 적용은 노사 간 힘의 관계에 의해 결정되며, 이에 따라 노동의 대응 방식도 달라진다. 플랫폼 노동의 숙련도는 기술의 사회적 관계 속에서 도입되고 실행되며, 새로운 형태의 그림자 노동을 증가시키고 있다.

결론에서 저자는 기술 변화와 함께 등장한 플랫폼 노동의 확대는 기존 임금 노동과 다른 새로운 사회적 갈등과 변화를 초래하고 있으며, 이에 대한 대응과 조직화 필요성을 제언하고 있다.

2부. 플랫폼 자본

2부는 그동안 베일에 가려졌던 플랫폼 자본의 동학을 1장의 미시적 노동과정, 2장의 거시적 노동시장 제도 수준에서 살펴본다. 2부의 글들은 모두 플랫폼 경제가 작동하는 미시적 기반인 노동과정과 거시적 기반인 노동시장 제도를 제대로 파악하기 위해서는 플랫폼 자본의 전략과 동학에 대한 이해가 중요함을 잘 보여주고 있다.

2부 1장

노성철은 1장에서 플랫폼 기업의 노동과정 통제전략이 진화하는 과정을 조명한다. 노동과정에 대한 알고리즘 통제는 플랫폼 노동의 핵심적인 특징으로 지목되고 있다. 하지만 플랫폼 업체가 알고리즘을 기업의 자산이자 영업비밀로 묶어서 공개를 꺼리면서, 노동자 관리 알고리즘이 기획, 개발, 유지 · 보수되는 과정은 연구자와 노동자에게 여전히 블랙박스로 남아있다. 이에 2부 1장은 창업자를 포함해 프로젝트매니저, 소프트웨어개발자, 기획자 등 다양한 직종의 플랫폼 업체 정규직 구성원과 진행한 면접조사를 바탕으로 플랫폼 노동자 관리 알고리즘의 진화과정을 분석했다. 저자는 사례분석의 대상으로 삼은 두 곳의 데이터 라벨링 플랫폼 발전단계를 형성기-성장기-완숙기로 구분한 후, 각 단계를 특징짓는 지배적인 플랫폼 노동자 관리방식을 비교했다. 저자의 분석 결과는 각 단계에서 플랫폼이 직면한 제도적 조건이 플랫폼 노동자 관리 목표-[동원], [통제], [몰입]-를 규정하는 양상을 보였다. 아울러 각 목표를 실현하기 위한 플랫폼 업체의 노동과정

관리전략이 [수작업 결과통제]–[수작업 입력통제 및 알고리즘 결과통제]–[알고리즘화 된 입력·결과·과정통제] 순서로 진화해 온 것으로 나타났다. 이러한 분석결과는 전통적인 노동과정 관리방식과 알고리즘 관리방식 사이의 관계가 제도적 제약에 상응해 끊임없이 재구성되는 과정을 제시했다는 점에서 이론적·실천적 의의를 가진다.

2부 2장

조현민, 노성철, 김상준은 2장에서 플랫폼 경제로의 이행에 따른 제도적 공백 속에서 플랫폼 자본이 취하는 전략을 플랫폼 기업들의 집단적 이해대변체인 코리아 스타트업 포럼(이하 코스포)의 사례를 바탕으로 논의한다. 그동안 국내 연구는 플랫폼 경제의 맥락에서 주로 정부의 정책이나 노동조합의 대응에 주로 초점을 맞췄다. 반면, 그들과 사회적 공론장에서 상호작용하며 새로운 제도를 빚어내는 플랫폼 자본의 집단적 이해가 형성되는 과정에 대한 연구는 많지 않았다. 이러한 문제의식 속에서 저자들은 스타트업 기업들의 집단적 이해대변체로 등장한 코스포의 정체성 진화과정을 정체성 형성기–확장기–갈등기로 나눠서 살펴봤다. 분석에 따르면 정체성 형성기에 코스포 설립 주체들은 기존 대기업 집단과의 차별성을 강조하며 혁신과 사회적 책임을 중심에 둔 집단적 이해대변체의 정체성을 주조해냈다. 정체성 확장기에 들어서 코스포는 사회적 공론장에서 정부 관련 부처와 노동조합을 상대로 제도적 협상의 주체로 나서면서 조직의 정체성을 외화하고 위상을 높여 나갔다. 이 과정에서 코스포의 핵심 정체성 요소인 사회적 책임이 노동과 고용의 영역으로 확장되면서 '사회적 책임을 다하는 사용자 단체'의 외부 이미지가 만들어졌다. 하지만 사회적 공론장에서 위상이 높아지면서 역설적으로 조직정체성을 둘러싼 내부 갈등이 고조되었다. 외부 행위자들이 부여한 '사용자 단체'로서 이미지와 내부회원사들의 이해를 대변하는 '이익집단'으로서의 조직 정체성 사이에 부정합이 나타났기 때문이다. 이러한 부정합을 해소하기 위해 코스포는 이익집단으로서의 정체성을 강화하는 방향을 택했고 자연스럽게 노동과 고용 이슈를 포함하는 사회적 책임은 부차적인 정체성 요소로 주변화되었다. 저자들의 분석 결과는 플랫폼 업체들이 서비스의 정당성을 확보하기 위해 내세우는 사회적 책임이라는 구호의 공허함을 보여주는 동시에, 플랫폼 노동을 규제하는 제도적 틀을 만들기 위한 사회적 대화의 바람직한 모습을 제시한다는 점에서 의미가 있다고 볼 수 있다.

3부. 플랫폼 노동

3부에서는 플랫폼 노동에 대해 살펴본다. 플랫폼 노동의 성격에 대한 분석에서 시작하여 플랫폼 노동의 형성 과정과 제도화 과정을 분석한다, 그리고 플랫폼 노동의 조직화, 협동조합의 설립 등 플랫폼 노동의 등장 이후 전개된 대응 방안들을 살펴본다. 먼저 1장과 2장에서는 각각 지역기반 플랫폼 노동과 온라인 기반 플랫폼 노동의 성격을 살펴본다. 그리고 3장에서는 대리운전, 퀵서비스, 가사서비스 노동에 대한 분석을 통해서 플랫폼 노동의 형성과 제도화 과정을 살펴본다. 다음으로 4장에서는 배달서비스업을 통해서 플랫폼 노동의 조직화, 단체교섭의 형성 과정과 그 의미를 살펴본다. 마지막으로 5장에서는 가사서비스업을 통해서 플랫폼 기업과 플랫폼 공동체의 조화 가능성을 살펴본다.

3부 1장

박수민은 1장에서 2019~2021년 한국의 플랫폼 음식 배달의 사례를 통해 기술중심의 시간성이 경제의 논리로 받아들여지고, 그 결과가 노동 경험에 영향을 미치는 과정을 분석한다. 분석에 따르면 빠른 배달이라는 목표를 달성하기 위한 기업의 운영전략에 따라 노동통제 전략, 노동자의 시간 경험이 조응하여 달라진다는 점을 보여주었다. 특히 플랫폼 기업이 극도의 유연성을 통해 규모의 경제를 달성하는 과정에서 노동자의 대기시간이 생산되고 있다는 점을 지적한다. 이를 통해 저자는 신기술의 도입으로 노동과정이 재구성되는 과정에서 생산/비생산의 구분은 새롭게 구축되고 있으며, 노동시간이 아닌 비노동시간이 새로운 쟁점으로 만들어지고 있다고 주장한다.

3부 2장

노성철, 류연미는 2장에서 온라인 기반 플랫폼 노동을 분석했다. 플랫폼 노동에 대한 선행연구는 지역기반 긱 노동 플랫폼의 사례를 중심으로 플랫폼 노동자들의 불안정성을 주로 조명했다. 2장은 선행연구의 논의를 최근 빠르게 확산하고 있는 온라인 기반 플랫폼 노동으로 확장했다. 특히, 횡단적 연구에 그쳤던 기존연구의 한계를 넘어서, 오프라인 노동시장에서 온라인 노동 플랫폼으로의 이행단계부터 온라인 미세작업에 대한 몰입이 심화되는 단계까지 이르는 과정을 분석함으로써 청년 노동자들이 플랫폼과 맺는 관계가 진화하는 동태적 과정을 살펴본다. 이를 위해서 저자들은 우리나라의 대표적인 온라인 크라우드 노동 플랫폼에서 일하는 18명의 청년 노동자들을 2019년부터 3년에 걸쳐 면접조사한 자료를 분석했다. 분석 결과는 청년 노동자들이 오프라인 일자리와 비교해 유연성-자율성-공정성 측면에서 온라인 크라우드 노동을 높이 평가해 플랫폼에 진입했고, 진입 이후에는 신뢰구축-전략적 행위자 되기-게임화 과정을 거쳐 온라인 미세작업에 몰입하게 되는 것을 보여주었다. 몰입 단계에 접어든 노동자들은 플랫폼 진입 동기로 작용했던 유연성, 자율성, 공정성 측면에서의 제약에도 불구하고 온라인 플랫폼 작업을 이어가는 것을 확인할 수 있었다. 저자들은 이를 플랫폼에 대한 종속성 형성 과정으로 개념화했고 그것이 플랫폼 노동과 청년 노동자의 불안정성 연구에 갖는 이론적 함의를 논의했다.

3부 3장

이찬우, 김진두, 이상아는 3장 플랫폼화의 명과 암에서 플랫폼 경제의 양면성과 그로 인한 사회적 경제적 영향에 대해 논의한다. 기술적인 차원에서 보면 플랫폼의 매칭과 관리 메커니즘은 비교적 유사한 형태를 보이지만, 제도와 노동과정의 측면에서 보면 플랫폼화는 해당 사회가 지닌 사회적, 경제적 맥락에 따라 다양하게 실현된다. 한국 사회는 특수고용이라고 하는 모호한 형태의 고용 관계가 광범위하게 정착되어 있고, 이러한 고용구조는 디지털 플랫폼으로의 전환과정에 상당한 영향을 미쳤다.

산업의 디지털화를 위한 핵심적인 전제는 표준화이기 때문에 플랫폼화는 비공식성이 높았던 특고 노동 부문의 공식화를 추동하였다. 그 과정에서 플랫폼화는 긍정과 부정이라는 이분법적인 형태가 아닌 명과 암이 혼재된 다면적인 결과로 나타났다. 저자들은 플랫폼화가 대부분의 업종에서 노동과정의 관리와 거래 방식 등을 빠르게 표준화시켜 형식적 합리성을 높였으며, 법적 제도적 공식성을 확장하는데 기여한 것으로 평가한다. 반면에 플랫폼화의 결과로 고용주의 책임 회피, 자발적 착취 구조, 정보 비대칭성 문제의 심화가 진전되었다고 주장한다.

3부 4장

김정훈은 4장에서 플랫폼 노동자들의 권력 자원 구축 전략과 함의를 탐구한다. 최근 디지털 배달 플랫폼 노동이 전세계적 확산에 대응해 많은 나라에서 배달 노동자들이 스스로를 조직하고 노동의 불안정화에 저항하고 있다. 한국에서도 2019년 이후 라이더 유니온과 민주노총 서비스 연맹이 배달 노동자를 조직하고 이들의 권익을 대변하며 플랫폼 기업들에 맞서고 있다. 4장에서는 권력자원 이론에 근거해서 한국에서 두 배달 플랫폼 노조들이 어떻게 플랫폼 노동이 부과하는 제약요건을 극복하고 권력자원을 형성하였는지를 분석한다. 라이더 유니온은 미디어를 활용해 라이더 노동 이슈를 공론화하고 사회적 권력자원을 구축하는 데 집중하여 노동시장 정책 형성에 적극적으로 개입했다. 반면, 서비스 연맹 배달 플랫폼 지부는 제도적 권력자원을 활용해 전략적으로 배민 라이더스 노동자들을 조직화해 단체교섭을 시도했다. 그 결과 배달의민족의 자회사인 우아한형제들과 단체협약을 맺고 노동조건을 개선하는 성과를 냈다. 본 연구는 플랫폼 노동자들이 직면한 제약을 극복하고 권력자원을 구축하는 다양한 전략들이 실질적인 성과를 거두고 있음을 보여준다. 플랫폼 산업에서도 단체교섭을 통해 사용자를 통제하고 노동조건을 향상시킬 수 있는 가능성을 제시한다.

3부 5장

김진두는 5장에서 플랫폼 경제에서 플랫폼 노동이 어떻게 상품화되고, 노동자의 이해 대변이 어떻게 변화해 왔는지를 가사서비스업 사례를 통해 탐구한다. 가사서비스 이해대변 조직들은 전통적인 노동조합으로 이해대변이 어려운 노동자들의 목소리를 준노조라는 새로운 노동자 이해대변조직으로 확대하는데 성공했다. 가사서비스 노동자 협회와 협동조합이 강조하는 공동체적 문화는 관계적 조직화 모델의 전형이라 할 수 있다.

한편 플랫폼 기업들이 기사서비스 시장에 진출하면서 등장한 일회성 서비스는 새로운 수요를 창출함과 동시에 경쟁적 시장 환경을 강화하였다. 이 과정에서 그동안 가사서비스 이해대변 조직들이 조성해 온 공동체적 문화가 파괴되기 시작했고 협동조합과 협회도 경제적인 어려움에 직면했다. 소셜 프랜차이즈로의 전환과 플랫폼 앱 개발 등을 진행하면서 위기를 극복할 대안적 비즈니스 모델로서 플랫폼 협동조합을 도모했지만 성공적인 모델로 정착하지는 못했다. 플랫폼 기업의 경쟁적 시장화의 힘이 가사서비스 노동자 협회가 추구해 온 공동체적 가치와 병존하기 쉽지 않은 문제가 있었다.

외환위기 이후 가사서비스 협회들이 구축해 온 공동체적 가치는 노동자 이해 대변 측면에서 볼 때 혁신적인 시도였다. 그럼에도 불구하고 최근에 심화되고 있는 플랫폼 기업들의 경쟁적 시장화에 따른 압박은 향후 공동체적 가치를 유지하면서도 변화하는 환경에 적응하는 방식을 위한 창조적인 상상력을 요구하고 있다고 볼 수 있다.

4부 플랫폼 자본과 노동 국제 비교

플랫폼 노동의 등장은 한국만의 특별한 것이 아니며 각국에서 동시 다발적으로 벌어지고 있는 세계적인 현상이다. 4부에서는 해외 플랫폼 노동의 성격에 대한 탐구와 플랫폼 노동 정책 사례 분석을 통해서 한국에 주는 시사점을 정리하였다. 1장에서는 일본 배달 산업을 통해 일본 플랫폼 노동의 성격을 살펴본다. 이를 위해 일본 우버이츠와 데마에칸을 중심으로 배달 노동자들의 노동조건과 노동자 의식을 분석하였고 조직화 가능성에 대해 탐구해 본다. 2장에서는 일본과 한국의 노조가 플랫폼 노동 확대에 어떻게 대응하였는지 유사점과 차이점은 무엇인지 살펴본다. 저자는 이 과정에서 무엇보다 노동조합의 역할이 중요함을 강조하고 있다. 마지막으로 3장에서는 여러 해외 사례를 통해 해외 플랫폼 노동 정책 사례와 이들이 주는 시사점과 과제들을 정리하고 있다.

4부 1장

신재열은 1장에서 배달서비스업을 사례로 일본 플랫폼 노동의 성격과 조직화 가능성을 탐구한다. 저자는 먼저 일본 음식 배달의 역사에서부터 시작하여 플랫폼의 등장으로 인한 음식 배달 산업의 변화와 성장을 다룬다. 그리고 일본 배달 노동자들의 노동과정과 사측의 노무관리의 성격, 보수체계와 소득 수준을 구체적으로 살펴본다. 이와 함께 독립자영업자로서의 의식이 강한 일본 배달 노동자들의 인식과 태도를 분석하면서 일본 배달 플랫폼 노동의 성격을 분석하고 있다. 한편 저자는 일본 배달 노동자들의 조직화 가능성도 살펴보고 있다. 일본에서는 2019년 코로나 이후 배달 산업이 급성장하였으나 독립자영업자로 활동할 뿐 노동자성을 인정받지 못하고 있다. 저자는 임금노동자보다 높은 소득과 자율성, 기존 노동 법제의 미비가 조직화를 저해하는 요인으로 작용함을 지적한다. 우버이츠 노조는 배달원들의 자발적 참여로 조직되었지만, 초기 구성원 중 일부는 자신들의 노동자성을 인정하지 않고 탈퇴하기도 한다. 하지만 2023년 일본 도쿄 지방 노동위원회에서 배달 노동자들의 노동자성을 인정하는 판결이 나오면서 노조 활동의 가능성이 높아지고 있음을 전하고 있다.

4부 2장

안주영은 2장에서 플랫폼 노동의 확대에 한국과 일본의 노동조합이 어떻게 대응하는지 비교 분석하였다. 여러 국가에서 플랫폼 노동을 보호하기 위한 새로운 법체계와 이들을 조직에 포용하려는 노동조합의 시도가 진행되고 있다. 그러나 한국과 일본 모두 기업별 노사관계 하에서 노사자치와 노동법이 정착되었기 때문에 플랫폼 노동이라는 초기업적 과제에 대한 대응이 쉽지 않다. 이 때문에 한국과 일본의 대응이 주요 유럽 국가에 비해 늦어지고 있다.

이러한 한일의 공통점과 함께 주목해야 할 것은 한일의 차이점이다. 즉 한국의 노동조합이 플랫폼 노동자를 적극적으로 조직화하고 법체계를 변화시키기 위한 사회적 대화에 적극적으로 나서는 반면 일본의 노동조합은 조직화에도 소극적이며 법개정의 논의과정에 노동자대표로서 참여하지 못하는 상태이다. 저자는 이러한 한일간의 차이를 통해서 플랫폼 노동자를 보호하는데 노동조합의 역할이 중요함을 강조한다.

4부 3장

장희은은 3장에서 플랫폼 노동자들을 보호할 수 있는 해외 정책 사례들을 정리하였다. 디지털 기술의 발전과 함께 인터넷과 모바일 네트워크를 통해 재화나 서비스를 중개하는 플랫폼 경제가 새로운 경제 현상으로 등장했다. 국내에서도 플랫폼 경제 부문이 빠르게 성장하면서 기존의 고용 형태는 물론이고 일의 수행방식과 폭넓게는 일의 사회적 의미까지 변화시키고 있다. 문제는 이러한 변화가 노동의 불안정성을 심화시킬 수 있다는 점이다. 이에 국내에서도 플랫폼 종사자 보호 방안에 대한 논의가 활발히 이루어지고 있다. 하지만 아직 구체적이고 현실성 있는 정책대안을 도출하는 데는 여전히 더딘 상황이다. 이에 저자는 한국의 실정에 맞는 플랫폼 노동 보호방안을 마련하는데 영감을 줄 수 있는 여러 해외 정책사례를 소개하고 있다. 이를 위해 한국보다 먼저 플랫폼 노동을 경험한 서구 국가에서 실행되고 있는 정책들을 플랫폼 노동 보호를 위한 핵심과제 중심으로 정리하고 있다. 저자는 플랫폼 노동 보호를 위한 정책과제로서 1) 고용관계의 재정립, 2) 양질의 디지털 노동을 위한 노력, 3) 노사관계의 확립과 노동자 이해대변, 4) 사회보장시스템의 혁신 등 네 분야로 정리하여 제시하고 있다. 그리고 핵심과제에 해당하는 사례를 소개하고 각각의 의의와 한계점, 그리고 국내 플랫폼 노동 보호에 던지는 시사점을 도출하고 있다.

지난 2년 여 기간 동안 노동포럼 나무의 연구자들은 플랫폼 자본과 노동이라는 연구 주제 하에서 함께 모여 문제의식을 다듬고, 발표와 토의를 통해 연구를 진전시켜 왔다. 이 책은 그 결과물이다. 출발은 비슷했지만 각자의 사정에 따라 글들이 모두 완성되는 데는 상당한 시간이 걸렸다. 아무런 보상 없이 인내의 시간을 함께 한 저자들께 감사의 마음을 전한다. 이 책이 노동자들의 삶이 나아지는 데 조금이라도 도움이 될 수 있기를 바란다.

저자들을 대신하여 **안정화**

차례

제3부
플랫폼 노동

• 제1장 • – 박수민

플랫폼 배달경제를 뒷받침하는 즉시성의 문화와
그림자 노동

• 제2장 • – 노성철 · 류연미

취미, 일거리, 일자리?
청년 노동자의 데이터 라벨링 플랫폼 일 경험

플랫폼화의 명과 암 :

비공식 노동의 플랫폼 노동으로의 전환 과정

플랫폼 산업에서의 권력자원 구축 전략:

라이더유니온과 서비스 연맹 배달 플랫폼 지부 비교 연구

제4부
플랫폼 자본과 노동 국제비교

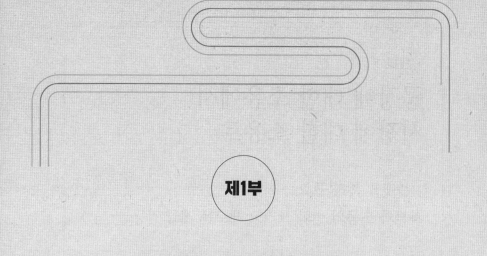

제1부

플랫폼 축적 구조, 기술

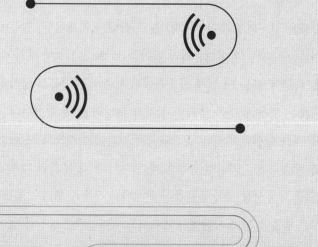

공장에 대한 소유에서
시장에 대한 소유로

: 플랫폼 축적 구조,
자본과 노동의 변화 그리고 새로운 계급 갈등

안정화 노동포럼 나무 대표

1. 새로운 축적 구조와 새로운 갈등 √

갈등은 현실의 모순과 성격을 잘 드러내는 지표이다. 갈등이 현실에 참여하는 주체들의 이해관계와 변화를 잘 드러내 보여 주기 때문이다. 그런 측면에서 볼 때 현재 플랫폼에서 표출되는 갈등의 양상과 성격을 살펴보는 일은 플랫폼 경제의 성격을 파악하는 데 유용하다. 현재 노동 문제를 둘러싼 갈등의 공간과 진원지는 전통적으로 노동 문제의 발생과 해결의 공간이었던 공장 내부가 아니다. 구조화된 내부 노동시장과 외부 노동시장 사이에 갈등이 전개되는 것으로 보기도 힘들다. 현재 갈등은 공장을 넘어 시장에서 벌어지고 있다. 최근 공장을 넘어서는 법

제도 개선, 수립을 둘러싼 갈등 전개 등이 그 사례이다. 이러한 변화는 플랫폼 경제로의 전환과 그에 따른 새로운 갈등 구조의 형성, 그리고 새로운 생산 및 제도적 관계의 형성 가능성을 제기하고 있다.

그동안 여러 연구들이 새로이 등장한 이 현상을 연구해 왔다. 플랫폼 노동이 등장하면서 그 규모를 추정하는 연구가 진행되었으며, 이내 플랫폼 노동의 노동 실태를 분석한 연구가 이어졌다(김종진 외, 2018; 김준영 외, 2019 등). 그리고 사회적 보호 사각지대에 대한 문제 제기와 함께 사회보험 개선에 대한 연구들이 진전되어 왔다(서정희 외, 2017; 이승윤 외, 2020; 이호근, 2020). 또한 기존 제도와 관계로부터 설명되기 어려운 플랫폼 노동의 등장은 노동과정에 대한 연구를 재등장시켰다(최인이, 2020; 박수민, 2021). 그리고 플랫폼 노동을 탄생시킨 플랫폼 자본의 성격에 대한 연구가 진전되고 있다(이광석, 2017; 김철식 외, 2019 등).

이들 연구는 새로이 등장한 플랫폼 자본과 노동의 성격을 이해하는 데 여러 실마리들을 제공해 주고 있다. 그럼에도 불구하고 플랫폼 경제의 등장과 함께 여전히 플랫폼 자본과 노동은 변화 중에 있으며, 변화의 초입에서 새로운 과제들이 계속 제기되고 있다. 그러나 기존 글들에서 플랫폼 경제의 전체적인 구조를 조망한 경우는 드물다. 특히 플랫폼 자본에 대한 연구를 통해 플랫폼 노동의 성격을 설명하려는 연구는 여전히 제한적이다. 노동의 고용 형태는 자본의 노동력 활용에 따른 결과이지 그 자체가 원인은 아니다. 따라서 자본의 변화에 주목할 필요가 있다.

본 글에서는 플랫폼 자본과 노동의 성격을 자본 축적 구조에 대한 분석을 통해 전체적으로 조망하고자 한다. 이를 위해서 플랫폼의 등장 배경, 이윤 수취 구조와 성장 모형, 새로운 노동관계, 자본 축적 구조, 갈등 구조 순으로 살펴본다. 자본 축적 구조, 노동과정, 노동시장, 노사관계의 성격에 대한 분석과 함께 기존 축적 구조와의 비교를 통해서 플랫폼 경제의 성격을 좀 더 체계적으로 드러내고자 한다. 플랫폼 자본과 노동의 등장은 가치의 생산과 이전, 분배 그리고 기존 제도와의 불일치를 둘러싼 새로운 노사관계를 형성시켰다. 이러한 변화는 다양한 수준에서 노동권을 둘러싼 과제를 제기하고 있는데, 본 글에서는 노동문제에 초점을 두어 플랫폼 축적 구조를 분석함으로써 플랫폼 축적 구조의 성격을 보다 분명히 하고자 하였다.

먼저 2절에서는 플랫폼 자본과 노동이 등장하면서 나타나는 전형적인 현상들을 플랫폼 노동, 플랫폼 소비자, 플랫폼 자본, 중소제조서비스자본 측면에서 정리하고, 이들의 등장 배경을 소개한다. 그리고 플랫폼 기업의 새로운 이윤 수취 경로를 자본 형성 측면과 노동과정 측면으로 나누어 설명한다. 마지막으로 플랫폼 자본이 가지고 있는 확장성과 성격을 소개한다.

3절에서는 새로운 노동관계로서 플랫폼 노동관계를 조망한다. 이것을 생산, 노동 공간으로서의 기업 경계의 해체와 노사관계의 측면에서 보고, 기존의 노동관계와 어떤 측면에서 다른지 정리한다. 특히 이러한 현상이 공장이 아닌 시장 소유에 따른 것으로 보고, 공장 대신 시장을 소유하고 규율함으로써 스스로 보이지 않는 손이 된 플랫폼 자본에 대해 소개한다. 그리고 현재의 플랫폼 축적 구조를 기존의 포디즘 축적 구조, 포스트포디즘 축적 구조와의 비교를 통해 보다 그 성격을 명료히 하고자 하였다.

4절에서는 새로운 축적 구조의 등장에 따른 새로운 갈등을 정리한다. 갈등은 시간·공간·관계·제도의 해체와 갈등이라는 측면으로 구분하여 정리한다. 그리고 이 갈등의 원인과 성격에 대해 정리한다.

5절에서는 이상의 논의를 요약하고 의미를 다시금 정리한다.

2. 플랫폼 자본과 노동의 등장 √

가. 플랫폼 자본과 노동의 등장

지난 십여 년 동안 온라인 플랫폼 경제는 경제에서 상당한 비중을 차지하는 산업이자 적극적인 행위자로 자리 잡았다. 그뿐만 아니라 산업구조, 사회적 관계와 제도를 재구성하는 변화의 동인이 되고 있다. 사회적 관계와 제도의 재구성은 주체와 제도의 불일치로 인한 갈등을 빚기도 하며 새로운 제도 형성의 경로를 안내하기도 한다. 그 변화의 초입에서 드러난 플랫폼의 주요 현상들, 등장 배경과 새로운 이윤 수취 구조를 정리한다.

1) 현상

① 플랫폼 노동 | 택배 트럭 뒤에서 배송 물건을 늘어놓고 물품을 분류하는 노동자들, 거리를 따라 바삐 오토바이를 모는 노동자들, 이젠 익숙한 풍경이다. 집에서 하던 설거지와 청소도 이제 무급노동이 아니

다. 가사, 돌봄 노동 역시 온라인 플랫폼을 통해 돈이 된다. 노동계약
은 필요 없다. 일감을 따내, 하면 그만이다. 온라인 플랫폼에서는 노동
력이 아닌 일을 사고판다. 그리고 기업이 가져갔던 잉여는 온라인 어딘
가로 사라져 버렸다.

② 플랫폼 소비자 | 온라인플랫폼을 통해 물건을 사고, 음식을 주문
하며, 택시를 기다리는 플랫폼 소비자 역시 익숙한 풍경이 되었다. 시
간과 공간에 구애받지 않고 구매와 소비가 가능하다. 소비의 대가로 지
불한 돈은 노동자들의 보수가 된다. 소비 뒤 물건과 서비스가 만족스러
웠는지를 평가하며 이는 다른 소비자에 대한 홍보가 되기도 하고, 노동
자들의 태만을 관리하는 기준이 되기도 한다. 기업은 사라졌다. 사용
자도 보이지 않는다.

③ 플랫폼 자본 | 상품을 생산하고 판매하는 기업 대신 온라인플랫폼
이라는 중개소가 들어섰다. 노동력을 구매해서 상품을 생산하고 판매
하는 대신 일감을 중개하고 수수료를 받는다. 재화와 서비스 생산을 위
한 생산수단은 노동자들이 가지고 있으며, 필요로 하는 숙련 역시 노동
자들이 갖추어 경쟁적으로 일감을 따낸다. 노동계약을 맺지 않아도 되
고, 사회보험료를 내줄 필요도 없다. 알고리즘을 통해 시장의 규칙을
수립하고 감시, 통제한다. 시장 사용료를 받으며 운영한다. 기업은 이
제 공장 대신 시장을 소유하고 있다. 시장은 더욱 사유화되었다.

④ 중소 제조 · 서비스 자본 | 플랫폼 사용에 따른 수수료를 지급한다.

건물주에게 주던 임대료 대신에 온라인 플랫폼 사용료를 지불한다. 건물 임대료처럼 디지털부동산(토지건물) 사용에 따른 지대(임대료)를 지급하는 것이다. 시장을 소유한 플랫폼 자본은 시장의 가격과 규칙을 결정하며 관리한다. 중소 제조서비스 자본은 토지를 임대하여 상품을 생산하는 현실의 중소사업장의 모습과 같다. 다만 종종 임대료에 신음하며 그 임대료가 어떻게 결정되는지 알지 못한다.

⑤ **노동의 상품화** | 노동력이라는 허구적 상품은 다시 새로운 외피를 입었다. 이제 진짜 상품처럼 보인다. 일감을 파는 동안 사장이고, 일감을 사는 동안은 소비자이며, 그렇지 않은 동안은 실업자이다. 하루에도 몇 번씩 취업과 실업이 반복된다. 노동의 공급은 실업과 대기 노동으로 탄력적으로 이루어진다. 이렇게 유연한 노동의 공급은 과거 공장 안에서는 보지 못했던 것이다.

⑥ **새로운 축적 구조와 새로운 갈등** | 이윤, 지대, 보수는 그대로이다. 하지만 가치의 생산과 흐름, 주체는 과거와 다르다. 과거와 사뭇 다른 기업 · 사용자 · 노동자 · 소비자의 모습에 익숙해져 가고 있다. 온라인 플랫폼에서는 과거의 기업 · 사용자 · 노동자 · 소비자가 온데간데없으며, 새로운 가치 생산과 분배를 둘러싼 주체들 사이에 새로운 갈등이 나타나고 있다.

2) 플랫폼 등장 배경
플랫폼 경제의 등장은 주요한 기술적 · 경제적 · 사회적 변화와 함께 했다.

자본시장 측면에서 보면 지난 시기 저금리에 따른 풍부한 유동성은 이에 기초한 투자 자본의 형성 배경이 되었으며, 플랫폼 자본이 등장하게 된 주요 배경이 된다.

기술 변화 측면에서 보면, 빅데이터·주문형서비스·AI·사물인터넷 등 기술의 변화와 발전 역시 매우 크게 진전되었다. 지난 10여 년 동안 진행된 기술 변화는 디지털 공간에서 플랫폼 경제의 인프라를 구축시켰다고 할 수 있다.

플랫폼 경제의 등장에는 사회문화적 측면 역시 중요하게 작용했다. 플랫폼 소비를 위한 사회적·문화적 경험과 변화가 오랜 시간 축적되어 왔던 것이다. 온라인을 통한 상품과 서비스의 구매과 소비는 시간과 공간의 제약 없이 이루어질 수 있는 덕에 오프라인을 보완하는 시장을 넘어 또 다른 큰 시장을 형성하고 있다. 스마트폰의 사용과 앱의 활용, 이 모든 것은 이제 노동자들의 일상생활이 되었다.

자본 측면에서 보면, 자본은 수익률 하락을 만회하기 위해 끊임없이 효율성을 높이거나 신기술을 개발하거나 새로운 생산 방식을 찾는다. 노동 친화적인, 자본의 자유로운 활동을 제약하는 법제도와 관행들은 이윤 압박 요인으로 작용한다. 이에 따라 끊임없이 탈규제를 요구하고 기존의 사회협약을 제거하거나 제도적 사각지대를 찾아 나선다. 디지털 플랫폼은 이런 측면에서 볼 때 낮아진 이윤율을 만회하기 위한 훌륭한 공간이다. 자본을 제도적으로 옭아매는 법제도도 취약하고 자본에 대항하는 노동자나 노동조합도 취약하다.

노동 측면에서 보면, 오랜 기간 동안 노동조합 조직력과 영향력은 후

퇴되어 왔으며, 노동자들은 자신들의 이해를 대변할 제도적 통로를 마련하는 데 어려움을 겪고 있다. 법제도의 후행적인 성격 탓에 자본은 기술 변화와 함께 새로운 이윤 창출 공간을 찾았지만, 그에 조응한 법제도의 형성은 더디 진행되고 있다. 이 가운데 심화된 소득 불평등과 높아진 빈곤율 속에서 노동자들은 투잡, 스리잡을 찾고 있다. 언제든지 노동력을 제공할 산업예비군이 두텁게 자리 잡고 있는 것이다. 이러한 환경은 플랫폼이라는 새로운 이윤 수취 공간을 찾아 나선 자본에게 커다란 기회를 제공하고 있다.

나. 플랫폼 기업의 새로운 이윤 수취 구조

플랫폼 경제는 자본에게 이윤을 수취할 수 있는 새로운 기회를 제공하고 있다. 플랫폼 경제가 등장할 수 있었던 특정 시기 가능했던 풍부한 유동성, 기술 변화와 그에 조응한 사회문화적 경험들의 축적, 그리고 약화된 노동 대표성과 두터워진 준실업계층은 플랫폼 자본에게 넓은 기회를 제공하고 있다.

가치 창출과 창출된 가치의 배분은 자본과 노동의 관계에서 매우 중요하며 새롭게 형성된 이윤 수취 구조는 플랫폼 자본과 노동의 성격을 살펴볼 수 있는 중요한 정보를 제공한다. 플랫폼 자본에게 열린 새로운 이윤 수취 방식과 구조를 크게 두 가지로 나누어 볼 수 있다. 첫 번째는 플랫폼 자본 형성 측면이고 두 번째는 플랫폼 노동과정 측면이다. 플랫폼 시장과 자본 형성 측면은 가격 설정자로서의 과점적 초과이윤, 사회적 비용에 기초한 데이터 자본 축적과 공유경제의 사유화를 들 수 있다. 노동과정 측면은 알고리즘에 의한 효율적 노동 관리, 자영업자의 가계급성에 의한 자기착취 활용, 배제된 내부노동시장 기제와 사회협약에 기초한 비용 감소 등을 들 수 있다.

1) 플랫폼 시장, 자본 형성으로부터의 이윤 수취 경로

① 네트워크 효과 | 소비자들의 소비 선호, 플랫폼 노동자들의 노동과정 등 시장 참여자들의 활동에 의한 무상의 데이터 축적과 '네트워크 효과' 역시 매우 중요하다. '공유경제'라는 호명 속에 과거와 달리 소비자의 참여 역시 데이터 자본 축적에 기여하고 연계된 네트워크 효과가 이윤 수취의 중요한 물적 기반이 된다.

② 자본 축적 비용 외부화 | 마찬가지로 공장에서 사적 자본의 활용을 통한 전통적인 생산과 달리 플랫폼 시장 참여자들을 이용한 사적·사회적 자본을 활용하여 상품 및 서비스가 이루어지며 이 과정에서 비용은 외부화됨으로써 플랫폼 기업의 이윤 수취는 더욱 용이해진다.

③ 지대 | 데이터에 기초한 플랫폼 생태계의 구축과 초기 선점은 독점의 형성과 초과이윤의 수취에 있어서 매우 중요하다. 플랫폼이라는 새로운 축적 공간을 선점함으로써 디지털 지대를 누릴 수 있는 독점·과점의 형성이 플랫폼 자본에게는 중요하기 때문이다. 플랫폼 자본의 확장성(scalability)은 이 속에서 이루어지며 플랫폼 자본의 가치는 시장 선점과 독점에 기초한 미래 기대수익에 의해 결정된다.

④ 데이터 서비스 판매 | 그리고 플랫폼 사용료 수입과 더불어 광고, 데이터 판매, 데이터 분석을 통한 수입, 알고리즘에 의한 노동과 상품

의 효율적 관리, 중개에 의한 비용 축소 등이 플랫폼 자본이 형성되면서 활용되는 주요한 이윤 수취 경로이다.

2) 플랫폼 노동과정으로부터의 이윤 수취 경로

플랫폼 자본의 노동과정으로부터의 이윤 수취 경로는 ① 배제된 내부노동시장 기제와 부재한 사회협약으로 인한 임의적인 노동 활용, ② 알고리즘에 의한 효율적 노동 관리, ③ 자영업자의 가계급성에 의한 자기착취 활용, ④ 대기시간에 의한 노동력풀 형성과 적기 노동 공급, ⑤ 불특정 다수(소비자)에 의한 통제, ⑥ 일방적인 통제와 대항 권력의 부재(노동력 교섭 대상의 부재) 등으로 나누어 볼 수 있다.

노동과정에서 발생하는 새로운 이윤 수취 경로 역시 플랫폼 자본과 노동의 주요한 성격이다. 먼저 초단시간 고용, 노동과 휴식의 시공간 해체, 파편화된 노동 활용으로 인해 플랫폼 자본은 비용을 대폭 절약할 수 있게 되었다. 일감을 얻기 위한 많은 플랫폼 종사자들의 대기시간을 통해 대기 수요를 형성함으로써 노동력의 적기 공급이 가능해졌다. 초단시간의 잠재적 산업예비군은 적기 공급과 함께 노동력을 좀 더 낮은 가격에 거래할 수 있는 환경이 가능해졌다. 플랫폼 경제에서는 그림자 노동 등의 관행, 법제도가 미형성되어 노동권으로 보호되지 못한 노동을 부불노동으로 사용하는 것 역시 플랫폼 경제에서 이윤이 수취되는 통로가 된다.

알고리즘에 의한 매칭은 경쟁적인 시장의 수요와 공급이 만나는 것으로 보이지만, 현실에서는 플랫폼 기업, 점주, 노동자, 소비자 사이의 관계에서 정보의 비대칭과 함께 생산된 가치의 분배를 왜곡시킬 수 있다. 그리고 플랫폼 노동 스스로를 노동자가 아닌 자영업자로 인식시킴으로써 가계급성(자영자, 기업가정신)에 의한 자기착취로 유효노동력 추출을 제고시키게 된다. 가사·돌봄 등 전통적으로 비공식 노동이었던 노동을 상품화시킴으로써 새로운 이윤 창출의 경로가 된다. 또한 일감에 따른 계약으로 내부노동시장에 따른 숙련 형성, 근속, 복리후생 및 부가급여, 사회보험 미지급할 수 있는 가능성이 있다. 마지막으로 생산수단, 유지보수, 보험료, 감가상각비 등 전통적으로는 사용자가 지불했던 서비스 생산에 따른 지출 비용을 플랫폼 노동이 지불하게 됨으로써 이 역시 새로운 이윤 수취의 경로가 된다.

다. 독과점 형성과 미래 기대수익에 기초한 플랫폼 시장 매매: 공유경제의 사적 매매

플랫폼은 디지털 공간에 자리 잡은 하나의 시장으로서 데이터가 모이고 알고리즘이 작동하는 공간으로 정의할 수 있다. 따라서 이 디지털 공간의 선점과 독점은 과거 공장에 대한 소유를 대신하여 시장에 대한 소유라 할 수 있다. 이 경우 기업의 경계보다는 독점이 형성되고 매매의 기준이 되는 시장의 경계가 중요해진다. 그리고 이 플랫폼의 미래 기대수익에 기초하여 플랫폼 자본의 가치가 결정되고 매매된다. 따라서 단기 순익보다는 매출액 증가를 통한 시장 확대와 독과점 형성, 즉 '수익보다는 성장' 모형('growth before profit' model, Srnicek, 2016)이 플랫폼 자본의 주요한 성격 중에 하나라고 할 수 있다.

이러한 확장성(scalability) 성격은 앞서 노동과정에서의 이윤 수취보다 때로는 우선시되기도 한다. 노동과정에서의 이윤 수취 확대는 그에 따른 부정적 측면이 확장성에 기초한 매매 가능성을 위축시키지 않는 선에서 이루어질 수 있다.

3. 새로운 노동관계의 등장: 플랫폼 노동과 노동관계 √

가. 생산, 노동 공간으로서의 기업 경계의 해체와 노동관계의 변화

[그림 1] 생산, 노동 공간으로서의 기업 경계의 해체와 노동관계 변화

① 헤게모니 블록의 온전한 참여자인 임노동(포트주의 시기)

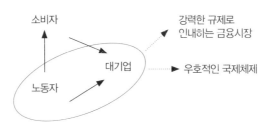

② 국제 개방은 노동자의 배제를 유발 (1980년대)

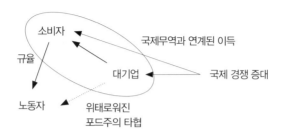

③ 금융인과 대기업 경영자 간 사실상의 동맹(1990-2000년대)

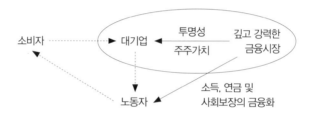

④ 금융인과 플랫폼 자본(데이터, 생태계) 동맹(2008년 위기 이후) 플랫폼 자본과 노동자·소비자
의 충속적 동맹

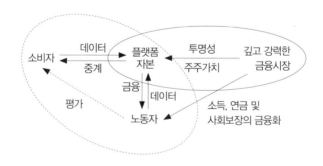

* ①, ②, ③은 Boyer(2015)에서 가져왔으며, ④는 저자 작성.

플랫폼 경제는 이해관계자 사이의 관계를 과거와 달리 재구성하면서 새로운 축적 구조를 형성하고 있다. 이러한 현상은 [그림 1]과 같이 생산·노동 공간으로서의 기업 경계의 해체와 이에 따른 노동관계 변화로 요약해 볼 수 있다.

[그림 1]은 헤게모니 블록의 온전한 참여자인 포디즘 시기의 임노동에서 노동자의 배제를 낳았던 1980년대 국제 개방, 그리고 1990~2000년대 금융인과 대기업 경영자 간의 동맹에 이르기까지의 변화를 2008년 이후 금융인과 플랫폼 자본 사이의 동맹, 그리고 플랫폼 자본과 노동자 소비자의 종속적 동맹으로 정리한 것이다.

[그림 2] 금융인과 플랫폼 자본(데이터, 생태계) 동맹(2008년 금융 위기 이후):
플랫폼 자본과 노동자 · 소비자 약한 동맹

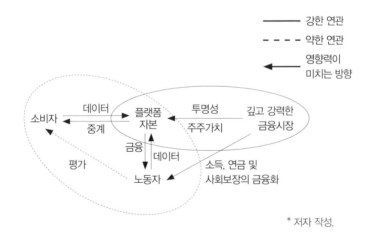

* 저자 작성.

[그림 2]를 보면, 플랫폼 축적 구조에서는 플랫폼 자본이 시장에 대한 독점적 소유와 통제를 통해서 노동자, 소비자와 약한 동맹(지속적 관

계)을 형성하고 있음을 보여 준다. 노동자는 공장 안에서의 근로계약과 달리, 플랫폼에서는 실업(휴식) 상태에서도 계약관계를 유지하는 것으로 볼 수 있다. 그리고 실업 상태에서도 알고리즘을 위한 활동데이터를 전송하게 되며 자영업자 의식 속에서 자기착취 메커니즘이 작동된다.

소비자는 일반 상품 소비와 달리, 구매 이후에도 관계가 단절되지 않고 만족도 평가 등을 통해 관계를 맺으며 활동하게 되며, 플랫폼을 통해 시장 내 다른 활동에 관한 정보도 데이터로 전송하게 된다. 즉, 약한 동맹을 통해 데이터 인프라 확대에 기여하는 가치 활동의 지속적인 무상 공급과 이전이 이루어지며 갈등은 재생산된다. 그리고 약한 동맹이면서 동시에 플랫폼 노동은 공장 안에서 보다 불평등한 부등가 교환을 하지만, 플랫폼 시장으로부터 벗어날 수 없는 종속적 동맹이라고 할 수 있다.

나. 기존 노동관계와의 비교

[표 1] 기존 노동관계와 플랫폼 노동관계 비교

구분		포디즘 노동관계	포스트포디즘 노동관계	플랫폼 노동관계
주요주체		사용자, 노동자, 국가	사용자, 노동자, 금융자본, (국가)	플랫폼, (사용자), 노동자, 소비자, 국가
노동관계	노동관계	• 내부노동시장으로의 포섭 • 관계적, 협력적 관계	• 내부노동시장과 외부노동시장 구조적 분할, 외주 • 소수 포섭, 다수 갈등적, 배타적 관계	• 시장 관계 • 은폐된 자본가, 은폐된 노동자 • 소비자에 의한 감시, 통제

	교섭	• 단체교섭	• 단체교섭 일부 적용, 다수 배제	• 시장 거래 규칙 협상
노동시장	숙련	• 탈숙련 • 테일러리즘	• 유연전문화 • 숙련/저숙련 노동 분절 • 기능적/수량적 유연성 공존	• 소수의 숙련노동(알고리즘 프로그래밍) • 숙련 코드화(데이터 확장, 분석) • 시장으로부터 숙련 공급 • 수량적 유연성
	고용	• 내부노동시장으로 전환, 내부화 • 고용안정, 승진사다리 • 낮은 이직률	• 내부/외부노동시장으로 분절, 외부화 • 승진사다리 일부 적용 • 낮은/높은 이직률 공존	• 소수 내부고용과 다수 외주(고용, 자영) • 고용과 실업 경계 모호 • (초단기고용과 은폐된 장기고용)
	임금	• 장기고용에 기초한 활수한 생애임금	• 고임금과 저임금으로 분절	• 시장경쟁 임금(소득)

  플랫폼 노동관계의 성격이 어떤지를 드러내기 위해서는 기존 노동관계와의 비교 과정이 필요하다. [표 1]은 플랫폼 노동관계의 성격을 전형적으로 논의되었던 기존의 노동관계와 비교한 것이다. 기존의 노동관계는 조절이론에서 논의되었던 포디즘적 노동관계, 포스트포디즘적 노동관계를 활용하였다.

  포디즘 노동관계, 포스트포디즘 노동관계, 플랫폼 노동관계를 주요 주체 측면에서 비교해 보면, 포디즘 노동관계의 주요 주체는 노동자, 사용자 그리고 국가라는 주요 이해관계자로 구성된다. 한편 이후 전환된 포스트포디즘적 노동관계에서는 국가의 쇠퇴와 함께 금융자본이 주요 주체로 등장하게 된다. 플랫폼 노동관계에서는 공식적인 사용자가

사라지고 노동력의 중개자로서 플랫폼이 등장하며, 고객으로서의 소비자가 새로운 주체로 등장하게 된다. 주요 주체의 변화는 기존과는 다른 노동관계의 성격을 형성하게 되는데, 이는 플랫폼 노동의 노동권 확대에 대한 과제에도 영향을 미치게 된다.

이에 따라서 노동관계는 포디즘적 노동관계가 내부노동시장으로의 포섭과 관계적·협력적 관계를 특징으로 한다면, 포스트포디즘적 노동관계는 내부노동시장과 외부노동시장으로의 구조적 분할, 아웃소싱, 소수의 포섭과 다수의 갈등적 배타적 관계를 특징으로 한다. 이에 반해 플랫폼 노동관계는 기본적으로 이해관계자가 아닌 시장 관계에 기초하며, 자본가와 노동자 모두 은폐되어 공식적으로 존재하지 않는다. 그리고 사용자가 아닌 소비자에 의한 감시와 통제가 이루어진다.

노동관계에서 형식상의 교섭은 포디즘적 노동관계에서는 단체교섭이, 포스트포디즘적 노동관계에서는 단체교섭이 소수 내부노동시장에만 적용되면 대부분의 외부노동시장에서는 적용되지 않고 다수의 노동자들이 유연한 노동시장에 노출되게 된다. 이에 반해 플랫폼 노동관계에서 노동력의 사용자는 형식적으로 사라지고 서비스 공급자와 수요자 거래를 중개하는 자만 존재하며, 단체협약 대신에 시장 거래 규칙이 존재하고 이를 협의하게 된다.

노동시장에서도 플랫폼 노동관계에서는 포디즘적 노동관계, 포스트포디즘적 노동관계와는 차별성을 갖는다. 포디즘적 노동관계가 탈숙련과 테일러리즘에 기초한다면, 포스트포디즘적 노동관계는 유연전문화, 숙련/저숙련 노동의 분절, 기능적/수량적 유연성의 공존에 의존한다. 반면에 플랫폼 노동관계는 소수의 숙련노동(알고리즘 프로그래밍), 숙련의 코드화(데이터 확장, 분석) 그리고 사회가 아닌 시장으로부터 온전히 숙련을 공급하는 특성을 갖는다.

고용 측면을 보면 포디즘적 노동관계에서는 내부노동시장으로의 내부화를 통해 낮은 이직률에 기초한 고용안정성과 승진사다리 등을 특징으로 한다. 포스트포디즘적 노동관계에서는 낮은 이직률과 높은 이직률이 공존하면서 내부와 외부의 노동시장이 구조적으로 분절되어 있다. 반면에 플랫폼 노동관계에서는 소수의 내부고용과 다수의 외주 고용을 특징으로 하며, 초단기 고용과 은폐된 장기고용(산업예비군이면서 지속적으로 초단기 고용 속에서 고용과 실업을 반복) 속에서 고용과 실업의 경계가 더욱 모호해진다.

임금 측면을 보면 포디즘적 노동관계에서는 장기고용에 기초한 활수한 생애임금을 특징으로 한다면, 포스트포디즘적 노동관계에서는 고임금층과 저임금층으로 양극화된다. 반면 플랫폼 노동관계에서는 플랫폼노동 모두 시장경쟁 임금(보수)을 받게 된다.

다. 시장 소유와 통제의 성격과 의미

플랫폼은 알고리즘에 의해 상품과 노동이 거래되는 거대한 시장이라고 할 수 있다. 이 글에서 사용되는 시장 소유와 통제는 이와 관련이 있다. 플랫폼 자본은 디지털 알고리즘을 통해 상품과 노동시장을 통제하고, 정보의 비대칭 속에서 규칙을 만드는 자가 된다.

플랫폼 자본은 공장 대신 시장을 소유하고 규율함으로써 스스로 보이지 않는 손이 되었다. 이를 통해서 플랫폼 자본은 상품시장에서 기업을 규율하고, 노동시장에서 노동자, 실업자를 규율한다. 이에 따라서 플랫폼 자본은 노동자와 소비자, 생산자와 소비자 모두를 규율한다.

[표 2] 기존 축적 구조와 플랫폼 축적 구조의 비교

구분		포디즘적 축적 구조	포스트포디즘적 축적 구조	플랫폼 축적 구조
금융 체제	자본 시장	• 주주, 이해관계자 • 장기투자 • 물적 축적	• 주식시장,(이해관계자) • 벤처자본 • 금융적 축적	• 주식시장, 내부유보 • 미래 기대수익에 기초한 펀딩 • 금융적 축적
	지배 구조	• 사민주의 타협 • 경영참여/협의 • 관계적 장기투자	• 주주가치 중심 • 금융자본	• 알고리즘 네트워크 생태계 • 확장성(scalability) • 철저한 정보의 비대칭성
생산 체제	기술	• 테일러리즘	• 금융기술, 정보통신기술	• 빅데이터, 알고리즘, AI, IoT
	생산	• 소품종 대량생산 • 테일러리즘, 일관조립 공정 결합	• 다품종 소량 생산 • 린생산(적기생산)	• 상품 생산/소비 중개 • 적기 생산 및 적기 노동 공급 (알고리즘: 자본 회전주기 단축)
	통제	• 단순, 기술, 관료적 통제 병존	• 기업 위계에 따른 기술, 관료적 통제/단순 통제 분할 적용	• 알고리즘 통제 • 소비자 통제 • 핵심엔 관료적 통제
	기업 관계	• 독과점 대기업	• 핵심 생산 외 외주	• 플랫폼 시장에서의 • 약한 동맹 관계
고용 체제	숙련	• 탈숙련 • 테일러리즘	• 유연전문화 • 숙련/저숙련 노동 분절 • 기능적/수량적 유연성 공존	• 소수의 숙련노동 • 숙련 코드화 • 시장으로부터 숙련 공급

	고용	• 내부노동시장 • 고용안정, 승진사다리	• 노동시장분절 • 낮은/높은 이직률 공존	• 소수 내부고용과 다수 외주 • 고용과 실업 경계 모호
	임금	• 장기고용에 기초한 활 수한 임금	• 고임금과 저임금으로 분절	• 시장경쟁 임금(소득)
	노동 관계	• 내부노동시장으로 포 섭 • 법제화된 노동자 대표 • 고용·임금과 경영권 교환	• 소수 포섭, 다수 갈등적, 배제적 관계 • 내/외부 노동관계 구조 적 분할, 외주	• 시장관계, '디지털 특고' • 은폐된 자본가, 은폐된 노 동자 • 소비자에 의한 감시, 통제
복지 체제	사회 보험	• 내부 노동에 기초한 보험체계	• 분단된 노동시장에 따 른 사각지대 • 주변부노동에 대한 제 도적 배제	• 고용과 실업 경계 모호 • 고용과 자영 경계 모호 • 제도적 불일치

* 저자 작성.

[표 2]는 플랫폼 축적 구조를 기존의 포디즘적 축적 구조, 포스트포디즘적 축적 구조와 비교한 것이다. 축적 구조는 금융체제, 생산체제, 고용체제, 복지체제의 네 개의 범주로 구성하여 비교하였다.

[표 2]에서 주요한 차이점을 정리하면, 플랫폼 축적 구조에서의 지배 구조는 기본적으로 알고리즘 네트워크 생태계라 할 수 있으며, 철저한 정보의 비대칭성에 기초하고 있다. 기술은 포디즘이 테일러리즘, 포스트포디즘이 금융기술과 정보통신기술이라면, 플랫폼 축적 구조는 빅데이터, 알고리즘, AI, IOT라고 할 수 있다. 알고리즘은 생산에서도 적기 생산과 적기 공급을 더욱 고도화하여 자본의 회전주기를 단축하게 된다.

통제 방식은 생산체제의 특징을 결정하는 주요한 기준 가운데 하나이다. 포디즘적 축적 구조는 단순·기술·관료적 통제가 병존한다면, 포스트포디즘적 축적 구조는 기업의 위계에 따른 기술·관료적 통제·단순 통제의 분할 적용을 특징으로 한다. 반면에 플랫폼 축적 구조는 알고리즘에 의한 통제, 소비자에 의한 통제를 특징으로 하며 핵심엔 은폐된 관료적 통제가 자리 잡고 있다.

4. 새로운 축적 구조와 새로운 갈등: 시간, 공간, 관계, 제도의 해체와 갈등 ✓

가. 플랫폼 자본의 새로운 이윤 창출 구조와 제도적 불균형

플랫폼 자본은 기존의 공장 중심 생산 체제와 달리 디지털 기술과 알고리즘을 활용하여 시장 자체를 통제하고 독점적인 위치를 확보하려 한다. 이러한 과정은 노동자와 소비자의 데이터를 주요 자원으로 활용하여 이루어지며, 이는 플랫폼 자본의 성장과 이윤 창출의 핵심이다. 플랫폼의 형성과 자본의 새로운 이윤 수취, 성장 전략은 앞에서 축적 구조의 변화를 통해 살펴본 것처럼 주체를 재구성하게 된다. 주체의 재구성은 사각지대를 넘어 제도 자체의 불일치를 가져오며, 이는 노사 간의 새로운 갈등을 불러오게 된다.

나. 갈등의 구조와 양상

1) 시간을 둘러싼 갈등

플랫폼 경제에서는 노동시간과 휴식시간, 노동시간과 여가시간 사이의 경계가 모호해지면서 노동시간이 재구성된다. 과거 노동자들이 쟁취했던 8시간 정규 노동시간은 해체되고 초단위로 쪼개진 노동시간은 대기노동과 부불노동을 증가시키고 있다. 노동시간에 대한 노동자들의 통제와 권리 역시 사라진다. 이에 따라 시간을 둘러싼 갈등이 커지고 있다.

2) 공간을 둘러싼 갈등

플랫폼 경제에서 공간을 둘러싼 갈등은 상품 거래와 노동 공간이 작업장에서 디지털 공간으로 전환되면서 발생하고 있다. 노동하는 공간이 물리적 작업장에서 디지털 작업장으로 이동하면서 노동하는 공간과 여가 공간 사이의 경계는 약화되었다. 그리고 디지털 공간에서 새롭게 적용될 노동 규칙을 둘러싼 갈등은 커지고 있다. 반면 과거 대공장에서 형성된 노동자들 사이의 연대는 디지털 공간에서 분할되고 파편화되면서 약화되었다.

3) 관계를 둘러싼 갈등

플랫폼 경제는 사용자, 노동자, 소비자 사이의 관계를 재구성하며 새로운 갈등을 초래한다. 은폐된 사용자, 은폐된 노동자, 평가와 감시를 위해 동원된 소비자 등 플랫폼 경제가 부여한 새로운 역할들은 관계를 둘러싼 새로운 갈등들을 야기하고 있다.

4) 제도를 둘러싼 갈등

플랫폼 경제의 등장으로 인해 기존 노동법과 사회 제도가 도전에 직면하면서 제도를 둘러싼 갈등이 심화되고 있다. 자본의 새로운 전략과 역사적으로 형성된 기존 제도 사이의 불일치가 만든 갈등으로서 각 주체들은 자신에게 유리한 제도를 새롭게 형성시키기 위해 다투게 된다.

다. 갈등의 원인과 성격

플랫폼 자본이 초래한 갈등의 근본 원인은 데이터와 알고리즘을 통한 시장 지배력 확장과 이윤 추구에 있다. 플랫폼 생태계 구축과 데이터 독점화는 자본 간 경쟁을 심화시키는 주요 요인으로 작용한다. 시장 지배력의 확장과 알고리즘 통제에 기초한 이윤 추구 방식은 노동의 상품화와 파편화를 더욱 촉진시키고, 자본과 노동 사이의 갈등을 더욱 심화시키게 된다. 이러한 갈등은 단순히 경제적 문제가 아니라 사회적 가치와 시장 중심 논리의 충돌로 확대되고 있다. 예컨대, 플랫폼 자본은 사회적 가치보다는 이윤 창출을 우선시하며, 이는 노동자의 권리와 공공의 이익에 앞서는 플랫폼 자본을 위한 이해와 질서를 형성시킨다.

새로운 축적 구조의 형성과 함께 드러난 새로운 갈등 원인과 성격은 플랫폼 노동의 노동권을 둘러싼 과제를 해결하는 데 중요한 단서들을 제공한다.

라. 갈등 완화를 위한 사회적 경로

플랫폼 경제에서 발생하는 갈등을 사회적으로 완화시키기 위해 몇 가지 방안과 경로를 생각해 볼 수 있다.

먼저 플랫폼 자본의 독점 규제를 강화하는 법적 및 제도적 접근이 요구된다. 플랫폼 자본의 시장 지배력을 제한하기 위해 공정 거래와 반독점 규제를 시행하고, 데이터 독점에 대한 감시 체계가 구축되어야 한다. 특히, 데이터의 소유권과 접근권을 민주화하여 플랫폼 자본에 의한 독점적 활용과 이윤 추구가 통제될 필요가 있다.

다음으로 데이터 활용과 알고리즘 통제에 대한 투명성을 보장하는 제도적 장치를 마련해야 한다. 이는 알고리즘 통제의 문제점을 해결하고, 노동자와 소비자의 권리를 보호하는 데 매우 중요하다. 투명성 제고는 플랫폼 자본이 노동자와 소비자에게 미치는 영향을 명확히 하여, 정보의 비대칭성에 의한 권력의 불균형을 줄이는 데 기여할 수 있다.

다음으로는 사회적 보호 체계 강화이다. 플랫폼 노동자를 위한 사회적 보호 체계를 강화해야 한다. 이를 통해 노동자는 안정된 생활과 노동권을 영위할 수 있다.

마지막으로 노동의 조직화와 협상력 강화가 중요하다. 노동자들의 조직화와 집단적 교섭 권리를 강화하여 플랫폼 자본과의 협상에서 대등한 위치를 확보해야 한다. 이는 노동자들이 자신들의 목소리를 형성하고 발언하며, 공정한 노동 조건을 요구할 수 있는 기반이 된다.

플랫폼 자본주의의 새로운 축적 구조는 노동과 사회에 심각한 갈등을 유발하고 있다. 따라서 적절한 제도적 대응과 사회적 연대를 통해 조정되고 변화되어야 한다. 새로운 변화는 노동자의 권리와 사회적 가치를 중심으로 한 플랫폼 경제의 재구성을 요구하고 있다.

5. '보이지 않는 손'에서 '보이는 손'으로 √

갈등은 현실의 모순과 성격을 잘 드러내는 지표이다. 현재 갈등은 공장을 넘어 시장에서 벌어지고 있는데, 이러한 변화는 플랫폼 경제로의 전환 속에서 새로운 갈등 구조의 형성, 그리고 새로운 생산 및 제도적 관계 형성 가능성을 제기하고 있다.

그동안 다양한 연구들이 진전되어 왔다. 플랫폼 노동 등장에 따른 규모 추정에서부터 노동 실태를 분석한 연구, 사회보호 사각지대와 사회보험 개선에 대한 연구, 그리고 노동과정에 대한 연구 등이 그것이다. 이들 연구를 통해 플랫폼 노동의 노동권에 대한 문제 제기가 다양한 수준에서 제기되어 왔다. 그런데 노동의 고용형태는 자본의 노동력 활용에 따른 결과이지 그 자체가 원인은 아니다. 따라서 자본의 변화에 주목할 필요가 있다. 이 글은 플랫폼 축적 구조와 자본, 노동의 변화, 그리고 그 과정에서 전개된 갈등을 통해 새로운 현상을 설명하고자 하였다.

먼저 플랫폼 자본과 노동이 등장하면서 나타나는 전형적인 현상들과 등장 배경을 소개하였다. 그리고 플랫폼 자본의 새로운 이윤 수취를 자본 형성 측면과 노동과정 측면으로 나누어 소개하였으며, 이때

염두에 두어야 할 플랫폼 자본의 중요한 성격으로서 확장성 성격을 소개하였다.

다음으로 새로운 노동관계로서 플랫폼 노동관계를 조망했는데, 공장 대신 시장을 소유하고 규율함으로써 스스로 보이지 않는 손이 된 플랫폼 자본과 축적 구조를 소개하고, 이를 포디즘 축적 구조, 포스트포디즘 축적 구조와의 비교를 통하여 그 성격을 보다 명료히 하고자 하였다.

마지막으로 새로운 축적 구조의 등장에 따른 새로운 갈등을 정리하였는데, 시간 · 공간 · 관계 · 제도의 해체와 갈등이라는 측면으로 구분하여 정리하고 그 원인과 성격을 탐구해 보았다.

이 글은 플랫폼 자본과 노동의 성격을 축적 구조 분석을 통해 전체적으로 조망하며 플랫폼 노동의 노동 문제를 살피고자 하였다. 디지털 경제를 새로운 축적 구조와 기업의 새로운 전략으로서 보고 있으며, 이 속에서 주체가 재구성되고 사각지대를 넘어 제도적 불일치가 발생하고 있음을 지적하고 있다. 그리고 주체의 재구성과 제도 불일치에 따라 새로운 노사 갈등, 시장과 사회의 갈등이 발생하고 있으며, 플랫폼 노동과 관련하여 풀어야 하는 노동권 과제는 이 속에서 살펴봐야 함을 말하고 있다. 축적 구조의 변화에서 볼 수 있듯이 역사적으로 형성된 시간 규칙, 공간 규칙, 주체 관계와 제도의 해체와 변형의 과정 속에서 플랫폼 노동관계의 성격을 보는 것이 중요하다.

· 제2장 ·

기술 변화와 플랫폼 노동

송용한 성공회대학교 민주자료관 연구교수

1. 변하는 세상 ✓

지금까지 노동계의 주요 담론은 임금, 고용, 분배와 같은 경제적 문제를 둘러싼 정치·경제적 접근 중심이었다. 하지만 최근 플랫폼 노동의 증가는 상대적으로 단순했던 기존 노동관계를 재구성하고 있다. 기술의 변화가 사회적 관계를 변화시키고 있듯이, 기술이 노동의 관점에서 정치·경제적 관계에 어떠한 변화를 일으키고 있는지 논의할 필요성이 있다.

산업혁명과 함께 기술 발전에 따른 생산력 변화는 자본주의 사회 도래를 가져왔다. 자본주의 사회는 기술 발전에 따라 지속적인 생산력 변화와 함께 자본 축적의 위기를 극복하며 또 다른 형태의 자본주의 사회로 재구성되는 발전 단계를 거쳐 왔다. 최근 사회적으로 논의되는 4차 산업혁명과 플랫폼 노동 담론은 기존 자본주의 사회의 한계를 의미한다. 즉, 기존의 사회적 생산 방식과 사회적 관계를 탈피해 재구성할 필요성을 논의하고 있는 단계다.

마르크스는 대량생산 과정 분석에서 기계에 의해 생산되는 '죽은 노동'과 인간의 창조성이 가미된 '산 노동'을 구분하고 있다. 그러나 이제 AI 기반 노동은 인간만이 가능하다 생각하던 창조적 노동마저 위협하며 인간을 대체할 가능성을 보여 주고 있다. 이러한 변화 가능성과 맞물려 최근 고용 없는 생산이 증가하고 생산력 증가와 함께 임금노동 영역은 감소하고 있다. 반면 자기고용(self employment)에 기반한 자영업이나 프리랜서 같은 노동 형태는 증가하고 있다.

기술 변화에 따른 생산력 변화와 자본주의 사회의 재구성 과정은 필연적으로 노사 간 관계 변화와 사회적 갈등을 유발한다. 그러나 앞으로 발생할 다양한 사회적 갈등 유형과 그 구체적 해결 방안을 예측할 수는 없다. 다만 당면한 시기 해결 주체들이 처한 조건에 따라 달라질 것이다. 그럼에도 분명한 것은 현재와 같이 임금노동에 기반한 자본주의 사회가 유지되는 한 사회적 갈등과 위기 극복 과정은 지속될 것이라는 점이다.

이 글의 목적은 디지털 기술 변화에 따른 플랫폼 노동의 특징과 사회적 관계 변화를 고찰하는 데 있다. 이를 위해 첫째, 기술에 대한 입장과 견해를 살펴볼 것이다. 기술을 바라보는 입장과 견해에 따라 플랫폼 노동의 특징과 사회적 관계를 바라보는 입장도 다르기 때문이다. 둘째, 기술 변화에 따른 플랫폼 노동의 유형과 특징을 살펴볼 것이다. 이를 통해 플랫폼 노동관계에서 나타날 수 있는 사회적 갈등의 실마리를 도출할 수 있을 것이다. 셋째, 기술 변화에 따라 플랫폼 노동자와 사용자 관계에서 나타날 수 있는 주요 이슈를 살펴보고, 이를 바탕으로 기술 변화가 플랫폼 노동과 향후 사회 변화에 주는 함의를 생각해 볼 것이다.

구체적으로 2절에서는 기술에 대한 입장과 기술과 사회적 관계에 대한 견해를 먼저 살펴볼 것이다. 기술을 어떤 입장과 관점에서 바라보냐에 따라 플랫폼 노동에 대한 입장과 개념, 플랫폼 노동의 분석 방식, 플랫폼 노동에 대한 대응 방식도 긍정적 입장과 부정적 입장으로 다르게 나타날 수 있다.

3절에서는 기술 변화에 따른 사회적 갈등, 특히 노동자와 사용자 간 갈등과 노사관계 변화에 초점을 맞춰 살펴볼 것이다. 기존 논의에서는 기술 변화에 따른 노사관계 변화를 사용자와 노동자라는 관계에서 유형의 상품 생산물을 생산하는 노동에 초점을 맞춰 분석했다. 그러나 기술 변화에 따라 확산되는 플랫폼 노동은 배달서비스처럼 사용자가 누구인지 불명확한 관계 속에서 노동이 제공되고 있다는 특성이 있다. 따라서 3절에서는 기술 변화와 노사관계에 대한 기존 논의를 검토하고 플랫폼 노동 확산에 따른 노사관계 변화의 의미와 차이점, 향후 노사관계 재구성 방향 등에 대해 검토할 것이다.

마지막으로 4절에서는 기술과 노동의 대응에 대해 살펴볼 것이다. 이는 플랫폼 노동 확산에 따른 노동의 대응과 조직화에 주는 의미를 고찰하는 것이다. 기술 변화에 따른 생산력 변화와 자본주의 사회 재구성은 생산수단 소유에 기반한 자본주의적 생산양식 변화를 의미한다. 이러한 변화 과정에서 노동은 기존과 동일한 방식으로 노동을 조직하고 자본에 대응하기란 한계가 있다. 이와 관련하여 기존의 논의를 살펴보고 향후 플랫폼 노동 확산에 따르는 노동의 대응과 조직화에 주는 함의가 무엇인지를 살펴볼 것이다.

2. 기술과 사회 변화에 대한 다른 입장과 견해 ✓

기술은 협의의 의미로 과학적 기술, 즉 측정 가능하고 검증 가능한 유형의 물리적 기반이 있는 기술을 의미한다. 또한 광의의 의미로 기술은 무형의 암묵지를 포함한 생산조직이나 생산 방식 등도 포함할 수 있다. 이 글에서 기술은 협의의 의미인 측정 가능한 물리적 기반의 기술뿐 아니라 이를 이용한 생산조직이나 생산 방식, 통제 방식 등을 포함한 광의의 의미로 사용할 것이다.

기술에 대한 인식은 크게 두 가지 입장으로 나누어 볼 수 있다.[1] 첫 번째는 기술결정론적 입장이다. 이 입장은 기술이 가치중립적이고 초역사적 존재로 기술이 노동의 질을 향상시키고 사회 진보에 기여한다는 입장이다. 기술결정론적 입장에서 보면 기술은 특정 집단의 이해를 떠나 인류 역사를 발전시켜 온 주요 요인으로 간주하고 있다.

---

1 기술결정론과 기술통제론적 입장에 대한 세부 논의와 검토는 김진영(1994:49-51) 등의 자료를 참고할 수 있다.

두 번째는 기술통제론적 입장이다. 이 입장은 기술이 가치중립적이지 않고 특정 집단의 이데올로기와 이해 관심에 따라 작동하고 그 효과도 특정 집단의 이해와 관심을 관철시키는 방향으로 나타나게 된다는 입장이다. 기술통제론적 입장에 의하면 기술은 역사 발전 과정에서 특정 집단의 이해를 위해 선택되는 것으로, 억압과 통제의 수단으로 이용될 수 있는 것이다.

기술을 인식하는 방식에 따라 기술결정론적 입장이나 기술통제론적 입장은 일부 타당한 측면이 있다. 기술은 기술결정론적 입장의 경제적 효율성뿐 아니라 기술통제론적 입장과 같은 통제적 효율성을 동시에 갖는 이중적 측면이 존재한다. 따라서 기술을 사회적 관계의 산물로 이해할 필요가 있다. 이러한 견해를 반영해 기술의 설계와 선택은 사회적으로 파생된 결정의 결과이며 기술이 사용되는 방법은 정치 과정에 의해 설명될 수 있다는 입장이 있다(Wilkinson, 1982: 20). 이러한 입장과 맥을 같이하는 견해로 기술은 다양한 기술 선택에서 대안적인 것이 항상 존재하며 단일 방향으로 발전하지 않는다는 의견도 있다(Orlikowski, 1988; Wilson, 1988).

사회적 관계에 따라 기술의 사회적 효과를 논의하는 입장은 다시 기술의 사회적 형성론 입장과 사회적 구성론 입장으로 나누어 볼 수 있다.

기술의 사회적 형성론 관점은 기술은 자체의 논리에 의하여 단선적으로 발전하지 않으며 기술이 중립적이거나 인류의 행복을 보장하지 않는다는 입장이다. 이런 입장은 기술 변화의 과정은 정치적 · 경제적 · 조직적 · 문화적 요소와 같은 사회적 요인들이 개입하는 복합적인 과정이며, 이에 따라 기술 변화의 속도와 방향, 기술의 형태, 기술의

결과는 사회구조의 성격에 따라 달라질 수 있다고 주장한다.[2]

기술의 사회적 구성론 입장은 기술의 사회적 형성론에서 한 발짝 나아가 기술의 내용도 사회적으로 구성되는 것으로 파악하고 있다. 즉, 사회적 형성론 관점에서 바라보는 거시 사회적 요인에 의해 기술이 영향을 받지만, 기술의 내용과 그 성과물은 미시적인 사회적 관계에 의해 구성된다는 입장이다. 기술 구성론적 입장에 따르면 기술은 미시적 사회관계에 의해 결정되고 구성되며 제반 사회적 관계에 영향을 주는 것으로 파악하고 있다.

기술의 사회적 관계론에 대한 입장과 견해는 그 사회가 어떤 성격의 사회인가에 따라 기술의 사회적 성격과 내용도 달라질 수 있다. 특히 한 사회의 주류적 생산양식과 지배양식이 어떤 성격인가에 따라 달라질 수 있다. 예컨대 자본주의 사회에서 자본과 노동의 힘의 관계는 동등하지 않다. 자본이 노동에 비해 힘의 우위에 있는 사회에서 기술 설계와 기술의 사용은 자본의 의도에 따라 결정되고 구성될 가능성이 높다.[3] 기술 통제론적 입장에서 기술은 특정 집단의 이데올로기와 이해관심에 따라 작동한다는 지적은 바로 이런 사회적 관계에 나타나는 기술의 성격을 지적한 것이기도 하다.

기술의 중립적 입장과 관련해서 마르크스는 '기계의 자본주의적 사용'에 관한 테제에서 기술은 자본의 이해를 대변하는 형태로 사용되는 것임을 짚고 있다. 이는 "기술 자체의 중립성과 그 사용의 계급성"에

---

2 관련 세부 논의는 송성수(1995:39–40) 자료 참조.
3 관련 세부 논의와 정리는 김진영(1994:50–53) 자료 참조.

입각한 '기술 중립론'적 입장이기도 하다. 그러나 계급성에 입각한 기술 사용의 중립론적 입장은 과거 소련 사회주의 사회의 발전과 붕괴 과정, 현재 중국 사회주의 사회의 발전과 불평등 심화 과정을 통해 '기술 중립론'의 비판과 한계를 피할 수 없다.

물론 구소련 사회주의나 현재 중국 사회를 또 다른 형태의 자본주의 사회로 평가하는 입장에서는 국가 자본에 입각한 기술 사용의 한계로 평가할 수 있다. 그러나 중요한 점은 자본주의 사회건 사회주의 사회건 사회적 관계에서 불평등한 관계가 존재하는 한 기술의 사용은 힘의 우위에 있는 계급 또는 계층의 이익과 이데올로기를 대변한다는 점이다. 이 과정에서 피지배 계급 또는 피지배 계층과의 갈등과 저항은 필연적으로 발생하고 사회 전반의 노동관계를 재구성한다는 점이다.

3. 기술에 따른 노동 세계 변화와 디지털 자본주의 사회 √

현재 디지털 기술 발달로 인해 기존 자본주의적 생산양식과 소비양식은 변하고 있다. 기존 유무형의 상품과 노동에 대한 구분과 경계도 무너지고 있다. 정신노동과 육체노동의 구분, 물질노동과 비물질 노동의 구분 영역도 변하고 있다. 즉, 자본주의 사회가 기술 변화에 따라 재구성되는 시기로 평가할 수 있다. 이와 관련해 디지털 기술 변화에 따른 기술과 자본의 변화를 먼저 살펴보면 다음과 같다.

가. 디지털 플랫폼에서 상품화되는 일상 삶

자본주의 사회에서 기술은 자본 축적 위기 극복 수단의 하나로서 적극적으로 이용되어 왔다. 이는 슘페터의 '창조적 파괴'와 '기업의 혁신' 테제로 요약될 수 있다. 슘페터의 창조적 파괴와 기업의 혁신 테제에서 기술은 광의의 의미로 활용되고 있다. 즉, 자본은 상품 생산과정에 과학 기술뿐 아니라 생산 방식이나 조직 변화 등의 기술을 통해 노동과 자본 생산성을 높이는 과제를 해결하고 있다.

최근에는 생산과 소비과정에 빅데이터, 인공지능, 로봇 등이 도입되며 노동을 대체하고 자본 생산성을 증가시키고 있다. 또한 디지털화된 가상공간을 통해 시공간의 경계와 벽을 허물고 기존 시공간의 개념을 확장시키며 삶의 변화를 가져오고 있다.

디지털 기술 변화에 따라 나타나는 자본주의 사회 변화를 '디지털 자본주의'로 표현하기도 한다. 디지털 자본주의 사회에서 기술패러다임 변화는 모든 유무형의 정보를 디지털화하고 연결해 디지털 플랫폼이라는 가상공간에서 상품화되고 거래될 수 있는 사회로 전환시키고 있다.

디지털 자본주의 사회에서 나타나는 새로운 기술 패러다임의 특징을 김철식(2000:5)은 다음과 같이 세 가지로 요약하고 있다.

[표 1] 디지털 자본주의의 새로운 기술패러다임

구분	내용
디지털화 (digitalization)	• 아날로그정보를 디지털 형태로 전환 • 지식정보의 단순화, 표준화: 인간과 사회의 전 과정을 데이터와 알고리즘이라는 두 가지 방식을 통해 처리가능한 지식과 정보의 연쇄로 분해 · 재구성 • 정보전달의 용이성: 특정 영역(조직)에 국한되지 않는 소통과 네트워킹이 가능
초연결성 (hyperconnectivity)	• 인터넷, 나아가 사물인터넷의 발전을 활용하여 인간과 사물, 기계, 사회와 자연을 상호 연결하여 새로운 기회, 사업 창출
플랫폼 (platform)	• 초연결성을 구현하는 장 • 플랫폼을 통해 초연결성을 구현하여 데이터를 추출, 집적 • 알고리즘을 통해 수집된 데이터를 분해 · 재구성

여기서 디지털 플랫폼은 하나의 생산수단이 될 수 있고, 디지털 플랫폼을 소유하고 이용자에게 제공하는 자본은 플랫폼 자본으로 간주될 수 있다. 생산수단으로서 디지털 플랫폼은 가상공간이 플랫폼 자본에 의해 소유되고 가상공간 자체뿐 아니라 가상공간에서 생산되는 데이터가 상품화되는 것을 의미한다. 이는 상품 생산과 소비 영역이 물리적 공간에서 가상공간으로 확장되고 가상공간의 상품이 창출되고 소비되고 있음을 의미한다.

자본주의 축적 위기에 따라 기존에는 상품으로 취급되지 않고 거래되지 않던 문화(지식, 감정 등 포함)적 영역이 상품화되는 과정이 진행되었다. 이는 상품화할 수 없는 문화라는 비물질적 영역이 자본주의적 생산양식으로 편입되는 과정을 의미한다. 이런 변화 과정을 거치며 무형의 문화 영역이 기술 변화에 따라 디지털로 전환되고 소유권 주장이 가능한 디지털 형태의 문화상품으로 전환되고 있다.

문화상품은 비물질적 유형의 상품으로 개인의 체험과 경험에 따라 그 효용은 다르게 나타난다. 즉, 문화상품은 경험재적 성격이 강하고, 가치 측정과 거래의 관계에 한계가 있다. 이런 특성을 반영해 기존 비물질 노동 논의에서는 문화상품과 같이 비물질 영역의 상품생산과 노동을 강조해 비물질 노동의 자율성을 강조하고 노동의 해방 가능성을 강조하곤 했다.[4] 그러나 디지털 기술 발달에 따라 비물질 노동과 그 결과물은 디지털화되고 상품의 통제와 측정 가능하며 거래의 가능성을 손쉽게 하고 있다. 이러한 기술 변화는 비물질 노동에 대한 통제와 측정 가능성을 넓히고 있다는 것을 의미한다. 이러한 변화는 디지털 자본주의 사회에서 비물질적 영역의 문화가 상품화되고 거래 가능한 디지털 자본이라는 물질세계로 편입되는 단계에 와 있음을 의미한다.

여기서 문제는 플랫폼을 이용하는 다중에 의해 생산되는 결과물이 데이터로 전환되어 상품이 되고 플랫폼 자본에 의해 전유된다는 점이다. 다시 말해, 디지털 기술에 의해 우리 일상이 물질화된 형태로 전환되고 상품화되는 물화 과정을 거친다는 것이다. 그러나 플랫폼 자본은 디지털 기술을 이용해 가상공간을 만든 디지털 플랫폼 이용자들이 플

---

4   이에 대해 네그리와 하트는 노동을 물질 노동과 비물질 노동으로 구분하고, 비물질 노동 또는 정동노동의 해방 가능성을 역설하고 있다. 그러나 네그리와 하트의 비물질 노동과 정동노동은 디지털 기술 변화에 따른 비물질 노동의 상품화와 비물질 노동의 통제 가능성, 이에 기반한 자본주의적 생산양식의 변화와 재구성 가능성을 간과한 논의로 노동의 해방 가능성을 설명하는 데 한계가 있다는 비판도 존재한다.

랫폼 이용 그 자체를 통해 데이터를 생산하고 상품생산의 기반이 되고 플랫폼 자본의 이윤 원천을 제공함에도 이에 대한 보상을 하지 않는 문제가 존재하고 있다.

나. 다양한 형태로 거래되는 플랫폼 노동 유형

현재 디지털 기술 변화에 의한 플랫폼 노동은 거래 방식에 따라 주문형(on demand)과 크라우드워크형(crowdworks)으로 나눠 볼 수 있다.

[표 2] 노동거래 방식에 따른 플랫폼 노동 유형

구 분	내 용
주문형	• 고객이 디지털 플랫폼에 서비스 요청 • 플랫폼 노동자가 오프라인으로 서비스 제공 • 음식배달, 대리운전, 청소, 가사서비스 등
크라우드워크형	• 디지털 플랫폼 기반 '군중 노동' • 불특정 다수 노동 제공, 업무 세분화 등 • 번역, 프로그래밍, 디자인, 미용, 레슨, 상담 등

* 서울연구원(2021) 자료 재구성.

먼저 주문형 노동은 디지털 플랫폼을 통해 고객이 서비스를 요청하면 플랫폼 노동자가 오프라인을 통해 서비스를 제공하는 형태다. 이러한 유형의 노동은 기존 직업소개소와 같은 노동시장 중개 기능이 플랫폼 형태로 전환되어 서비스를 요청하면 노동이 제공되는 유형이다. 현재 음식배달, 대리운전, 청소, 가사서비스 등에서 확산되고 있다.

크라우드워크형은 업무 위임자와 수행자가 불특정 다수이고 업무를 세분화해서 노동을 제공하는 사람들이 개별 또는 협업 등을 통해 노동을 제공할 수 있다. 이러한 특성은 기존 다양한 형태의 자영업이 플랫폼을 통해 제공되는 형태로 번역, 프로그래밍, 디자인, 레슨 등 모든 영역에서 확산되고 있다.

현재 나타나고 있는 플랫폼 노동 유형은 기존의 아날로그적 노동시장 정보가 디지털 플랫폼을 통해 공유되고 노동이 제공되는 관계로 전환되는 시기다. 이러한 플랫폼 노동 형태는 모든 산업과 직업 영역에서 급격히 확산되는 양상이고, 기존 아날로그적 노동시장과 노동관계를 대체하고 있다. 이 과정에서 일정한 시간과 공간에서 노동을 제공받고 노동을 제공하던 사용자와 노동자 개념도 재구성되고 국가에 따라 관련 제도나 규제도 재정비되고 있다.

다. 플랫폼을 통해 제공된 노동 유형과 결과물

현재 플랫폼 노동은 플랫폼을 통해 데이터가 들어오고 자동으로 데이터가 처리되고 통제되는 자동 알고리즘화 과정을 통해 상품화하고 통제되는 과정을 거친다. 여기서 플랫폼 기술은 공식화라는 과정을 통해 기존 측정 불가능한 비공식 부문을 상품으로 전환시키는 단계를 거친다. 이와 관련한 논의는 3부 제도적 공식화와 노동과정의 공식화 부분에서 세부적으로 다루고 있다.

플랫폼 거래를 통해 제공된 노동이 수행한 노동 결과물은 디지털 전환 가능성 유무에 따라 디지털 상품과 비디지털 상품으로 나눠 볼 수 있다. 비디지털 상품은 노동결과물이 물질적 소재를 이용해 구체적인 유형의 생산물을 생산하는 유형의 상품(상품 1)과 디지털로 전환될 수 없거나 전환되기 전에 무형의 서비스 실행이 전제되는 서비스 상품(상품 2) 영역으로 다시 구분할 수 있다.

[표 3] 플랫폼을 통해 제공된 노동 유형과 결과물

디지털 상품	내 용	
	상품 1 (유형의 상품)	상품 2 (서비스 상품)
통역(번역), 작사 · 작곡, 콘텐츠, 프로그래밍, 디자인	건설일용, 공예품 등	• 배달, 대리운전, 돌봄, 청소, 가사서비스 등 • 지식 및 문화상품(컨설팅, 노래, 춤, 공연 등)

현재 플랫폼 노동을 통해 제공된 노동 유형과 그 상품 유형 예시를 살펴보면, [표 3]에서와 같이 기존 비디지털 상품 영역 지식 및 문화상품 일부가 디지털 상품으로 전환되고 있음을 알 수 있다. 비디지털 상품은 기존 아날로그적 노동시장에서 노동이 제공되고 생산되던 상품이, 노동은 디지털화된 플랫폼을 통해 거래되고 상품은 그대로 아날로그 영역에서 거래되는 관계를 알 수 있다. 이러한 관계는 비록 플랫폼을 통해 노동이 거래되지만 사용자에 의해 유무형의 소재가 제공되고

노동과정도 일정한 시간과 공간에 대한 제약을 받는다면, 기존의 종속적 노동관계가 성립되고 노동법 등을 통한 노동자에 대한 제도적 보호도 적용될 수 있다.

이에 반해 디지털 상품 영역은 기존에는 지식 및 문화상품 서비스와 같은 무형의 서비스 영역이 측정 및 통제 가능한 유형의 디지털 상품으로 전환되고 거래가 이루어지는 영역이다. 이러한 영역의 디지털 상품은 노동을 제공하는 사람이 일정한 유형의 소재를 제공하지 않거나, 노동 제공에 대한 일정한 장소 또는 시간의 제약 없이 노동자 자신의 기획과 구상만으로도 생산될 수 있다. 이 경우 기존의 사용자와 노동자 관계가 성립할 수 있는지, 성립한다면 어떤 조건을 만족해야 하는지 등이 사회적 이슈가 될 수 있다. 이는 사용자와 노동자 개념에 대한 재구성과 함께 어떤 과정을 통해 노동이 제공되고 통제되는지에 대한 논의가 필요하다.

4. 기술 변화에 따른 숙련과 플랫폼 노동의 노동과정 통제 √

가. 플랫폼 노동의 노동과정과 통제

플랫폼 노동의 노동 제공 방식과 노동과정은 기존 아날로그적 노동 제공 방식과 다소 차이가 있다. 기존 아날로그적 노동 거래 관계에서 노동자의 노동 제공은 공장이나 사무실과 같이 일정한 공간에서 일정한 시간 노동을 제공해야 하는 공간과 시간적 제약이 있다. 또한 사용자의 지휘명령에 따라 노동을 제공하는 종속적 관계도 존재한다. 이러한 조건을 충족할 때 사용자는 노동자에게 임금을 지급한다. 바로 이런 관계가 우리가 흔히 알고 있는 임금 노동관계다. 그러나 플랫폼 노동은 노동의 거래와 노동 제공 방식, 노동 제공의 결과물인 상품 유형까지도 변화시키고 있다.

마르크스는 노동을 정신노동과 육체노동의 통합체로 파악하였다. 초기 자본주의 사회에서는 장인에 의한 공장제 수공업 생산 방식이 주를 이루었다. 그러나 자본은 이윤 증대를 위한 분업화, 정신노동과 육체노동의 분리를 통한 구상노동과 실행노동의 분리, 이를 통한 장인 노동의 해체, 기계에 의한 노동의 대체, 노동의 표준화를 통한 저숙련 저임금 기반 대량생산 방식을 도입하고, 과학기술과 정보기술 발전에 따른 유연생산 방식 도입 과정을 거치고 있다.

자본은 이윤 극대화를 위해 지속적으로 정신노동과 육체노동의 분리, 구상노동과 실행노동의 분리, 분업과 표준화 등을 통해 다양한 노동통제 수단과 기술을 개발했다. 노동의 분업과 표준화는 과학적 관리 방식이라는 명목 아래 모든 노동과정을 통제 가능하게 했다. 또한 기계에 의해 노동을 대체하고 자동화 생산 방식 등을 통해 자본 생산성과 기업의 이윤을 높이려 했다. 그러나 기계에 의해 대체되고 자동화된 생산과정은 살아 있는 노동에 의한 창조적 파괴를 어렵게 하고, 장기적으로 자본의 이윤율 하락을 초래한다.

이와 관련해 마르크스는 자본주의적 생산 방식은 장기적으로 자본의 이윤율 하락 경향과 자본 축적 위기를 필연적으로 맞는다고 지적한다.

이는 자동화된 기계에 의한 생산이 종국적으로 살아 있는 노동에 의한 창조적 파괴를 뒷받침할 수 없기 때문이다. 그러나 최근 디지털 기술 변화에 따라 나타나는 인공지능(AI, Artificial Intelligence)은 기존 살아 있는 노동이 수행하던 창조적 구상 기능을 가능케 하고 있다. 이러한 예로는 AI가 시나 소설을 쓰거나 우리가 원하는 그림이나 이미지를 생성하는 것을 들 수 있다.

이제는 인간의 구상노동을 대체하는 것뿐 아니라 인간의 실행노동을 통제하기도 한다. 이러한 예로는 배달 플랫폼 노동에서 AI 프로그램이 배달 최적 경로를 제시하고 이를 따르도록 하는 등의 알고리즘적 통제를 들 수 있다. 기존 인간이 수행하던 정신노동과 육체노동을 AI와 로봇이 대체하고 있는 것이다. 비관적 관점에서 보면 이런 변화는 장기적으로 임금 노동의 종말을 의미한다. 그러나 기술과 사회를 바라보는 관점에 따라 새로운 사회 변화 단계로 평가할 수도 있다.

최근 플랫폼 노동은 플랫폼 내의 알고리즘적 노동 통제와 노동 결과물을 중심으로 통제하는 경향을 보인다. 이에 따라 플랫폼 노동은 플랫폼을 통해 노동이 거래되고 정해진 기한 내에 결과물 생산을 완수하면 되는 특성을 보인다. 따라서 플랫폼 노동은 임금 노동관계보다 위탁 또는 위임계약 특성이 상대적으로 강하게 나타난다. 이는 유형의 결과물이 아닌 무형의 결과물을 생산하는 플랫폼 노동에서 더 강하게 나타나고 있다.

이 과정에서 플랫폼 노동자와 사용자의 관계가 불명확하고 플랫폼 노동자의 노동력 제공 시간과 공간 제약이 기존 임금 노동에 비해 상대적으로 자유로운 특징이 있다. 물론 이는 정해진 기한과 목표를 수행하는 조건 아래 주어진 자유라 할 수 있다. 이런 특성에 따라 플랫폼 노동에 대한 노동과정 통제에는 디지털 기술에 기반한 새로운 유형이 개발되고 적용되는 추세다. 플랫폼 노동의 노동통제와 관련한 세부 논의는 제1부 3장에서 살펴볼 예정이다.

나. 플랫폼 노동의 숙련과 기술

한국 사회는 가치사슬을 통해 대기업 중심의 위계적 하청구조를 형성하고, 기술과 숙련도 하청구조 속에서 위계적 구조를 보이고 이윤과 임금의 불균등 분배에 기여하고 있는 것으로 나타나고 있다(안정화, 2021). 이러한 특성은 한국 사회가 디지털 자본주의 사회로 전환되고 플랫폼 노동이 확산되는 과정이 하청구조가 플랫폼 영역까지 확대되는 과정을 열어 놓고 있다. 즉, 대기업 중심의 디지털 플랫폼 자본이 형성되고 플랫폼 노동은 개별화된 하청노동이 중개하고 종속시키는 가치사슬 구조의 재구성 과정으로 지적할 수 있다.

자본주의적 생산관계에서 분업과 노동의 표준화 과정은 숙련 저하와 저임금 노동에 기반한 대량생산을 가능하게 했다. 그러나 기술결정론적 입장에서 보면 기술은 사회 발전의 동력이므로 기술 변화에 따른 생산 방식 변화는 기존 숙련을 저하시킬 수 있지만 새로운 기술 도입에 따른 새로운 숙련 도입 과정으로 평가하기도 한다. 기술의 사회적 형성론이나 구성론적 관점에서 보면, 기술과 숙련의 관계는 어떤 사회적 관계 속에서 도입되느냐에 따라 다르게 평가할 수 있다.

기술의 사회적 관계를 중시하는 입장에서는 플랫폼 노동의 숙련도 어떤 사회적 관계에서 도입되고 실행되느냐에 따라 다른 결과를 가져올 수 있다. 현재 배달 플랫폼 노동과 같은 플랫폼 노동에서는 기존 배달 라이더들의 배달 요령과 같은 암묵지적 요소가 배달 플랫폼 알고리즘에 의해 대체되고 있다. 즉, 배달 라이더들의 숙련은 저하되고 있는 것으로 평가할 수 있다. 이에 반해 배달 플랫폼 알고리즘을 개발하고 운영하는 노동자는 소수에 지나지 않는다. 즉, 새로운 숙련 노동의 증가율은 기존 노동의 숙련 감소율에 비해 낮게 나타나고 있다.

다. 새로운 디지털 그림자 노동과 보상

기존의 그림자 노동 논의에서는 돌봄과 같이 우리 일상에 필요하지만 측정되지 않는 노동을 그림자 노동으로 간주했다. 그러나 기술 변화에 따른 플랫폼 노동 증가 과정에서는 다음과 같은 새로운 형태의 그림자 노동을 증가시키고 있다.

[표 4] 노동거래 방식에 따른 플랫폼 노동 유형

구 분	내 용
비자발적 그림자 노동	• 로그인, 비밀번호 변경, 소프트웨어 업그레이드 등
자발적 그림자 노동	• 자료(상품) 검색, 비교 • 상품 선택: 시간, 장소 등

* 박상철 외(2020) 자료 재구성.

플랫폼 노동에서 나타나는 그림자 노동은 플랫폼 상품이자 플랫폼 자본의 생산요소가 되어 플랫폼 노동과정에서 순환되고 있다. 그러나 이에 대한 보상은 이루어지지 않고 있다.

5. 플랫폼 노동에 따라 나타나는 새로운 사회적 갈등과 변화 ✓

가. 기술 변화와 사회적 갈등

기술 변화에 따른 노동과정 변화는 필연적으로 계급갈등과 노사관계 변화를 수반한다. 특히 마르크스 경제학에서 기술은 자본주의 사회의 자본 축적 과정과 일치하는 생산력 발전으로 해석되며, 이 과정은 계급 갈등을 유발하고 공황은 축적 방식의 한계와 계급 갈등 해결이 기존 방식과 양립할 수 없을 때 발생하는 위기로 새로운 자본 축적 방식 형성의 계기가 된다. 이러한 견해는 많은 마르크스 경제학 분파 중 프랑스의 조절이론학파가 지지하는 입장이기도 하다.

앞에서 살펴본 기술결정론적 입장에서 보면, 노사관계 변화는 기술 변화에 따른 당연한 결과로 평가할 수 있다. 이에 반해 기술통제론적 관점에서 보면, 기술 발전에 따른 사회적 갈등은 새로운 노동통제 과정과 이에 대한 갈등과 저항 과정으로 평가할 수 있다.

그러나 기술을 사회적 요소나 관계에 따라 결정된다고 보는 사회적 형성론 입장 또는 사회적 구성론 입장에서 보면 노사 간의 갈등 결과는 어느 한 방향으로 예측할 수 없다. 결과는 노동과 자본의 사회적 관계, 특히 노동과 자본의 힘의 관계에 의해 결정되는 것으로 평가할 수 있다.

플랫폼 자본과 플랫폼 노동이 확산되는 디지털 자본주의 사회에서도 플랫폼 노동과 플랫폼 자본의 사회적 갈등은 지속적으로 발생할 것이다. 그러나 그 결과는 플랫폼 노동과 플랫폼 자본의 힘과 역량 차이에 따라 다르게 나타나고 있다. 플랫폼 노동의 힘과 역량은 조직력과 자원 동원 전략 등을 통해 구체화되고 다르게 나타날 수 있다. 이에 반해 플랫폼 자본의 힘과 역량은 자본의 규모와 독점력, 노동과정 통제 방식 등에 따라 다르게 나타날 수 있다.

나. 플랫폼 노동의 노사관계 이슈 변화

디지털 자본주의 사회에서 플랫폼 노동과 플랫폼 자본 간 갈등의 경우 기존 노사 간의 갈등과 다른 이슈들이 제기될 수 있다. 기존 노사 간의 갈등은 기본적으로 일정한 시간과 공간에서 사용자의 지휘·명령을 받는 임금 노동을 기반으로 한 노사관계를 전제로 한다. 그러나 플랫폼 노동은 기술 변화에 따라 앞에서 살펴봤듯이 일정한 시간과 공간에서 사용자의 지휘·명령을 받지 않고 노동을 수행하기도 한다. 또한 사용자를 특정할 수 없는 경우, 사용자와 노동자성이 불분명한 경우 등이 존재한다. 이는 자본에 의한 자유로운 노동력 사용과 이에 대한 대가로서 자본의 임금노동자에 대한 책임을 전제한 노사관계 이슈 변화와 확대를 의미한다.

이와 관련해 나타나는 이슈 중 하나가 임금 근로자성을 전제로 한 4대 보험 적용을 들 수 있다. 현재 플랫폼 노동은 노동자성이 인정되지 않아 임금 노동에 기반한 사회보험 적용과 같은 노동자 보호 제도로부터 제외되어 있다. 또한 기업 내부에서 지급되는 각종 복지 혜택과 부가급여로부터도 배제되고 있다. 이는 역으로 플랫폼 자본은 임금 노동에 기반한 책임을 지지 않고 비용 절감과 함께 기업 이윤 증대의 기회 확대를 의미한다. 이는 향후 플랫폼 노동의 노사관계에서 새롭게 제기될 이슈이자 주요 갈등 요소이며 제도 변화를 의미한다.

이와 관련해 플랫폼 노동과 플랫폼 자본 간 사회적 갈등의 구체적 이슈가 무엇이고 주요 이슈의 해결 방향이 어떻게 잡히는지 등은 제2부와 3부 사례를 통해 살펴볼 것이다.

플랫폼 노동의 노사관계에서 또 다른 문제로 플랫폼 자본에서 플랫폼 노동의 사용자를 어디까지 규정하고 노사관계로 볼 것인가 하는 문제가 존재한다. 앞의 플랫폼 노동 유형에서 주문형 플랫폼 노동의 경우 플랫폼을 제공하는 플랫폼 자본과 플랫폼 노동자를 이용하는 사용자가 동일할 수 있다. 예컨대 쿠팡 배달원 중 쿠팡에서 직접 고용한 '쿠팡 친구'를 그 예로 들 수 있다. 이 경우 '쿠팡 친구'는 현재의 제도상 근로자로서 쿠팡이 그 사용자가 될 수 있다.

그러나 기술 변화에 따라 플랫폼 내에서 플랫폼 노동자의 사용자는 다수로 구성될 수 있다. 그리고 플랫폼 자본 중에는 플랫폼 노동에 대해 어떤 일을 의뢰하지 않고 단순히 플랫폼을 제공하고 이용 대가만을 받는 경우도 존재한다. 예컨대 쿠팡에서 건당 수수료를 받고 배달을 대행하는 쿠팡 플렉스나 쿠팡 이츠 노동자의 경우 쿠팡의 사용자성 지위는 논쟁의 대상이다. 쿠팡 플렉스나 쿠팡 이츠는 쿠팡이 기존 음식점 배달원의 음식배달 정보를 쿠팡이 중개하는 과정으로 음식점도 사용자가 될 수 있다.

이와 같은 이슈는 플랫폼 노사관계에서 단일 사용자를 전제로 한 사용자 범위를 확대하고 사회적으로 재구성할 필요성을 제기한다. 이러한 논의는 향후 플랫폼 자본, 플랫폼 노동의 직접적 이용자 또는 소비자도 사용자 범위에 포함되는 다중의 사용자성이 인정되는 사회, 플랫폼 노동에 대한 책임을 사회적으로 지는 디지털 자본주의 사회의 가능성도 열어 놓고 있다. 그러나 이는 노동과 자본의 힘의 관계와 노동의 대응 양상에 따라 다른 결과를 가져올 수 있고, 기존 노사관계가 변하지 않은 채 유지될 수도 있다.

다. 플랫폼 노동자의 대응과 저항

기술은 중립적이지 않다. 자본에 의해 기술이 도입될 경우 기술은 이윤 극대화를 위해 이용된다. 생산과정에 참여하는 노동은 기술에 의해 노동과정에 대한 통제 방식이 변하기도 하고 노동이 기술에 의해 대체되기도 한다.

기술에 의한 생산과정과 노동과정 변화는 노동의 대응을 필연적으로 수반한다. 기술에 대한 노동의 대응은 노동과정에서 수용과 저항이라는 두 축을 중심으로 스펙트럼을 형성할 수 있다. 자본에 저항하는 노동의 방식도 노동을 적극적으로 반대하고 거부하는 입장과 노동에 유리하게 적용하고 타협하는 유형의 스펙트럼 속에서 나타날 수 있다. 적극적으로 거부하고 반대하는 입장의 사례로는 과거 러다이트 운동을 들 수 있다. 과거 러다이트 운동은 기술 발달에 따라 노동이 기계에 의해 대체되는 과정을 거부하고 기계 파괴 운동을 전개했지만 실패했다.

이에 반해 기술 변화에 따른 타협 또는 수용 사례는 새로운 기술과 기계 도입에 따른 새로운 숙련 습득과 노동과정에서의 저항, 인쇄 기술 발달에 따라 조직화 과정에서 인쇄 홍보물의 이용 등 다양한 형태로 나타나고 있다.

최근 디지털 기술 변화에 따른 플랫폼 노동 확산 과정에서 기술을 이용한 노동의 구체적 대응은 다양한 형태로 나타나고 있다. 그 한 예로 노동자협동조합이나 노동조합이 디지털 플랫폼을 구축하는 방식을 들 수 있다. 또한 노동의 조직화 과정에서 디지털 기술을 이용하는 사례를 들 수 있다.

최근 배민라이더를 대상으로 한 조직화 방식은 동일한 조직 대상에 대해 서로 다른 조직화 방식을 통해 조직화를 하고 성공한 사례를 보여주고 있다. 라이더유니온은 배달 산업 자체를 타깃으로 하고 미디어 활동이나 제도 개선 등의 활동을 하는 상징 자본 이용 전략을 활용하고 있다. 이에 반해 민주노총 서비스연맹은 기존 조직화 방식과 자원 동원 전략을 활용해 조직화하는 사례의 차이를 보이고 있다. 이러한 차이는 기술 변화에 따른 사회적 갈등과 이에 대한 노동자의 대응이 다르게 전개될 수 있음을 의미한다.

그러나 현재까지 플랫폼 노동의 조직화 방식은 플랫폼 기술을 이용하기보다 기존 권력자원, 상징, 제도 등을 활용하는 방식을 통해 조직화를 진행하고 있다. 플랫폼 노동에서 디지털 기술을 창조적으로 적용한 새로운 조직화 방식은 아직 많지 않다. 그러나 플랫폼 노동에서 기술을 통한 노동자의 저항과 대응 방식을 몇 가지로 나눠서 살펴볼 수 있다.

첫째 대응 방식은 노동 제공 과정에서 개별적으로 저항하는 유형이다. 이러한 예로는 배달 라이더의 배달 사례에서 소위 배달이 어려운 '똥콜' 받지 않기, 펑크 내기, 지연하기 등이 있다.

두 번째 대응 방식은 집단적 저항 유형이다. 이러한 예로는 플랫폼 노동자 조직화와 집단행동 등이 있으며, 카카오톡과 같은 커뮤니케이션 플랫폼을 통한 상담과 조직화 사례가 있다.

[표 5] 플랫폼 노동의 저항 유형

구 분	내 용	
	동일 플랫폼	다른 플랫폼
개별적 저항	• 배달이 어려운 '똥콜' 받지 않기 • 배달 지연하기 • 고객평가 낮추기 • 흠집 내기(물건 손상 등)	• 다른 플랫폼 배달 먼저 하기
집단적 저항	• 공유장이 없을 경우 불가능	• 의사소통 플랫폼(카톡 등)을 통한 의사소통과 조직화 • 대항 플랫폼 개발(자체 협동조합형, 공공플랫폼 등) • 자발적 플랫폼 통한 고객, 플랫폼 평가와 대응

이러한 저항 형태의 경우, 생산수단을 멈추게 하는 집단적 저항 방식과 효과는 아직 나타나지 않고 있다. 이는 앞으로 플랫폼 노동의 자원을 어떻게 이용하느냐에 따라 달라질 수 있다. 현재 나타나고 있는 한국 사례에서는 상징적·제도적 측면 중심의 한계를 보이고 있다. 이는 현재 조직화 사례의 한계를 의미하기도 한다. 조직화는 성공했지만 조합원들에 대한 상징적 보상(차별에 대한 목소리 등) 이상의 제도적 의미를 갖기 위한 고민이 필요하다.

6. 사회적 고민과 과제 √

기술의 선택과 적용 결과는 노사 간 힘의 관계에 의해 결정된다. 노동의 힘이 약할 때 자본은 기술을 노동통제와 이윤 확대를 위한 도구로서 적극적으로 활용한다. 이에 대한 노동의 대응 방식에 따라 생산과정에 자본의 기술 적용 방식은 다르게 나타난다. 제도 변화 또한 노동의 힘, 나아가 노사 간의 관계에 따라 다르게 나타난다. 이와 관련해 다음과 같은 지점들은 앞으로 우리가 고민하고 해결해야 할 과제가 될 것이다.

첫째, 플랫폼 노동을 넘어서는 새로운 노동 양식이 사회적으로 확장되고 존중되어야 한다. 플랫폼에서 재화를 생산하거나 노동을 제공하는 과정은 기존 아날로그적 방식의 노동세계에 적용하던 틀과 제도를 그대로 적용하기에 한계가 있다. 이는 플랫폼 노동과 같은 다양한 형태의 새로운 노동을 존중하고 보호할 수 있는 사회적 확장 프로그램이 필요함을 의미한다.

또한 플랫폼을 통해 노동을 제공하고, 플랫폼 서비스를 이용하는 과정에서 우리는 사회 모두는 새로운 플랫폼에 새로운 데이터를 만들고 제공하는 데이터 생산자 역할을 한다. 특히 일상에서 노동으로 간주되지 않는 영역이 지금 플랫폼 기업의 기초 데이터가 되고 상품이 되어 플랫폼 기업 수익의 원천이 되고 있다. 인지자본주의 등에서는 이를 비물질 노동으로 논의하고 노동자의 통제 가능성을 주장한다. 하지만 플랫폼 노동에서 플랫폼을 소유하지 않은 상태에서 플랫폼 노동과 디지털 상품에 대한 통제는 불가능하다.

비물질 노동으로 표현되는 일상 활동에서 이루어지는 일이 데이터를 생산하는 가치를 창출하는 역할을 수행하고 있다. 그러나 노동의 입장에서 이러한 노동과 플랫폼 자본에 대한 포괄적 대응 전략이 부재한 상태다. 플랫폼에 들어가면 AI가 하는 것 같지만, 보이지 않는 그림자 노동까지 포함하는 노동을 포괄해 대응하는 전략이 필요하다.

둘째, 플랫폼 노동에서는 기존 임금 근로자성에 기반한 노사관계 관행 적용은 한계가 있다. 따라서 기존 노사관계를 확대시켜 큰 의미 부여와 이슈 제기가 필요하다. 임금 근로자성을 전제하는 것이 아니라 현재 자본주의 사회의 임금 노동의 틀이 무너지고 있다. 이런 조건을 반영해 새로운 노동이 무엇이고 무엇을 노동으로 간주할 수 있는가 등에 대한 답을 할 필요가 있다. 이런 측면에서 기존 논의된 노동권 범주들을 기존의 틀로 사고하는 방식을 벗어나 넓힐 필요가 있다. 그리고 어떻게 노동의 권리들을 확장할 수 있을까에 대한 고민이 필요하다.

셋째, 플랫폼은 다양한 사회 구성원이 공동으로 이용한다는 측면에서 공유경제 측면이 존재한다. 그러나 공유경제는 공유되지 않는다. 사실 공유경제는 공유 측면보다 상품화되지 않는 영역을 자본주의 영역으로 끌어들이는 측면이 존재한다. 따라서 디지털화와 플랫폼 노동에 따른 새로운 공유 형태에 대한 문제의식이 필요하고, 이를 통해 공유된 경제의 분배 문제 해결 방식에 대한 고민이 필요하다.

넷째, 플랫폼 노동 영역도 기존 생산과정의 위계적 하청구조가 적용되고 있다. 이에 대해 어떤 방식으로 위계적 하청구조가 재구성되고 작동하는지에 대한 메커니즘 분석과 현재 어떤 문제가 발생하고 어떻게 해결할 수 있을지에 대한 고민과 대안이 필요하다.

다섯째, 디지털 자본주의 사회에 대한 개념을 재구성하고 이에 걸맞는 사회적 관계와 분배 방식에 대한 고민과 문제 해결 방식이 필요하다. 이를 위해서는 디지털 자본주의라는 이름으로 기존 자본 축적 방식이 어떻게 변형 또는 재구성되는지를 더 분석하고, 사회적 관계의 재구성을 위한 고민과 대안이 필요하다.

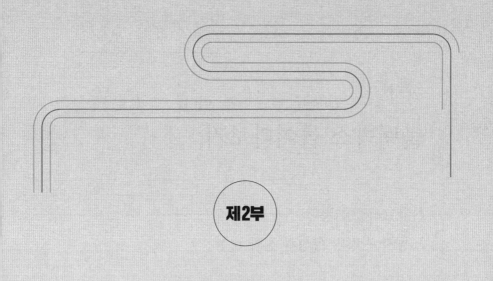

제2부

플랫폼 자본

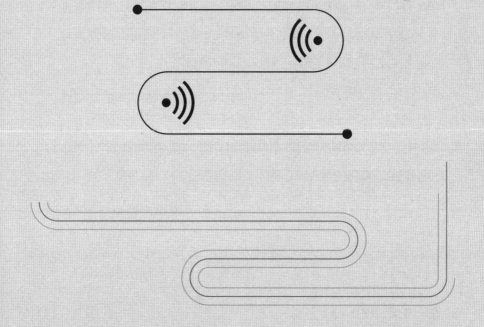

블랙박스 들여다보기

: 알고리즘을 통한
노동자 관리의 형성과 진화 과정

노성철 히토츠바시대학교 경영학과 교수

『자본론』에 쓰여 있잖아. 상품의 가치는 그 상품을 생산한 노동이 만들어 낸다고. 내 목표는 타이피스트들한테 노동의 대가로 시간당 만 원을 지급할 수 있는 서비스를 만드는 거야. 서비스가 그들의 노동을 가치 있는 것으로 만든다면 문제는 해결되는 거 아닐까?"

— 플랫폼 A사 최고기술책임자 인터뷰, 2014.2.15

"나는 AI가 타이피스트들의 일자리를 대체한다고 생각하지 않아. 허드렛일을 AI가 맡고, 사람은 더 의미 있는 일을 할 수 있는 거지."

— 동일인물 인터뷰, 2018.10.25

1. 알고리즘 내부 들여다보기 √

플랫폼 기업들은 ICT(Information and Communication Technology) 기술을 활용해 서비스 수요자와 공급자를 투명하고 효율적으로 중개한 다는 기치를 내걸고 우리의 일상 속으로 안착했다. 플랫폼 노동의 확산 은 단순히 중개 방식의 변화를 넘어서 노동(자)의 개념, 일하는 방식, 노사관계에 대한 인식의 전환을 추동하고 있다. 특히, 연구자들은 전 통적인 사업장과 차별화하는 온라인 노동 플랫폼의 특징으로 알고리즘 에 의한 노동자 관리에 주목했다(Kellogg, Valentine & Christin, 2020; Duggan et al., 2019).

선행 연구에 따르면 알고리즘은 업무 배정부터, 작업 결과물 평가, 작업자에 대한 보상까지 플랫폼 노동과정 전반을 통제하는 '보이지 않 는 철장'으로 작동한다(Rahman, 2021). 아울러, 플랫폼 사업자들은 알고리즘을 노동과정과 무관한 기술로 틀짓기 함으로써 사용자로의 책 임을 회피할 수 있다. 이러한 맥락에서 알고리즘에 의한 관리는 플랫폼 경제를 떠받치는 기술적 기반이자 궁극적인 통제양식으로 떠올랐다.

하지만 플랫폼 경제의 미시적 기반으로서 알고리즘 관리를 지나치게 강조하는 것은 역설적으로 그것을 신비화·절대화하는 경향을 낳았다. 알고리즘의 내부는 블랙박스로 남겨 둔 채, 그것이 노동자에 미치는 일 방적이고 포괄적인 영향력에만 초점을 맞추는 기술결정론의 흐름이 나 타났다. 그러한 흐름은 알고리즘이 만들어지고 작동하는 제도적·조직 적 맥락을 제대로 고려하지 못하는 한계를 가진다. 결과적으로 우리는 '누가', '왜', '어떻게' 알고리즘을 만들고 그것이 기존의 작업장 통제양식과 어떤 관계를 맺는지에 대해서는 여전히 제대로 파악하지 못하고 있다.

이 글이 주목하는 우리나라의 데이터 라벨링 플랫폼 작동 방식은 노동자 관리 문제를 더욱 복잡하게 만든다. 익히 알려진 대로 배달과 가사서비스와 같은 대면 플랫폼 업체들은 서비스 이용자들의 리뷰나 별점을 통해 노동자의 노동과정을 비교적 쉽게 통제할 수 있다. 아울러 별점 정보는 플랫폼이 소유하기 때문에 좋은 별점을 쌓아 올리는 데 공들인 노동자들을 플랫폼에 묶어 두는 역할을 하기도 한다. 반면, 우리나라의 데이터 라벨링 플랫폼은 주로 기업을 고객으로 하는데, 익명의 군중이 참가하는 비대면 노동이라는 특성상 기업고객이 개별 노동자의 성과를 평가하는 것이 사실상 불가능하다. 이러한 국내 데이터 라벨링 플랫폼의 특성은 알고리즘 관리의 범위와 한계를 이해하는 데 이상적인 맥락을 제공한다.

플랫폼 노동자 관리기법의 형성 및 진화 과정을 이해하기 위해서 필자는 데이터 라벨링 플랫폼에 나타난 전통적 통제 방식과 알고리즘 통제 방식 사이의 상호작용을 분석했다. 특히, 플랫폼 노동자의 일 경험에 의존해 플랫폼 업체들의 관리기법을 유추했던 선행 연구를 보완해 플랫폼의 창업자와 운영인력 관점에서 플랫폼 노동자 관리기법을 조명했다.

2. 데이터 라벨링 플랫폼 개요 ✓

가. 국내 데이터 라벨링 플랫폼 A사와 B사

필자는 창업시기와 규모를 기준으로 우리나라의 대표적인 데이터 라벨링 플랫폼으로 볼 수 있는 A사와 B사를 사례연구 대상으로 삼았다. 처음 창업자를 인터뷰했던 2013년 당시 A사는 서비스 이용자가 지인으로부터 받은 명함의 사진을 찍어 온라인 공간에 올리면 '타이피스트'라고 불리는 데이터 라벨링 노동자가 명함 정보를 직접 입력해 주는 명함 정보 관리 서비스를 운영하고 있었다. '수작업 입력'이 장점으로 입소문을 타면서 본격적으로 조직구성원들과 인터뷰를 시작한 2014년 중반에 A사 서비스는 가파른 성장세를 탔다. 필자는 우리나라에서 사실상 처음 나타난 데이터 라벨링 플랫폼이라는 사실에 흥미를 갖게 되었고, A사 구성원들이 노동자를 관리하는 방식을 주의 깊게 관찰하기 시작했다.

A사를 관찰하면서 데이터 라벨링 플랫폼의 출현 여부를 계속해서 탐색했고, 2018년 초에 지인을 통해서 B사의 대표를 소개받았다. A사가 명함 정보 입력이라는 한 가지 종류의 데이터 라벨링에 특화된 플랫폼이라면, B사는 더욱 대규모의 군중을 동원해 인공지능을 학습시키기 위한 데이터를 수집하고 가공하는 것을 사업모델로 삼았기 때문에 작업의 종류가 훨씬 다양했다. 특히 B사 대표가 첫 인터뷰에서 "우리 회사의 정체성은 AI 기술 업체가 아니라 인력관리 회사다."라고 강조할 만큼 사업 초기부터 플랫폼 노동자 집단의 효과적 관리를 경쟁력의 핵

심으로 삼았다는 점이 흥미로웠다.

　AI에 대한 사회적 관심이 높아지고, 정부가 디지털 뉴딜 정책을 통해 데이터 산업을 적극 육성하기 시작하면서 B사는 우리나라 최대의 데이터 라벨링 플랫폼으로 떠올랐다. 첫 인터뷰를 진행했던 2018년 초만 해도 플랫폼에 등록한 작업자 수는 채 만 명이 되지 않았고, 직원 수는 15명 수준이었지만 2020년 말 작업자 수는 20만 명을 넘어섰고, 현재 (2023년 5월)는 53만 명에 다다랐다. 따라서 B사 역시 플랫폼의 급성장 속에서 플랫폼 노동자 통제양식이 진화하는 동학을 살펴보는 데 이상적인 맥락을 제공했다.

나. 면접조사 참가자

　면접조사의 목표는 두 플랫폼 업체의 경영진과 정규직 구성원들이 플랫폼 노동자들을 어떻게 바라보고, 그들에 대한 관리기법을 어떻게 기획·구현·개선하는지 이해하는 것이었다. 이를 위해서 A사를 대상으로 2014년 중반부터 2017년 말까지, B를 대상으로는 2018년 초부터 2020년 말까지 다년간에 걸쳐 자료를 수집하였다. A사에서는 5명의 조직구성원과 15차례의 인터뷰를, B사에서는 11명의 조직구성원과 23차례의 인터뷰를 진행했다. 플랫폼 알고리즘 개발, 적용, 유지보수, 업데이트에 관여하는 조직 내 다양한 직군 구성원들을 면접조사 대상에 포함했다.

　면접조사는 플랫폼 운영방향의 의사결정자이자 가장 많은 지식을 가지고 있는 양사 창업자들과의 인터뷰로 시작했다. 이후 6개월 정도의 주기로 후속 인터뷰를 이어 가면서 두 플랫폼에 관한 최신 정보를 쌓아 나갔다. 양사의 창업자는 데이터 라벨링 노동자 관리에 있어서 각 직군의 역할을 설명해 준 것에 더해서 직군 종사자들의 섭외에도 도움을 주었다. 초기 인터뷰를 통해서 최고경영진 또는 서비스 기획자들이 노동자들의 작업 데이터를 바탕으로 알고리즘을 설계하고, SW 개발자들은 설계를 바탕으로 알고리즘을 구현하는 역할을, 그리고 프로젝트 매니저들은 노동자들과의 상호작용을 바탕으로 알고리즘에 추가되어야 할 사항을 찾아내는 것과 같은 직군 간 협업의 양상을 확인할 수 있었다.

한편, B사에는 플랫폼 노동자로 시작해서 노동자들을 관리하는 프로젝트 매니저로 전환한 이들이 있었고, 그중 세 명을 면접조사에 섭외했다. 그들과의 인터뷰는 노동자로서 플랫폼을 바라보았던 시선과 플랫폼 관리자로서 노동자를 바라보는 시선이 어떻게 교차하는지를 이해하는 데 도움을 주었다.

면접조사에 더해서 두 플랫폼과 관련된 다양한 종류의 문헌자료를 수집했다. A, B사 플랫폼은 빠른 성장세 덕분에 언론의 집중 조명을 받았다. '등록된 명함 수 1억 장 달성', '플랫폼 가입 작업자 수 20만 명 돌파' 또는 '수십억 규모의 투자유치'와 같은 성장의 이정표를 세울 때마다 양사의 대표들은 적극적으로 IT 산업 전문지와의 인터뷰에 응했다. 이러한 인터뷰 기사들을 통해서 플랫폼의 외연이 확장함에 플랫폼 기업의 공식적인 전략과 목표가 진화하는 양상을 확인할 수 있었고, 이를 양사 최고경영진과의 인터뷰 자료를 보완하는 데 사용했다.

두 번째로 양사가 홈페이지에 공개한 자료를 활용하였다. 특히, 본격적인 데이터 라벨링 플랫폼을 표방한 B사는 작업자 후기, 작업 매뉴얼과 같은 신규 작업자들을 유인하고 그들이 온라인 크라우드 노동에 익숙해지는 것을 돕는 자료들을 게시했고, 최근에는 자체적으로 작업자의 특성과 만족도 등을 분석한 보고서를 배포하기도 했다. 이들 자료를 통해 플랫폼 사업자가 작업자들에게 어떤 메시지를 보내고, 어떤 능력과 행동을 요구하는지 파악하고자 했다.

3. 데이터 라벨링 노동자 관리 알고리즘의 진화 √

이 절에서는 먼저 데이터 라벨링 노동 플랫폼 A, B사에서 공통적으로 확인할 수 있었던 플랫폼 노동자 관리 진화 과정의 두 단계를 먼저 설명한 후, 플랫폼이 제도적으로 자리를 잡으면서 나타난 진화 과정의 세 번째 단계인 관리기법의 고도화를 B사 사례를 중심으로 서술한다.

가. 플랫폼 형성기: 플랫폼 노동자의 동원

플랫폼 형성기에 유사 서비스를 제공하는 경쟁업체들과 차별화하기 위해 A사와 B사가 전략적으로 강조한 것은 작업의 속도와 정확도였다. 그리고 비대면 플랫폼 노동은 두 목표를 동시에 달성할 수 있는 '혁신적인' 방법으로 제시되었다. 특히 A사의 경영진은 경쟁사들의 광학문자인식(Optical Character Recognition, 이하 OCR) 기술을 통한 명함 정보 자동입력의 기술적 한계를 지적하며, 인간의 노동이 그 한계를 극복할 수 있음을 언론 인터뷰에서 강조했다. 다음은 그러한 인터뷰 기사 중 하나에서 발췌한 내용이다.

"대부분 명함 앱들은 OCR 기능을 사용해 텍스트를 변환하지만, 이 기술은 완벽하지 않습니다. 명함마다 형태가 다르고 회사명, 직책, 부서, 아이콘 등을 제대로 인식하기가 힘들거든요. 기술 정확도를 10% 더 끌어올린다고 해도 수정 작업을 한 번 더 거쳐야 한다는 거죠. 결국 사람 손이 필요하다는 얘깁니다."[1]

하지만 당시만 해도 업계 관계자들과 사용자에게 익숙하지 않았던 비대면 플랫폼 노동모델은 냉소와 의심의 대상이 되었다. 알고리즘의 기술적 완성도를 통한 문제 해결을 지향하는 IT 서비스 업계 종사자들은 A사가 택한 전략을 '수작업 모델' 또는 '인해전술'로 지칭하면서 비판적으로 바라보았다. 당시 A사의 최고기술책임자가 "SW기술과는 거리가 먼 수작업 업체라는 소문이 나서 개발자들이 오려고 하지 않는다."고 한탄했을 정도로 일반적인 스타트업이 표방하는 혁신의 이미지를 거스르는 '충격과 공포의 이단아' 이미지가 업계에 형성됐다.

한편, B사는 A사가 경험한 비대면 플랫폼 노동에 대한 업계의 낙인찍기에서 상대적으로 자유로웠다. B사가 서비스를 시작한 2017년 무렵에는 이미 AI 개념이 대중화되었고 AI 고도화에 필수적인 학습데이

---

[1] 한국경제신문. "충격과 공포의 명함 앱, A서비스 등장". 2014.3.4.

터 가공을 목표로 하는 온라인 크라우드 노동 플랫폼의 원형이 미국과 인도에서 성공을 거두고 있었기 때문이다. B사의 대표는 면접조사에서 조직의 정체성이 '인력관리회사'라는 것을 숨기지 않았다.

"이 사업을 후발주자들이 잘못 생각하고 있는 게 이것을 데이터 관리 시스템이라고 봐요. 저희는 데이터 관리 시스템이라고 생각하지 않거든 요. 이것은 사람 관리 시스템이지. 그러니까 HR 시스템이죠. 사람의 심 리나 이런 것들을 정확히 파악하고 관리를 해 줘야 데이터 품질이 나오 는 거지, 데이터를 계속 본다고 해서 데이터 품질이 높아지는 게 아니거 든요." (B사 대표)

비대면 플랫폼 노동모델은 IT업계 내부에서뿐만 아니라 일반 대중에 게도 낯선 개념이었다. 그 결과 서비스 초기 단계에 두 플랫폼이 직면 했던 가장 큰 숙제는 충분한 수의 작업자를 확보하는 '동원'의 문제였 다. 이는 다른 유형의 플랫폼에서도 서비스 초기에 일반적으로 나타나 는 문제로 대다수의 플랫폼 업체들은 서비스 제공자인 플랫폼 노동자 의 동원을 위해 다양한 마케팅 전략을 펼친다. 두 업체 역시 노동자들 을 동원하기 위해서 "투자금을 태워서"(A사 공동창업자), "(노동자들 이) 집에서 쉽게 돈 버는 맛을 확실히 느끼게 해 주는"(B사 임원#1) 전 략을 펼쳤다. A사 공동창업자는 플랫폼 운영 초기 노동력 확보의 어려 움을 언급하면서 그것을 해소하기 위한 안정적 작업 물량 확보의 중요 성을 아래와 같이 서술했다.

"그때(창업 초기)는 타이피스트가 가입해서 일해 주시면 고마운 시절이었으니까 속된 말로 찬밥, 더운밥 가릴 때가 아니었지. 어떻게든 작업을 더 많이 할 수 있도록, 어떻게 하면 떠나지 않고 계속해서 작업하도록 잡아 둘 수 있을까 고민이 더 컸어. 접속했는데 일감이 없으면 실망해서 다시 오지 않을까 봐. 이용자가 쌓여 있는 명함을 택배로 우리한테 보내면 우리가 스캔해서 온라인에 올리는 것도 타이피스트 작업 물량을 확보하기 위한 목적도 있었어."(前 A사 CTO)

아울러, 두 업체 관계자들은 플랫폼이 합리적인 수준의 보상을 크라우드 노동자들에게 제공한다는 것을 강조했다. 그 기준은 최저임금이었다. 최저임금보다 높은 작업단가는 질 낮은 일자리라는 선입견을 줄이는 동시에 노동시장에서 주변화된 이들을 플랫폼으로 끌어들이는 담론적 자원으로 기능했다. 아래 인터뷰 내용은 그러한 측면을 잘 보여준다.

"최저시급으로 맞추는데 보통은 이제 하다 보면 숙련이 되니까 최저시급의 한 150%까지는 벌어요. 12,000원, 13,000원까지는 벌 수 있게 해 줘야 이제 그 사람들도 동기부여가 되는 거잖아요. 그래야지 입소문이 나고 우리 플랫폼에 더 많은 사람이 모이는 것이고요. 높은 단가의 효과는 정직해요."(B사 대표)

온라인 크라우드 노동 플랫폼이라는 정체성으로 연결된 두 업체는 창업 초기 신생의 불리함을 딛고 주변의 예상을 뛰어넘는 급성장을 보였다. 특히 A사는 업계 관계자들의 비관적 전망과는 반대로 서비스 이용자들이 비대면 플랫폼 노동방식을 혁신으로 받아들이면서 창업 후 불과 2년 만에 명함 정보 관리 업계 1위로 올라섰다. 집에서 안전하게 할 수 있는 이른바 '재택알바'가 노동시장에 많지 않았던 상황에서 두 업체는 특히 여성노동자 사이에 입소문을 내는 데 성공했다.

나. 플랫폼 성장기: 동원에서 통제로

비대면 플랫폼 노동의 수요와 공급 규모가 모두 증가하고 플랫폼에서 진행되는 작업량이 폭증하면서 두 업체는 새로운 과제에 직면한다. 바로 작업의 정확도를 높이는 것이었다. 플랫폼 노동자 동원에 초점을 맞췄던 두 업체에게 작업 결과물의 정확도를 향상시키기 위한 통제는 낯선 영역이었다. 통제를 위한 경험과 자원이 부족한 상황에서 두 업체가 택한 방법은 수작업을 통한 결과통제였다. 즉, 검수자가 일일이 개별 데이터 라벨링 노동자의 작업 결과물을 확인하는 방법이었다.

하지만 그러한 관리기법은 플랫폼 업체 구성원들에게 커다란 부담을 안겼다. 특히, 플랫폼의 운영에 있어서 참고할 만한 선례가 없었던 A사는 많은 시행착오를 겪어야만 했다. A사의 창업자는 파트타임으로 고용한 학생과 함께 노동자가 입력한 명함 정보와 고객이 서버에 올려놓은 명함 원본을 일일이 대조해 가며 검수하던 당시의 어려움을 아래와 같이 털어놓았다.

"매일 줄근하자마자 2~3시간 동안 하는 일이 타이피스트가 입력한 것을 하나하나 검사하는 것이었어. 하다 보면 점심시간인데, 눈알이 빠지는 것 같아서 너무 힘들었어. 이런 거 하려고 스타트업 하는 것인가, 자괴감도 들고. 이렇게는 도저히 안 되겠다 싶어서 엑셀 파일을 만들기 시작했어. 타이피스트 작업 내역을 만들어 놓으면 이제 잘하는 사람들은 두고, 잘 못하는 사람들이 작업한 것만 검사하면 되니까." (A사 CTO)

양사 모두 데이터 라벨링 작업의 정확도를 경쟁력으로 내세웠던 만큼, 노동자들의 작업 결과물을 확인하는 데 공을 들여야 했고 그것을 위한 수작업 검수는 매우 비효율적이었다. 하지만 당시 두 플랫폼 업체에 주어진 선택지는 많지 않았다. 예를 들어, A사는 작업자들을 회사로 초대해 사업모델과 명함 정보 입력에 관한 집체교육을 실시하려고 했지만, 간단한 '재택알바'를 기대했던 작업자들은 단 한 명도 응하지 않았다.

외국의 대형 크라우드 노동 플랫폼은 작업 배분 알고리즘을 통해 결과통제의 한계를 보완하지만, 플랫폼 운영 초기 단계에 있었던 양사는 알고리즘을 만들기 위해 필요한 노동자 작업 데이터를 충분히 축적하지 못했기 때문에 그마저도 여의치 않았다. 이러한 문제는 후발주자이자 본격 데이터 라벨링 노동 플랫폼을 표방한 B사에서도 드러났다. B사는 검수 작업을 플랫폼을 통해 크라우드 노동자에게 맡겼는데, 마찬가지로 만성적인 검수자 부족이라는 문제를 겪게 된다.

다른 한편, 플랫폼 노동자들의 데이터 라벨링 노동 경험이 쌓이면서 수입을 늘리기 위한 전략적 행동 역시 늘어났다. 그러한 '기회주의적'

행동을 막기 위한 플랫폼 관리자들의 고민은 깊어졌다.

"시스템에 규칙을 만들어 놓으면 한동안 잘 돌아가요. 그러다가 이상
할 정도로 많은 수입을 가져가는 작업자들이 나타나요. 보면 규칙을 우
회하는 작업자들이에요. 그러면 그걸 막기 위해서 다시 알고리즘 수정을
합니다. 그걸 바로 특허로 내고요. 지금도 계속 그렇게 진행 중이에요.
궁극적으로는 아마존 AMT처럼 가야죠."(B사 대표)

인터뷰 내용은 데이터 라벨링 노동과정이 플랫폼 관리자와 노동자
사이의 숨바꼭질과 같은 통제 시도와 우회가 이어지는 경합의 영역
(contested terrain)[2]에 들어섰음을 보여 준다. 작업자들이 플랫폼에서
취하는 행동을 적절히, 효율적으로 '통제'하는 것이 노동자 관리에 있
어서 최대 화두로 떠올랐다.

이러한 과정에서 수작업으로 진행됐던 결과통제의 알고리즘화가 조
금씩 진행됐다. 수작업 결과통제가 소비하는 조직의 자원을 줄이기 위
한 시도였다. 처음 시도된 결과통제 자동화 알고리즘은 간단한 형태였
다. 이미 답을 알고 있는 '함정' 문제를 노동자의 작업 물량에 심어 두
고 그 작업 결과만을 검수하는 것이었다. A사의 개발자는 그것이 초보
자도 쉽게 생각해 낼 수 있는 쉬운 알고리즘이라며 다음과 같이 상세히
설명해 주었다.

---

2   Edwards, 1979.

"전수 검수를 할 수 없다. 그런데 결과물의 질은 높여야 한다. 어떤 알고리즘을 만들면 될까요? 박사님도 한번 고민해 보세요. 간단해요. 답이 나와 있는 문제를 넣어 두는 거죠. 제대로 입력된 명함을 (서버에) 작업으로 올려놓고, 타이피스트가 그 명함 정보를 입력하면 그 결과를 답이랑 비교하면 되는 거죠. 튜닝해야 하는 곳은 그런 문제가 얼마나 자주 뜨게 할 것이냐, 몇 개 이상 틀리면 경고를 줄 것이냐."(A사 개발자)

이러한 결과통제의 결과가 작업자별로 축적되면서 자연스럽게 작업에 참여할 수 있는 조건을 제한함으로써 결과물의 질을 높이는 것을 꾀하는 '입력통제'를 시도할 수 있는 기술적 조건이 만들어졌다. 초기 입력통제는 플랫폼의 급성장으로 늘어난 검수량을 수작업 결과통제만으로는 해결할 수 없다는 문제의식으로부터 나타났다. 상술한 수작업 결과통제의 한계를 절감한 A사의 공동창업자는 매일 수행하던 검수 작업의 결과를 엑셀 문서로 정리하기 시작했다. 문서의 세로축에는 작업자 이름, 가로축에는 각 작업자의 작업 오류 개수를 기록하고, 그것을 바탕으로 각 작업자의 주별·월별 정확도(%)를 산출하는 단순한 방식이었다. 작업기록의 월별통계를 바탕으로 신뢰할 수 있는 작업자들의 '화이트리스트'를 만들었고, 수작업 검수는 거기에 들지 못한 작업자들에 집중함으로써 검수 작업에 투입되는 공수를 줄였다. 화이트리스트에 포함되는 기준은 정확도 95% 이상을 꾸준히 유지하는 것이었다.

이어서 A사는 화이트리스트에 속한 이들이 더 많은 명함 정보를 입력하도록 유도하는 간단한 인센티브 시스템을 도입했다. 화이트리스트의 작업자들이 일정 매수 이상의 명함 정보를 입력할 시에 건당 작업비를 20%가량 인상했다. B사 역시 비슷한 입력통제 정책을 펼쳤다. 작업 이력을 바탕으로 '우수작업자'를 선정해 그들이 더 많은 작업 물량을 소화하도록 유도하는 것이 정책의 골자였다.

"인센티브라기보다는 소위 말하는 꿀작업, 꿀작업들은 상위권 상위 작업자들한테만 제한해서 할당하는 경우가 많아요. (꿀작업이라는 게 예를 들어서 어떤?) 쉽게 돈 버는 거, 쉽고 그렇게 머리를 많이 안 쓰고도 빨리 돈을 벌 수 있는 그런 작업들은 우리가 생각하는 우수작업자들한테만 주는 거죠."(B사 개발자#2)

노동자들의 작업 이력이 쌓이면 쌓일수록 플랫폼 업체의 입력통제 역시 그것을 자원으로 삼아 고도화되었다.

알고리즘이 결과통제와 입력통제의 수단으로 역할을 하기 시작했지만, 이 시기 비대면 플랫폼 노동자 관리에 있어서 핵심적 역할을 수행한 것은 여전히 관리자의 노동이었다. 필자가 '관계적 노동'이라 명명한 B사 PM의 플랫폼 노동자 관리 업무는 특히 작업자 선발과 그들과의 소통에서 두드러졌다. 고객사의 의뢰를 받고 온라인 미세작업 프로젝트를 개설할 때, PM은 노동자들의 작업 이력을 바탕으로 참여 작업자들을 선발했다. 검수 작업까지 책임져야 하는 PM들은 과거 경험으로부터 본인의 프로젝트에 우수작업자를 최대한 많이 확보하는 것이 작업 결과의 질을 높이고 업무량을 줄일 방법임을 잘 알고 있었다.

아래 인터뷰 내용이 보여 주는 것처럼 노련한 PM은 이미 우수작업자들의 목록을 자신의 머릿속에 가지고 있었고 그들을 작업자 또는 검수자로 확보하기 위해서 노력했다.

"진짜 저희(PM) 사이에서 유명한 작업자분이 한 분 계세요. (웃음) 그분은 진짜 많은 매니저가 연락을 하시는데 그분이 이제 여력이 되면 이제 다 받아 주시는 거고 안 되면 이제 일부 작업은 거절을 하시기도 하고 그렇죠."(B사 PM#8)

'양질의' 작업자를 확보하기 위해서 몇몇 PM은 자신이 담당했던 프로젝트에서 좋은 성과를 보인 작업자의 아이디를 기억했고, 밴드나 카카오톡을 통해 그들과의 연결망을 유지하고 있었다. 그러한 연결망을 통해서 자신이 맡는 프로젝트에 그들을 신용할 수 있는 작업자나 검수자로 초대했다. 아울러 PM들은 서로 우수 노동자 명단을 교환하고 공유하기도 했다. 작업 물량이 많은 프로젝트나 새로운 종류의 프로젝트의 경우 자신의 재량에 따라서 프로젝트 초반 고성과자로 떠오른 작업자를 검수자로 선발하기도 했다.

"(작업자가) 처음 10문제를 풀었는데 이 사람은 검수해도 될 정도로 문제를 잘 풀었다면 '작업 결과가 괜찮으니까 바로 검수하시면 될 것 같습니다.'라고 (메시지를 보내서) PM이 그 작업자를 검수자 방으로 초대하는 거죠. 모르는 거 있으면 물어보라고 해요. '누구님은 품질이 좋아서 바로 하시면 됩니다.' 하고 바로 다른 (단톡)방으로 초대를 하는 거죠." (B사 플랫폼 작업자 겸 검수자)

요컨대, PM은 개별 데이터 라벨링 프로젝트 수준에서 결과·입력 통제를 연결하며 B사 크라우드 노동자 관리의 중추적인 역할을 수행했다. 2019년 초에 5명이었던 PM의 수는 플랫폼의 성장과 함께 1년 만에 15명 이상으로 늘어났다.

하지만, PM의 관계적 노동에 의지한 프로젝트 관리는 두 가지 측면에서 한계를 드러냈다. 첫 번째는 작업이나 검수를 신뢰하고 맡길 수 있는 '우수작업자' 집단의 규모가 기대한 만큼 커지지 않았다는 점이다. 입력통제 정책으로 많은 작업 이력을 가진 크라우드 노동자들에게만 작업이 쏠리기 시작했고, 신규가입자들은 기대한 수입을 올리지 못해 실망한 나머지 플랫폼을 조기에 이탈하는 현상이 나타났다.

두 번째는 관계적 노동을 담당하는 PM들의 노동 강도가 너무 높아진 것이었다. PM은 많은 경우 한 사람당 10개가 훌쩍 넘는 프로젝트를 관리해야 했다. 프로젝트에 참가하는 노동자의 선발뿐만 아니라 작업 방식에 대한 문의에 수시로 답을 해야 했고, 높은 정확도를 요구하는 프로젝트의 경우 최종검수자로서 작업 결과물을 전수 검사하는 경우도 있었다. 그로 인해 새벽 1~2시까지 회사에 남아 검수 작업에 매몰되는 상황도 있었다. 이러한 한계와 두 플랫폼을 둘러싼 제도적 환경의 변화로 데이터 라벨링 노동자 관리 방향은 또 한 차례의 변곡점을 맞이했다.

다. 플랫폼 완숙기: 통제에서 몰입으로

플랫폼이 가파른 성장기를 지나 매출과 신규 사용자의 성장곡선이 완만해진 완숙기에 접어들면서 A, B 양사의 정체성 차이와 그에 따른 크라우드 노동자 관리기법의 차이가 극명하게 드러나기 시작했다. 두 플랫폼 모두 '수익화의 압박' 속에서 플랫폼 노동자에게 투입되는 비용 부담이 커지면서 앞 단계와는 다른 관리방식을 모색해야 했다. 이 시점에서 서로 다른 방향으로 분화하기 시작한 두 업체의 노동자 관리 양상을 각각 살펴본다.

A사 서비스가 4년 차에 접어들면서 누적 가입자 수와 입력된 명함의 수는 각각 200만 명과 1억 5천만 건을 넘어섰다. 서비스 이용자들 사이에 노동자의 수작업에 의한 정확한 입력은 여전히 타사가 모방할 수 없는 A사 서비스만의 강점으로 인식되었다. 다른 스타트업과 마찬가지로 A사도 외부 투자금으로 운영비를 충당하면서, 이용자들을 플랫폼에 묶어 두기 위해 서비스 이용료를 부과하지 않는 정책을 견지했다. 일단 이용자들의 플랫폼 종속성을 높인 후에 타 업체들의 광고를 유치하거나 유료 프리미엄 서비스를 개발해서 수익을 내려는 전략이었다.

그러나 200만 명의 가입자 수는 경쟁업체에 비해서는 높은 수치였지만, 규모에 기반한 수익모델을 창출하기에는 부족한 숫자였고, A사가 시도한 수익화 모델은 뚜렷한 성과를 거두지 못했다. 이 즈음 A사를 떠난 공동창업자는 당시의 정체기를 다음과 같이 서술했다.

"스타트업은 큰 기업에 인수되거나 주식시장에 상장해 엑시트(exit) 하는 게 목표인데, 그게 말처럼 쉽지 않거든. 성공적으로 엑시트 하기 위해서는 신규이용자 수가 계속 50%, 100%씩 늘어나든가 아니면 수익모델이 확실히 보여야 하는데, 그게 부족했던 거야. 이용자 수가 예전처럼

쭉쭉 늘어나는 것도 아니고. 투자금은 점점 떨어져 가고. 광고를 붙이자
니 이용자들이 떨어져 나갈 거 같고, 유료 구인구직 서비스로 가자니 추
가 비용이 만만치 않을뿐더러 수요가 얼마나 있을지 확실치 않고 답답한
상황이었던 거지." (前 A사 CTO)

이러한 정체기가 길어지면서 수익화의 압박은 더욱 커졌고, 노동자
에게 투입되는 비용이 A사에 적지 않은 부담으로 다가오기 시작했다.
마침 2015년 이후 딥러닝 기술이 비약적인 발전을 이루면서 높은 정확
도를 유지하며 명함 정보 인식을 자동화할 수 있는 길이 열렸다. 명함
정보 입력 자동화의 기술적 가능성을 실현할 수 있었던 결정적 요인은
노동자들이 작업해 놓은 약 1억 5천만 건의 명함 정보였다. A사의 데
이터베이스에 저장된 정보를 새로운 이용자의 명함 정보와 매칭하거
나, 인공지능을 학습시키기 위한 데이터로 사용함으로써 수작업 없이
높은 정확도로 명함 정보를 디지털화하는 것이 가능해졌다. A사 서비
스의 상징적 자원으로 기능했던 비대면 플랫폼 노동의 생산물이 이제
노동자들을 대체하는 자동화의 주춧돌 역할을 하게 된 것이다.

"저희가 쓰는 머신러닝, 자동화가 별것은 아니고, 일단 새로운 명함이
등록되면 기존에 등록된 정보랑 겹치는 게 있는지 일단 확인을 해요. 명
함이 2억 개 이상 들어와 있으니까, 예를 들어서, 웬만한 상업용 건물 이
름은 다 들어와 있다고 볼 수 있거든요. 높은 확률로 벌써 데이터베이스
에 있을 가능성이 높은 거죠. 그러면 건물 이름은 입력할 필요 없이 비교
해서 매칭되는 게 있으면 그것으로 인식하면 됩니다." (前 A사 개발자)

이러한 자동화 알고리즘을 통해서 A사는 한때 7천여 명에 달하던 플랫폼 노동자 규모를 대폭 줄일 수 있게 되었다. 이후 A사는 데이터베이스에 존재하지 않는 명함 정보 또는 외국어 명함 정보의 입력을 해당 언어의 전문성을 갖춘 노동자들에게 분배하는 알고리즘을 사용하고 있다. 2019년 초에 진행했던 인터뷰에서 A사 관계자는 궁극적으로는 딥러닝을 통해 데이터베이스에 존재하지 않는 명함 정보 역시 높은 정확성으로 인식하고 입력하는 알고리즘의 개발을 목표로 하고 있지만, 그것이 실현되더라도 상징적 자원으로서 일정 수의 타이피스트를 유지할 계획이라고 밝혔다.

A사와 달리 B사는 일관되게 비대면 노동 플랫폼을 핵심 수익원이자 조직 정체성으로 유지했다. 명함 입력에 한정된 A사 데이터 라벨링 수요는 규모의 한계가 명확했고, 비교적 짧은 기간에 자동화가 가능했다. 반면, B사 데이터 라벨링 노동에 대한 수요는 거의 무한대에 가까웠다. AI와 기계학습 기반의 디지털 전환이 전 산업에 걸쳐 경쟁력의 열쇳말이 되었고, 기계학습을 위해 학습 데이터를 수집하고 가공하는 작업의 수요는 계속 증가했기 때문이다. 데이터 수집·가공 작업 노동시장의 공급 또한 확대되었다. 청년 실업 문제와 코로나19가 장기화하면서 단기 일자리를 찾는 청년들과 고용 단절 여성들 사이에 B사 플랫폼은 유명세를 탔다.

결정적으로 2020년 하반기부터 정부가 디지털 뉴딜 정책의 이름으로 투입한 수조 원 규모의 예산은 과기정통부 – AI 관련 스타트업 – AI 학습용 데이터 수집 및 가공 플랫폼 – 데이터 라벨링 노동자로 구성되는 산업 생태계의 물적 기반이 되었다. 하지만 B사 역시 수익화의 압력을 피할 수는 없었다. B사의 몇몇 내부 구성원들은 정부 프로젝트에 대한 지나친 의존도가 데이터 라벨링 플랫폼의 시장경쟁력을 약화시킬 수 있는 가능성에 우려를 표하기도 했다.

"한편으로는 불안함도 있어요. 너무 (디지털 뉴딜)정책에 의지하는 것 아닌가? 적극적으로 영업을 하고 기업들을 설득해서 클라이언트로 유치를 해야 하는데, 정부 쪽 돈이 넘쳐 흘러들어오면서 그런 과정이 사라졌 거든요. 정부 사업이 끝나면, 아니면 저희가 정부 사업을 맡지 못하게 되면 계속 이렇게 성장을 할 수 있을까? 괜한 걱정일지도 모르겠지만, 그쪽에서 발생하는 매출이 워낙 훨씬 커졌으니까요."(B사 관계자)

수익화의 압력에 대응해 B사의 플랫폼 노동자 관리 목표는 '몰입'으로 선회했다. 몰입 유도 전략은 플랫폼 노동자들의 내재적 동기를 증진시킴으로써 통제에 투입되는 자원을 최소화하고 작업의 양과 질을 모두 향상시키는 것을 목표로 했다. 통제에서 몰입으로의 전환 과정에서 B사 관계자들은 더 이상 크라우드 노동자들을 동질적 집단으로 상정하지 않고, 다양한 기준에 따라 세분화하였다. 그들 사이에 이질성을 찾아내 거기에 맞는 동기부여 요인을 적용하기 위함이었다. 이러한 맥락에서 중요성이 커진 것은 작업자에 대한 교육이었다.

"이제 (작업자의) 전문성이 더 필요해지고 있기 때문에 그거에 대해서는 뭐 개발이나 기획이랑 이렇게 해서 얘기를 많이 해서 뭐 위에서 예상하시는 거는 아마존이나 이런 것처럼 고객사에서 이러이러한 사람이 필요해요. 이러면 저희 풀에서 딱딱딱딱 보내 줄 수 있는 그런 거를 원하시는 것 같은데 아직까지 저희가 그렇게 우수한 작업자들이 많지가 않아서 그래서 지금 그걸 위해서 교육센터를 설립을 따로 하고, 별도 교육을 진행을 하려고 하고 있어요." (B사 PM#4)

B사가 작업자 교육에 관심을 가진 것은 플랫폼 성장기로 거슬러 올라간다. 앞에서 언급했듯이 입력통제의 한계로 우수작업자 부족 문제가 두드러졌고, B사 경영진은 그 해결책으로서 우수작업자를 키워 내기 위한 교육에 눈을 돌렸다. 데이터 라벨링 노동자들이 교육에 참가하는 것을 유도하기 위해 온·오프라인 교육 참가를 "작업자들이 고소득을 올릴 수 있도록 도와주는"(B사 뉴스레터, 2019.9.27) 정책으로 홍보하기도 했다. 아울러 몇몇 데이터 라벨링 프로젝트는 오프라인 교육과정을 이수한 이들만 참가하도록 제한을 두기도 했다.

플랫폼 완숙기에 접어들어서는 교육의 규모도 커졌을 뿐만 아니라, 교육 내용도 세분화되었다. 이전에는 특정 작업을 수행하는 데 필요한 실무지식을 전달하는 것이 교육의 대부분을 차지했다면, 점차 데이터 라벨링 노동자가 미세작업에 의미를 부여할 수 있는 근거가 될 수 있는 내용이 추가되었다. 예를 들어, B사의 연혁과 미션, 일하는 방법의 변화, 미세작업 크라우드 노동이 AI 산업 발전에 갖는 의의와 같은 내용에 오프라인 교육 시간의 일부가 할애되었다.

하지만, 단순히 교육과정을 제공하는 것만으로는 비대면 플랫폼 노동자들의 몰입을 유도하기는 쉽지 않았다. 애당초 높은 유연성을 바탕으로 빠르게 수입을 올리는 것을 기대했던 노동자들은 교육에 참여하는 것 자체를 탐탁지 않게 생각했다. 결과적으로 아래의 인터뷰 내용이 보여 주는 것처럼 일부 노동자들만 반복적으로 교육에 참여할 뿐, 플랫폼 작업에 높은 몰입도를 보이는 '우수작업자' 집단의 확대로 이어지지는 않았다.

"모객을 하는 데에 있어서 어떻게 해야 할지 아직 감을 잘 못 잡겠어요. 지금 같은 식으로 계속 교육을 진행을 해 온 거는 이미 작업을 잘하고 있는 작업자들한테 연락을 취해서 교육비를 이만큼 줄 테니까 와서 이제 실습을 해 보고 교육을 들을 수 있는 사람, 뭐 회신을 줘라. 이런 식으로 계속 진행을 했었는데 이렇게 되면 내부적인 풀에서만 계속 진행이 되는 거고 안 오는 사람은 계속 안 오고, 오는 사람들만 계속 오고 해서."(B사 PM#8)

데이터 라벨링 노동자가 B사의 교육에 참여하도록 유도하는 가장 확실한 방법은 교육에 투자하는 시간을 현금으로 보상하는 것이었다. 하지만 수익화의 압력 속에서 교육에 참여하는 노동자 모두에게 현금 인센티브를 지급하는 것은 현실성이 떨어졌다. 교육정책을 둘러싼 딜레마의 돌파구는 다시 한 번 정부의 정책적 지원을 통해 열렸다. 적극적 노동시장 정책의 일환으로 데이터 라벨링 노동자들의 교육·훈련을 정부 예산으로 지원해야 한다는 플랫폼 업체의 요청을 정부가 받아들인 것이다. 교육 참가에 대한 현금 인센티브 지급을 위한 재정적 자원을 확보하면서, B사 플랫폼 노동자 관리의 무게중심은 입력통제로 급격하게 기울었다. 조직개편을 통해 교육전담부서 인력을 확충하는 등

세분화·전문화된 교육과정을 설계하고 운영하는 데 조직의 자원을 집중했다.

한편, PM의 관계적 노동이 플랫폼 노동자 관리에서 차지하는 역할은 전략적으로 축소되었다. 플랫폼 규모의 성장에 비례해 정규직 관리자인 PM의 수를 늘릴 경우 인건비 부담이 커지기 때문이었다. B사의 경영진은 PM이 축적한 크라우드 노동자 관리의 암묵지를 형식지로 전환하고, 이어서 알고리즘화함으로써 관계적 노동의 비용을 절감하고자 했다.

먼저, PM의 주요 업무였던 노동자 선발 업무를 HR 부서로 독립시켰다. 개별 PM의 노하우 및 노동자와의 연결망에 의지했던 노동자 선발은 전공 및 자격증 유무 등의 개인정보와 플랫폼에서의 작업 이력을 바탕으로 한 선발로 대체되기 시작했다. 동시에, 외부 투자금을 등에 업은 공격적 채용을 통해 알고리즘 고도화를 위한 조직 내 분업을 강화했다. 플랫폼 노동자들과의 접점에 있는 PM은 노동자들의 기회주의적 행동을 감지하는 역할을, 기획팀은 모니터링 결과를 모아서 기회주의적 행동을 패턴화하고 그것을 시스템 차원에서 막기 위한 알고리즘을 설계하는 역할을, SW 개발팀은 알고리즘을 구현하고 플랫폼에 적용하는 역할을, 데이터 팀은 개선된 알고리즘의 효과를 검증하는 분업 체제가 자리 잡았다. 이러한 조직적 변화 속에서 현장관리자 역할을 했던 PM의 관계적 노동은 점차 알고리즘에 의해 자동화되거나, 다른 부서로 흡수되었다. B사의 경영진은 이를 노동집약적 PM 업무의 고부가가치화 과정으로 설명했다.

"프로젝트 매니저의 일이 없어지는 것이라기보다는 그 친구들이 일단은 지금 너무 많은 일을 하고 있어요. 그러다 보니까 그 일이 줄어드는 건 당연히 맞는 거고. 두 번째로는 그 친구들이 나아가야 될 방향이라는 건데 지금은 고객 요구사항 받아서 어쨌든 프로젝트 진행시키고 결과 데이터 추출해서 전달하고 또 다른 프로젝트 또 하고 이런 게 어떤 이제 지금 현재 롤이라면 나중에는 이제 그 친구들은 데이터 컨설팅까지 할 수 있는 방향으로 가야 하지 않을까."(B사 임원#1)

조직 내 분업체계를 통해서 알고리즘 관리는 고도화 과정에 들어섰다. 이 시기 주목할 것은 과정통제의 요소들이 알고리즘을 통해서 도입되기 시작한 것이다. 크라우드 노동자 관리에 있어 B사 구성원들의 오랜 고민 중 하나는 일부 고소득 작업자들의 '꿀작업 찜해 놓기' 관행이었다. 단가는 20~40원 수준으로 높지 않지만 난이도가 낮아서 작업 물량을 충분히 확보할 경우 높은 누적수입을 기대할 수 있는 프로젝트를 작업자들은 보통 "꿀작업"이라고 지칭했다. 꿀작업일수록 작업 물량 확보를 위한 작업자들 사이의 경쟁이 치열하기 때문에 경험이 많은 일부 작업자들은 검수 시스템의 틈새를 파고드는 물량 찜해 놓기 전략을 사용했다.

"일단 대충이라도 작업을 완료해 놓기만 하면, 검수로 넘어오거든요. 검수하는 입장에서는 짜증나죠. 작업 가이드도 읽지 않고 대충한 것이 보이니까, 시험 볼 때 모두 3번으로 찍는 거랑 비슷하다고 보시면 돼요. 그런데 여기서 다른 것은 검수자가 반려를 보내면 그 작업자가 다시 해당 작업을 할 수 있다는 거예요. 그러니까 작업량을 일단 찜해 놓고 반려받으면 천천히 재작업할 수 있는 거죠."(B사 플랫폼 검수자)

이러한 꿀작업 찜해 놓기는 검수 작업의 과부하를 낳고, 플랫폼에 신규 유입된 작업자들이 수익성 높은 프로젝트를 경험하는 것을 어렵게 만드는 주요인이었다. 따라서 플랫폼 노동자들이 노동과정에서 개별 작업을 더 신중하게 수행하도록 유도하는 알고리즘의 필요성이 제기되었다. 일정 개수 이상의 작업을 수행하면 정해진 시간 동안 다음 작업 수행을 제한하는 것과 같은 알고리즘이 도입되었고, 작업자들의 생산성을 모니터링하면서 개별 작업자에게 주어지는 작업 시간과 개수를 최적화해 나가는 방향으로 알고리즘 실험이 이어졌다.

다시 말해, 기존의 입력통제와 결과통제가 알고리즘을 통해서 과정통제와 결합된 관리 방식이 적용되기 시작한 것이다. 앞서 소개한 교육이 플랫폼 노동자가 B사 플랫폼과 맺는 관계의 몰입도를 높이기 위한 것이었다면, 과정통제는 노동과정에서 작업 몰입도를 높이기 위한 관리 방법이었다.

이상 A, B사의 플랫폼에서 나타난 데이터 라벨링 노동자 관리 방식의 진화 과정을 플랫폼의 발전 단계에 따라서 살펴보았다. 이어지는 마지막 소절에서는 분석 결과를 요약하고, 그것이 가지는 함의를 논의하도록 한다.

4. 플랫폼 업체는 왜 그리고
어떻게 노동자를 일에 몰입시키는가? ✓

본 글은 우리나라의 대표적인 데이터 라벨링 플랫폼 두 곳의 창업자, 임원, 기획자, 개발자, 매니저들을 창업 직후부터 각각 5년과 3년에 걸쳐 면접조사한 자료를 바탕으로 플랫폼의 발전 단계를 '형성기 - 성장기 - 완숙기'로 구분했다. 이어서 각 단계에 나타난 플랫폼 노동자 관리방식을 관리의 주체와 양상으로 나눠서 살펴보았다. 이를 [그림 1]에 도식화했다.

[그림 1] 온라인 크라우드 노동자 관리 방법의 진화 과정

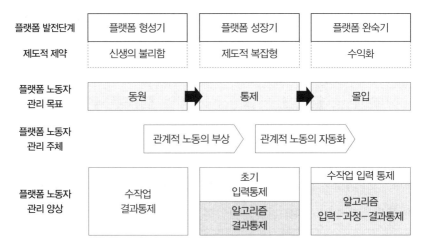

제도적 제약은 플랫폼 노동자 관리의 외적 조건을 규정한다. 플랫폼 형성기에 플랫폼 업체들이 극복해야 하는 제도적 제약이자 기회는 신

생의 불리함이다. 시간적 · 공간적으로 극도로 유연한 비대면 플랫폼 노동은 노동의 공급자와 수요자 모두에 낯선 노동력 교환 방식이었다. A, B사 모두 데이터 라벨링 노동을 자동화의 대척점에 세우고 '사람이 직접 입력하는 명함 정보' 또는 '청년들이 선호하는 일거리 제공'이라는 틀짓기 함으로써 신생의 불리함을 서비스 차별화의 기회로 활용했다.

이 단계의 플랫폼 노동자 관리 목표는 가능한 많은 노동자를 '동원'하는 것이다. 이를 위해서 지인, 정부지원금 또는 개인투자자들로부터 받은 소규모 엔젤 투자금은 고객을 플랫폼으로 유인하는 마케팅 비용과 노동자들에게 지급되는 보상에 집중됐다. 개별 노동자에 대한 데이터 부족과 조직의 기술적 자원 부족으로 알고리즘 관리는 아직 나타나지 않았고, 플랫폼 노동관리는 단순 결과통제의 형태로 소수 조직구성원의 노동력에 의존했다.

플랫폼 성장기는 플랫폼 업체가 벤처캐피탈과 같은 제도적 투자자들로부터 투자유치에 성공하면서 본격적으로 진행됐다. 벤처캐피탈로부터 투자를 받는다는 것은 플랫폼 서비스의 잠재력이 시장에서 인정받는다는 것을 의미한다. 언론에 소개되는 빈도가 늘어나면서 고객들은 플랫폼에 신뢰를 갖고 데이터 작업을 맡기고, 유튜브 · 블로그 · 언론기사 등을 통해서 정보를 접한 신규인력들의 진입으로 크라우드 노동자 규모도 비약적으로 커졌다.

하지만 그러한 동원의 성공은 새로운 숙제를 낳았다. 바로 대규모 크라우드 노동자들을 효율적으로 통제하면서 그들의 기회주의적 행동을 최소화해야 하는 과제다. 플랫폼의 성장에 따라 업체가 직면하는 제도적 제약은 복잡해지고, 제도적 복잡성은 업체가 통제에 사용할 수 있는 선택지를 제한했다. 따라서 플랫폼은 계속하여 구현 및 실행이 간단한 결과통제에 의지했다. 투자금을 이용해 직접고용 인력의 규모를 늘리고, 그들에게 플랫폼 노동자 관리를 전담케 하는 것이었다. 그에 따라서 플랫폼 노동자와의 접점에서 선발, 의사소통, 평가, 검수를 아우르는 관계적 노동이 플랫폼 운영의 핵심으로 자리 잡는다.

관계적 노동을 매개로 미시적 수준의 노동자 관리는 두 가지 방향으로 진화했다. 첫 번째로 대폭 증가한 작업 물량의 수작업 검수에 투입되는 조직의 자원을 줄이기 위해 알고리즘을 이용한 결과통제가 등장했다. 두 번째로 축적된 작업 결과를 바탕으로 플랫폼 노동자의 등급을 매기고, 그에 따라서 접근 가능한 작업의 종류를 제한하는 입력통제가 출현했다. 하지만 이 두 가지 접근 모두 금세 한계를 드러냈다. 예를 들어 B사의 경우 새로 플랫폼에 진입한 작업자들은 강화된 통제 시도에 순응하기보다는 플랫폼으로부터의 이탈을 택했다. 이러한 한계는 '통제'로부터 '몰입' 전략으로의 이행을 촉진했다.

플랫폼 완숙기에 접어들면서 데이터 라벨링 노동 플랫폼을 둘러싼 안정적인 생태계가 형성됐다. 우리나라의 경우 그 결정적인 제도적 계기는 정부의 '디지털 뉴딜' 정책이었다. 대규모 예산이 투입되면서 정부 부처 – 중소 AI 기업 – 데이터 수집 및 가공 플랫폼 – 플랫폼 노동자로 이어지는 데이터 산업 생태계의 물질적 기반이 형성되었고, B사 플랫폼은 이를 통해서 안정적으로 작업 물량을 확보할 수 있게 되었다. 하지만 생태계의 형성은 동시에 수익화의 압력을 만들어 냈다.

그 결과 플랫폼 노동자 관리의 효율성을 높이기 위해서 플랫폼 노동자가 플랫폼과 맺는 일회성의 거래적 관계를 장기적 파트너십으로 인식하도록 유도하는 '몰입'이 노동자 관리 목표로 부상했다. 그 목표의 실현을 위해서 플랫폼은 노동자 교육에 조직의 인적·재정적 자원을 집중했다. 한편, 미시적 수준에서도 역시 플랫폼 노동자 관리의 효율성 증진을 위해 알고리즘 통제의 비중이 증가했다. 기존의 결과·입력통제가 알고리즘화되었을 뿐만 아니라, 알고리즘을 통한 과정통제도 본격적으로 도입됐다. 알고리즘 관리가 입력·과정·결과통제의 혼합을 통해 고도화되면서, 앞선 단계에서 노동자 관리의 중심이었던 관계적 노동은 점차 알고리즘 고도화를 지원하는 방향으로 역할이 축소된다.

본 글은 플랫폼 노동 연구흐름에 세 가지 함의를 제공한다. 첫 번째로 선행 연구들이 블랙박스로 남겨 두었던 알고리즘 통제의 생성과 진화 과정을 살펴봤다는 의의를 가진다. 플랫폼 기업의 알고리즘은 노동자들의 노동조건을 결정하는 직접적인 요인임에도 불구하고 기술결정론의 관점에서 절대화 또는 추상화되는 경향이 있었다. 저자는 플랫폼 노동자 관리의 진화 과정이라는 맥락에서 알고리즘 통제가 전통적인 통제 방식과 맺는 관계를 분석했다.

관련한 두 번째 함의는 알고리즘 통제를 이해하기 위한 조직수준의 분석틀을 제공한다는 점이다. 필자는 두 데이터 라벨링 플랫폼의 비교분석을 바탕으로 사업모델과 투자 유치, 직종 구성과 같은 플랫폼 노동자 관리의 대상과 방식에 영향을 미치는 플랫폼 기업 조직 내·외부의 요인을 조명했다. 특히, 플랫폼 조직 내에서 플랫폼 노동자 통제를 위해 재정적·인적 자원이 동원되고 배분되는 양상을 살펴봤다. 이를 통해서 플랫폼 자본의 특성과 국가 수준의 제도를 분석 대상으로 한 거시적 수준의 연구와 플랫폼 노동자들의 불안정성에 초점을 맞춘 미시적 수준의 연구를 잇는 중간 수준(meso-level) 연구의 공백을 채우고자 했다.

끝으로, 플랫폼 노동의 사용자 동기와 의도를 살펴보았다는 의의를 들 수 있다. 비정규 노동에 대한 선행 연구들이 비정규 노동자의 처우에 영향을 미치는 주요 요인 중 하나로 사용자 의도에 주목했지만, 아직 플랫폼 사업자 관점에서 플랫폼 노동과 노동자들을 살펴본 연구는 많지 않다. 본 글의 분석 결과는 플랫폼 기업 구성원들이 플랫폼 노동자들을 어떻게 바라보고 그러한 인식이 시간의 흐름에 따라서 어떻게 변하는지 이해하는 데 도움을 준다.

마지막으로, 분석 결과의 정책적 함의를 논의하면서 글을 마무리하고자 한다. 최근 플랫폼 업체들은 플랫폼 노동자 교육에 많은 관심을 보이고 있다. 특히 본 글이 다룬 데이터 라벨링의 경우, 고용노동부가 작년부터 데이터 라벨러 교육을 국민내일배움카드 적용 대상으로 선정함으로써 플랫폼 업체가 설계한 교육과정을 국가가 재정적으로 지원하기로 결정했다. 이는 교육을 통한 플랫폼 노동자의 몰입을 필요로 했던 플랫폼 업체들의 적극적인 요청의 결과이기도 했다.

그러나 플랫폼 업체의 전략적 목표와는 일치하지만, 노동자의 노동시장 성과 및 권리 증진과 연관성은 검증되지 않은 플랫폼 업체 주도의 교육에 정부 예산을 투입하는 것은 여전히 논쟁점으로 남아 있다. 그러한 논쟁을 해소하기 위해서라도 플랫폼 노동자 교육의 설계에 플랫폼 업체뿐만 아니라 노동조합이나 노동교육단체 등의 참여를 보장하는 것이 중요하다. 그것을 통해 플랫폼 노동 교육을 청년 노동자가 데이터 라벨링 작업의 요령뿐만 아니라 자신의 권리를 이해하고 정부의 각종 지원정책에 대한 정보를 얻을 수 있는 채널로 삼는 것이 적절할 것이다.

• 제2장 •

혁신담론의 노동 품기?

: 스타트업 기업의 집단적 이해대변체로서
코리아스타트업포럼의 정체성 진화 과정

조현민 한양대학교 경영학과 겸임교수   **노성철** 히토츠바시대학교 경영학과 교수

김상준 이화여자대학교 경영학과 교수

1. 플랫폼 스타트업 기업의
성장과 집단적 이해대변체의 등장 ✓

플랫폼 경제로의 이행은 빠른 속도로 노사관계의 전통적 특성들을 변화시키고 있다(Kilhoffer et al., 2017). 대부분 플랫폼 노동자들은 근로기준법 및 노동조합법상 근로자로 인정을 받지 못하기 때문에 플랫폼에 편입되는 노동자들의 규모가 커질수록 기존 노동조합의 대표성은 약해진다. 거기에 더해 플랫폼들은 스스로 사용자가 아닌 서비스 공급자(노동자)와 수요자(이용자) 사이에 일어나는 거래의 '중개자'로서 자신의 정체성을 규정하기 때문에 노사관계의 양대 주체를 특정하는 것

부터 어렵게 된다.

플랫폼 경제로의 이행 속에서 전통적인 노사관계 시스템의 한계가 나타나고 있고 이에 새로운 노사관계 시스템을 구축하려는 움직임도 나타나기 시작했다. 노사관계 행위자 중 플랫폼화의 맥락에서 많은 주목을 받은 것은 정부와 노동조합이다. 다수의 국내외 연구들은 빠른 속도로 확장하는 플랫폼의 독점을 막고, 노동권 사각지대에 놓이게 된 플랫폼 노동자들을 보호하기 위해 각국 정부들이 내놓은 법·제도적 규제 장치를 비교 분석했다(Belk et al., 2019; Finck, 2018; 장희은·김유휘, 2020; 박제성, 2019).

한편, 노사관계 분야의 선행 연구들은 플랫폼 노동자들을 조직화하려는 노동조합의 전략이나(Vandaele, 2018; Johnston, 2020), 비노조 형태의 집단적 이해대변체 조직화 노력을 조명했다(Borghi et al., 2021). 정부와 노동조합이 플랫폼화에 발 빠르게 대응하면서, 유럽 국가들을 중심으로 플랫폼 노동자 권리 보호를 위한 사회적 대화가 나타나기 시작했고, 연구들은 이를 사회적 대화의 "재활성화"로 명명하기도 했다(Guardiancich & Molina, 2021; Unterschütz, 2019).

반면, 노사관계의 또 다른 주요 행위자인 플랫폼 업체들의 집단적 이해대변체 조직과 그 역할은 상대적으로 조명을 받지 못했다. 가장 큰 이유는 사용자가 아닌 중개자로서의 정체성을 고수하는 플랫폼 업체들의 특징에 기인한다. 사회적 대화에 참여할 때도 플랫폼 업체들은 사용자로서의 의무 때문이 아니라 시장의 지배적 행위자로서 "사회적 책임"을 다하는 것이라는 동기를 강조한다. 이런 맥락에서 Kilhoffer와 그 동료들은 유럽 지역에서 플랫폼 업체들이 자신들만의 사용자 단체를 결성한 사례 또는 전통적인 사용자 단체에 편입된 사례는 거의 없다고 밝혔다(Kilhoffer et al., 2017).

하지만, 제도적 공백에 착목해 사업모델을 설계하는 플랫폼 업체는 사회적 영향력이 커질수록 높아지는 제도적 압력에 직면하게 된다. 이에 플랫폼 업체들이 제도적 압력에 체계적으로 대응하고, 지속적인 성장을 위한 제도적 기반을 만들기 위해 집단적 이해대변체를 구성하는 것은 자연스런 과정이라고 할 수 있다.

본 연구가 사례조사의 대상으로 삼은 코리아스타트업포럼(이하 코스포)는 불과 4년 만에 몇몇 플랫폼 업체 대표들의 비공식적 모임에서 중앙·지역정부의 정책 논의 과정에 적극적으로 목소리를 내는 우리나라 스타트업 기업들의 집단적 이해대변조직으로 성장했다.[1] 저자들은 코스포가 어떻게 단기간 내에 성장할 수 있었는지 이해하고자 연구를 시작했다. 하지만, 조사를 진행하면서 스타트업 기업들의 집단적 이해대변 조직으로서 코스포가 직면한 제도적 복잡성과 그로 인한 조직 정체성 요소들 사이의 긴장관계에 주목하게 되었다.

우리는 높은 제도적 불확실성 또는 복잡성 속에서 혁신을 표방하는 스타트업의 이해대변체로서 코스포의 정체성이 변화해 온 과정을 분석했다. 구체적으로 스타트업 생태계의 외부의 행위자들(정부, 노동조

---

1 코리아스타트업포럼은 플랫폼 업계보다 넓은 범위의 스타트업 기업들의 이해대변체이다. 그러나 코리아스타트업포럼은 정체성 형성 과정에서 스타트업 기업들 중에서도 플랫폼을 활용한 기업들의 성장과 영향력이 강하게 작용했다고 할 수 있다. 국내 스타트업 기업들은 대부분 O2O 플랫폼, 디지털 모빌리티, 핀테크, 데이터테크놀로지 등의 디지털 경제를 바탕으로 하고 있어(코리아스타트업 포럼 2주년 선언, 2018), 플랫폼 경제의 특성을 강하게 가지고 있다.

합, 기존 산업 관계자)이 코스포를 바라보는 시각을 나타내는 '외부 이미지'와 생태계의 내부 구성원들(스타트업 창업가)이 인식하는 코스포의 특징을 나타내는 '내부 정체성' 사이의 관계에 천착해 코스포의 집단적 이해대변체로서 정체성 진화 과정을 분석했다.

이어지는 2장에서는 먼저 노동시장 행위자로서 기업들의 이해대변체에 대한 선행 연구를 검토한 후, 본 연구의 이론적 틀로 사용하는 제도적 공백에 대한 조직의 대응을 다룬 연구 흐름을 소개한다. 그리고 3장에서는 저자들이 수집한 자료의 특징을 설명하고 자료 분석 방법을 서술한다. 4장에서는 코스포의 집단적 이해대변체로서 정체성을 형성기 – 확장기 – 갈등기로 나눠서 설명한다. 끝으로 5장에서는 분석 결과의 이론적 · 정책적 함의를 논의한다.

2. 이론적 검토 ✓

가. 노동시장 행위자로서 기업들의 이해대변체

플랫폼 경제의 등장은 사용자와 노동자의 관계를 모호하게 만들면서 노사관계의 변화를 추동하고 있다. 한편, 사회제도가 이러한 변화를 따라가지 못하면서 제도 지체 현상도 나타나고 있다. 연구자들은 기존 노사관계 제도로는 지속 가능한 질서 구축이 어려운 노동시장 상황을 지적하며, 이에 대한 해법을 찾기 위해 새로운 노동시장 구조에 걸맞은 노사관계의 구조적 재편과 행위자의 변화를 요구하기도 했다(박명준 외, 2016). 실제로, 노동계에서는 비노동조합 기제를 통해 주변화된 노동자들의 이해대변 활성화를 도모하는 실천들이 활발히 나타나고 있다(Turner, 2004; 2005, 박명준·김이선, 2016).

같은 맥락에서 노사관계의 사용자 측 집단적 이해도 다시 조명받고 있다. 고용관계의 중층화와 플랫폼 경제로의 이행으로 인해 개별기업 중심의 숙련·보상체제가 약화되는 상황에서 기업 횡단적이고 업종 포괄적인 노동시장 질서 구축이 강조되고 있다(임상훈 외, 2020). 또한 개별 노동자의 비전속성을 내포하는 고용형태가 확산되면서 경영자들이 그것이 수반하는 제도적 공백으로 인한 불확실성을 해소하기 위해 스스로 노동시장 행위자로 주체화하여 구조화 과정에 참여하려는 경향도 발견된다(박명준 외, 2016).

최근 발간된 이정희 외(2021)는 전통적인 사용자 단체에 관한 규정을 넘어서 노동관계 당사자로서 사용자 단체 개념 재규정의 필요성을 강조하고 있다. 해당 연구의 저자들은 코스포 사례를 사용자 단체와 사업주 단체의 법적 구분의 한계 속에서도 사업주 단체가 자발적으로 사용자 단체로서의 역할을 수행한 사례로 평가한다. 즉, 사업주 단체가 스스로를 사용자 단체냐 아니냐로 정의하는 것과 관계없이 노동관계 당사자로 관련 산업의 노동정책에 대한 이해관계자들과의 협의뿐 아니라 임금과 근로조건에 관한 단체교섭의 역할도 수행할 수 있다고 보고 있다(이정희 외, 2021, pp.64~89).

그러나 반대로 현재 노조법 체계에서 사용자 단체에게 교섭 의무를 강제하기는 어려운 상황에서 사용자 단체로서의 역할 수행은 조직의 선택 여부에 따라 달라질 수 있다고 해석할 수 있다(이창근 외, 2019,

pp.62~63). 이러한 지점은 본 연구에서 코스포의 정체성 변화에 중요한 요소로 작용한 것으로 나타났다.

살펴본 바와 같이 플랫폼 경제의 등장은 기존 노사관계 질서의 급격한 변화를 가져왔고, 이는 노사관계의 제도 지체 현상을 동반하며 제도적 공백에 대한 기업들의 대응 필요성을 증가시켰다. 나아가 플랫폼 경제를 활용한 스타트업 기업들은 노사관계 측면뿐 아니라 각종 규제 등 다양한 차원의 제도적 공백을 경험할 수밖에 없다. 따라서 코스포의 정체성 형성 과정을 살펴보기 위해 이러한 제도적 공백에 대한 조직의 대응에 관한 연구를 살펴볼 필요가 있다.

나. 제도적 공백 및 불확실성에 대한 조직의 대응

플랫폼 경제로의 이행은 기존의 제도적 틀에서 벗어나 새로운 형태의 제도적 질서를 찾아가는 과정을 수반한다(Vallas, S., & Schor, J. B., 2020). 이러한 변화 과정 속에서 기존의 제도가 유효성과 정당성을 잃게 되면서 뚜렷한 제도적 기준이 없는 상태가 되고(Oliver, 1992), 다양한 유형의 불확실성이 나타난다(Edelman, 1992). 특히, 행위자들은 제도의 가치나 의미를 저마다의 관점에서 재해석함에 따라서, 제도적 장(institutional field)의 복잡성과 불확실성은 더욱 커지게 된다(Kraatz & Block, 2008).

이렇듯 제도적 규칙을 구성하는 다양한 요소가 완벽히 정비되지 않거나, 제도적 장의 구성원들이 '당연시 여기는' 규범적 표준이 공식화되지 않은 상태를 '제도적 공백'이라고 부른다(Khanna & Rivkin, 2001). 제도적 공백에 대한 연구는 주로 국가 간 제도의 확산이 이루어질 때 새로운 제도를 도입하는 국가의 상황을 중심으로 논의가 이루어져 왔다(Stark, 1996; Edelman, 1990; Szelenyi & Szelenyi, 1994). 비슷한 맥락에서 제도적 공백 개념은 개발도상국 연구에 많이 적용된다(Belenzon, Berkovitz, and Rios, 2013; Chang and Hong, 2000).

제도적 공백이 낳는 불확실성을 줄이기 위해서 행위자들은 다양한 전략을 취한다(Goodrick & Salancik, 1996; North, 1990). 시간이 지남에 따라 그러한 전략과 대응이 집단화하고 수렴하면서 불확실성은 점차 줄어들게 된다(Snow & Soule, 2010; Barley & Tolbert, 1997). 여기에 착목해 제도주의에 기반한 선행 연구는 행위자들 사이의 상호작용을 통해 어떻게 제도적 표준이 등장하게 되고, 그들이 나름의 방식으로 제도 안에서 질서를 갖추게 되는 과정을 설명하고자 하였다(Tushman & Anderson, 1986; Anderson & Tushman, 1990; Hoffman, 1999; Wade, Swaminathan, & Saxon, 1998; Garud, Jain, & Kumaraswamy, 2002). 특히, 많은 연구들은 제도 내에서의 불확실성이 제거되는 과정에서 전문가 조직(professional organization)의 역할에 주목했다(Lee, Struben, & Bingham, 2018; Van de Ven, 1993).

본 연구의 사례 대상인 코스포는 스타트업 기업들의 이해대변체임과 동시에 새롭게 부상하고 있는 플랫폼 경제의 최전선에 위치한 기업들의 모임으로서 전문가 조직의 성격을 가진다고 할 수 있다. 하지만 전문가 조직의 등장만으로 불확실성이 사라지지는 않는다. 전문가 조직 역시 여전히 자신의 관점에서 제도의 가치와 의미를 해석하며 이에 따라 특정한 이해관계를 제도 형성 과정에 반영하고자 하기 때문이다 (Edelman, 1990). 플랫폼 경제로의 이행에서 코스포의 역할이 흥미로운 지점은 코스포의 주요한 회원사들인 플랫폼 기업들은 제도적 공백을 사업모델의 기반으로 삼는 경우가 많다는 점이다.

플랫폼 기업들의 사업모델은 제도적 공백과의 관계에 따라서 두 가지 형태로 나타남을 보여 준다. 첫 번째로 제도적 공백을 사업모델을 실현시키기 위한 '도구'로 사용하는 사례다. 예를 들어서 타다는 여객운수법 34조 2항에서 승차정원 11인승 이상 승합차를 사용할 경우 자동차대여사업자 운전자 알선이 가능하다는 공백을 활용했다. 두 번째로 제도적 공백 자체가 사업모델의 '목표'가 되는 경우로, 특수고용노동자나 프리랜서에게 특화된 세무회계 서비스인 '삼쩜삼'을 대표적인 사례로 볼 수 있다.

이상의 논의를 바탕으로 우리는 제도적 불확실성을 줄이고 새로운 제도에 의미와 해석을 부여하는 전문가 조직이자, 제도적 공백 자체를 사업모델의 기반으로 삼는 스타트업 기업들의 집단적 이해대변체로서 코스포를 조명하고자 한다. 특히, 내부 행위자들의 기대와 외부 행위자들의 요구 속에서 코스포의 조직 정체성이 어떻게 진화해 왔는지를 분석함으로써 플랫폼 경제로의 이행 과정에서 스타트업 기업들의 집단적 이해관계 및 제도의 형성 과정을 이해하는 것을 목표로 한다.

3. 연구 방법 ✓

코스포는 스타트업 기업들의 이해대변체로 신산업 분야에서 직면하는 공통의 문제를 해소하기 위해 국내 유명 창업자들이 의기투합하여 결성하였다. 코스포는 2016년 9월 26일 발족식을 개최하며 활동을 시작하였고, 2018년 중소벤처기업부 제2018-9호로 사단법인 허가를 받으며 공식적인 조직의 틀을 형성하였다. 우리가 코스포를 사례연구 대상으로 선택한 이유는 세 가지로 정리할 수 있다.

첫 번째 이유는 코스포가 신생 집단적 이해대변체로는 이례적으로 빠르게 제도적 장에서 정당성을 확보한 사례라는 사실이다. 코스포는 불과 설립 3년 만에 플랫폼 업계를 넘어서 우리나라 노사관계 전체로 봤을 때도 역사적 상징성을 가지는 배달 플랫폼 사회적 협약을 만들어 낸 주체 중 하나가 되었다. 일반적으로 산업 내 기업들의 이해대변체는 해당 산업이 안정적인 물적·제도적 기반을 갖춘 후에야 설립되고 활동을 시작하나, 코스포는 플랫폼 업계라는 범주조차 아직 명확하게 정의되지 않은 상황에서 업계를 대변하는 조직으로 외부 행위자로부터 정당성을 인정받았다. 제도적 공백에 대한 신생 업계 구성원들의 대응과 정당화 작업의 맥락에서 조직 정체성이 형성되는 과정을 이론화하기에 이상적인 사례라고 할 수 있다.

두 번째 이유는 세계에서도 보기 드문 플랫폼 업체들이 다수를 차지하는 스타트업 기업들의 집단적 이해를 대변하는 조직이라는 점이다. 플랫폼 업계가 네트워크 효과를 선점하기 위한 업체 간 경쟁이 치열하다는 것을 고려할 때, 코스포는 경쟁관계에 있는 업체들이 어떻게 공통의 이해관계를 형성하며 조직 정체성을 강화해 가는지 또는 반대로 이해관계의 불일치로 인해 조직 정체성의 변화가 나타나는 양상을 분석할 수 있는 사례를 제공한다.

세 번째 이유는 플랫폼 경제에서 새로운 노사관계의 제도적 질서가 만들어지는 과정을 분석할 수 있는 이상적인 사례이기 때문이다.

앞서 제시한 바와 같이 새로운 산업에서 기업들의 집단적 이해대변에 대한 연구는 국내외를 통틀어 많이 축적되지 않았기 때문에 탐색적 분석에 알맞은 질적연구방법론을 택했다. 심층면접조사 자료를 주 자료로 삼았고, 저자들이 코스포의 성장 과정에 대해 가지고 있었던 직·간접적 경험을 바탕으로 세 집단으로 나눠서 면접 대상자를 섭외하는 의도적 표집 방법을 선택했다(표 1). 면접은 2019년과 2020년에 걸쳐 이루어졌으며, 각 한 차례씩 이루어졌다. 또한 사전 동의된 녹취를 통해 자료를 확보하였으며 녹취록을 작성하여 활용하였다.

[표 1] 면접 참가자 구성

범주	구분	주요 활동
코스포 내부 관계자	코스포 관계자 #1	사무국 근무(정책 담당)
	코스포 관계자 #2	사무국 근무(사업 담당)
기존 경영자 단체 관계자	경영자 단체 관계자 #1	경영자총연합회 관계자
	경영자 단체 관계자 #2	대한상공회의소 관계자
정부 관계자	정부 관계자 #1	경사노위 관계자
	정부 관계자 #2	플랫폼 사회적 대화 참관
	정부 관계자 #3	일자리위원회 관계자
스타트업 기업가	스타트업 기업가 #1~5	창업 초기 또는 성장기 기업

노동조합 관계자	노동조합 관계자 #1	민주노총 서비스연맹 관계자
	노동조합 관계자 #2	라이더유니온 관계자
전문가	전문가 #1	플랫폼 사회적 대화 공익위원
	전문가 #2	정부위원회 위원

　첫 번째 집단으로 플랫폼 노동 관련 법·제도 개선을 위한 공론장에서 코스포와 함께 협상 테이블에 앉았던 경험이 있는 이들을 섭외했다. 이들과의 인터뷰를 통해서 플랫폼 업계를 둘러싼 다양한 외부행위자들이 코스포를 보는 시각, 즉 코스포의 외적 이미지가 어떻게 변화했는지 이해하고자 했다. 두 번째 집단으로는 코스포의 이해대변 대상인 스타트업 창업자들을 섭외했다. 코스포가 조직의 미션에서 이해대변의 대상으로 명시하는 창업 초기 단계나 성장기에 들어선 스타트업 창업자들의 의견을 듣는 데 초점을 맞췄다. 이들과의 면접조사를 통해서는 스타트업 생태계의 내부 구성원들이 인식하는 집단적 이해대변체로서 코스포의 성격, 즉 코스포의 조직 정체성을 이해하고자 했다. 끝으로, 세 번째 집단으로 코스포 조직 구성원들과의 면접조사를 진행했다.

　먼저 진행했던 첫 번째 집단(외부행위자)과의 인터뷰는 두 번째와 세 번째 집단과의 면접조사 방향을 정하는 기준을 제공했다. 외부행위자들이 코스포와 공식적·비공식적 관계를 형성하고 제도적 교섭을 하는 과정에서 주요 계기나 사건으로 언급된 내용(예를 들어, 경사노위 참가, 배달 노동자 사회적 대화 사전 교섭) 등에 대해서 업계의 내부 행위자들의 의견을 물었고 거기서 나타난 견해의 차이와 유사점에 주목했다.

나아가 면접조사 내용을 보완하거나 검증하기 위해 다양한 문서자료를 활용했다. 사회적 대화와 같은 제도적 공론장에서 외부행위자들과 코스포 구성원들이 발언한 내용을 담은 회의록을 분석 대상에 포함하였다. 또한 코스포가 회원사들을 대상으로 주최했던 내부 행사 동영상 기록을 분석했다. 끝으로, 언론기사를 검색해 사회적 쟁점으로 떠올랐던 사안에 대해 코스포 구성원들이 논평한 인터뷰 내용을 보조 자료로 활용했다. 이어지는 4장에서 이러한 자료를 분석한 결과를 바탕으로 외부 이미지와 내부 정체성과의 관계를 중심으로 서술한다.

4. 스타트업 기업들의 집단적 이해대변체로서 코스포의 정체성 진화 과정 ✓

자료 분석 결과, 우리는 코스포가 설립 이후 조직 정체성이 진화하였으며, '형성기 – 확장기 – 갈등기'를 거쳐 왔음을 확인할 수 있었다. 각 단계의 특징을 중심으로 다음 [그림 1]과 같이 연구 결과를 정리하였다. 이어지는 내용에서는 각 단계에서 나타난 내부 정체성과 외부 이미지의 핵심 내용을 밝히고 둘 사이의 관계 변화 양상과 그것을 추동한 동력을 설명한다.

[그림 1] 연구 모형

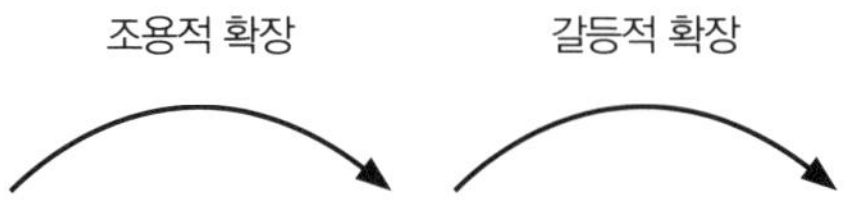

조용적 확장   갈등적 확장

시기	2016	2017–2016	2018-2020
구분	정체성 형성기	정체성 확장기	정체성 갈등기
내부 정체성	스타트업 기업의 이해대변체 (혁신, 윤리성)		+ 노동 측면의 사회적 책임의 주체 + 사용자 단체
외부 이미지	새로운 산업의 집단적 이해대변체의 등장	+ 전문조직 + 브로커	+ 사용자 단체
변화 동태 및 방식	− 설립주도자들의 개인적 정당성의 한계 인식 − 사업영역확장과 기존 제도의 충돌 상황에서 대관활동의 한계	정책네트워크 참여: 플랫폼 경제에 대한 관심을 통한 사업 영역의 확장 및 규제 완화(사업영역의 제도적 공백의 최대활동)	노동시장/노사관계 차원의 제도적 공백 해소 요구에 대한 응답 ⇨ 사용자 단체로서의 정체성 분열 세대단위/기업특성 및 규모별 이해관계의 차이

가. 정체성 형성기: 코스포의 회원사를 향한 내부 정체성 형성 작업

코스포는 국내의 대형 IT 플랫폼과 차별화된 스타트업 기업들의 단체라는 조직 정체성을 바탕으로 회원사를 모집하고 공감대를 형성해 나갔다. 정체성 주장의 중심에는 혁신과 윤리성이 자리 잡고 있었다. 코스포의 시작에는 2010년대 중반 이후 매출 1조 원을 돌파한 유니콘으로 성장한 스타트업 창업가들의 리더십이 있었다. 그들은 후배 창업가들이 '스타트업 하기 좋은 사회'를 만들기 위해서는 본인들이 일정 역할을 수행해야 한다는 사명감을 가졌다. 이들은 다양한 사업영역에 걸쳐 위로는 한국의 1~2세대 창업가, 아래로는 20~30대 창업가들을 종단하는 인적 네트워크를 갖추고 있었다.

2016년 5월, 김봉진 대표(우아한형제들_배달의민족)를 중심으로 20여 명의 스타트업 대표들이 조직 결성을 위한 모임들을 진행하였다. 김봉진 대표가 준비위원장으로 추대되었고, 야놀자 등 주로 플랫폼 비즈니스를 수행하는 50개사 대표들이 참여하여 2016년 9월 26일 코스포가 발족되었다.

코스포는 출범선언문을 통해 활동 목적과 방향을 밝히고 있는데 구체적으로 '스타트업 하기 좋은 사회'를 만들기 위해 필요한 사회적 · 정책적 환경을 고민하고 공론화함으로써 성장의 새로운 희망을 찾는 것을 제1목표로 밝혔다. 이외에도 스타트업 생태계의 선순환 구조 구축, 기존 기업과는 다른 스타트업 특유의 창의성과 혁신성을 기반으로 한 대안적 기업문화 실천 등을 통해 한국 사회와 청년세대의 희망을 위해 신뢰와 협력의 정신을 바탕으로 전진한다는 내용을 담고 있다(코스포 홈페이지, 2023).

이와 같이, 코스포의 초기 정체성은 노사관계 이슈와는 큰 관련이 없었고, 주로 구시대적 기업경영 기조에서 벗어나 윤리성을 강조하는 혁신적인 창업가들의 이해대변체로서의 역할을 표방하였다. 즉, 이미 관료화된 대형 IT기업과의 차별화를 통해 정체성을 주조하고자 했다.

살펴본 바와 같이 신생조직이었던 코스포가 출범선언문에 명시한 혁신과 윤리성은 대외적으로 코스포의 사회적 필요성을 알리고 조직의 정당성을 확보하는 중요한 부분이었다. 하지만 실체적 수준에서 초기 코스포의 조직 정체성을 명료화하는 데 더욱 큰 영향력을 발휘한 것은 코스포를 조직한 주체들이 업계 내부에서 가지는 개인적 정당성이었다. 이는 다음의 코스포 관계자 인터뷰에서 잘 나타난다.

"K 대표는 모두가 존경하는 창업자예요. 제가 여기 와서 스타트업 대표들을 만나 보니 K대표와 L대표는 존경한다는 말이 자연스럽게 나오더라고요. 스타트업계의 질서는 K대표, L대표의 명망으로 돌아가는 것은 업계의 상식이었고, 심지어 두 분과 친하다는 것은 우리나라에서 엄청난 자산이에요. 그러한 상식이 공식화된 것이 코스포라고 보시면 돼요. L대표님이 초기에 코스포를 키우다시피 했죠. 워낙 후배분들을 돕고 싶어 하는 분이라."

– 코스포 관계자 #1 인터뷰

살펴본 바와 같이 코스포는 플랫폼 업계의 이해를 대변하는 단체로서 혁신과 사회적 책임에 기여하고자 하였음에도 코스포 의장단을 맡은 성공한 창업가 몇몇의 개인적 정당성에 크게 의지하고 있었다. 이러한 개인적 정당성에 대한 의존은 이들 기업과 대립하는 쟁점에 대한 코스포의 집단적 이해대변 활동에 제약이 될 수밖에 없었다.

또한, 이 시기 플랫폼 스타트업이 급속도로 성장하는 과정에서 이들과 기존 제도 또는 업계 행위자들의 충돌이 가시화되는 상황이 나타났다. 대표적으로 타다와 같은 차량 공유 플랫폼과 택시업계와의 갈등과 유사한 사안들이다(뉴시스, 2019. 10. 24.). 이 과정에서 플랫폼 스타트업들은 기존 제도와의 충돌이 나타나는 산업 분야에 진출하기 위해 정부 정책과 법제도 개선이 시급함을 인식하게 되었다(코스포 관계자 #1 인터뷰).

"우리가 해야 하는 일이 무엇이냐에 대한 고민이 있었죠. 스타트업 기업이 잘해서 제2의 배민, 마켓컬리가 나올 수 있는 환경을 만들어야 한다고 생각했어요. 그러려면 법제도 개선이 제일 중요하죠."

- 코스포 관계자 #1 인터뷰

법제도 개선을 위해서는 대정부, 대의회 활동 등과 같은 대관업무의 필요성이 증가하였으나, 스타트업 기업들은 정부 정책 네트워크에의 접근에 한계가 있음을 인식하였다. 대관 담당자를 뽑는 것은 유니콘으로 성장해 충분한 재정적 자원을 확보한 일부 기업에게만 주어진 특권이었다. 아래 인터뷰가 보여 주는 것처럼 코스포는 이러한 제도적 이해 대변의 공백에 주목했다.

"그럼 우리가 무엇을 해 줘야 회원사들에게 도움이 되겠는가에 대한 고민이 있었어요. 그러던 중 규제개혁이 필요한데, 스타트업들이 작고 꽤 커진 회사들도 그런 걸(정부와의 관계를 통한 규제 개선) 할 줄 몰라요. 그래서 그걸 우리가 할 일이라고 생각한 거죠.

- 코스포 관계자 #1 인터뷰

나. 정체성 확장기: 정책 네트워크 형성을 통한 외부 이미지 강화

코스포의 운영주체들은 설립자들의 개인적 정당성에 대한 의존에서 벗어나 제도적 장에서 스타트업의 이해대변 역할을 자임함으로써 회원사 규모의 확장을 꾀했다. 그 결과 정체성 확장기에 두드러진 코스포의 활동은 4차 산업혁명과 플랫폼 경제를 둘러싼 정책 네트워크의 형성을 시도하는 것이었다. 코스포는 먼저 정부 관계자들과 접점을 만들기 위한 활동을 적극적으로 추진해 나갔다.

첫 번째 공식적인 활동으로 코스포는 2017년 대선 후보자 간담회, 정부부처 간담회 등을 통해 신산업 성장 도모에 관한 정책 제언에 참여하였다. 이를 통해 신산업에 대한 정부 정책상 아이디어를 제공하고 회원사 기반 협조 및 지지 의사를 전달하였다. 나아가 코스포는 '신경제 선언문' 등을 통해 규제가 아닌 신산업 성장에 몰입할 환경조성이 필요하다는 스타트업 기업들의 목소리를 국회, 정부에 전달하였다(코스포 내부자료, 2017.9.26). 또한, 정부 관계자들과의 접촉면이 커지면서 코스포는 불확실성이 높은 플랫폼 경제로의 이행기에 전문가 조직으로서 역할을 수행했다. 또한 정부와의 네트워킹을 강화하기 위해 정부 부처가 코스포를 필요로 하는 상황에 적극 대응해야 할 필요성을 느꼈다.

플랫폼에 대해 정부도 아는 게 없었어요. 모르니까 우리가 필요한 거죠. 어디 기업 하나를 만나고 싶어도 아는 게 없으니, 그래서 부르길래 간 거예요. 우리한테도 나쁠 건 없으니까. 많이 알려 줬죠.

— 코스포 관계자 #2

실제로 코스포는 산자부, 고용부, 중기부 등 산업 및 고용정책 관련 부서가 주최하는 정책 간담회 등에 관련 기업을 소개해 주는 '게이트' 및 '브로커' 역할을 수행하며 정부 부처의 니즈와 정부와의 접점을 갈구하던 회원사의 니즈를 동시에 충족시켜 주는 역할을 수행하였다. 이 과정에서 코스포 회원사들은 정부 규제로 인한 어려움을 전달하거나 정부 지원의 필요성에 대해 구체적으로 의견을 개진하였다. 정부 또한 코스포를 매개로 한 플랫폼 업체들과의 교류를 통해 산업정책 수립의 불확실성을 완화할 수 있는 정보 획득이 가능하였으며, 새로운 산업 성장에 있어서도 정부의 역할을 정립할 수 있었다(정부 관계자 #1 인터뷰).

정부는 무엇을 해야 하나 고민이 많아요. 새로운 산업이 커 가고 고용도 많이 하고 하는데 문제는 많다고 하고 솔직히 공무원이 아는 게 한계가 있잖아요. 그러니 전문가를 찾은 거죠. 코스포도 전문가라고 봤고.

— 정부 관계자 #1

코스포가 공식적으로 전문가 조직으로서 정책협의의 주체로 등장한 것은 2018년 11월 4차산업혁명위원회에 2기 위원으로 당시 코스포 대표가 위촉되면서부터이다. 당시 정부 부처들은 스타트업 및 플랫폼 업계 현장의 목소리를 통해 정책 방향을 잡을 필요가 있었다. 관료들의 특성상 이해관계자들과 접촉하는 데 보수적으로 접근할 수밖에 없었고, 개별 스타트업 기업에 대한 정보 부족과 불확실성이 큰 상황에서 적극적으로 그들과 네트워킹 하는 일은 부담스러운 상황이었다.

이에 코스포를 스타트업의 이해를 대표하는 참가자로 위촉하였고,

정부위원회 위원이라는 공식성은 더 많은 관료들이 현장 상황을 청취하고 정책 방향 및 제도 설계를 위한 근거를 확보하고자 코스포를 찾게 만드는 양의 되먹임(positive feedback)이 나타났다. 이를 통해 코스포는 광범위한 정부 부처를 포함하는 네트워크의 확장을 꾀할 수 있었다(정부 관계자 인터뷰#1).

"코스포가 빵 뜬 게 4차위 참여하면서부터예요. 그때부터가 시작이에요. (중략) (정부와 코스포가) 서로 필요했던 거겠죠. 정부는 정보를 얻고 싶고 코스포는 자기들을 알리고 싶고…. (중략) 기재부나 중기부나 뭐 고용부도 기업을 컨택할 끈이 없던 때니까 코스포 통해 소개받아서 간담회도 하고 그랬던 거지."

– 정부 관계자 #1

전문가 조직으로서 코스포의 정책 네트워크는 경제사회노동위원회 의제별위원회 중 하나인 디지털 전환과 노동의 미래위원회(이하, 디전노미위)에 참여하면서 정부 부서를 넘어 노동계로 확장됐다. 디전노미위는 여러 산업으로 뻗어 나가던 플랫폼 노동의 구체적인 사례와 개선 방안을 찾고자 하였으며, 이를 위해 플랫폼 업계를 잘 아는 주체의 참여를 필요로 했다.

이에 경사노위는 노사위원을 추가하고자 하였으며, 경영계 위원으로 코스포를 추천하였으나 기존 경영계 위원의 반대²로 코스포 대표를 공익위원으로 위촉하였으며, 코스포 또한 이에 응하였다. 코스포가 공익위원으로 위촉되어 중립적인 지위를 가지게 된 것은 전문가 조직으로서 코스포의 정체성을 강화시켜 줄 수 있었다. 코스포는 기존 사업협회나 사용자 단체와 차별화된 공익위원이라는 지위에서 혁신의 필요성을 강조하며 플랫폼 기업을 옹호하는 활동을 통해 내부 이해관계자의 이해를 충족시킬 수 있는 기회를 얻었다(경제사회노동위원회 내부자료, 2020). 그러한 기회를 충분히 활용해 코스포는 산업 내 제도적 공백을 최대한 활용하여 사업을 확장하고자 하는 회원사들의 집단적 이해를 충실히 반영했다.

- 국내 스타트업은 금지 위주의 나열식 규제, 국내 기업 위주의 규제, 플랫폼 기업에 과도한 책임 부과, 유사 법률의 중복 규제, 형사처벌 위주의 규제로 인해 신규 진입과 경쟁력 강화에 어려움을 겪고 있음. 그러므로 글로벌 기준으로 포괄적 네거티브 방식과 책무의 기본 원칙 중심의 유연한 규제가 필요함.
- 플랫폼 노동은 대규모 공급 풀, 수수료 기반 수익 모델, 근로자의

---

2 경사노위는 의제의 확장에 따라 참여 주체의 확장을 꾀하고자 하였으며, 이에 코스포를 사용자 위원으로 선임하고자 하였다. 그러나 기존 사용자위원으로 참여하고 있던 경총에서 선임된 위원은 비공식적으로 경총이나 대한상의와 같은 기존 경사노위에 참여하고 있던 사용자 단체 이외의 새로운 주체가 사용자 위원으로 선임되는 것에 대해 반대 의사를 분명히 하였다고 한다(경사노위 관계자 인터뷰, 2021). 이에 결국 기존 사용자 위원의 반대 속에서 차선의 방식으로 노동계의 동의를 얻어 코스포를 공익위원으로 위촉하게 되었다.

플랫폼/일감 선택권을 기반으로 한 개별 근로 형태에 따라 판단될 수 있음(디전노미 활동보고서 최성진 대표 발제 자료).

노동자의 권리 보호 측면에서 필요한 부분은 당연히 있음. 현재 플랫폼 노동의 이슈, 현황을 보면 기존 제도가 새롭게 등장하는 변화에 맞지 않아 발생하고 있음(디전노미 활동보고서 최성진 대표 발언).

다시 말해, 이 시기까지만 해도 '스타트업 기업들의 혁신을 지원하는 기업들의 단체'라는 내부 정체성과 '플랫폼 경제의 전문가 조직', '정부와 업계를 잇는 중개자'로서의 외부 이미지는 높은 정합성을 보였다. 하지만 플랫폼 경제에서 노동과 고용을 둘러싼 의제가 부상하면서 그러한 내부 정체성과 외부 이미지 사이의 정합성에 균열이 나타나기 시작했다.

다. 정체성 갈등기: 플랫폼 경제에서 노동이슈의 등장과 내부 정체성–외부 이미지의 부정합

1) 플랫폼 경제에서의 노동 이슈의 등장과 대응

플랫폼 경제의 급속한 성장의 이면에는 플랫폼 종사자의 열악한 노동환경이 있었다. 예를 들어 배달 플랫폼 기업들은 플랫폼 알고리즘을 활용하여 배달원들과의 사용종속관계를 단절시킴으로써 근로기준법상 근로자가 아닌 독립자영업자로 고용하였으며 이 과정에서 노동자들은 불안정한 노동환경에 놓일 수밖에 없었다. 한편, 2019년 11월 고용노동부가 '요기요' 배달원을 근로기준법상 근로자로 인정한 이후 배달 플랫폼 업계에서는 배달 플랫폼 노동 종사자의 노동법상 지위에 대한 대책을 마련해야 하는 상황에 처하게 되었다. 2020년에는 타다 드라이버로 근무하고 있는 노동자들이 브이씨앤씨 및 용역업체를 대상으로 부당해고 구제신청을 하였고, 이에 대해 지노위와 중노위의 판결이 엇갈리며 플랫폼 종사자의 근로자성 이슈가 강하게 등장하였다.[3]

한국의 노동법 체계하에서 플랫폼 종사자가 근로자로 인정되는 경우 임금과 근로조건 등이 근로기준법의 적용을 받게 되고 사회보장제도의 테두리 안으로 들어오게 된다. 플랫폼 업체들에게 이는 고스란히 비용의 상승을 의미했다. 이에 플랫폼 종사자의 근로자성 인정 여부는 업계의 큰 이슈로 작용하였다. 또한 비슷한 시기 마켓컬리와 쿠팡 등에서 노동자들의 사망과 부상 등의 산업재해 문제도 급부상하였다.[4]

개별 플랫폼 기업들의 성장 속도에 비례해 나타나기 시작한 노동에 대한 이슈는 사회적 책임을 다한다는 코스포와 회원사의 집단적 정체성을 시험대 위에 올려놓았다. 코스포는 그러한 제도적 압력 속에서 기존 사용자 단체와는 다른 선택을 통해 노동시장의 주요한 행위자로서 역할을 시도하였다. 우리나라의 기존 사용자 단체는 전통적으로 노동조합의 대척점에 서서 반노동적 정체성을 확립해 왔다(전인·서인덕,

---

3 2023년 현재 타다 기사의 근로자성에 관한 사안은 1심에서 쏘카가 사용자라고 보기 어렵다는 패소 판정이 난 상태이다(뉴시스, "타다 기사, 근로자성 소송 1심 패소…법원 '규제 필요시 입법해야'". 2022. 7. 8).

4 MBC. "자정에 주문해도 눈뜨면 문 앞에…'살인적 노동'". 2019. 6. 28.

2008). 반면, 코스포는 노동조합 측과 활발히 네트워킹을 시도하고 협력하며 노동계와 우호적 관계를 맺는 경계관리를 시도하였다. 코스포가 노동이슈에 관심을 가지게 된 것은 사회적 책임을 다한다는 조직 이미지 관리의 이유뿐만 아니라, '노동 공급' 이슈가 플랫폼 기업들에게도 중요한 문제라는 플랫폼 운영상의 이유도 작지 않았다(코스포 관계자 인터뷰#2).

"플랫폼 기업에서 노동은 시장에서 플랫폼 기업의 서비스를 소비자에게 공급하는 '공급자'로서의 역할이 있어요. 플랫폼 기업은 '공급자'의 원활한 확보가 수익 창출에 중요한 요소가 되므로 수익 창출을 위해 '공급자'의 확보를 고민해야 하기 때문에 노동이슈는 중요할 수밖에 없어요."

– 코스포 관계자 인터뷰#2

이러한 코스포의 노동이슈에 대한 역할은 코스포가 일자리위원회 플랫폼 노동 분과위원회 위원(2019.9.23. ~ 2020.6.24.)으로 활동하면서 가시화되었다. '플랫폼 노동과 일자리 TF'(이하 플랫폼 노동TF)는 주로 노동이슈의 중요성 및 시급성을 바탕으로 변화하는 고용 상황에 맞는 새로운 제도 및 통계 마련, 종사자 보호 방안 마련, 양질의 일자리 창출을 위한 공식화·활성화 방안 등을 포함한 종합적 논의를 하기 위해 출범하였다.

플랫폼 노동TF는 학계 및 전문가, 현장 관계자, 정부 관계자로 구성되었는데, 코스포는 현장 관계자의 일원으로 참여하였다. 이에 코스포의 외부 이미지는 디지털 전환 시기의 전문가 조직에서 플랫폼 노사관계에서 사용자를 대표하는 단체로 확장되었다. 코스포는 플랫폼 노동 TF에 참여하면서 노측과 교류를 활발히 하였으며, 스타트업 기업들이 경험하고 있는 구인의 어려움을 해소하기 위한 제도 마련은 노사 모두에게 이득이라는 공감대를 만들기 위해 노력했다.

> "그래도 그나마 말이 통한 게 (코스포의) ○○○실장. 그래도 자기편은 따로 있어요. 알지, 알지만 얘기를 할 수 있는 사람이 있었던 게 다행이라고 생각해요. 뭐라도 하자고 얘기가 되는 게 중요한 판이니까. 그래도 그래서 합의도 하고 결국 코스포랑 둘이 한 거지, 뭐."
>
> — 노동계 관계자 인터뷰#2

2) 사회적 대화의 주체로서 활동과 사용자 단체 이미지의 강화

코스포는 노동이슈에 대해 회원사의 상당수를 차지하는 플랫폼 기업들이 사회적 책임을 요구받은 데 대해 대응책을 마련할 필요가 있었다. 이에 코스포는 플랫폼 노사관계 차원의 사용자 단체로서 역할을 스스로 자청하며 사회적 책임을 다하는 혁신적인 기업들의 단체로서 내부 정체성을 명확히 하고자 하였다. 이는 2020년 10월 배달 플랫폼 분야에서 노사가 주도한 사회적 합의 형성 과정에서 구체적으로 나타났다.

코스포는 2018년부터 함께 플랫폼 경제에 관한 세미나를 하며 신뢰를 쌓은 민주노총 서비스연맹과 함께 '사회적 대화'를 주도하였다. 플랫폼 노사는 사회적 논의구조를 노사가 중심이 되어 모색하고자 하는 데 뜻을 같이하여 별도의 노사정 사회적 대화를 제안하기로 결의하고,

2019년 11월 11일 민주노총 서비스 연맹이 코스포와 정부(고용노동부 · 공정거래위원회 · 국토교통부 · 금융위원회)에 노사정 사회적 대화를 제안하는 성명서를 발표하였다. 이러한 민주노총의 성명서 발표는 사전에 코스포와 조율된 것이었다.

이에 코스포는 2019년 11월 19일 서비스연맹의 성명서에 대해 동의하는 입장문을 발표하면서 '디지털 플랫폼 기업 – 지역의 수많은 배달 대행 개인사업자 – 음식점주 · 배달 종사자'로 구성된 복잡한 배달시장의 구조에서 공정한 질서가 확립되는 데 스타트업의 선도적인 노력이 요구되며 그 역할을 코스포가 수행할 것임을 자진하였다. 약 6개월간의 논의를 통해 민주노총 서비스연맹과 코스포가 주도한 배달 플랫폼 사회적 대화는 합의문을 도출하였다.[5] 배달 플랫폼 사회적 합의는 배달 플랫폼 노동 계약의 균형과 투명성, 그리고 배달 노동자의 안전에 관한 내용을 담았다.

이 협약을 통해 코스포는 사회적 책임의 주체라는 내부 정체성이 플랫폼 노동 이슈에 대한 '사용자 단체[6]'로 외화되는 모습을 보였다. 구체적으로 코스포는 개별 기업 그리고 그들을 회원사로 둔 사측 단체로서 합의문을 통해 '배달 플랫폼 노동 종사자'의 권익 보장의 역할을 인정했

---

5 〈플랫폼 노동 대안 마련을 위한 사회적 대화 포럼〉은 2020년 4월 1일 발족하여 10월 6일 제6차 전체회의를 통해 합의문을 도출하였다.

6 여기서 사용한 '사용자 단체'의 의미는 노동조합법상 '사용자 단체'를 의미하는 것은 아니다. 사용자 단체란 노동시장 문제에 대해 회원 및 그들의 잠재적 회원들의 집단적인 이해를 대변하고 관철시키고자 하며 사용자들의 입지를 강화시키기 위해 설립된 자발적인 조직을 의미한다(Traxler, 2003; Behrens and Traxler, 2004; Rynhart, 2004; 전인 · 서인덕, 2008).

다. 이 협약에서 코스포는 배달 플랫폼 노동자들의 노조할 권리를 인정함으로써 노조법상 상대방으로서 개별기업을 인정하는 방식의 협약을 이끌었고, 이는 코스포가 '사용자 단체'로서 사회적으로 인식될 수 있는 가능성을 높였다. 그러나 다른 한편, 포럼 운영 과정에서 단체교섭이나 단체협약이라는 말은 금기시되었으며, 당사자들에게는 사회적 대화의 틀 자체가 중요한 의미로 인식되었다(전문가 #1 인터뷰). 이는 코스포가 외부 이미지와 내부 정체성에 대한 괴리를 경험하고 있음을 암시했다.

사회적 합의라고 표현은 하는데 저는 이게 사회적 대화와 사회적 어떤 협약의 범주에 들어갈 수 있는 건가 하는 의문을 사실 기본적으로 갖고 있어요. 저는 처음 참여할 때 이건 단체협약이다, 업종단위 단체협약이다 생각을 했고…. (중략) 포럼 운영도 노사가 직접 마련한 재원으로 운영이 됐고요. 플랫폼 산업의 초기업 수준에서 단체교섭이라고 해석하고 접근해야 하지 않을까 고민을 했어요. 일종의 공동 교섭이었던 거죠. 그러니까 그 말을 하지 못했는데…. 단체교섭이고 단체협약이라는 말을 하는 순간 사실은 하나도 진행이 안 될 것 같았거든요. 그 당사자들에게는 껍데기가 좀 더 중요한 거였죠.

- 전문가 #1 인터뷰

코스포는 사회적 합의 이후 정부와 노동계에서 주최하는 토론회와 간담회 등에서 '사용자 단체'로서의 발언과 역할을 기대받기 시작했다. 이에 부담을 느낀 코스포는 한발 물러나 플랫폼 노동의 교섭 당사자로서 사용자 단체의 역할은 회피하는 모습을 보였다. 플랫폼 노동자의 비전속성을 고려할 때 산별교섭의 필요성은 인정하면서도 업종별 다양성으로 인해 플랫폼 노동 전반을 포괄하는 교섭은 어렵다는 입장을 밝혔다(코스포 정책실장 발언: 민주노총 토론회, 2021.7.28.).

"코리아스타트업포럼이 사회적 대화를 할 때 저희가 사용자 단체라고 주장하지는 않아요. 그런데 사회적 대화를 할 때는 이런 대표성 있는 역할을 하기는 한 것 같아요. 기업들이 그걸 원했고 그런데 산별 교섭과 같이 제도적인 부분에 진입할 수 있을까에 대해서는 망설여지는 부분이 있어요. 첫 번째, 플랫폼 기업의 특성이 다양성 있고, 한편으로 코스포에 배달, 대리, 가사… 지역에서 취미생활로 하는 분들도 계시고 이랬을 때, 우리가 뭘 대표하고 어떻게 해야 하지? 다시 업종으로 들어가야 되지 않을까? 여러 가지 고민거리가 있어요. 산업의 질서가 잡혀가고 산업이 성장하면서 대표성 있는 단체가 나와야 되지 않을까 생각은 하는데 지켜봐야 할 것 같습니다."

– 코스포 정책실장 발언: 민주노총 토론회, 2021.7.28.

살펴본 바와 같이 코스포는 일자리위원회 참여와 사회적 합의를 적극적으로 주도하며 노동이슈의 주도권을 가지고 사용자 단체로서의 책임과 역할을 다하는 노동시장 행위자로서 외부 행위자들 사이에 위상을 높였다. 그러나 이러한 코스포의 외부 이미지는 내부 회원사들이 기대하는 혁신과 탈규제의 창구라는 내부 정체성 요소와 필연적인 갈등을 낳게 되었다.

3) 노동이슈를 둘러싼 외부 이미지와 내부 정체성 간의 갈등

코스포가 사회적 대화의 장에 적극적으로 참여하면서, 사용자 단체로서의 외부 이미지가 강화되었다. 하지만, 그러한 조직의 이미지가 회원사들이 공유하는 내부 정체성으로 이어지는 과정은 몇 가지 장애물로 인해서 순탄하게 진행되지 않았고, 그 결과 외부 이미지와 내부 정체성 사이의 긴장 관계가 나타나게 되었다. 가장 큰 장애물은 바로 '노동' 이슈에 대한 내부에서의 집단적 이해 형성 문제였다.

코스포 운영진에게 딜레마를 안겨 준 첫 번째 노동 이슈는 주 52시간 근로제였다. 논쟁이 난감했던 이슈였던 이유는 그것이 스타트업계 내부에서도 의견이 뚜렷하게 엇갈리는 주제였기 때문이다.[7] 주 52시간 근로제를 찬성하는 이들에게 그것이 상징하는 합리적·효율적 노동시간은 "지하실에서 2층 침대 놓고 시작했던 노동집약적이었던"(스타트업 기업가 #2 인터뷰) 90년대 후반의 벤처기업 문화와의 결별을 의미했다. 아울러 초장시간 노동으로 악명이 높았던 IT 외주개발(SI)산업과의 명확한 경계선을 긋는 것이기도 했다.[8]

면접에 참여했던 여성 창업자는 주 52시간제를 반대하는 1세대 창업가들을 "꼰대들"(스타트업 기업가 #3 인터뷰)[9]이라고 묘사하는 것을 주

---

7 이를 둘러싼 사회적 논쟁이 첨예했던 2019년 당시 스타트업계를 대표하는 조직 중 하나인 스타트업 얼라이언스가 스타트업 창업자 149명을 대상으로 한 조사한 자료에 따르면, 창업자 중 주 52시간제 도입에 긍정적으로 반응을 보인 이들의 비율이 34.2%로, 부정적 반응을 보인 이들은 33.6%로 거의 같게 나왔다.

8 SI 업계의 사용자 단체인 IT서비스산업협회는 주 52시간제 특례업종 지정을 요청할 계획이었지만 회원사와 업계 종사자 반응을 이유로 그 계획을 철회하기도 했다.

9 젊은 창업자들이 세대적 이질감을 표현한 것은 주 52시간제만은 아니었다. 한 면접참가

저하지 않았다. 반면, 주 52시간 근로제를 반대하는 4차산업혁명위원장을 포함해 상당수의 1~2세대 벤처 창업가들은 코스포의 적극적 후원자였다. 이러한 딜레마가 있었기 때문에 당시 코스포 구성원은 주 52시간을 신랄하게 비판한 4차위 위원장의 발언 내용을 듣는 순간 "눈앞이 깜깜해질 만큼 당황했었다."라고 면접조사에서 회상했다(코스포 관계자 #1 인터뷰). 그는 주 52시간 근로제가 사회적 정당성을 이미 확보했고, 코스포가 스타트업의 사회적 책임을 강조하는 상황에서 주 52시간 반대 의견을 섣불리 옹호하는 것이 자칫 전통적인 사업자 단체의 이미지를 덧씌울 수 있는 가능성을 우려했다.

노동 관련 문제를 둘러싼 스타트업계 내부의 이해관계를 조율하는데 있어서 코스포가 한계에 부딪히는 상황은 구체적인 이슈와 무대를 바꿔서 반복되었다. 2019년 승합차 호출 서비스업체인 '타다'의 불법파견 의혹이 불거졌을 때[10], 코스포 내부에서도 '불법'을 저지르는 것만큼은 코스포가 스타트업을 대표해 외부에 내세우는 사회적 책임의 가치에 어긋나는 것이라는 의견이 있었다. 하지만, 그 의견을 공식적 성명으로 낼 수는 없었다. 2021년 3월에 사회적 이슈가 되었던 온라인 신

자는 다음과 같은 벤처 1세대의 인터뷰가 실린 신문기사를 세대적 이질감의 이유 중 하나로 공유하기도 했다. "1세대 벤처 붐 때와 비교할 때 액셀러레이터와 엔젤 투사사를 비롯한 초기 투자자들도 많아졌고 관련 정부 지원 사업들도 많이 늘어 생태계가 탄탄해졌다. 반면 초반에는 대부분의 창업자들이 강한 창업 의지를 가지고 스타트업을 시작했던 것 같은데 현재 창업자 수가 급격히 많아지면서 창업 의지나 정신력이 강하지 않은 창업자들이 상대적으로 많아진 점이 아쉽다."(한국경제신문, "스타트업 육성하는 벤처 1세대 …언론 노출 꺼리지만 '멘토' 자처, 2019.3.26.)

10 매일노동뉴스. "[짙어지는 '타다' 불법파견 정황] 콜 안 받아도, 복장규정 위반해도, 드라이버 패널티 주고 계약해지". 2019.10.11.

선식품 배송업체인 마켓컬리의 '블랙리스트' 문제도 같은 맥락에서 볼 수 있다.[11]

마켓컬리가 코스포의 공동 의장사 중 하나라는 점에서 노동조합 등의 외부행위자들은 코스포가 블랙리스트 사태에 어떤 반응을 보일지 예의주시했지만 역시 공식적인 성명은 없었다. 마켓컬리의 대표는 기자회견을 통해 블랙리스트 작성을 "물류센터 내 안전과 위생 관리를 위해 취한 조치"라고 주장하며 방어했지만 그 과정에서 코스포와의 협의는 없었던 것으로 보인다. 배달 노동자 처우 개선을 위한 사회적 대화에서 코스포와 협업을 했던 노동조합 관계자는 면접조사에서 다음과 같이 실망감을 드러냈다.

"코스포가 한마디 해 주길 바랐죠. 평소에 그런 이미지가 강했잖아요, 합리적이고 상식적이고 우리나라 대기업과는 다른 깔끔하고 책임져야 할 때는 책임지는 스타트업들을 대표하는 곳이니까. 하지만 전혀 언급이 없었어요. 검색 한번 해 보세요. 그렇다고 대놓고 엄호도 하지 못하고. 곤란했겠죠. 이해할 수 있어요. 내부적으로 그런(노동) 문제를 조율하거나 규율하는 것은 아직 멀었구나."

– 노동조합 관계자#1 인터뷰

코스포는 설립 초기부터 노동관계법령에 대한 내부 포럼을 개최하

---

11 경향신문. "마켓컬리 '블랙리스트' 진짜였다". 2021.3.6.

는 등 회원사들의 '노동 감수성'을 높이기 위한 활동을 하였으나, 시간이 지날수록 창업 관련 세미나나 멘토링 활동에 비해서 비중이 낮아졌다. 회원사를 모으고 결속하는 데 큰 도움이 되지 않았기 때문이다. 아직 코스포에 가입하지 않은 스타트업의 대표는 노동 관련 이슈를 "터져야 신경 쓰지, 예습을 할 여유는 없는" 영역으로 묘사했다(스타트업 기업가 #4 인터뷰, 2021).

노동문제를 둘러싼 모호한 입장을 넘어서 코스포가 조직의 성장에 따라 직면하게 된 더욱 근본적인 한계는 집단적 이해대변 행위와 이해대변의 대상이 되는 스타트업 이해 사이의 괴리다. 선행 연구에서 검토한 대로 스타트업이 표명하는 혁신은 제도적 공백과 밀접한 관계를 맺는다. 이러한 맥락에서 면접조사에 참여한 몇몇 창업가들은 코스포의 활발한 대외활동이 제도적 공백과 혁신 사이에 불필요한 긴장관계를 일으킬 수 있다는 점을 우려했다.

구체적으로 한 창업가는 그것을 "코스포가 관여하면 일이 커진다."고 서술했다(스타트업 기업가 #4 인터뷰, 2020). 코스포는 이해대변 대상으로 스타트업 기업가 #4의 회사와 같은 성장기의 스타트업을 지목했다. 그러나 사회적 공론장에서의 활동은 코스포에게 "제도화"의 대리인이라는 이미지를 부여했다. 그 결과 제도적 공백을 활용해 성장하고자 하는 소규모 스타트업은 코스포가 이끄는 제도화가 자신들의 이익에 반할 수도 있다는 가능성에 우려를 표명했다.

같은 맥락에서 다른 스타트업 창업자들은 코스포를 자신들의 이해를 대변하는 조직이기 보다는 배달의민족과 같이 성장기를 넘어서 완숙기에 접어든 유니콘 기업들을 위한 조직으로 보는 경우가 많았다. 직원

규모 5~70명에 사이의 면접에 참가한 6개 스타트업의 대표들은 "이름만 들어 본 정도", "훌륭하신 분들의 네트워크 모임", "지금은 굳이 가입하지 않아도 될 것 같다." 등의 완곡한 표현으로 거리감을 표현했다(스타트업 기업가 FGI, 2020). 요컨대 설립초기의 스타트업은 제도적 공백을 활용하는 사업모델을 갖는 경우가 많았기 때문에, 스타트업 기업가 #4가 설명한 대로 혹시나 그러한 공백을 메우기 위한 제도적 논의가 미처 성장을 완전히 이루기 전에 진행되는 것에 부담을 느꼈다.

한편, 2019~20년에 걸쳐 면접조사에 참여했던 스타트업 기업가 #4는 2020~21년에 플랫폼 규모(이용자 수)의 급성장을 발판으로, 수십억 규모의 외부 투자를 받는 데 성공했다. 우리는 조직의 성장에 따른 코스포에 대한 인식 재고 및 관계 재설정 여부를 알아보고자 2021년 하반기에 후속 인터뷰를 진행했다. 이 업체는 여전히 코스포의 회원사는 아니었다. 스타트업 기업가 #4의 회사는 서비스 이용자가 수백만 명 규모로 증가하면서 기존 업계의 사업자 단체의 견제를 받기 시작했고, 외부에서 사업모델에 대한 제도적 규제 논의가 시작됐다.

이에 대한 그의 대응은 코스포와 연계해 제도적 압력에 대응하는 것이 아닌 업계에서 유명한 대관업무 담당자를 채용하는 방식이었다. 그 이유는 개별 기업의 니즈에 딱 맞는 대관업무를 코스포가 수행하기에 전문성이 떨어지며, 애매한 플랫폼 노동의 문제가 가시화되는 것을 꺼렸기 때문이었다(스타트업 기업가 #4 인터뷰, 2021). 일부 기업들은 코스포가 적극적으로 개입할 경우 "조용하고 원만한 해결"이 오히려 어려워질 수 있기 때문에 대관업무 담당자의 개인적 네트워크와 정치적 숙련에 의지한다는 의견이었다. 이러한 인식에는 코스포 구성원에 대한 선입견도 작용하고 있었다(스타트업 기업가 #4 인터뷰, 2021).

요약하자면, 코스포는 스타트업의 혁신과 사회적 책임에 중점을 두고 외부행위자들과의 적극적 관계 맺기를 통해 조직의 성장과 정체성 확보라는 두 가지 목표를 달성할 수 있었다. 하지만 외부 행위자와의 공식적 소통과 사회적 대화라는 외연적 활동을 통한 성과가 커지면 커질수록, 코스포의 집단적 이해대변이 대상인 스타트업 생태계의 내부 행위자와의 거리가 멀어지는 한계가 나타나기 시작했다. 그로 인한 조직 내 갈등은 특히 노동관련 이슈 그리고 제도화·공식화를 둘러싼 상이한 견해를 둘러싸고 두드러지고 있음이 드러났다. 이어지는 5장에서는 4장에서 제시한 분석 결과가 갖는 이론적·정책적 함의를 논의한다.

5. 플랫폼스타트업 기업들의 집단적 이해대변체제 형성과 시사점 ✓

지금까지 코스포 사례를 통해 스타트업 기업들을 회원사로 둔 코스포가 그들의 집단적 이해대변체로서 내적·외적 정당성을 확보하기 위해 어떻게 조직 정체성을 형성해 왔는지, 그 과정에서 어떻게 내·외부 행위자들과 전략적으로 관계를 맺었는지 살펴보았다.

'혁신'이 '규제'의 장벽에 막혀 좌절되는 일이 없도록 스타트업을 지원한다는 코스포의 조직 정체성은 설립 초기 몇몇 유명 창업가들의 개인적 정당성에 근거했다. 하지만 그러한 집단적 이해대변체로서 정체성이 공허한 구호에 머무는 것이 아니라 구체성과 실체성을 갖기 위해서는 제도적 장을 선점하고 있던 외부 행위자로부터의 인정이 필요했다. 이에 코스포는 정책 네트워크에 적극적으로 결합함으로써 플랫폼 경제의 혁신의 담지자이자 전문가 집단으로서 외적 이미지를 구축해 나갔다. 특히, 사회적 이슈로 떠오른 불안정 플랫폼 노동을 둘러싼 사회적 공론장에서 사회적 책임을 다하는 '사용자 단체'로서의 역할을 자임함으로써 단기간에 제도적 장에서 영향력을 갖는 행위자로 떠올랐다.

그러나 역설적으로 '사용자 단체'로서의 외적 이미지가 강화되면 강화될수록, 사용자로서의 책임에 부담을 갖는 회원사의 이해를 대변해야 하는 '이익집단'으로서의 정체성 사이에 부정합 관계가 나타났다. 결국 이러한 부정합을 해소하기 위해서 최근 코스포는 제도적 장에서 한발 물러나 회원사 간 이해관계가 일치하는 '교육'사업 이나 회원사 간 네트워크 강화 및 스타트업 생태계 조성에 역량을 집중하는 것으로 보인다.

본 연구의 이론적 시사점은 크게 두 가지로 정리할 수 있다. 첫째, 본 연구는 새로운 산업에서 기업들의 집단적 이해대변체가 형성되고 진화하는 동학을 살펴본 의의가 있다. 선행 연구들은 한국에서 코스포가 사업자 단체이면서 사용자 단체로서의 역할을 스스로 수행한 사례임을 밝히고 있으나, 왜 어떠한 조건에서 사업자 단체가 사용자 단체로서의 역할을 수행하는지에 대한 답은 제시하지 못하였다. 또한 사업자 단체의 노사관계 당사자로서 자발적인 사용자 단체로서의 역할 수행은 사용자들의 역할 회피적 성격으로 기대하기 어려우며 법 개정을 통한 단체교섭 의무 부여가 필요함이 강조되어 왔다(전인·서인덕, 2008; 이창근 외, 2019).

반면 본 연구는 코스포 사례를 통해 새로이 성장하는 산업에서 기업들의 이해대변체로 등장한 코스포가 조직 정체성을 형성하는 과정에서 기존 사용자 단체가 회피하였던 노사관계 당사자로서의 역할을 자발적으로 수행하게 되는 과정을 밝혔다. 연구 결과는 코스포의 사용자 단체로서의 자발적인 역할 수행은 기존 연구에서 강조해 왔던 사용자 단체에의 교섭의무 부과나 정책위원회의 참여의 대가로서의 교섭의무 부여와 같은 강제적인 방식이 아니라, 조직의 성장과 정체성 확립을 위한 자원 획득의 수단으로서 외부 네트워크의 활용 및 정부와의 관계 설정 과정에서 자발적인 선택으로 가능하였음을 보여 주었다. 이러한 분석 결과는 이론적으로 조직 정체성 변화과정에서 조직 스스로가 자임한 사용자단체의 역할 수행의 가능성에서 나아가 왜 어떠한 조건에서 그 역할을 수행하거나 방기하는지에 대한 메커니즘을 보여 주었다는 데 중요한 의의가 있다.

나아가, 본 연구의 결과는 코스포의 정체성 형성 과정에서 나타난 사용자 단체로서의 역할 수행은 코스포의 정체성 갈등 과정에서 내부 구성원과 환경의 요구의 사이에서 사회적 협약을 통해 가시화되었으나 이후 강화되지 못한 것으로 나타났다. 또한 코스포는 사용자 단체로서의 역할을 의도적으로 회피하고 기존의 이해대변 역할에 충실한 상태로 회귀하고 있다. 결국 조직론적 관점에서 조직의 정체성 형성과 역할 변화는 환경과 행위자와의 갈등 상황 속에서 외부 지원 자원과 제도의 한계가 주요한 역할을 했음을 확인하였다. 따라서 본 연구는 기업들의 이해대변체가 업종 수준의 집단적 이해관계 조율을 위한 사용자 단체로서의 정체성 획득과 지속의 관계에서 조직의 내적 관계와 외적 관계의 역동적인 정체성 변화 과정에 대한 탐색의 필요성을 보여 준다.

둘째, 우리의 분석 결과는 제도적 공백을 기반으로 한 새로운 산업의 성장에서 나타나는 조직의 대응의 측면에 이론적 기여를 한다. 코스포는 제도적 공백을 활용하여 사업을 추진하는 기업들의 이해를 대변하는 조직임과 동시에 제도적 불확실성을 줄이고 새로운 제도에 의미와 해석을 부여하는 전문가 조직을 표방하였다. 선행 연구에 따르면 전문가 조직은 제도적 공백을 줄이는 역할을 수행한다. 반면, 코스포는 전문가 조직으로서의 역할을 자임하면서도 제도적 공백을 기반으로 한 기업들의 이해를 대변한다는 점에서 기존 이론에서 주목하지 못한 양가적 역할을 수행하는 조직의 특성을 가지고 있다.

연구 결과 조직의 대응 차원에서 코스포는 제도적 공백을 줄이는 전문가 조직으로서의 역할의 한계를 인식하였다. 한편, 코스포는 회원사들의 사업 확장의 측면에서 제도적 공백의 적극적인 활용을 지원하는 역할이 요구되었으며, 이에 외부정체성의 확대의 필요가 있었다. 이러한 관계 속에서 본 연구는 코스포는 전문가 조직으로서의 정체성과 이해대변체로서의 정체성의 긴장관계가 나타날 수 있음을 발견하였다. 이러한 긴장관계는 플랫폼 업체들이 혁신을 바탕으로 한 제도적 공백을 활용한 사업모델을 통해 사업의 영위 과정에서 '노동 이슈'에서 더욱 분명히 나타났다.

본 연구의 정책적 시사점을 살펴보면, 우선, 조직의 이해관계를 내부와 외부로 구분하여 탐색하고 그 속의 갈등관계를 분석하여 산업성장과 노사관계의 발전 과정에서 요구되는 집단적 이해대변체의 역할과 사회적 요구 그리고 조직 스스로의 동력을 밝힘으로써 정부의 노사관계 지원 방식과 방향에 대한 함의를 제공하였다. 특히, 앞서 언급한 바와 같이 한국의 노동관계법상 사용자들은 노동법상 사용자 단체로서 집단적 노사관계의 주체로 나서는 것은 실질적으로 사용자들의 선택에 달려 있는 상황이다. 이러한 현재 한국의 노동법 체계하에서 본 연구는 사용자 단체가 단순히 내부 구성원들의 이해대변체로서의 역할에 머무르는 것에서 나아가 사회적 요구에 대응하고 노사관계 당사자로서 사회적 역할을 수행하도록 하기 위한 정책적 노력이 필요함을 제기한다.

현재 코스포는 '노동 이슈'에 대한 내부 구성원들의 이해관계가 결집되지 못한 상태에서 조직은 갈등을 겪으며 결국 사회가 요구하는 '사용자 단체'의 역할을 포기한 채 내부 구성원의 '이해대변'에 집중하는 모습을 보이는 한계가 나타났다. 이러한 한계를 극복하기 위해서는 정책적으로 사용자들의 집단적 이해대변체가 조직이 표방하는 조직 이미지 강화를 바탕으로 한 내부 구성원들의 지지를 이끌어 내면서도 사회적 요구에 부응할 수 있는 전략적 선택을 할 수 있는 정책적 지원이 필요함을 암시한다. 구체적인 정책적 지원은 특히 새로운 산업의 제도적 장에서 핵심 자원과 정당성을 확보하지 못한 주체가 조직의 정체성을 형성해 나가면서 내부 회원사들의 지지를 얻을 수 있는 역량을 강화해 나갈 수 있도록 하는 자원을 공급하는 것과 관계가 있다.

코스포의 사례는 사용자들이 자발적으로 노사관계의 당사자로서 참여하여 사회적 합의를 만들어 내었다. 노사관계의 자율성이라는 대원

칙하에 코스포와 같은 자발적인 노사관계 행위자의 등장과 역할 확대
는 주목해 봐야 할 사례이다. 사용자 주체가 노사관계 행위자로서 자발
적 역할을 수행할 수 있도록 이끌어 내기 위해서는 사회적으로 사용자
주체가 자발적으로 노사관계 행위자로서 적극적 역할을 할 수 있도록
지원하고 정치적 맥락을 형성해 나가는 과정에 대한 조력이 중요할 것
이다. 연구 결과는 일각에서 강력하게 주장하고 있는 우리나라 사업자
단체 및 사용자 단체들의 노사관계 행위자로서의 소극성과 역할 방기
에 대해 노동법 개정을 통한 교섭의무 부여가 필요하다는 주장(이정희
외, 2021; 이창근 외 2019)과는 달리 이외의 주체의 자발성을 이끌어
낼 수 있는 정책 대안의 필요성을 역설한다.

다음으로, 본 연구는 디지털 전환 시대 우리나라 스타트업 사용자들
의 이해를 대변하기 위한 조직이 어떻게 자신의 정체성을 형성해 나가
며 조직의 급속한 성장과 산업 내 대표성을 확보해 갔는지를 보여 주
고 있다. 그 과정을 살펴보면, 결국 내부 구성원의 요구에 부응하고 사
회적 정당성을 바탕으로 조직 성장을 도모해야 하는 사용자 단체는 외
부 네트워크의 형성과 확장이 필수적인 것으로 나타났다. 그중에서도
외부 네트워크의 핵심은 결국 정부와의 관계였으며, 정부는 제도적 공
백을 바탕으로 성장한 스타트업의 규제와 혁신을 실질적으로 관할하는
'권력'을 가지고 있음이 분명하게 나타났다.

이에 정부는 노사관계의 직접적인 수단뿐 아니라 간접적이고 산업적
인 정책을 통해 노사관계의 질서를 구축할 수 있는 자원 배분자의 역할
을 할 수 있음을 부정하기는 어렵다. 이에 향후 업종단위 산업발전을
위한 이해대변체의 성장과 사회적 역할 수행에 있어 정부의 자원 배분

방식과 형태는 주요한 수단으로 활용될 수 있을 것임을 알 수 있다.

　본 연구는 탐색적 성격을 가진 사례연구로서 사회현상을 파악하는 데 유용한 접근을 시도하였으나 사례의 일반화를 위해서는 추후 다양한 연구가 요구된다. 특히, 업종 단위의 경영자(사용자)들의 이해대변체에 관한 연구는 부족하며, 디지털 전환 등 급격한 환경 변화 속에서 노사관계의 제도적 공백이 더욱 부각되는 가운데 새로운 질서를 구축하는 과정에서 노사의 이해대변체의 성장 및 역할에 대한 연구는 그 중요성이 더해질 것이다.

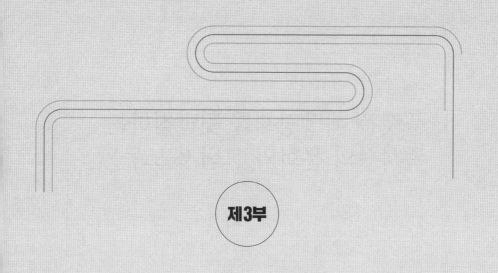

제3부

플랫폼 노동

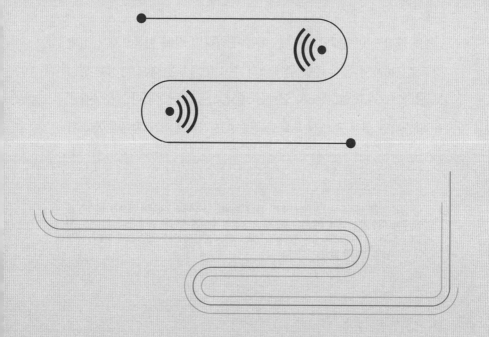

• 제1장 •

플랫폼 배달경제를 뒷받침하는 즉시성의 문화와 그림자 노동[1]

박수민 한국노동연구원 부연구위원

1. 질주와 기다림, 상반된 배달 노동의 두 모습 ✓

'치타배달', '번쩍배달'과 같은 이름이 하나의 상품 이름으로 등장할 정도로, 2021년 음식 주문 플랫폼의 주요 업체들은 속도 경쟁을 벌이고 있다. 그리고 그 속도의 끝에는 배달 노동자들이 있다. '음식배달'을 떠올리면 쉽게 빠르게 도로를 질주하는 오토바이가 떠오를 정도이

---

[1] 이 글은 같은 제목으로 『경제와 사회』 제130호(비판사회학회, 2021)에 게재한 필자의 글을 게재 이후의 변화와, 이 책의 취지를 반영하여 수정한 것임을 밝혀 둔다. 2019년부터 2021년 사이를 기준으로 작성했기에 현재와 다른 부분이 있을 수 있다. 다만 3절 가 부분은 2024년의 변화를 반영하고 있다.

다. 하지만 음식배달의 실제 노동과정이 속도를 향한 질주로만 이루어진 것은 아니다. 기다림은 배달 노동자들의 일상이다. 기다리는 대상도 이유도 갖가지이다. 길거리에서 오토바이 위에 앉아 주문 요청을, 음식점 문 앞에서 음식 조리와 포장이 끝나기를, 고객 집 앞에서 현장 결제를 요청해 놓고 전화를 안 받는 고객을, 갑자기 불통이 된 앱이 제대로 작동하기를 기다린다.

거리를 가로지르며 움직이는 것과 거리에서 무언가를 기다리는 것 모두 배달 노동자의 모습이다. 빠른 속도가 그토록 중요하게 강조되는 배달 업계에서, 어쩌다 이렇게 아무것도 못 하고 기다리는 시간이 만연하게 된 것일까? 거리에서 오토바이를 세워 놓고 주문을 기다리는 배달 노동자를 보는 것이 어렵지 않은데도, 왜 배달 노동자의 노동에서는 질주와 속도만이 강조되고 있는 것일까?

질주와 기다림이라는 상반된 시간 경험은 배달 속도를 빠르게 하는 과정에서 만들어진 동전의 양면이다. 주문 요청이 들어오자마자 바로 배달이 이루어지려면 노동자가 기다리고 있어야 하고, 더욱더 빠르게 배달을 완료하기 위해선 속도를 내야 하기 때문이다. 현재의 자본주의에서는 소비자 만족이 지상 최대 과제로 받아들여지고, 배달업에서 소비자 만족의 가장 핵심적인 지표는 속도로 여겨진다. 기업, 상점, 소비자, 배달 노동자 모두가 소비자를 만족시키기 위해서 빠르게 배달해야 한다고 생각한다. '소비자가 원하는 빠른 스피드'를 달성하는 것이 일종의 표준으로 자리 잡으면서, 모두가 막연한 기준을 충족시키기 위해 더욱 속도를 내는 데 몰두하고 있다. 상점과 노동자의 시간은 '빠름'이라는 고객의 요구를 충족시키는 과정에 종속되고, 질주와 기다림은 그 과정에서 경험하게 되는 한 부분이다(Sharma, 2014).

하지만 '빠른 배달'이나 '고객 만족 최우선'이 처음부터 너무나도 당연하게 받아들여지는 가치는 아니었다. 소비자가 만족하는 속도에 대한 객관적인 기준도 없다. 불과 10여 년 전인 2011년에 시민들은 직접 빠른 배달의 위험성을 비판하고, 대형 피자체인의 30분 배달제를 폐지시켰다. 10년 사이에 '빠른 배달'의 시간 자체가 점점 짧아져 온 셈이다. 당연하게 받아들여지는 규범이나 가치, 위계질서는 플랫폼 음식배달이라는 새로운 서비스 시장을 만들어 내기 위한 기술, 기술을 이용한 기업의 경영전략, 노동관계 등 여러 가지 제도와 기술이 상호작용하는 과정에서 형성된 것이다.

정보통신기술(ICT)이 발전함에 따라 사람들은 모바일 애플리케이션(앱)을 통해 실시간으로 정보를 확인하고, 정보를 활용해 자신의 생활을 조직하는 것에 익숙해졌다. 예를 들어, 서울과 같은 대도심에 사는 시민들은 버스의 운행 위치와 도착 시간을 실시간으로 확인하게 된 지 오래다. 이러한 기술적·사회적 조건 속에서 플랫폼이라는 새로운 서비스가 등장했고, 기업은 알고리즘이라는 자동화 된 기술을 도입하여 이전과는 전혀 다른 방식으로 노동자를 통제하고, 평가하고 있다.

플랫폼이라는 서비스, 알고리즘 관리라는 통제 방식의 도입은 소비자, 상점, 노동자 모두의 경험을 뒤바꾸었다. 이 글에서는 그중에서도 노동자의 경험이 어떻게 변화하고 있는지를 소개하는 데 집중한다. 한국의 플랫폼 음식배달 산업 사례를 통해 플랫폼 음식배달 산업에서 중심이 되는 논리가 무엇인지, 이러한 논리가 어떻게 기다림과 같은 무급노동의 증가로 이어지는지를 살펴볼 예정이다.

2. 기술이 발전하면,
   시간에 대한 기대감이나 경험도 변한다 √

가. 즉시성에 대한 기대: 언제, 어디서나, 바로바로

한국의 플랫폼 음식배달 산업 사례를 통해 플랫폼 산업이 어떠한 논리와 방식으로 발전해 왔는지를 다루기에 앞서, 기술의 발전이 속도에 대한 사람들의 기대를 어떻게 바꿔 왔는지를 먼저 짚어 보자. 지금과 같은 늘 접속 가능한 네트워크에 대한 구체적인 제안과 설계는 1990년대 후반에 본격적으로 나타났다. 미국의 컴퓨터 과학자 클라인록 (Kleinrock, 1996)은 사람들이 컴퓨터를 쓰는 환경은 집에 국한되지 않는다고 지적하면서, 사용자가 이동 중에도 접속할 수 있는 노마딕 컴퓨팅(nomadic computing)을 제안했다. 언제, 어디서 생길지 모르는 수요에 대비한 기술적 인프라를 갖추어야 한다는 것이다.

노마딕 컴퓨팅은 집에 고정된 PC를 이용하는 시대에서 벗어나 시간과 장소에 구애받지 않는 상시적 접속이라는 개념을 본격화했다. 노마딕 컴퓨팅, 휴대폰을 비롯한 휴대용 기기 등 정보통신기술의 발전은 사람들이 시공간을 조직하고 인식하는 방식에 큰 변화를 가져왔다. 개인 무선인터넷 기술의 개발과 보급이 이루어진 1990년대 말 이후, '언제, 어디서나'라는 캐치프레이즈는 일상적인 용어로 자리 잡았다(Forlano, 2008).

최근에는 '언제, 어디서나'에 더해 '바로바로'가 ICT 기술에 대해 사람들이 기대하는 중요한 기준이 되었다. 2000년대 초만 해도, 사람들은 인터넷으로 영화 한 편을 다운로드 받는 데 몇 시간을 기다렸다. 그랬던 사람들이 이제는 모바일 웹 페이지가 열릴 때까지 3초도 길다고 생각한다.[2] ICT가 바꾼 시공간 경험은 즉시성(Immediacy)에 대한 기대를 만들어 내고 있다(Tomlinson, 2007). 즉시성은 시간상으로는 지체가 없는 것, 공간적으로는 떨어져 있지 않은 것을 의미한다. 이는 "매개 과정이 전반적으로 붕괴하는 감각"으로서 지금과 이후, 욕망과 만족을 분리하던 시공간적 거리감이 사라지는 문화적 경험이다(p.74).

순식간에 정보를 전송하고 반응을 되돌려주는 기술이 등장하여 멀리 떨어진 곳을 연결하는 과정 자체가 빨라짐에 따라, 사람들은 매개 과정이 없는 듯한, 편리하고 즉각적인 접속과 연결의 감각을 즐기게 되었다. 이러한 즉시성에 대한 기대는 미디어 이용 경험에 국한된 것이 아니다. ICT와 미디어를 활용하는 영역이 일터, 소비 공간 등 경제생활 전반으로 확장되었기 때문이다. 최근 늘어나고 있는 승차 공유 서비스, 음식배달 등의 각종 O2O 서비스(Online to Offline)는 더 효율적으로 그리고 신속하게 서비스를 이용하고 싶은 소비자들의 요구를 겨냥하고 있다(Taylor, 2018; van der Burg et al, 2019). 음식배달은 상점까지의 거리, 이동 시간을 뛰어넘어 직접 이동하지 않고도 빠른 시간 내에 식사를 할 수 있도록 만들어 준다.

즉시성에 대한 소비자의 기대를 충족시키기 위해 플랫폼 기업들은 다양한 전략을 구사하고 있다. 우버, 배달의민족, 넷플릭스의 공통점

---

2 Google Search Update – Speed Matters(https://www.section.io/blog/google-mobile-update-seo/)

은 고객이 요청하면 원하는 서비스를 제공하는 온디맨드 서비스(on-demand service) 기업이라는 점이다. 온디맨드는 고객 요청에 따라 서비스를 제공하는 비즈니스 전략이자, 컴퓨팅 기술을 아우르는 용어로 1990년대 말 나타나기 시작했고, 2000년대에는 아이비엠(IBM)이나 아마존(Amazon) 같은 IT기업의 사업전략으로 부상했다. 현재 아마존의 AWS(Amazon Web Service)가 세계에서 가장 큰 온디맨드 서비스를 제공한다. IBM의 샘 팔미사노 회장이 2002년 취임사에서 내세운 '컴퓨팅 온디맨드'을 요약하면 '원하는 때에, 원하는 서비스를, 원하는 만큼' 제공하는 것이다.

예를 들어, A는 한 달에 두 번 정도 서버 10대의 용량이 필요하고, B는 한 달에 다섯 번 정도 서버 반 대 분량의 용량이 필요하다고 하자. 만일 A와 B가 개별적으로 서버를 마련한다면, A는 10대, B는 한 대를 사서 대부분의 시간에는 자원을 놀려야 한다. 하지만 IBM이나 아마존 같은 기업이 수백 대의 서버를 마련하고, 고객들이 필요할 때 사용할 수 있도록 일정 서버 용량을 할당해 주면, A와 B 같은 고객들은 별도의 IT인프라를 구입하지 않아도 원하는 때에, 필요한 만큼만 접속해서 쓰고, 쓴 만큼만 비용을 내면 된다. 온디맨드 컴퓨팅은 컴퓨팅 자원을 공유(resource pooling)하고, 공유된 자원을 관리하고, 고객 요청에 따라 실시간으로 자원을 할당해 주는 여러 기술을 통해 운영된다(나연묵, 2011). 온디맨드 컴퓨팅은 서버와 같은 하드웨어 자원뿐 아니라 최근에는 소프트웨어에까지 확대되고 있다.

온디맨드 컴퓨팅의 논리는 우버, 배달의민족 같은 온디맨드 서비스들의 논리와 매우 흡사하다. 우버는 고객에게는 차량을 소유하지 않고도 차량을 이용해 이동할 수 있고, 드라이버에게는 쓰지 않고 있는 자원의 활용도를 높이고 돈도 벌 수 있다고 광고했다. 우버는 차고에 주차돼 있는 빈 차, 일하지 않고 있는 시간을 앱을 통해 서비스를 제공할 자원으로 모아 내고, 여기에 실시간 매칭 기술을 적용하여 노동 공급과 수요를 연결한다. 이를 통해 소비자는 즉각적으로 자신의 수요를 충족시킬 수 있다. 온디맨드 컴퓨팅에서 고객들이 컴퓨팅 리소스를 공유한다면, 온디맨드 서비스에서는 고객들은 앱에 등록하여 일하고 있는 노동자들을 하나의 통합된 자원으로써 공유한다. 누가, 어떤 고객에게 할당될지 알 수 없다. 또한 일을 하는 이들이 자동차와 같은 자신의 자산을 고객과 공유한다. 기업이 플랫폼 노동자들을 고용하지 않기 때문이다.

나. 생산기술의 발전과 노동자의 시간 경험

대부분의 사람들은 임금과 자신의 노동력을 교환하지만, 이 교환은 기본적으로 매우 불확실하다. 노동자는 임금을 받고 자신의 능력 중의 일부를 상품이나 서비스 생산에 투여한다. 이렇게 임금을 받고 생산에 투입된 능력을 노동력이라고 한다. 그런데 노동력과 임금을 교환하기로 계약했다고 하더라도, 노동자가 고용주가 원하는 수준으로, 계약한 시간 내내 집중하여 일할 수 있는 것은 아니다. 왜냐하면 노동력이란 것은 사람이 갖고 있는 능력의 일부로 노동자와 분리될 수 있는 것이 아니어서, 임금을 준다고 해서 자본가가 완벽히 소유할 수 있는 물건이 아니기 때문이다. 따라서 노동력을 얼마나, 어떻게 쓸 것인가는 늘 첨예한 협상의 대상이 된다. 노동자마다 교육이나 기술 수준이 다를 수 있고, 애초에 자본가가 무리한 수준의 요구를 할 수도 있다.

하지만 자본가의 입장에서는 임금으로 지불한 것 이상의 생산성을 끌어내야 초과이윤을 달성할 수 있다. 즉, 자본가는 여러 통제 방식을 동원하여 이윤을 달성할 수 있는 수준 이상으로 노동자들이 일을 하게 만들어야 한다(톰슨, 1987). 현장에서 노동자들에게 직접적으로 지시하거나, 규칙이나 평가 제도를 활용하거나, 컨베이어 벨트와 같이 기계를 사용하기도 한다. 알고리즘은 디지털 시대에 새롭게 등장한 통제 방식이다. 기업은 알고리즘을 통해 노동자에게 구체적인 업무를 지시하고, 평가하며, 보상과 처벌을 가함으로써 노동자를 규율한다(Gandini, 2019).

노동에 대해 연구하는 학자들은 기술을 이용한 통제 방식의 변화, 이것이 노동자들의 경험에 미치는 영향에 대해 오랜 동안 관심을 갖고 연구해 왔다. 플랫폼 노동이 늘어나면서, 학자들의 관심은 알고리즘이라는 새로운 통제기술이 어떻게 작동하고 있으며 그 영향력은 어떠한지에 집중되고 있다. 알고리즘 통제에 대한 연구들은 알고리즘을 실시간 감시, 심리적 충동, 문화적 규범을 복합적으로 사용하면서 강압과 동의의 전략을 동시에 구사하는 총체적 통제시스템으로 평가한다.

아마존미케니컬터크(Amazon Mechanical Turk, AMT)와 같은 마이크로 태스크 업무 플랫폼들에 대한 연구에서는 특히 디지털 테일러리즘이라는 용어를 통해 노동의 파편화, 실행과 구상의 분리, 탈숙련화가 나타난다는 점을 강조한다(브레이버만, 1974; Irani, 2015;

Altenreid, 2020). 음식배달의 경우 알고리즘은 픽업 시간, 배달 시간, 배달 경로, 음식 상태와 고객 만족을 별도의 항목으로 만들고 구체적인 수치를 통해 평가함으로써 움직이는 방향, 시간과 태도를 규율한다. 알고리즘은 평점에 따라 스케줄을 선택할 수 있는 권한에 차등을 두거나, 작업 완수 시간을 설정하고 이를 재촉한다(Giesbach et al., 2019). 이처럼 노동과정의 속도와 순서를 구체적으로 지시하여 신체의 움직임, 리듬, 템포를 직접적으로 조작하는 것은 시간에 대한 노동자의 장악력을 약화한다(Edwards, 1979).

하지만 노동자들이 느끼는 시간 압박 등의 시간 경험이 오로지 알고리즘이라는 기술적 요인으로 결정되는 것은 아니다. 노동자들이 속해 있는 사회의 조직적·제도적·상황적 맥락이 기술의 효과를 매개하기 때문이다(Chen & Sun, 2020). 예를 들어, 일을 배치하는 과정에서 모든 것이 기계를 통해 매개되는가 혹은 인간 관리자가 존재하는가에 따라 현장에서의 협상 방식과 과정이 달라진다(Lehdonvirta, 2018). 사회경제적으로 취약한 위치에 놓여 있어서 다른 대안을 찾기 어렵거나, 플랫폼 노동에 수입을 의존하는 정도가 큰 노동자들은 노동조건이 만족스럽지 않더라도 플랫폼 노동을 탈출하지 못하고 장시간 노동을 감내하게 된다(로젠블랏, 2019; Shor et al., 2020).

그런데 대부분의 연구에서 플랫폼 노동자들이 일감을 기다리는 데 시간을 소요한다는 점을 언급하고 있음에도, 일을 시작하기 전 준비하는 시간이나 업무가 배치되길 기다리는 시간 등에 대한 관심은 크지 않다. 업무시간과 업무량이 정해져 있지 않고, 고용/비고용의 경계를 오가는 이들에게 일감을 기다리는 시간은 삶의 불확실성을 높이는 시간이다. 이뿐만 아니라 기다림이라는 것은 기다리게 만드는 권력을 통해 강제되는 것이기도 하다(Purser, 2012). 일을 하기 위한 대기시간은 임금 노동을 위해서 반드시 필요한 과정이지만 보상이 주어지지 않으며 노동과정에서의 권력 관계에 따라 만들어지는 그림자 노동이라고 볼 수 있다(일리치, 2017). 따라서 대기시간이 어떻게 만들어지고, 평가받는가에 대한 분석은 대기시간을 만들어 내는 힘이 무엇인지를 알려 준다.

플랫폼 노동과 같이 기술이 노동과정을 매개하는 경우 대기시간, 준비시간은 겉으로 드러나지 않을 수 있다. 프로그램 조작을 통해 업무 과정의 특정 부분은 앱에서 더 잘 드러나고, 특정 부분은 잘 드러나지 않게 만들 수 있기 때문이다(Star & Strauss, 1999; 하대청, 2018). 예를 들어, 우버의 드라이버는 일을 시작하기 위해 로그인을 할 때 얼굴을 인식해야 한다. 이 과정은 마치 자동으로 이루어지는 것같이 설계돼 있지만, 실제로는 인도에서 일하는 노동자가 등록된 사진과 로그인에 쓴 화면을 실시간으로 확인하고 로그인을 인증해 주는 수동시스템이다.

이처럼 앱이 어떻게 작동하는가에 따라, 인간이 기계에 의해 대체되는 것과 같은 착각을 이끌어 낼 수 있다(그레이·수리, 2019). 더군다나 일상생활 속에 기술이 자리 잡을수록 인간이 기계의 작동을 돕거나, 인간과 기계가 함께 일을 하는 상황은 늘어난다(램버트, 2016; Nardi & Ekbia, 2014). 기술의 설계로 인해 겉으로 드러나지 않은 무급노동을 분명히 드러내는 것은 노동 현장에서 기술 매개의 역할이 늘어나는 상황에서 점점 중요한 과제가 되고 있다.

3. 더 빠른 배달을 향한
한국 음식배달 산업의 발전 과정 ✓

가. 플랫폼의 등장과 배달 산업의 변화[3]

한국의 음식배달 산업은 더 많은 배달 물량을, 더 빠른 속도로 처리해야 한다는 목표를 달성하는 방향으로 성장해 왔다. 기업은 즉시성을 향한 소비자들의 기대를 충족하고자 속도 경쟁을 강화하는 방식으로 배차 방식, 인력 운영 방식을 비롯한 노동과정을 새롭게 조직하였다.

배달의민족은 2010년 등장한 음식 주문 플랫폼으로 고객을 찾는 음식점과 음식을 찾는 고객을 모으는 플랫폼이다. 배달의민족의 상품은 손쉽게 주문할 수 있는 배달 음식이었고, 이들이 내세운 전략은 기존에는 배달 영업을 하지 않던 맛집을 가맹점으로 끌어들이는 것이었다. 배달의민족은 배민라이더스라는 카테고리를 새롭게 만들어 치킨, 족발 등과는 다른 새로운 배달 음식 메뉴들을 소비자에게 선보였다. 음식점 가맹점을 대상으로 광고 및 가맹체계도 다양하게 제시했다. 새롭게 입점하는 맛집은 앱 최상단에 올렸고, 광고비를 추가로 지출하면 더 먼 곳의 고객에게도 상점이 노출되는 광고상품을 판매했다. 이처럼 초기 배달의민족이 공격적으로 판매한 것은 배달 음식 그 자체였고, 공격적인 마케팅에 힘입어 음식배달 시장은 급속히 성장했다.

---

3   3절의 가에서는 2024년 현재의 상황까지 산업의 변화를 크게 개괄하였으나, 글의 다른 부분은 모두 연구가 진행된 2019~2021년을 기준으로 작성했다. 3절의 나 부분 역시 2019~2021년을 기준으로 하고 있다.

배달의민족은 음식점과 고객을 연결하는 주문앱이다. 배달은 전문 배달 대행사, 크라우드소싱 인력 등 다양한 방식으로 이뤄진다. 네이버나 지마켓과 같은 오픈마켓에서 주문을 하면 우체국, CJ대한통운 등 다양한 회사에서 배송을 담당하는 것과 비슷하다. 배달을 하지 않던 음식점들이 배달 영업에 뛰어들면서, 이들의 음식을 배달해 줄 인력에 대한 수요가 늘어났다. 주문 시장이 성장함에 따라 배달전문 플랫폼인 메쉬코리아 부릉(2013년 설립), 생각대로(2016년 설립), 바로고(2016년 설립)가 사업을 시작했고, 배달의민족은 2015년 배민라이더스라는 자회사를 설립했다.

한국은 80년대 이후 음식배달, 퀵서비스, 심부름센터 등을 통해 이미 이륜차 배달 노동 인력이 형성돼 있었기에, 기존의 운영 방식 및 인력이 음식배달 대행사로 유입됐다. 동네에 보이는 소규모 배달 사무소들로, 흔히 일반 배달 대행, 줄여서 '일대'라고 부른다. 배달을 위탁하기 시작하면서 배달 위탁수수료, 배달비가 발생하였고, 음식점에서는 배달비 일부를 고객들에게 받기 시작했다. 배달이 도착하면 배달 노동자에게 현장에서 직접 결제하는 방식으로 배달비 결제가 이뤄지다, 2018년 무렵 배달의민족 앱에 고객들이 배달비를 음식값과 함께 결제하는 시스템이 만들어졌다. 기존의 음식배달에는 없던 배달료를 둘러싸고 소비자들 사이의 불만이 제기되기도 했지만, 소비자들은 이내 배달서비스와 배달비의 존재를 받아들였다[4].

---

4   『이투데이』, 2018년 3월 23일자. "자장면 시키신 분 배달비 2000원 추가요~" https://www.etoday.co.kr/news/view/1606540

주문 앱인 배달의민족이 시장성장을 주도하면서 주문 물량이 폭발적으로 성장하고, 주문과 배달이 분리되어 운영되는 상황에서 배달은 '다배차'라는 방식으로 이뤄졌다. 다배차는 같은 방향의 주문을 묶어서 여러 건을 한 번에 배달하는 것이다. 주문량이 몰리는 식사 시간에 하나씩 순서대로 배달해서는 시간 내에 도저히 모든 배달을 완료할 수 없다. 여러 건을 묶어서 배달하면 개별 주문의 배달 시간은 단건배달 방식보다 길어지지만, 전체 물량이 회전하는 속도는 훨씬 빨라진다. 다배차 방식은 주로 일반 배달 대행에서[5] 이루어져 왔으며, 낮은 배달 단가와 배달인력 부족을 배달 노동자의 숙련성에 기대 극복하는 방식이다.

일반 배달 대행의 경우 기본요금이 건당 3,500~4,000원 수준이고, 배달거리도 상대적으로 짧아 건당 배달요금이 낮다. 한 시간에 최소한 만오천 원 이상을 벌 경우, 보험이나 유류비를 제외하면 최저시급을 빠듯하게 맞출 수 있다. 이 경우 산술적으로 한 시간에 4~5건을 배달해야 하는데, 이를 시간으로 계산하면 배달 한 건을 12~15분 안에 완료해야 하는 셈이다. 음식을 픽업할 상점까지 이동하고, 오토바이에서 내려 걸어가야 하는 것을 고려하면 부족한 시간이다. 이를 극복하기 위해 배달 노동자는 방향이 비슷한 주문들을 연결된 동선으로 엮어서 주문 효율성을 끌어올린다.

다배차가 이뤄지는 과정을 예로 들면 이러한 식이다. 소비자들에게

---

5 2023년 배민커넥트와 쿠팡이츠에서도 기존의 한집배달에서 벗어나 여러 건의 배달을 함께 진행하는 묶음배달 서비스 '알뜰배달(배민)', '세이브배달(쿠팡이츠)'을 도입했다.

는 배달앱을 통해 각 음식점이 설정한 배달 시간이 안내된다. 음식점들은 배달이 밀릴 경우를 고려해 시간을 넉넉하게 45~50분으로 설정하곤 하는데 소비자는 보통 이보다 빨리 배달을 받는다. 주어진 시간 내에 배달을 완료하기만 한다면 그 과정에서는 노동자에게 일정 정도의 자율성이 허락된다. 예를 들어, 먼저 픽업한 족발의 배달 시간이 20분이 남은 상황에서 붇기 쉬운 면을 픽업했다면, 늦게 픽업했더라도 면을 먼저 배달할 수도 있다. 노동자들은 픽업할 상점과 배달할 고객의 위치, 메뉴의 특성에 따라 순서와 경로를 조정해 가며 최단 시간을 산출해 배달을 완료한다. 배달 수수료가 건당 3,500원 수준이기 때문에, 노동자들의 입장에서는 다배차를 통해 여러 건을 처리해야만 수입을 보전할 수 있다. 낮은 단가의 압박 속에서 수익을 올려야 하는 배달 노동자의 사정, 인력이 부족한 와중에도 많은 물량을 처리해야 하는 대행사의 사정 속에서, 배달 노동자가 숙련성을 발휘하여 알아서 효율적으로 배달하는 것이다. 이러한 다배차는 퀵서비스에서도 보편화된 배달 방식이기도 하다. 일반배달 대행사의 배달 방식에 대해서는 4절에서 보다 상세히 다룬다.

쿠팡이츠는 시장의 규모가 성장한 2019년 5월에 등장했다. 쿠팡이츠는 배달의민족과는 달리 주문과 배달이 완전히 통합된 시스템이며, 아웃소싱이 아닌 크라우드소싱을 통해 직접 배달을 수행한다. 이러한 3면 시장 형태의 음식배달 플랫폼은 국내에서는 2016년 우버이츠가 처음 선보였다. 우버이츠는 시장점유율을 높이지 못하고 2019년 철수했지만, 우버이츠·쿠팡플렉스 등의 서비스를 통해 크라우드소싱이라는 새로운 노동 형태가 알려졌다.

주문과 배달데이터가 한 플랫폼에 통합돼 있으면 고객에게 주문정보와 배달정보를 연결해 보여 주는 것이 가능하다. 쿠팡이츠는 빠른 배달을 서비스 강점으로 내세우면서, '한집 배달'이라는 단건배달 정책을 일반대행의 다배차의 대항마로 내세워 대대적으로 홍보했다. 한 건만 배달해도 여러 건을 묶어 배달하는 것 이상으로 수익을 올릴 수 있도록 일반대행보다 훨씬 높은 배달료를 책정해서 노동자를 유인했다. 쿠팡이츠는 건당 2만 원이라는 높은 수수료를 내세워 음식배달을 전문으로 하는 배달인력과 크라우드소싱에 관심이 있는 이들을 쿠팡이츠의 배달인력으로 끌어왔다. 더불어 쿠팡이츠는 알고리즘을 통한 배차 방식을 통해 배차 과정을 자동화했다. 노동자는 알고리즘이 추천해 주는 주문을 배달할 것인지 말지 선택하기만 하면 된다. 배달을 수락하면, 해당 배달을 완료하기 전까지 다른 배달을 추가로 수행할 수 없다.

기존 배달 대행 서비스의 경우 배달 노동자의 상황에 따라 내 주문이 배달되는 순서가 결정되기 때문에, 배달 시간의 편차가 컸다. 하지만 쿠팡이츠는 하나만 배달하는 데다 GPS 위치추적 기술을 통해 배달 노동자의 위치를 실시간으로 확인할 수 있기 때문에, 고객이 배달 시간을 비교적 정확하게 예측할 수 있게 됐다[6]. 또한, 쿠팡이츠는 고객만족도 평가 항목으로 '늦게 도착', '길게 우회되어 배달됨', '음식 온도' 등을 포함하여 고객이 직접 배달 동선 및 시간을 평가하도록 유도했다.

---

6   배달의민족에서도 2019년부터 배민커넥트라는 크라우드소싱 형태의 인력 모집을 시작하였고, 이후 배민라이더스, 배민커넥트를 통해 배달이 이루어지는 경우 배달 노동자의 위치를 실시간으로 소비자들에게 제공하고 있다.

이렇듯 쿠팡이츠는 앱을 통해 고객에게 시공간에 대한 정보를 대거 제공하여 빠른 속도에 대한 감각을 활성화하는 한편 이러한 정보를 배달 과정에 대한 조밀한 감시와 통제로 연결했다. 쿠팡이츠의 성공에 대응하여 배민라이더스 역시 번쩍배달, 배민1과 같은 단건배차 서비스를 내놓으며 속도 경쟁에 뛰어들었다.

단건배달은 Covid-19 국면에서 폭발적으로 성장했다. 폭증한 수요를 감당하기 위해 플랫폼 기업들은 배달 노동자를 대상으로 각종 현금 인센티브를 내세우며 노동력 확보 경쟁을 벌였다. Covid-19가 물러나고 음식배달에 대한 수요가 주춤해지면서, 플랫폼 기업들은 배달료를 낮춰 고객을 유인하는 것으로 전략을 바꾸고 있다. 플랫폼 기업들은 2023년 '알뜰배달', '세이브배달'이라는 이름의 묶음배달 모델을 도입하고, 2024년에는 배달비 무료 프로모션을 대대적으로 전개하고 있다.

'알뜰배달'이라는 서비스 이름이 말 해주듯, 플랫폼의 묶음배달은 실시간 변동 가격과 다배차 방식이 알고리즘을 통해 하나로 통합되어 있는 정책이다. 가격-배차 방식의 통합은 일반대행의 다배차 방식과 명확하게 다른 지점이다. 일반대행의 다배차 방식에서는 배차와 가격이 연동되어 있지 않으며, 요금은 건별로 고정되어 있다. 가격과 배차 방식이 분리되어 있기에 숙련에 따라 배달 개수, 생산성이 달라진다.

플랫폼의 묶음배달은 알고리즘에 의해 가격과 배차가 하나로 묶여 있고, 노동자의 행위성이 작동할 여지가 제한되어 있다. 플랫폼의 배달 노동자는 여전히 알고리즘이 제시하는 배차를 수락하거나 거절할 수 있을 뿐이다. 다만 기존에 진행 중인 배달이 있더라도 추가로 배차를 받을 수 있게 되었고, 묶음배달로 들어온 배달의 경우 배달료가 단건배달에 비해 낮다. 픽업-배달 순서나 동선 역시 알고리즘이 지정해 준다. 플랫폼 묶음배달은 생산성 극대화를 목표로 하는 다배차, 유연성 극대화를 노리는 단건배차와 달리 비용 절감을 목표로 하는 새로운 유형이다.

나. 한국 음식배달 산업의 네 가지 유형

한국에서 음식배달은 배달의민족과 같이 주문중개에 집중하는 플랫폼과 이 주문을 전담하여 배달하는 배달 대행으로 이원화하여 발전해 왔으며, 최근에는 주문과 배달을 통합한 플랫폼들이 등장하고 있다. 미국이나 유럽의 음식배달 플랫폼이 대체로 3면 시장[7]의 특성을 띠는데 반해, 중국이나 한국의 경우 이와는 다른 양식의 운영모델이 자리 잡았다(Lei, 2021; 조규준, 2021).

이 연구에서는 한국의 플랫폼 음식배달 대행의 운영모델을 주문-배달 플랫폼의 통합 여부와 고용 관계에 따라 네 가지 유형으로 구분했다. 주문과 배달서비스가 하나의 플랫폼에 통합되어 있는가 여부에 따라 알고리즘을 통한 통제의 수준과 범위가 달라진다. 고용 관계의 경우 배달 노동자가 배달을 전담하는 위탁회사에 소속이 되는 아웃소싱과,

---

7 수요자-판매자로 이루어진 시장과 달리 수요자-판매자 사이에 플랫폼 기업이라는 중간 매개자가 낀 시장을 3면 시장이라고 한다. 한국의 경우 플랫폼 기업 외에 배달 대행사가 추가된다.

특정 회사에 소속이 되지 않은 채 일하는 크라우드소싱 모델로 구분할 수 있다. 크라우드소싱 형태로 일하는 노동자는 대부분 배민커넥트와 쿠팡이츠에 몰려 있다.

통합 여부와 고용 관계에 따라 한국의 플랫폼 음식배달 대행업의 운영모델을 정리하면 아래 [표 1]과 같다. 주문 앱을 기준으로 정리하자면 배달의민족으로 접수되는 주문은 네 가지 유형의 방식으로 배달되고 있고, 쿠팡이츠를 통해 접수되는 주문은 통합-크라우드소싱 형태로만 배달된다. 주문고객이 직접 픽업을 하거나, 음식점에서 직접 배달하는 경우는 이 연구에서는 제외했다.

[표 1] 한국 음식배달 대행업의 운영모델

	주문-배달 플랫폼 통합	주문-배달 플랫폼 분리
아웃소싱	요기요 배민라이더스[8]	지역별 (자영업): 배달 대행사
		전국 프랜차이즈: 부릉, 생각대로, 바로고 등 배달전문 플랫폼 기업
크라우드소싱	요기요, 배민커넥트, 쿠팡이츠	부릉 프렌즈

노동 통제의 방식은 아웃소싱이냐 크라우드소싱이냐보다는 주문-배달 플랫폼이 통합되어 있는지에 따른 차이가 더 크다. 주문 플랫폼과

---

8   우아한청년들은 자회사 딜리버리N을 통해 단건배달 배민1을 전담할 라이더를 정규직으로 채용하겠다고 밝혔고, 쿠팡이츠는 쿠팡이츠 플러스라는 이름으로 쿠팡이츠 배달을 전담하는 인력을 운영하고 있다.

분리된 배달 전문 플랫폼의 경우 지역별로 소속 지점이 있고 업무감독을 담당하는 관리자가 존재한다. 반면 주문-배달 통합형의 경우, 인적 통제를 알고리즘을 통한 기계 통제로 대체하는 추세이다. 이런 차이는 주문과 배달 플랫폼의 통합 여부가 고객이 수행할 수 있는 통제와 감시의 수준을 결정짓는 데서 기인한다.

　주문과 배달 플랫폼이 서로 다른 회사여서 데이터가 공유되지 않으면, 실시간 배달 정보가 주문 플랫폼으로 넘어갈 수 없다. 고객에게는 주문 플랫폼의 화면만 노출되기 때문에, 비통합 모델에서는 고객이 GPS 추적을 통해 배달 노동자의 움직임을 실시간으로 감시하거나 배달에 대한 만족도를 평가하는 것이 불가능하다. 반대로 주문과 배달 플랫폼이 통합되어 있으면, 고객과 배달 노동자가 직접 연결되기 때문에 고객은 회사를 대신하여 노동자를 감시하고 평가하는 중간관리자의 역할을 수행할 수 있다(Rosenblat & Stark, 2016; 박정훈, 2020).

　그러나 이 네 가지 유형이 서로 독립적인 것은 아니다. 운송수단에 따라 배달 거리가 다르기 때문에 도보·자전거·킥보드 등을 이용하는 노동자가 단거리 배달을, 오토바이나 차량을 이용하는 노동자가 장거리 배달을 주로 하게 된다. 노동자 수급을 위해 쿠팡이츠나 배민라이더스가 시행하는 각종 프로모션은 일반 배달 대행사의 가격에도 영향을 미친다. 또한 배달 노동자들이 일터를 옮기는 경우가 많아 네 가지 유형을 넘나들며 일하는 경우가 많으며, 이러한 이동 속에서 배달 노동시장 전체가 성장해 왔다. 중국집이나 치킨, 패스트푸드 프랜차이즈에 직고용돼 일을 하거나 퀵서비스를 하다 음식배달 대행으로 넘어오는 경우도 적지 않다. 쿠팡이츠나 배민커넥트의 점유율이 높아지면서, 배민커넥트와 쿠팡이츠를 오가며 일하거나, 업체 소속으로 일하면서 물량과 단가에 따라 아웃소싱과 크라우드소싱을 병행하는 노동자도 있다.

이 연구는 배달 전문 플랫폼의 크라우드소싱 유형(부릉 프렌즈)을 제외한 나머지 세 유형의 노동을 대상으로 한다. 이를 위하여 각 세 유형의 운영모델과 주로 오토바이로 배달을 하는 노동자들의 경험을 분석하였다. 오토바이 배달 노동자들은 모든 운영모델에 퍼져있고, 운영모델을 오가며 일을 하며, 크라우드소싱 운영모델 도입 전부터 일을 해왔기 때문에 변화의 지점을 포착할 수 있는 위치에 있기 때문이다.

4. 빠른 배달을 위한 기업의 전략 ✓

가. 운영모델에 따른 즉시성 확보의 전략

원활하게 배차가 이루어져 '콜'(주문요청)이 제때 빠질 것이라는 기대가 음식점과 배달 대행사/배달 노동자 사이 위탁계약의 근간이다. 이 기대가 충족되기 위해서는 당장 배달을 시작할 수 있는 배달 노동자가 시스템에 로그인해 있고, 배달 노동자가 배달 요청을 거절하지 않아 배차가 즉시 이루어질 수 있어야 한다. 즉시성을 달성할 수 있는 조건으로서 노동력의 가용성(Availability) 자체가 전체 서비스를 구성하는 중요한 상품이 된다(Mazmanian & Erickson, 2014). 언제든 배달할 수 있도록 노동력을 대기시키는 방식은 운영모델에 따라 달라진다.

[표 2] 운영모델에 따른 즉시성 확보의 방식 : 규모의 경제 vs. 생산성 극대화

	주문–배달 플랫폼 통합	주문–배달 플랫폼 분리
아웃소싱	• 자동화(알고리즘 통제) • 분리–아웃소싱 모델과 통합–크라우드소싱 모델의 특징이 혼재	• 생산성 극대화 (관리자 강제배차, 출퇴근 관리) • 일반배차(다배차) • 단거리 배달 위주
크라우드소싱	• 규모의 경제 (인력유입) • 자동화(알고리즘 통제/단건배달) • 실시간 변동요금 + 프로모션 • 배달거리 제한 없음	

주문 플랫폼과 분리돼 있는 아웃소싱 배달 전문 플랫폼의 경우, 동네 음식점과 직접 위탁계약을 맺은 대행 지사가 약 반경 2~3㎞의 활동 범위 내에서 동네 배달 물량을 소화한다.[9] 예를 들어, A 배달 기업의 신촌 지역 대행 지점은 직접 영업을 해서 인근 식당들과 배달 위탁계약을 체결하고, A 대행 신촌 지점에 속한 배달 노동자들이 해당 물량을 책임진다. 지역 배달 대행을 '일반 배달 대행'이라고 부르기도 하는데, 이러한 일반 배달 대행의 경우 지역 가맹점(위탁계약을 맺은 음식점)의 모든 주문정보를 소속 배달 노동자들에게 공유하고, 배달 노동자들이 자신의 위치·동선에 맞게 선택하는 방식(일반 배차)을 채택하고 있다.

---

9 일반 배달 대행에서도 7~8㎞에 달하는 장거리 배달이 있으며 서울 외곽의 경우 인접한 경기도 지역이 배달 권역에 포함되기도 한다. 하지만 대부분의 배달 물량은 반경 2~3㎞ 지역에 몰려 있다.

이러한 일반 배달 대행의 경우 크라우드소싱과 같이 인력을 늘릴 수가 없다. 주문을 받는 가맹점의 수와 지역이 한정돼 있기 때문에, 한 사무실에 소속된 노동자의 수가 많아지면 1인당 수입이 낮아지고, 수입이 낮아지면 배달 노동자들이 다른 대행사로 이직할 가능성이 커지기 때문이다. 따라서 지역의 일반 배달 대행사는 가맹점 수는 늘리고 인력 규모는 적정 수준을 유지하면서 배차 속도를 유지해야 한다. 이러한 일련의 관리를 '관제'라고 불리는 관리자가 담당한다. 이들은 배달 노동자의 출퇴근을 관리하면서 가용한 노동자의 규모를 관리하고, 콜이 지연될 경우 임의로 특정 노동자 앱으로 할당해 배달을 강제로 수행하게 한다. 일반 배달 대행에서는 대행사에 따라 강제 배차, 출퇴근 시간 관리 등 관리자를 통한 직접적인 통제가 이루어지기도 하며, 이러한 강제력은 노동자와 관리자 사이에 갈등을 초래하기도 한다.

단건배달을 내세우는 통합-크라우드소싱 플랫폼의 전략은 정해진 인력의 생산성을 끌어올리는 것이 아니라, 당장 배달을 수행할 수 있는 인력을 최대한 많이 대기시키는 것이다. 통합형 플랫폼에서 도입하고 있는 알고리즘 자동 배차 방식에서는 알고리즘이 주문을 수행하기에 가장 적합한 배달 노동자를 선택해서 개별적으로 주문을 배달 노동자의 앱으로 밀어 넣어 준다. 노동자가 배차를 거부하는 경우, 해당 주문은 자동으로 인근의 다른 노동자에게 전달된다. 연결될 때까지 주문을 돌리는 것이다.

그런데 단건배달의 경우, 배달을 하고 있는 동안에는 배차가 되지 않기 때문에 배차가 원활히 이뤄지기 위해서는 콜을 기다리고 있는 인력이 필요하다. 또한 사람이 많아질 경우 거리·가격·주소 등 배차 수락과 관련된 선호도가 분산되기 때문에, 콜이 거절되는 횟수를 줄일 수 있을 것이다. 이러한 자동 배차 시스템에서 배차가 지연되는 상황을 막기 위해서는 배차와 관련한 (불)이익을 크게 하거나, 접속해 있는 배달 노동자의 숫자 자체가 많아져야 한다. 크라우드소싱은 아웃소싱과 달리 계약 관계가 지속적이지 않고, 인력 통제와 관련한 법적 규제에서 벗어나 있기 때문에 인력을 늘리는 데 제약 요소가 없다. 또한 아웃소싱과 달리 인력을 관리하는 중간 관리자나 사무실이 없어서 개별 노동자의 생산성을 관리하는 것이 불가능하기도 하다.

크라우드소싱 방식으로 인력을 확보하는 기업들이 가장 적극적으로 사용하는 방식은 금전적 인센티브를 제공하는 것이다. 플랫폼 기업은 프로모션을 통해 대기 인력을 적극적으로 관리하고 만들어 낸다. 통합–크라우드소싱 플랫폼의 배달비 정책은 낮은 기본요금, 수요에 따라 실시간으로 변하는 변동요금, 각종 프로모션이라고 할 수 있다.[10] 각종 프로모션은 점심이나 저녁과 같은 피크타임에 배달을 많이 하거나, 지정된 시간이나 장소에서 일을 하면 추가 보너스를 주는 방식으로 운영된다. 이러한 요금제의 목적은 수요가 몰리는 시간에 충분한 노동력을 로그인시키는 것이다. 프로모션이 진행되는 시간 동안 로그아웃

---

10 쿠팡이츠의 기본료는 2,500원, 배민커넥트의 기본료는 3,000원이었으나, 알고리즘을 이용한 실시간 변동요금제가 심화되면서 최근에는 고정된 최저 임금이라는 뜻의 기본료 자체가 사라지고 있다. 음식배달 노동자 노동조건에 대한 실태조사들에 따르면 건당 평균 금액은 2,800~3,000원 사이로 나타났다(김영아 · 이승호, 2019; 장진희 · 손정순, 2019; 정흥준, 2020). 일반 배달 대행사의 기본 배달료는 지역마다 차이가 있는데, 2023년 라이더유니온에서 실시한 실태조사에 따르면 프로그램 사용료를 제하기 전 대략 3,500원~4,000원 수준이 가장 많았다.

을 하면 안 된다는 조건이 붙기도 한다.

프로모션 중에는 특정 기간 동안, 혹은 특정 장소에서 배달하면 추가 보너스를 주는 방식이 많다. 그런데 문자로 도착한 프로모션의 내용을 비교해 본 결과, 구체적인 프로모션 금액과 조건이 사람마다 다른 것으로 나타났다. 회사에서 프로모션 적용 기준에 대해 밝히지 않아 정확한 기준을 알 수 없지만, 배달 노동자들 사이에서는 최근에 일을 하지 않은 사람들에게 프로모션을 더 후하게 주는 것 같다는 추측이 힘을 얻었다. 이러한 프로모션은 구매 확률이 떨어지는 고객의 구매율을 촉진하기 위한 소비자 마케팅과 동일한 방식으로 로그인할 확률이 낮은 이들을 움직이는 것을 목적으로 한다. 프로모션비로 '돈을 태워서' 배달 노동자를 해당 지역에 촘촘하게 배치해 노동력을 확보하는 것이다.

정리하자면 음식배달 시장에서는 주문 처리 속도를 높이기 위해 대기 인력의 규모를 늘리는 규모의 경제 모델과 제한된 숙련노동자가 처리하는 업무량을 최대화하는 방식이 돌아가고 있다. 이러한 차이는 배달 노동자 인력이 늘어나는 속도와 규모를 비교했을 때 명확하게 드러난다. 쿠팡이츠 배달 노동자들이 쓰는 앱의 접속 인원은 서비스 시작 1년 반이 안 되는 2020년 8월 3만 명을 넘어섰고,[11] 2019년 하반기(7~12월) 사이 배민커넥트 규모는 60명에서 11,655명으로 194배 늘었다.[12] 반면 배달 대행 시장에서 1, 2위를 다투고 있는 바로고의 경우

---

11 『이데일리』, 2020년 8월 31일자, "배달기사 빨아들인 쿠팡이츠…1년 새 3배 껑충"https://www.edaily.co.kr/news/read?newsId=01371046625872896&mediaCodeNo=257

12 『매일경제』, 2020년 2월 12일자, "나도 배민노동자, 커넥터 할 수 있나요…한 달에 2,600명씩 계약"https://www.mk.co.kr/news/business/view/2020/02/145868/

2016년 14,000여 명에서 2020년 26,000여 명으로 5년간 1.9배 늘었다.[13]

나. 숙련도 활용 방식과 분업의 재조정

통합-크라우드소싱 유형의 플랫폼이 노동자 숫자를 늘려 규모의 경제를 달성할 수 있는 비결은 알고리즘이라는 기술이다. 알고리즘은 배달 노동자들이 쌓아 온 데이터를 바탕으로 배달할 때 필요한 정보를 파악하고, 단계마다 필요한 정보를 구체적으로 제시하여 누구든 쉽게 배달을 시작할 수 있도록 돕는 자동화된 의사결정 기술이다. 알고리즘은 입직 및 직무교육에 들어가는 비용과 시간을 대폭 줄였다.

음식배달 노동에서는 공간적 분할이 탈숙련 과정 및 분업의 방식과 밀접하게 연결돼 있다. 일반 배달 대행의 경우 대행지사가 있는 지역 근처에서 배달을 하게 되며, 배달 반경은 주로 2~3㎞이다. 묶음배달을 하는 일반 배차 방식은 속도와 공간에 대한 노동자의 체화된 지식을 바탕으로 하는 고도의 인지 작업을 수반한다. 노동자는 화면 가득 떠 있는 배달요청 리스트에서 지금 자신이 가고 있는 목적지의 방향에 어긋나지 않는 것이 무엇인지를 찾는다.

이를 위해서는 여러 주문의 픽업지와 배달지 주소를 보고 각 위치를

---

[13] 바로고 홈페이지 회사 소개 자료 https://www.barogo.com/

한 번에 떠올릴 수 있어야 하고, 이 장소들을 하나의 흐름으로 엮을 수 있도록 인근 지역 도로 및 교통체계를 알아야 한다. 운전하는 와중에, 계속해서 들어오는 주문 정보를 확인해 선택적으로 주문을 수락하는 것은 인지 능력과 체화된 경험이 함께 작동하는 과정이다. 이러한 경쟁적 배차(전투콜)는 일반 배달 대행에서 일하는 배달 노동자에게도 적응이 필요한 일이며, 특히 일을 새로 시작한 이들에게는 원하는 콜을 잡는 것 자체가 초반의 큰 적응 과제다.

이와 달리 정해진 배달구역이 없는 플랫폼의 경우 알고리즘 배차에 따라 노동자들이 표류하게 된다. 배달주문을 따라가다 보니 광화문에서 일을 시작했는데 파주에서 끝나고, 사당에서 시작했는데 오이도까지 흘러갔다는 경험담이 나온다. 이처럼 콜을 따라 자신에게 낯선 지역에서 길을 찾아가며 일을 하게 되면, 운전에 따른 스트레스와 사고의 위험이 높아질 수밖에 없다. 본인이 체화하고 있는 거리의 정보들을 활용할 수 없기 때문이다.

숙련된 배달 노동자가 되기 위해선 지도를 '외우는' 것뿐 아니라, 여러 가지 템포와 리듬을 '몸에 새기는' 것이 필요하다. 배차와 경로 알고리즘은 초심자들이 배달 노동에 연착륙하도록 돕는 것을 목표로 하지만, 거리의 흐름에 따라 운전을 하고 콜을 잡는 것은 몸에 익어 순식간에 반응이 일어나는 영역이다. 따라서 배달 노동자는 대체로 자신이 일하는 지역을 떠나지 않으며, 이사를 하는 경우 출퇴근을 하면서 배달구역을 유지하기도 한다. 5㎞의 반경은 체화한 지식이 디지털 연산보다 효율적으로 작동하는 공간적 경계이자, 빅데이터라는 규모의 경제가 작동하기 시작하는 기준인 셈이다.

기술은 숙련노동자들의 지식을 배달 경험이 없는 노동자들이 바로 일을 시작할 수 있도록 지식을 전수하는 역할을 한다. 숙련노동자로부터 얻은 데이터로 배차 및 경로 안내 알고리즘을 만들어 비숙련노동자들의 생산성을 높일 수 있기 때문이다.[14] 쿠팡이츠는 수요예측, 주문 처리 및 할당, 라우팅(경로) 최적화를 핵심적 기술로 꼽는데, 경로는 운송수단의 차이나 엘리베이터, 출입문 위치 등까지 고려한다.[15] 경험을 통해 쌓은 숙련지식은 GPS 위치추적 등을 통해 데이터가 되어 노동자의 몸을 벗어나 플랫폼 기업의 알고리즘으로 이동하기에, 구체적인 실행지가 노동자들 사이에서 전달되는 것이 아니라 플랫폼에 쌓인다. 기술을 통해 인간의 행동과 감정과 같은 인지능력이 데이터화되고 축적된 데이터를 기반으로 하는 인공인지 능력이 발달함에 따라, 기술이 구상하고 인간이 실행하는 새로운 분업체계가 등장하고 있다(Irani, 2015).

하지만 이러한 분업체계가 공고하다고 보기는 어렵다. 알고리즘은 계속해서 바뀌고, 노동자들의 전략도 이에 대응하여 바뀌기 때문이다. 노동자들은 데이터의 원주인이자 매일 알고리즘을 접하고 있어서 알고리즘에 대한 이해도가 높다. 이들은 알고리즘이 제시하는 수치, 주변 상황, 체화된 지식을 종합하여 알고리즘과 현실의 간극을 파악하여 알고리즘의 명령과는 다른 자신만의 전략을 만들어 낸다. 플랫폼 노동 현

---

14 『전자신문』. "유정범 메쉬코리아 대표, 데이터로 배달시장 혁신". 2018.5.20. https://m.etnews.com/20180502000274

15 『바이라인네트워크』. "윤곽 드러난 '쿠팡이츠', 앞으로의 숙제". 2019.3.1. https://byline.network/2019/03/01-9/

장에서는 양화된 데이터를 바탕으로 한 알고리즘의 평가와 노동자들의 체화된 지식과 가치를 바탕으로 한 계산(Qualculation)이 서로를 뒤쫓고 있다(Shapiro, 2018).

5. 노동자들의 시간 경험과 그림자 노동의 증가 √

배달 노동자들의 노동조건에 대한 실태조사에 따르면 배달 노동자들은 보통 주당 5~6일을 일하고, 하루에 10시간가량을 근무하며 주말 평균 45건 내외의 주문을 배달한다(김영아 · 이승호, 2019; 장진희 · 손정순, 2019; 정흥준, 2020). 근무시간, 배달 건수와 달리 대기시간의 경우 하루 21.4분(김영아 · 이승호, 2019)에서 3.3시간(정흥준, 2020)으로 편차가 크게 나타났다. 대기시간은 무급노동의 시간으로 수입을 낮추는 중요한 요인이지만, 대기와 업무 수행을 계속해서 오가며 일을 하는 탓에 파악조차 쉽지 않은 것으로 보인다. 또한 운영 방식에 따라 대기시간이 달라지기 때문에, 설문조사 표본에 따라 응답에 차이가 생길 가능성도 있다. 이 장에서는 대기시간, 준비 시간 등이 기업의 운영 방식에 따라 달라진다는 점에 주목해, 기업의 전략이 노동자들의 시간 경험에 미치는 영향을 분석했다.

가. 운영 유형에 따른 노동자의 시간 전략

회사의 배차 방식, 인력 운영 전략은 노동자가 노동시간을 조직하는 방식에 직접적인 영향을 미친다. 이 절에서는 배차 방식, 인력 통제 등 회사의 노동 통제 전략에 대응하여 노동자들이 노동시간을 조직하는 방식을 배차를 수락/거절하는 방식을 중심으로 살펴본다.

다배차가 이루어지는 비통합-아웃소싱 유형 노동자가 배달 과정을 조직하는 핵심은 배차 동선을 짜는 것이라고 할 수 있다. 그리고 이렇게 원하는 동선을 짜는 과정에서 나타난 것이 '전투콜'[16]이라는 배차 경쟁이다. 일반 배달 대행에서 사용하는 프로그램은 해당 대행 사무실과 위탁계약을 맺은 모든 음식점에 들어온 주문 상황을, 대행 사무실에 등록된 모든 노동자에게 동시에 보여 준다. 식사 시간에는 백 건이 훌쩍 넘게 주문이 쌓인다.

배달 노동자는 이 리스트에서 자신이 원하는 방향의 주문을 몇 개 선택하여 엮는다. 배차 개수는 사람마다 다르다. 한 음식점에서 여러 건이 올라와 있을 경우, 해당 주문들을 묶으면 여러 곳으로 픽업하러 다닐 필요가 없다. 장거리 배달을 가게 되면, 중간에 들를 수 있는 배달들을 배치한다. 동선을 짠다는 것은 여러 배달이 연결된 하나의 흐름을 만들어 내는 것이다. 노동자들은 흐름의 속도가 느려지거나 끊어지지 않도록 주의하면서 배달을 이어 가다, 하나의 흐름을 모두 끝내고 잠시 쉰다. 하나의 흐름을 얼마나 지속하는가는 개인의 체력과 숙련도에 따라, 사람마다 다르다. 누군가는 피크타임 동안 한 번도 쉬지 않고 콜을 이어 갈 수 있고, 누군가는 대략 40분 정도 정신없이 배달을 한 뒤에

---

16 모두가 자신이 원하는 콜을 선택하려고 노력하는 와중에 주문 콜이 순식간에 사라지기 때문에 원하는 콜을 선택하는 과정이 매우 경쟁적인 전투 같다는 뜻이다.

한숨 돌리면서 주문 화면을 확인한다. 이렇게 상황에 맞게 동선을 짜는 방식으로 픽업이나 상점 밀집 지역으로 회차하는 것과 같은 비용이 책정되지 않은 이동 거리를 줄임으로써 노동자들은 개별적으로 부담해야 할 비용을 최소화할 수 있다.

비통합–아웃소싱 유형의 노동자들이 전략적으로 배달을 선택하는 데 집중한다면, 이와 반대로 통합형 유형 플랫폼에서 일하는 노동자들은 전략적으로 배달을 거절하는 데 집중한다. 특히 단건배달을 하는 경우, 하나의 배달을 선택함으로써 놓치게 되는 다른 배달의 기회비용이 배차를 수락하는 데 있어서 중요하게 고려해야 할 요소이다. 음식배달은 점심·저녁 시간에 배달이 몰리고, 밤에 야식 주문이 조금 더 있다.

각 플랫폼은 주문이 몰리는 피크타임에 노동자들을 모집하기 위해 배달료를 할증한다. 따라서 노동자들 입장에서는 피크타임에 배달을 효율적으로 여러 개 하는 것이 수익을 높일 수 있는 길이다. 픽업이나 배달 거리가 먼 배달의 경우 짧은 피크타임 시간을 모두 소모해 버리기 때문에, 거리 할증이 붙는다고 마냥 좋은 선택이라고 할 순 없다. 주변에 상점이 없는 외진 곳으로 배달을 하러 가게 될 경우, 다시 상점가로 돌아오는 동안 피크타임이 끝날 수 있기 때문이다.

배차 거절이 수입을 늘리기 위한 노동자들의 전략적인 선택인 것은 맞지만, 배차 거절이라는 전략에는 비용이 따른다. 더 높은 수익을 위해 콜을 고르는 시간이 길어질수록 돈을 벌지 못하는 시간도 길어지며, 수락률 하락에 따른 페널티도 감수해야 한다. 플랫폼 배달 회사는 배차 거절을 방지하기 위하여 저마다 배차 수락률이라는 항목을 통해 노동자들을 관리하며, 구체적인 통제 방식에 따라 노동자들의 배차 거절 전략에 차이가 만들어진다.

통합–크라우드소싱 유형의 플랫폼에서는 배차 거절을 많이 하는 노동자에게는 잠시 배차를 주지 않거나(배차 지연), 일시적으로 계정을 정지시키는 등의 불이익을 준다. 노동자들은 배차 거절로 받을 불이익과 배차 거절을 통해 얻을 이익을 저울질하며 배차 거절의 수준을 조정한다. 반면 요기요 익스프레스는 수락률 95%를 유지하면 별도의 보너스를 제공하며, 수락률이 전체 업무 평가에도 반영되는 구조이다. 그렇다 보니 요기요 익스프레스의 노동자들은 다른 플랫폼에서 일하는 이들에 비해 배차 거절이라는 전략을 사용하기 어렵다.[17]

나. 배달 노동자의 시간 경험과 그림자 노동의 증가

배달 노동을 하는 동안 노동자가 겪는 시간 경험에는 시간 부족이나 시간 압박 외에도 다양한 결이 존재한다. 운영 유형에 따라 상이한 경험을 한다는 점은 노동자들의 시간 경험이 알고리즘과 같은 신기술에 의해서만 결정되지 않는다는 점을 명확히 드러낸다. 인력구조를 어떻게 운영하는가, 상벌의 기준을 어떻게 설정하는가, 정보공개의 범위를 얼마나 넓게 가져가는가와 같은 회사의 정책에 따라 개별 노동자가 자

---

17 이 연구에서 요기요 익스프레스에 대한 분석은 2019~2020년 사이의 상황으로, 2021년 8월 GS리테일에 요기요 익스프레스가 매각된 이후, 2023년 크라우드소싱 도입 등 개편 이후 상황은 포함되어 있지 않다.

신의 시간을 조직하는 전략, 이로 인한 시간 경험과 심리적 갈등, 노동자가 부담해야 하는 시간 비용의 양상이 달라진다.

[표 3] 운영모델에 따른 시간 경험

	주문–배달 플랫폼 통합	주문–배달 플랫폼 분리
아웃소싱	자율성 강탈	배달시간 압축 압박
크라우드소싱	대기시간 증가 피크시간대 압박	

특히 크라우드소싱 정책을 도입한 회사에서 비가시화된 노동시간이 늘어나고 이로 인해 개별 노동자의 비용 부담이 증가하는 것을 살펴볼 필요가 있다. 온디맨드 서비스가 추구하는 것은 고객의 요청에 즉각적으로 반응하는 시스템이다. 하지만 인간을 동원해 언제나 접속 가능하고 즉각적인 시스템을 만들기 위해서는 별도의 노력이 필요하다. 기업들은 노동자가 시스템에 로그인해 대기하는 시간을 늘리고, 수요가 몰리는 시간·장소로 노동자를 이동시켜 온디맨드 배달 시스템을 만들어 낸다.

문제는 대기하는 노동자가 많아질수록 일감을 배정받을 확률은 낮아지고 대기시간은 길어진다는 것이다. 플랫폼 노동에서는 고객과 접속된 시간만 생산성을 인정받기에, 대기시간, 준비시간은 보수가 책정되지 않는 비생산적인 시간이다. 결과적으로 기업 전체의 생산성을 끌어올리기 위한 전략이 개별 노동자의 수익성을 떨어뜨리게 된다. 대기노동은 기업이 서비스하는 즉각적 반응성과 빠른 속도를 제공하기 위해서는 반드시 필요한 노동이지만, 고객들에게 드러나지 않고 제대로 가치가 평가되지 않는 그림자 노동이 늘어나는 것이다(일리치, 2015). 이러한 디지털 시대의 그림자 노동은 대기노동에 국한되지 않는다. 기존에는 직원이 하던 일을 스스로 해야 하는 각종 셀프서비스에서 애플리케이션 업데이트와 비밀번호 변경에 이르기까지 시스템의 원활한 작동을 위해 해야 할 일들이 점점 늘어나고 있다(박상철 · 김종욱, 2021; 램버트, 2016).

그림자 노동이란 "산업사회가 재화와 서비스를 생산하는 데 있어서 필수적인 보완물로 요구하는 무급노동"이다(일리치, 2015:176). 그림자 노동의 대표적인 사례가 가사노동을 비롯한 재생산 노동이다. 노동자가 그다음 날 다시 일을 하기 위해서는 먹고 편안하게 쉬면서 체력을 회복하는 것이 필수적이다. 이처럼 노동력을 재생산해 내기 위해서는 요리, 청소를 비롯한 갖가지 노동이 필요하다. 재생산 노동 없이는 노동력을 회복할 수 없고, 노동력을 회복하지 못하면 임금노동을 할 수 없다. 따라서 재생산 노동은 일을 해 돈을 벌어 오기 위해 반드시 필요한 노동이지만, 이러한 재생산 노동에는 임금이 매겨지지 않는다. 이처럼 반드시 필요하지만 그 자체로서의 가치 평가를 받지 못하고, 임금노동의 재생산이라는 측면에서만 인정을 받는 노동을 '그림자 노동'이라고 부른다.

음식배달의 경우, 음식을 빠르게 배달하기 위해서 플랫폼 기업은 보다 많은 배달 노동자들이 앱에 접속하여 기다리도록 유도한다. 피크타임에 보너스를 주는 이벤트가 진행될 경우 해당 시간에 일을 하러 나오는 노동자가 늘어나서, 주문이 많은 시간임에도 불구하고 오히려 배차를 적게 받는 일이 생기기도 한다. 이때 배달 노동자들의 기다림은 빠른 배달을 위해 필요한 것이지만, 기다리는 시간 자체는 생산성이 인정되지 않는다.

대기시간 이외에도 상점까지 음식을 가지러 가는 픽업이동도 그림자노동에 속한다. 상점에서 고객에게 음식을 배달하기 위해서는 노동자가 상점까지 음식을 가지러 가야 한다. 현재의 위치에서 상점까지의 픽업 거리와 상점에서 고객까지의 이동을 배달 거리라고 구분할 수 있다. 알고리즘으로 단건배차를 받을 경우, 동선을 조절할 수 없기 때문에 픽업을 하러 가는 거리, 고객에게 전달한 뒤 상점가로 돌아오는 거리가 다배차에 비해 늘어난다.

대기시간의 증가는 무급노동의 증가라는 금전적인 문제를 넘어서 감정적인 갈등을 불러일으킨다. 많은 노동자는 바쁜 것보다 기다리는 게 어렵다며, "길에서 뭐 하고 있는 건가 그런 자괴감"에 대해 언급했다. 배달 노동은 건당 수수료를 받기 때문에, 자신이 일한 만큼 가져가는 노동이라고 평가받으며 배달 노동자들은 중간에 낭비되는 시간 없이 부지런히 몸을 움직이려고 노력한다. 이들은 시간을 쥐어짜고 쪼개어 쓰는 시간의 개척자(Erickson & Mazmanian, 2016)가 될 것을 요구받는다. 가만히 앉아 기다리는 것은 이들에게는 금전적인 손실이며, 동시에 체화된 노동의 원칙을 위반하는 것이다. 자신이 체화한 시간 전략을 사용할 수 없어 행위성이 제약당하는 상황은 무기력함, 근로 의욕의 저하와 같은 심리적 갈등을 초래한다.

통합-크라우드소싱 유형 플랫폼에서 일하는 노동자들이 겪는 또 다른 현상은 시간대에 따라 출렁이는 가격과 물량이다. 플랫폼에서는 가격이 실시간으로 변하는 실시간 변동요금제를 택하고 있다. 물량이 많이 몰리는 식사시간에 가격이 피크로 올라가고, 프로모션도 이 시간대에 집중돼 있다. 하지만 피크타임은 2시간이 채 안 되기 때문에, 이 시간 동안 최대로 많은 배달을 해야 한다는 압박에 놓인다. 그런데 홀 손님과 배달주문이 동시에 몰리는 피크타임에, 음식점에서는 당장 홀에 앉아 있는 손님의 주문을 소홀히 할 수가 없다. 배달주문을 잠시 꺼서 흐름을 늦추기도 하지만, 주문이 밀리면서 배달 포장이 예상보다 늦는 상황이 발생하기도 한다. 이러한 '조리 대기'에 걸리게 되면 기다리느라 피크타임을 허투루 흘려보내게 된다. 이런 경우 노동자들은 앱이나 고객센터를 통해 배차를 취소하기도 한다. 하지만 배차를 취소하면 노동자의 입장에서는 평점이 떨어져 다음 배차를 받는 데 부정적인 영향을 받게 되고, 음식점의 입장에서는 다음 배달 노동자가 배차되는 것을 기다려야 하는 상황으로 이어지기 때문에 갈등이 벌어지기도 한다.

배달앱은 실시간으로 변동하는 요금과 함께 현재 주문이 많은 집중지역에 대한 정보를 제시한다. 노동자들은 요금이 높으면서 주문이 집중되고 있는 지역으로 이동하기도 한다. 그러나 이렇게 이동을 하면서도 불안감을 지울 수 없는데, 막상 목적지에 도착하고 나면 그사이에 단가가 떨어져 있거나, 주문이 많다고 하는데 콜은 들어오지 않는 상황을 겪는 일이 적지 않은 탓이다. 또한 주문 상황에서 주문량이 매우 많다고 표시되는데도 가격은 낮은 경우가 있다. 주문량은 보여 주지만, 해당 지역에 노동자들이 얼마나 일하고 있는지를 알려 주지 않기 때문에 각 지역의 배달가격을 예측하기는 불가능하다. 앱에서는 실시간 정보를 제공해 준다고 하지만 기업이 제시하는 정보는 선택적이기 때문에 노동자들에게 필요한 정보를 종합적으로 제공해 주지 못한다. 결국 기업이 제공하는 정보와 노동자들이 체감하는 정보 사이에는 큰 간극이 발생하게 되고, 이러한 간극은 노동과정에 대한 불예측성과 알고리즘에 대한 불신을 키우고 있다.

제한된 인력으로 운영되는 아웃소싱 모델의 경우, 노동자들은 그림자 노동의 증가보다는 시간 관리에 대한 압박을 더욱 크게 느끼며 이러한 압박은 회사의 운영 및 통제 전략에 따라 크게 달라진다. 요기요 익스프레스의 경우 크라우드소싱을 통한 인력확보 제도를 운용하지는 않고 있다. 요기요 익스프레스는 업무평가에 따라 노동자들의 등급을 분류하고, 등급에 따라 원하는 근로 스케줄을 선택할 수 있게 하고 있다. 1등급에서 2등급으로만 떨어져도 원하는 시간대의 스케줄을 잡을 수 없고, 콜이 부족해 원하는 만큼 일을 할 수 없게 된다. 등급을 유지하기 위해 노동자들은 알고리즘의 업무 지시를 어기지 않기 위해 최선을 다하는데, 문제는 알고리즘의 평가 기준이 명확히 밝혀진 바가 없다는 것이다. 화장실에 가거나, 식사를 위한 휴식 시간도 평점 하락에 영향을 미치기에, 로그인한 이후로는 시간에 대한 자율성이 극도로 제한된다.

분리-아웃소싱(일반대행) 운영모델에서 일하는 노동자들은 여러 개의 배달을 묶어서 다니기 때문에, 어떤 배달에서 예상치 못한 변수가 생기면 그 뒤에 엮인 모든 배달이 영향을 받는다. 주문을 픽업하러 갔는데 아직 조리 중이어서 조리 대기시간이 길어지면, 이미 픽업을 완료하고 배달통에 들어 있는 음식, 이후의 픽업 일정에 모두 차질이 생긴다. 조리 대기로 인한 갈등은 배달 노동자 모두가 겪는 일이지만, 배달 방식에 따라 느끼는 시간 압박의 내용이 다르다. 단건배달을 하는 경우 피크타임 시간대를 놓치면 단가가 하락한다는 시간대의 압박을 느낀다면, 다배차를 하는 경우엔 조리 대기의 여파가 다른 주문에까지 미친다는 점에서 시간을 압축적으로 써야 하는 압박을 느낀다.

6. 플랫폼 시대의 생산성 √

한국의 플랫폼 음식배달 산업은 속도 경쟁을 달성하기 위해 새로운 기술적·사회적 통제의 양식을 도입하면서 발전해 왔다. 그 결과 데이터 통합의 여부와 인력 구조에 따라 여러 유형의 운영모델이 자리 잡았으며, 생산력 향상과 규모의 경제 달성이라는 두 가지 운영 전략이 나타나고 있다. 특히 배달 노동자의 체화된 지식을 자동화된 시스템으로 바꾸는 알고리즘 기술은 경험이 없는 이들도 쉽게 배달 노동에 진입하도록 안내하면서, 동시에 수치를 통해 노동과정을 통제한다.

플랫폼 음식배달 기업들은 각자의 전략에 따라 배차 방식을 달리해 노동의 시공간을 통제한다. 알고리즘, 기업의 통제 전략에 따라 노동자는 다양한 시간 경험을 하는 것으로 나타났다. 생산력 향상 전략을 택한 기업이 노동시간을 더욱 압축적으로 사용함에 따라 노동자는 자율성을 제약받고, 시간 압박을 강하게 느끼게 된다. 반면 규모의 경제 달성 전략을 택한 기업은 더 많은 노동자를 대기시키고 있었는데, 그 결과 대기나 준비 시간과 같은 그림자 노동의 시간이 늘어나고 있었다.

이 연구는 노동에 대한 기술통제와 사회적 통제의 상호작용을 시간의 측면에서 접근했다. 특히 플랫폼 기업의 운영 전략 및 통제 방식에 의해 그림자 노동이 증가하고 있다는 점을 밝혔다. 대기시간은 노동시간이 불규칙하여 예측되지 않기 때문에 생기지만 플랫폼 음식배달 산업에서 대기시간은 주문의 불예측성 이외에 노동력의 공급으로 인해 늘어나고 있다. 즉, 수요의 불예측성이 아닌 회사의 운영 전략에 따라 만들어진다. 또한 평점이나 가입 형태가 배차가 연결되는 알고리즘을 통해, 대기시간 자체가 통제의 수단이 될 수도 있다. 카카오 택시의 경우, 가맹 택시에게 우선적으로 호출을 몰아준다는 의혹이 제기되고 있다.[18]

이러한 이유로 최근 해외 정부와 법원에서는 대기시간을 규제하고, 나아가 대기시간에도 보수를 책정하려는 움직임이 보인다. 특히 미국 뉴욕시의 경우 대기시간이 늘어나면 최저 운임이 올라가도록 요구함으로써, 규모의 경제 달성 전략에 따라 발생한 비용을 일방적으로 노동자에게 부과하는 것을 막았다. 새로운 기술의 도입으로 노동과정이 재구성되는 과정에서 생산/비생산의 구분은 새롭게 구축된다. 무엇이 (비)생산적인 것으로 정의되며, 이에 따라 무엇이 비가시화되고 있는가에 주목하는 것은 새로운 노동 통제의 방식과 그 결과를 이해하는 연결점이 된다.

---

18 카카오택시 콜 몰아주기? "승객은 여전히 불편할 뿐". 신승윤 기자. 바이라인네트워크. 2022.4.27.https://byline.network/2022/04/27−188/

제2장

취미, 일거리, 일자리?
청년 노동자의
데이터 라벨링 플랫폼 일 경험

노성철 히토츠바시대학교 경영학과 교수 유연미 서울대학교 사회학과 박사과정

1. 부업 열풍과 데이터 라벨링 노동의 부상 √

　일자리와 노동을 바라보는 청년들의 시선이 변하고 있음은 주지의 사실이다. 그러한 변화는 코로나19 대유행을 거치면서 더욱 선명해졌다. 이른바 엔(n)잡러 트렌드는 코로나19를 거치면서 미풍에서 열풍이 되었다. 사회적 거리 두기로 인해 파트타임 일자리마저 위협받으면서, 많은 청년이 주 수입원이 사라질 경우를 대비한 보험으로 부업에 눈을 돌렸다. 부업 만들기의 열풍 속에서 데이터 라벨링 플랫폼은 누구든지, 언제 어디서든 일을 시작하고, 원할 때 그만둘 수 있는 부업 플랫폼으로 청년 대중의 일상에 파고들었다.

비대면 노동과정은 배달, 대리운전, 택시 서비스와 같은 지역기반 플랫폼 노동과 데이터 라벨링 플랫폼 노동을 구분 짓는 가장 큰 특징이다. 데이터 라벨링 노동자들은 자신들의 주거공간과 같은 사적 영역에서 웹이나 앱에 접속해 일을 하는데, 이는 일터에서의 유해한 사회적 관계에 지친 청년들에게 커다란 매력으로 다가왔다. 아울러 2020년부터 시작된 정부의 디지털 뉴딜 정책은 데이터 라벨링 노동이 급격하게 확산하는 재정적 기반이 되었다. 이제 데이터 라벨링 노동은 '4차 산업혁명 시대 디지털 인형 눈알 붙이기'라는 낙인을 떼고, 데이터 경제의 새로운 전문직으로 일컬어진다. 이와 같이 데이터 라벨링 노동자가 급증하고 그들의 노동이 AI 및 데이터 산업의 밑거름으로 주목을 받고 있음에도 불구하고, 우리는 여전히 누가, 왜, 어떻게 새로운 유형의 노동과 조우하고 있는지 알지 못한다.

이러한 맥락에서 본 글은 지난 3년간 진행한 데이터 라벨링 노동자들과의 면접조사를 바탕으로 그들의 일 경험 및 플랫폼과의 노동관계를 조명하고자 한다. 우리는 대표적인 데이터 라벨링 플랫폼인 W플랫폼에 등록된 18명의 노동자를 각각 2019년 8~11월, 2020년 10~12월, 2021년 11~12월 세 차례에 걸쳐 인터뷰했다. 2019년 8~11월에 걸쳐 진행된 1차 인터뷰는 W플랫폼에 진입하기 전까지 노동시장 이행 과정, W플랫폼 초기 경험, 오프라인 일자리와 W플랫폼 작업과의 차이와 관련된 내용을 중심으로 진행되었다.

2차 인터뷰(2020년 10~12월)와 3차 인터뷰(2021년 11~12월)에서는 선행 인터뷰 이후 플랫폼과의 관계 변화, 오프라인 노동시장에서 고용형태 변화, 향후 커리어 계획 등을 주제로 대화를 나눴다. 인터뷰 내용을 바탕으로 W플랫폼과 청년 플랫폼 노동자 사이의 관계를 유형화하고, 그것이 시간의 흐름에 따라서 유지되거나 변화하는 양상을 분석했다. 이어지는 절에서는 분석결과를 청년 노동자들의 플랫폼으로 '진입', '사회화' 그리고 '몰입(또는 이탈)'의 세 단계로 나누어 설명한다.

2. 데이터 라벨링 플랫폼으로의 진입 √

이 절에서는 데이터 라벨링 노동을 수행하는 청년 노동자들의 노동 경험과 일에 대한 가치관을 중심으로 그들이 플랫폼에 진입하는 과정을 논의하고자 한다.

가. 오프라인 노동시장 위치와 일 경험

면접참가자들은 모두 20~30대 청년층에 해당했으며, 1명을 제외하고는 모두 여성이었다. 이러한 인구학적 특성은 데이터 라벨링 작업이 대체로 디지털 도구에 익숙해야 하며, 육체적으로 힘들지 않고 대부분 별도의 숙련 과정 또는 자격을 요구하지 않는 일감이라는 점에 기인한다. 면접참가자 중 데이터 라벨링이 완전한 전업인 경우는 드물었다. 이들은 병행하고 있는 오프라인 일의 유무 및 고용형태에 따라 크게 대학생(휴학생 및 재입학 준비 중 포함), 파트타이머 및 프리랜서, 구직자, 기타(주부, 자영업자, 정규직) 유형으로 나뉘었다.

대학생 유형에는 면접참가자 C, D, F, H, O, P가 속했고, 주로 학기

중보다는 휴학이나 방학과 같이 시간적 여유가 있을 때 단기 아르바이트를 찾고 있는 경우가 많았다. 대학생 유형은 대부분 20대 초반의 청년층으로, 이들 중에는 W플랫폼에서의 작업이 생애 첫 일 경험인 사례도 있었다. 대학생 유형의 면접참가자들은 아직 노동자보다는 학생으로서의 정체성이 더 강하며, 졸업 후 본격적으로 노동시장에 뛰어들기 전까지 임시로 수입을 얻고 경험을 쌓을 수 있는 단기 일자리를 찾고 있었다.

파트타이머 및 프리랜서 유형에는 면접참가자 A, G, L, M, Q, R이 해당된다. 이들은 오프라인에서 교육 및 IT 직군에서 프리랜서로 일하거나 편의점 근무와 같은 파트타임 노동을 하고 있었다. 그중에서는 여러 종류의 단기 아르바이트를 병행하는 경우도 있었다. 이들은 기존의 파트타임 및 프리랜서 유형의 일자리만으로는 충분한 소득을 얻지 못해 근무 외 시간에 추가로 수입을 올릴 수 있는 부업을 필요로 했다.

구직자 유형은 면접참가자 I, J, K와 같이 현재 취업 및 이직을 준비하고 있는 면접참가자들을 지칭한다. 이들은 구직을 위한 준비로 인해 많은 노동시간을 투입할 수는 없지만, 최소한의 생활비용을 감당하기 위한 수입원을 찾고 있었다. 다시 말해 하나의 일자리로부터 다른 일자리로 넘어가는 과정에서 연결다리(bridge) 또는 쿠션(cushion)으로서의 일시적인 수입을 추구했다.

마지막으로 기타 유형에는 면접참가자 중 주부(B), 자영업자(E), 정규직(N) 등 특수한 사례들이 해당된다. 면접참가자 B는 전업주부이자 경력단절여성으로서 가사노동과 병행할 수 있는 일을 찾고 있었고, 면접참가자 E는 자영업을 시작하는 단계의 청년 창업자로 사업이 안정될 때까지 생활비를 얻을 수 있는 일이 필요했으며, 면접참가자 N은 정규직으로 근무하고 있었지만, 자투리 시간에 최대한 추가 수익을 올리기를 원했다.

이상의 분류에서 알 수 있듯 데이터 라벨링 플랫폼에 진입하는 청년 노동자들은 다양한 배경과 일 경험의 이력을 가지고 있으며, 각 유형별로 현재 노동시장 위치와 미래의 직업전망에 따라 데이터 라벨링 노동을 통해 성취하고자 하는 바(기대수입, 노동조건 등) 역시 차이를 보였다. 다음 소절에서는 이러한 이질성에도 불구하고 이들이 다른 선택지가 아닌 데이터 라벨링 플랫폼에 진입하는 데 영향을 미친 공통적인 요인을 살핀다.

나. 데이터 라벨링 플랫폼 진입 동기

각기 다른 노동시장 위치에서 임시적이거나, 단기적이거나, 부가적인 수입을 얻기 위해 일감을 찾던 면접참가자들을 W플랫폼으로 끌어들인 가장 큰 요인은 시공간적인 유연성이었다. 대부분의 면접대상자들이 '알바몬'과 같은 구인구직 사이트에서 '재택알바' 또는 '단기알바'를 검색하다가 W플랫폼을 발견하게 되었다고 밝혔다. 재택근무는 가사노동 때문에 출근이 어려운 면접참가자 B나, 주로 음식점 또는 카페에서 서빙 아르바이트를 하다가 다리 부상으로 인해 갑작스럽게 재택 일감을 구해야 했던 면접참가자 O와 같은 노동자들에게는 필수적인 조건이었다. 노동시간을 자유롭게 운용할 수 있다는 점 역시 병행하고 있는 다른 직업("본업")이 있는 파트타이머 및 프리랜서 유형과 정규직, 자영업자 유형에게는 매우 중요했다. 시공간적 유연성이 필수적인 조건이 아닌 경우에도 시공간적인 제약이 없다는 점은 보편적으로 장점으로 평가되었다.

"일단 노트북만 있으면 어디서든 작업할 수 있어서 그 점이 좋았고요. 개인적으로는 저는 밤이나 새벽에 작업하는 게 좀 더 집중도가 높아서 한참 집중적으로 작업할 때는 야간에 많이 했어요. 그리고 직장 생활을 하면 아무래도 그 시간 안에서만 근무를 해야 하는데 W플랫폼은 24시간 안에 제가 원하는 시간대에 할 수 있으니까 너무 매여 있지 않았던 것 같아요."

– 면접참가자 I

W플랫폼을 통해 시공간에 구애받지 않고 원하는 시간에 원하는 장소에서 일할 수 있다는 점에서 '디지털 노마드(digital nomad)'가 된 기분을 느낀다고 표현하는 작업자들도 있었다. "집에서 그냥 편하게 씻지도 않고 노트북만 켜면 되는"(면접참가자 L) 온라인 플랫폼 노동은 이들로 하여금 물리적인 '출근'이라는 의례를 거치지 않고도 일의 세계에 수시로 접속/탈접속할 수 있게 해 주고, '자투리 시간'을 활용해 수입을 얻는 것을 가능케 했다.

"시간을 정해 놓고 해야 되는 게 아니라 자기 전에 한 30분, 아니면 강의시간 중간에 몇 분 이렇게 해서 채울 수 있는 거잖아요."

– 면접참가자 H

"회사 오가는 시간이 좀 걸려 가지고, 출퇴근 시간이 1시간 정도 걸리거든요? 그때는 그냥 지하철에서도 좀 했어요, 노트북으로."

– 면접참가자 N

시공간적 제약이 없는 데이터 라벨링 플랫폼 노동의 유연성은 청년들에게 자율적으로 노동할 수 있다는 감각을 제공했다. 시간과 공간은 관리자가 노동자를 제어할 수 있는 가장 기초적인 범주이다. 관리자는 시간 단위(시급)로 구매된 노동력을 특정한 공간 내에서 통제한다. 일반적인 사업주와 노동자 간의 근로계약관계에서 오는 근본적인 스트레스와 각종 부당한 대우에 익숙한 청년 노동자들은 W플랫폼의 온라인 노동 방식을 "요즘 시대에 맞는 맞춤형 알바"(면접참가자 P)로 인식했다.

"(W플랫폼 작업에 대해) 불만이 있을 거리가 별로 없는 게, 이제 다른 알바에 비해서 감정 노동이 없잖아요. 작업자들 간에도 서로 모르는 상태고 만약에 내 친구가 또 다른 작업자라고 하더라도 각자가 각자 프로젝트를 하는 거니까, 뭐 만나서 서로 이렇게 욕을 하는 그런 상황도 안 이루어지고. 검수자가 반려를 한다고 해서 그 작업자한테 왜 이렇게 일을 못하냐, 이런 식으로 얘기할 일도 전혀 없고 그러니까 그런 면에서 감정 노동이 없다는 것 자체가 엄청 좋은 메리트인 것 같아요."

– 면접참가자 L

시공간적 유연성의 부산물인 '일적인 관계 맺기'로부터의 해방은 많은 면접참가자들이 공통적으로 언급한 W플랫폼 노동의 장점이었다.

때문에 선행 연구가 지적한 플랫폼 노동자 간 커뮤니티 형성 및 소통과 연대의 어려움에 대해서 대부분의 면접참가자들은 해당 사항이 없다고 답했다. "다른 작업자들을 알 필요도 없고 그 사람들한테 잘 보일 필요도 없고, 정말 검수자들한테도 마찬가지로 주어진 조건만 잘 맞추면 되지, 사회생활하다시피 잘 보일 필요가 없"(면접참가자 L)기 때문이다. '사회생활'로 표현되는 조직 내 감정노동으로부터 벗어날 수 있고, 강제적인 일감 부여 없이 스스로 원하는 작업을 선택해서 조직이나 관리자의 감시와 통제 없이 수행할 수 있다는 점은 자율성을 중시하는 청년 노동자들에게 매우 큰 동기로 작용했다.

끝으로, 많은 면접참가자들은 최저시급의 보장마저 불확실한 보상 수준에도 불구하고 데이터 라벨링 노동을 '공정한' 일감으로 인식했다. 특히 다양한 파트타임 아르바이트를 경험이 있는 대학생 또는 사회 초년생과 같이 비교 가능한 오프라인 일자리 경험이 있는 면접참가자들이 '내가 한 만큼 가져갈 수 있는' 데이터 라벨링 플랫폼의 시스템이 공정하다고 답했다. "(자격)요건이 없고 누구나 할 수 있고 아무 때나 할 수 있고 하는 만큼 돈 버는 시스템"(면접참가자 M)이라는 점에서, '기회는 평등하고 과정은 공정한' 노동이라는 논리가 깊숙하게 자리 잡고 있었다. 예를 들어, 과외 아르바이트를 병행하고 있는 대학생 면접참가자 P는 데이터 라벨링 노동에 2시간을 투자했을 때 5~6천 원 정도만 벌 수 있다면 정당하다고 볼 수 있다고 답했다.

"제 생각에는 최저시급보다는 낮은 게 정상이라고 생각해요. 제가 뭐 이 프로젝트를 한다고 해서, 물론 기한이 있는 것도 있지만, '한 시간 동안 계속 하세요.' 이런 게 아니니까. 최저시급보다는 낮은 게 맞다고 생각해요. 그리고 이게 약간 재택알바처럼 그런 거니까. 그런 거를 생각하면 약간 2시간에 최저시급 정도. 그 정도?"

– 면접참가자 P

청년 노동자들은 각자의 노동시장 경험과 그 과정에서 형성된 일에 대한 가치관을 토대로 자신에게 좋은 일자리와 나쁜 일자리를 구성하는 요인을 합리적으로 판단했다. [그림 1]에 정리한 바와 같이 이들은 데이터 라벨링 노동을 형식적 차원에서 시공간적으로 유연하고, 관계적 차원에서 노동자들에게 자율성을 부여하며, 시스템적 차원에서 성과와 보상 체계가 공정한 이상적인 일자리로 평가했다. 다음 소절에서는 이러한 인식으로 데이터 라벨링 노동시장에 진입한 청년 노동자들이 이후 플랫폼과 어떤 관계를 맺게 되는지 살핀다.

[그림 1] 온라인 크라우드 노동의 진입 요인

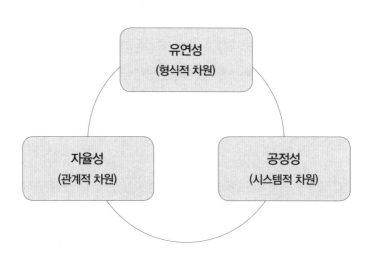

3. 거래적 관계 맺기를 위한 신뢰 형성 √

앞서 살펴본 것과 같이 청년 노동자들은 이질적인 노동시장 경험과 진입 계기를 가지고 W플랫폼의 데이터 라벨링 프로젝트에 참여하게 된다. 오프라인 노동시장에서 알고리즘에 의해 운영되는 온라인 노동시장으로의 이행이 일어나는 것이다. 오프라인 노동시장에서 온라인 플랫폼으로의 본격적인 이행은 우선 청년 노동자들이 W플랫폼을 자신의 노동을 믿고 거래할 수 있는 '시장'으로 인식하는 것을 필요로 했다. 다시 말해, 온라인 노동 플랫폼이 제공하는 노동의 새로운 거래 방식이 수반하는 낯섦과 불신의 극복이 선행돼야 했다.

면접참가자 중에서 W플랫폼 가입 이전에 데이터 라벨링 노동을 경험한 이는 단 한 명이었다. 플랫폼에 막 진입한 대다수 청년 노동자들은 데이터 라벨링 노동을 새로운 형태의 노동이 아닌 기존 '재택알바'의 연장선상에서 바라보았다. 우리가 첫 인터뷰를 시작한 2018년까지만 해도 재택알바의 대부분은 비공식 노동이었고, 노동에 대한 보상을 받지 못했던 경험을 가진 이들도 적지 않았다. 그로 인해 갖게 된 재택알바에 대한 불신은 고스란히 W플랫폼에도 투영되었다. 이는 W플랫폼 가입 초기에 작업에 대한 보상으로 받은 W포인트를 즉시 현금화하곤 했던 면접참가자의 설명에서 잘 드러난다.

"후캐시 이런 거, 무슨 캐시 이런 게 있어요. 캐시비, 이런 게 되게 많아요, 다양해요. 이제 2원, 2원씩 쌓이니까. 장기간 쌓여야 몇 천 원쯤 유의미한 돈이 되는 건데. 저는 그래도 2~3만 원 모이면 찾아야지 했는데 2만 얼마, 3만 얼마 됐을 때, 회사가 기약 없는 정기점검에 들어갔어요. 그냥 로그인만 되고, 돌아오는 건 없고. 교훈을 깨달았죠. 회사가 언제 망할지 모르니까 찾을 수 있을 때 바로바로 찾아야 한다, 나중에 찾는다고 이자 붙는 거 아니니까."

– 면접참가자 M)

기존의 재택알바 중에서는 비공식성을 넘어서 비합법적 성격을 띠는 일거리도 적지 않았다. 면접참가자들이 언급한 사례에는 블로그나 온라인 기사에 정치적으로 편향된 댓글을 작성하거나, 온라인 쇼핑몰에 상품 구매를 유도하는 댓글을 다는 재택알바도 있었다. 재택알바가 갖는 부정적 이미지로 인해서 몇몇 면접참가자들은 작업을 시작하기에 앞서 W플랫폼의 홈페이지를 살펴 "제대로 된 곳인지" 꼼꼼하게 확인하는 과정을 거쳤다.

청년 노동자들이 W플랫폼을 안심하고 자신의 노동을 제공할 수 있는 시장으로 인식하게 되는 결정적 계기는 투명하고 즉각적인 금전적 보상이었다. 그것은 편의점이나 카페 등의 오프라인 일자리에서 주휴수당 미지급과 같은 다양한 형태의 임금체불을 경험한 청년 노동자들에게 신선한 경험으로 다가왔다. 자신의 노동에 대한 투명한 보상 경험의 축적을 통해 신뢰 형성 단계에 다다른 작업자 중에서는 W포인트를 현금화하면 고스란히 소비에 지출하기 때문에 돈을 모으기 위해서 현금화하지 않는다고 답한 이도 있었다. 위에서 소개한 참가자 M의 인터뷰 내용과 비교했을 때, 참가자 B의 서술은 W플랫폼과 노동자 사이에 형성된 단단한 신뢰의 고리를 잘 보여 준다.

"(제 수입이) 12월 달에는 3만 얼마였어요. 백 얼마, 백 얼마 이러다가 한번은 검수가 되게 늦은 게 있었어요. 그래서 그때는 삼십 얼마. 검수가 안 되는 건 되게 안 되고, 빨리 되는 건 빨리 되고 이런 게 있어요. (Q. 그럼 좀 짜증날 수가 있잖아요. 그럼 W사에 얘기하시나요?) 저는 안 해요. 이게 나중에라도 돈이 들어온다는 것을 아니까, 어차피 이 돈을 떼먹지는 않는다는 걸 알고 있어서 기다리는 편이에요."

– 면접참가자 B

이 인터뷰에 보이는 신뢰 형성의 징표는 작업자가 자신의 작업에 대한 대가의 지급이 늦어져도 플랫폼에 의심을 품거나 불안감을 갖지 않는다는 점이다. W플랫폼은 작업 결과물의 품질 관리를 위해서 검수를 통과해야 노동자에게 보수 포인트를 지급하는 정책을 취한다. 하지만 검수 작업 역시 크라우드 소싱 방식으로 진행되기 때문에, 검수 지연으로 W포인트 지급이 지체되는 경우가 종종 벌어졌다. W플랫폼에 막 진입한 작업자가 그런 경험을 할 경우, 작업자는 미련 없이 플랫폼으로부터의 이탈을 택했다. 하지만 플랫폼과 이미 거래관계의 신뢰를 구축한 이들에게 그러한 보상의 지연은 작은 불편함에 불과했다. 이외에도 가족이나 친한 친구에게 W플랫폼 작업을 권하거나 W플랫폼이 주최하는 오프라인 교육에 참여하는 것 등이 신뢰 형성의 징표로 나타났다.

면접조사에 따르면 신뢰 형성 단계를 넘어서지 못하는 작업자들이 다수인 것으로 나타났다. 신뢰 형성에 성공한 청년 노동자들은 가족이나 친한 지인에게 적극적으로 W플랫폼 작업을 권했지만 그중 다수는 유의미한 크기의 수입을 올리는 경험을 하지 못했다. 이는 플랫폼으로부터의 조기 이탈로 이어졌다. 그러한 일이 반복되자 주변에 ⊠플랫폼을 소개하는 것을 그만두었다는 면접참가자들도 있었다.

반면, 플랫폼에 대한 신뢰 형성은 플랫폼 운영 정책과 규칙에 대한 작업자의 수용을 의미했다. 즉, 노동과정을 규정하는 '게임의 규칙'에 청년 노동자들이 동의했다는 것을 의미한다. 플랫폼 운영 규칙 또는 알고리즘이 오프라인 노동시장의 그것보다 훨씬 투명하고 공정하게 작동한다는 신뢰는 노동자들이 그러한 규칙의 테두리 안에서 행위자성을 발현해 온라인 플랫폼 노동시장의 '게임'에 적극적으로 참가하는 심리적 기반으로 작동했다.

4. 전략적 행위자 되기와 데이터 라벨링 노동의 게임화 √

가. 전략적 행위자 되기

데이터 라벨링 플랫폼에서 노동이 거래되는 새로운 방식에 신뢰를 쌓은 작업자들은 수익을 극대화하기 위한 전략 탐색에 본격적으로 임하게 된다. 우리는 그 과정을 '전략적 행위자 되기'로 이름 붙였다. 전략적 행위자 되기는 크게 세 가지 방향으로 전개되었다.

첫 번째는 W플랫폼에 게시되는 다양한 유형의 미세작업 프로젝트를 수익 극대화의 관점에서 파악하는 것이었다. W플랫폼의 온라인 미세작업은 작업 방법에 따라서 데이터 수집 · 가공 · 구현으로, 그리고 작업의 대상인 데이터의 종류에 따라서 이미지·음성·텍스트·동영상 등으로 구분된다. 다양한 유형의 작업 중에서 고소득 작업자들이 입을 모아 얘기한 '가성비 좋은' 작업은 이미지 데이터 가공 작업이었다. 다음의 면접조사 내용은 작업자가 시행착오 끝에 미세작업의 '가성비' 개념에 눈을 뜨는 과정을 잘 보여 준다.

"난이도 높은 게 꽤 많아요. 예전에는 대사 요약. 드라마 영상이 나오면 드라마 인물의 행동이 변하는 기준에 따라 영역을 나누고 그 영역 안에 있는 대사를 따로 적는 거였어요. 영상이 1분짜리면 괜찮은데, 10분짜리면 제가 하나 하는 데 1시간 40분이 걸렸어요. … 돈만 보고 하다가 하다 보면 알아요. 돈을 많이 주는 데는 항상 이유가 따르잖아요. 그런 건 진짜 오래 걸리는 거죠. 그건 너무 시간이 오래 걸렸어요."

– 면접참가자 D

'오른손 사진 찍기'와 같은 데이터 수집 작업은 작업당 단가는 높지만 작업수량이 많지 않았다. '연인 간 대화 만들기', 그리고 위에서 언급된 요약문 만들기 등의 데이터 생성 작업은 작업단가는 비교적 높지만 개별 작업을 완료하는 데 시간이 오래 걸렸다. 반면, '이미지 바운딩' 유형의 데이터 가공 작업은 작업 단가는 낮지만, 빠른 속도로 진행할 수 있었고 작업 물량도 풍부한 편이었다. 가성비 높은 작업을 가려낼 수 있게 된 노동자들은 의식적으로 그러한 작업을 최우선 순위에 올려놓고 수행함으로써 W플랫폼에서의 수입을 높이고자 했다.

두 번째 방향은 W플랫폼 작업 규칙의 빈틈을 활용해 수익을 극대화하는 전략이다. 대표적인 전략이 '가성비 작업 선점하기'였다. W플랫폼은 노동자가 작업을 수행하고 검수자가 작업 결과물을 검수한 후에야 포인트를 지급했다. 작업 완료와 검수 완료의 시간차만큼 포인트 지급이 지연되었고, 그것은 진입 초기의 작업자가 플랫폼에 대한 신뢰를 잃는 원인이 됨을 앞서 설명했다. 하지만 베테랑 작업자들은 역으로 그러한 지연을 전략적으로 사용했다. 한 검수자와의 인터뷰는 '가성비 작업 선점하기' 전략의 핵심을 잘 보여 준다.

"일단 대충이라도 작업을 완료해 놓기만 하면, 검수로 넘어오거든요. 검수하는 입장에서는 짜증나죠. 작업 가이드도 읽지 않고 대충한 것이 보이니까. (객관식) 시험 볼 때 모두 3번으로 찍는 거랑 비슷하다고 보시면 돼요. 그런데 여기서 다른 것은 검수자가 반려를 보내면 그 작업자가 다시 그 작업을 할 수 있다는 거예요. 다른 작업자들이 건드릴 수 없어요. 비유를 하자면 맛있는 음식에 침 발라 놓는 것이랑 비슷한 거죠."

− W플랫폼 검수자

이처럼 고소득 작업자들은 가성비 좋은 미세작업 프로젝트를 선별할 뿐만 아니라, 일단 프로젝트가 시작되면 선점을 통해 그 안에서 최대한 많은 작업 물량을 확보하고자 했다. W플랫폼 대표나 PM들에 따르면 일부 고소득 작업자들의 이러한 전략적 행위는 검수 작업에 과부하가 걸리는 주요인이자, 신규 작업자들이 쉽게 수익을 얻는 경험을 통해 플랫폼에 대한 신뢰를 쌓는 데 장애물이 되었다. 따라서 W플랫폼은 관리 알고리즘을 손질해 검수가 끝날 때까지 한 명의 작업자가 할 수 있는 작업의 수를 제한하기도 했다. 하지만 베테랑 작업자들은 복수의 아이디를 만들어 그러한 규칙을 우회했다. W플랫폼 대표는 일부 작업자들의 수익 극대화를 위한 전략적 행위를 방지하기 위한 알고리즘 수정 작업을 "끝이 보이지 않는 술래잡기"로 표현했다.

앞선 두 가지 전략적 행위자 되기의 유형이 W플랫폼에 대한 이해를 바탕으로 했다면, 세 번째는 플랫폼 노동의 맥락에서 확인한 자신의 정체성을 중심에 놓고 그것과 정합성이 높은 작업에 집중하는 유형이었다. 개인과 작업의 정합성(Person-Task Fit) 인식을 바탕으로 플랫폼 노동에서 금전적 보상 이외의 의미를 찾아내고, 그것을 매개로 반복적이고 단순한 미세작업에 스스로를 몰입시키는 전략이었다. 작업자 사이에 가장 흔하게 나타난 '작업 정체성'은 단순한 작업을 '빠르게 쳐내는 것'에서 재미를 느끼는 집단이었다. 그 반대쪽에는 미세작업 중에서도 난이도가 높은 도전적인 작업의 수행 과정에서 흥미를 느끼는 작업자 집단이 있었다. 아래 인터뷰 내용은 양극단의 '취향'을 잘 보여 준다.

"저는 시각적 · 청각적, 그림이나 영상 같은 거. 글을 길게 읽고 이건 잘 못해요. 그런 게 단가가 조금 있어요. 글을 읽고 뭘 하고 이러면. 근데 제가 그거 하나를 할 시간에 제가 좋아하는 단가 낮은 걸 더 많이 할 수 있는 거예요. 효율을 찾는 거죠. 그런데 제 친구는 장문의 문장을, 요약하고 문제 내고 그런 작업을 또 엄청 좋아해요. 그런 취향이 각자 있죠. 선호하는 작업 스타일이 있는 거죠."

– 면접참가자 A

노동자들은 W플랫폼에서 데이터 라벨링 프로젝트를 일방적으로 배정받는 것이 아니라, 스스로 자신에게 맞는 프로젝트를 선택할 수 있다는 점에서 그것을 행위자성을 발휘할 수 있는 공간으로 인식했다. 이상 살펴본 세 가지 유형의 전략적 행위자 되기를 통한 행위자성의 강화는 이어서 설명할 데이터 라벨링 노동의 게임화를 위한 인지적 기반이 되었다.

나. 온라인 플랫폼 노동의 게임화

일(노동)의 게임화는 새로운 통제양식으로 많은 연구자들의 주목을 받고 있는 개념이며, 일반적으로 "디지털 포인트, 등급 등의 (보상)징표와 비적대적인 경쟁과 같은 비디오 게임의 요소를 활용해 노동자들의 업무 동기를 높이는 기법"(Kim, 2018, p.27)으로 정의된다. 저자들이 W플랫폼에서 확인한 게임화의 양상 역시 플랫폼 노동과정에서 경험하는 경쟁의식과 재미라는 두 가지 열쇳말로 설명할 수 있다.

첫 번째로 온라인 플랫폼에서의 경쟁의식은 파편화된 물리적 공간 속에서 디지털 기술을 매개로 나타난다는 점에서 전통적인 작업장의 그것과 다르다고 볼 수 있다. 노동자들이 웹 페이지나 앱을 통해서 미세작업 프로젝트의 정보를 확인하는 W플랫폼의 화면은 아래 그림과 같다. 작업 완료 시 주어지는 포인트(P30,000~P3,500)와 작업 내용에 대한 간단한 설명에 더해서 화면 상단에 '프로젝트 진척도'(16~99%)가 나타난다.

[그림 2] W플랫폼 미세작업 프로젝트 정보 화면

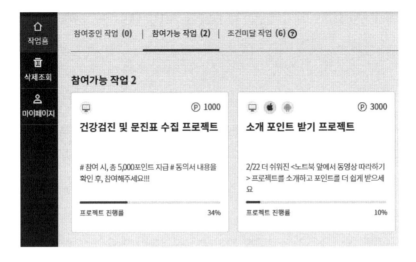

이를 통해서 노동자는 현재 참여 중인 프로젝트에서 작업 가능한 데이터 작업 분량이 얼마나 남았는지 확인할 수 있다. 매우 단순한 정보를 담고 있는 화면이지만, 그것만으로도 개별 노동자로 하여금 눈에 보이지 않는 다른 플랫폼 노동자들에 대한 경쟁의식을 갖게 하는 데 충분했다. 아래 인터뷰 내용은 그러한 심리를 잘 보여 준다.

"가성비 높은 작업은 폰이 아니라 컴퓨터로 해야 하는 작업이 많은데, 폰으로 프로젝트 진척률을 확인할 수 있거든요. 진척률이 10%, 20% 정도일 때는 괜찮은데 60~70% 이러면 마음이 급해지죠. 빨리 집에 들어가서 내가 이 작업을 해야 하는데. 시시각각 진척률이 오르는 게 눈에 보이거든요. 꿀작업은 누가 봐도 꿀작업이고, 내가 못하는 만큼 다른 사람한테 그게(작업량) 돌아가니까 아깝잖아요, '빨리 집에 가서 해야겠다.' 아니면 '앉은 자리에서 최대한 많이 해 놓아야겠다.'라고 생각하게 돼요."

– 면접참가자 M

경쟁의식은 다른 작업자들도 가성비 높은 데이터 라벨링 프로젝트를 인지할 수 있고 그것을 우선적으로 수행할 것이라는 예상에 뿌리를 두었다. 다시 말해, 앞서 설명한 전략적 행위자 되기의 논리적 결과였다. 게임화는 온라인 공간의 다른 작업자들과의 관계뿐만 아니라 프로젝트를 관리하는 W플랫폼 직원과의 관계에서도 나타났다. 예를 들어서, 노련한 작업자들은 프로젝트 관리자가 진척률이 느릴 경우 작업 단가를 높인다는 것을 알고 있었다. 그 결과 가성비 낮은 프로젝트가 특정 시점에 가성비 높은 프로젝트가 되는 것을 경험했고, 같은 것을 기대하며 몇몇 프로젝트를 눈여겨보면서 프로젝트 관리자와 눈에 보이지 않는 줄다리기를 벌였다.

면접조사를 통해 확인한 게임화의 두 번째 요소는 온라인 플랫폼에서 경험하는 재미다. 재미를 느끼는 원천은 상술한 다른 익명의 작업자들과 벌이는 경쟁에서 앞서 나가는 것이었다. 선행 연구는 학습지 교사나 대리운전, 퀵서비스 기사와 같이 온전히 성과에 따라서 수입이 결정되는 특수고용노동자들 사이에 다른 이들과의 경쟁에서 일의 재미를 찾는 경우가 있음을 보였다(조돈문 외, 2017). 특수고용노동에서 유의미한 크기의 소득 차이가 경쟁과 재미 사이의 관계를 매개한다면, 온라인 플랫폼에서는 그 역할이 크지 않았다. 다시 말해, 가성비 높은 미세작업을 다른 작업자보다 더 많이 소화하는 것이 플랫폼에서 올리는 소득 차이에 미치는 영향은 크지 않았다. 작업단가가 워낙 낮기 때문이다. 경쟁이 낳는 재미는 금전적 차이보다는 주관적 만족감에 기인했다. 면접참가자들은 그것을 포인트가 빠르게 올라가는 재미라고 표현했다.

"그때 (그 가성비 프로젝트에서) 제 작업물이 800개 넘었었던 것 같아요. 그때 집에서 그것만 했거든요. 월~금 하루 종일 그것만 했던 것 같아요. (Q. 가벼운 알바로 시작했는데 왜 그렇게 열심히 하셨던 거예요?) 포인트 쌓이는 거 보는 재미가 있었던 것 같아요. 새로 고침 할 때마다 포인트가 올라가거든요. 그럼 그게 너무 신나더라고요. 제가 뭔가 제대로 해 본 일이 없으니까 그거에 큰 메리트를 느꼈던 것 같아요."

– 면접참가자 C

가성비 높은 프로젝트는 난이도가 낮기 때문에, 집중력을 가지고 작업을 한다면 검수 과정에서 반려될 가능성도 낮다. 그러므로 W플랫폼 포인트가 개인 계정에 반영되는 속도 역시 빨라진다. 면접참가자 C가 가성비가 높은 단가 100원의 미세작업 800개를 수행해서 거둔 수입은 8만 원 정도로 일주일간의 노력을 고려할 때 크지는 않았지만, 그가 재미를 느낀 것은 포인트의 크기가 아니라 그 포인트가 쌓이는 속도였다. 이는 온라인 게임이 주는 재미와 유사했으며, 같은 맥락에서 자신의 작업자 등급이나 총수입순위가 올라가는 데서 재미를 느낀다고 답한 작업자들도 있었다. 흥미롭게도 이들 중 일부는 최근 플랫폼의 보상 방식이 일부 변경되면서 그러한 재미가 줄었다고 언급했다.

"정부예산(디지털 뉴딜) 프로젝트는 한 달 치 작업 물량을 정리해서 다음 달 15일에 한꺼번에 직접 제 계좌에 넣어 주는 방식이거든요. 예전에는 포인트가 바로바로 올라가는 것이 눈에 보이니까 재밌었는데, 한 달 치 넣어 주는 것은 그만큼의 재미가 없더라고요. 내가 어느 프로젝트에서 얼마큼의 작업을 해서 이만큼을 벌었는지 알 수가 없으니까."

- 면접참가자 B, 3차 인터뷰

면접참가자 B가 서술한 '재미의 반감' 과정은 개수제 방식의 실시간 보상 방식이 게임화 과정에 필수적인 조건임을 보여 주는 것과 동시에, 데이터 라벨링 노동자들의 전통적인 보상 방식에 대한 불신을 드러낸다.

이상에서 청년 크라우드 노동자들이 전략적 행위자성을 형성하고, 익명 크라우드와의 경쟁과 미세작업 노동과정이 주는 재미를 바탕으로 데이터 라벨링 노동을 게임처럼 즐기게 되는 과정을 고찰했다. 게임화는 이어서 설명할 플랫폼 노동으로의 몰입을 이끄는 핵심기제로 작동했다. 하지만 플랫폼에 진입한 모든 이가 플랫폼과의 신뢰를 형성하는 것이 아닌 것처럼, 앞 단계에서 신뢰를 형성한 작업자들이 모두 전략적 행위자 되기와 게임화의 과정을 거치는 것은 아니었다. 게임화 단계까지 다다르기 위해 중요한 물질적 조건은 충분한 플랫폼 작업 물량이 공급되는 것이었다.

1차 인터뷰에서 플랫폼에 신뢰를 표하고 데이터 라벨링 노동에 흥미를 갖기 시작했던 작업자 중에서는 1년 후의 2차 인터뷰에서 수개월 동안 플랫폼에 거의 접속하지 않았다는 이들도 있었다. 지속적인 수입을 보장하고 자신의 전략적 목적에 맞게 선택을 할 수 있을 만큼 충분한 미세작업 프로젝트가 플랫폼에 없었다는 것이 주된 이유였다. 이들이 플랫폼과 맺는 관계는 다음 소절에서 설명할 '몰입'으로 이어지지 않고 수개월에 한 번씩 비정기적으로 플랫폼에 접속해 참여 가능한 프로젝트를 확인하는 간헐적 관계에 머물렀다.

5. 데이터 라벨링 노동으로의 몰입 ✓

청년 크라우드 노동자가 단순하고 반복적인 데이터 라벨링에 몰입하는 것은 좀처럼 일어나기 힘들 것이라는 예상과는 달리, 면접조사 참가자 중에서 고몰입 상태에 들어선 작업자들을 적지 않게 확인할 수 있었다. 여기서는 게임화 과정을 거친 노동자들이 거래적 관계를 넘어서 W 플랫폼에 보인 몰입의 양상을 네 가지로 유형화해서 제시한다.

가. 습관적 몰입

가장 흔하게 나타난 몰입의 양상은 참여 가능한 데이터 라벨링 프로젝트가 있는지 수시로 스마트폰이나 PC를 통해서 확인하는 습관적 몰입이었다. 면접참가자들은 W플랫폼 작업자 규모가 기하급수적으로 커지면서, 해가 지날수록 자신이 참여할 수 있는 프로젝트의 수가 줄어드는 것을 체감한다고 답했다. 아울러, 디지털 뉴딜 정책의 예산이 집행되는 5~12월과 비교할 때 3~6월은 '프로젝트 보릿고개'로 불릴 만큼 미세작업 프로젝트의 절대적인 수가 급감했다.

이러한 일감의 공급 불확실성을 극복하기 위해 작업자들은 수시로 W 플랫폼의 프로젝트 게시물을 검색했다. 아침에 일어나자마자 스마트폰을 통해 검색하는 작업자부터, 심야시간에 등록되었을지도 모를 프로젝트를 찾아 새벽 시간에 접속하는 작업자까지 다양한 패턴이 있었지만, 모두 '프로젝트 보릿고개' 시기에도 하루에 최소 한 번 플랫폼에 접속해 프로젝트를 확인하는 것이 습관화되었다는 공통점이 있었다.

나. 선택적 몰입

두 번째 몰입의 양상인 선택적 몰입은 높은 인지적 능력과 집중력을 요구하는 유형의 데이터 라벨링 프로젝트에 흥미를 느끼는 이들에게서 주로 나타났다. 면접조사에서 나타난 선택적 몰입의 징표는 효율적이고 집중적인 온라인 작업을 위해 작업 계획을 세우고 그것을 위한 별도의 시간과 공간을 배정하는 것이었다. 예를 들어서, 위키피디아의 정보를 바탕으로 짧은 질문과 답변 문장을 만드는 프로젝트를 즐겼다고 답한 작업자 N은 아래와 같이 자신만의 작업 패턴을 설명했다.

"예를 들어서 제가 한 프로젝트에서 130건 정도를 한 게 있는데 그게 이제 위키백과에서 세 문장에서 다섯 문장 정도의 질문과 답을 끄집어내는 거였거든요? 근데 이제 그걸 하면서, 노래 들으면서 하다가 '오늘은 50개까지 해야지, 오늘은 80개까지 해야지.' 정하고 딱 그 50개, 80

개 채워지면 그냥 컴퓨터 끄고 이런 식으로 했어요."

- 면접참가자 N

선택적 몰입의 양상을 보인 작업자들은 자기 통제감을 중시했다. 데이터 라벨링 노동에서 재미를 느끼고 거기에 일정 시간 몰입하는 것까지는 이어서 설명할 강박적 몰입의 양상과 유사했지만, 그것을 어디까지나 부업으로 제한한다는 점에서 차이를 보였다. 직장 생활, 학업, 취업 준비 또는 가사와 같은 오프라인 활동이 시간 배분의 중심에 있었고, 데이터 라벨링 노동은 부차적인 위치에 고정되었다. 참가자 N을 비롯한 면접참가자들이 밝힌 작업루틴은 그러한 심리적 우선순위가 표면화된 결과로 볼 수 있다.

다. 역할 몰입

세 번째 몰입의 양상은 데이터 라벨링 플랫폼에서 부여받은 역할의 맥락에서 나타났다. 앞서 언급했듯이 W플랫폼에서 노동자의 역할은 크게 두 가지로 나뉘었다. 첫 번째 역할은 작업자로 간단한 플랫폼 가입 절차만 거치면 누구나 참여할 수 있다. 두 번째 역할은 검수자로 보통 W플랫폼의 정규직인 PM이 이른바 '우수 작업자' 집단에서 선별해 초대하는 형식으로 역할을 부여받는다. 그들이 검수 작업을 위해서 W플랫폼과 별도의 계약을 맺거나, 더 많은 보상을 받는 것은 아니었다. 오히려 검수 작업 단가는 데이터 수집 및 가공 작업 단가의 절반 수준으로 책정되었다. 그럼에도 불구하고 '검수자'라는 역할은 크라우드 노동자에게 일반 작업자와 차별화한 직무 정체성을 심어 주기에 충분했다. 아래의 인터뷰는 그러한 정체성의 특징을 잘 보여 준다.

"아무래도 작업할 때는 그래도 검수자가 알아서 해 주겠지 하는 생각이 있었는데 검수자는 작업자의 작업물을 자기가 판단을 하고 뭐 반려를 넣거나 해야 되니까 좀, 뭐라 그러지? 더 예민해지는 경향이 있어요. 책임감도 갖게 되고. 그리고 왜 이렇게 작업을 했을까 하는 생각도 나고. 가끔 보면 좀 엉망으로 한 분들도 있어서. '나라면 이렇게 안 했을 텐데.' 하는 생각이 들더라고요."

– 면접참가자 I

면접참가자 I를 비롯해 역할 몰입의 양상을 보인 크라우드 노동자가 내비친 직무 정체성의 핵심요소는 '책임감'이었다. 온라인 검수 작업에 대한 책임감의 발현은 앞서 서술한 플랫폼과의 일회적이고 거래적인 관계 맺기를 넘어서서 호혜성에 기반한 관계로의 인식 변화로 해석할 수 있다. 실제로, 면접참가자 B는 검수 작업에 책임감을 갖는 이유를 "사람들(W플랫폼 PM)이 나한테 믿고 맡기는 거잖아요."라고 설명하며 그러한 호혜적 관계 인식을 직접적으로 언급하기도 했다. 검수자 역할이 주는 무게감과 책임감에 부담을 느껴서 '가벼운 마음으로 할 수 있는' 작업자로서 일하는 것을 선호한다는 면접참가자도 있었다. 하지만 참가자 I가 언급한 것처럼, 검수자 경험은 데이터 라벨링 노동자들이 일반적인 작업을 수행하는 데 있어서도 더 높은 책임감을 갖도록 만들었다.

라. 강박적 몰입

가장 강력한 몰입의 양상은 가성비 높은 프로젝트를 둘러싼 다른 데이터 라벨링 노동자와의 심리적 경쟁을 촉매로 게임화 과정을 거친 이들에게서 주로 나타났다. 이들의 온라인 플랫폼 노동에 대한 몰입의 징표는 장시간 노동이었다. 장시간 노동을 수반한 몰입은 부업으로 시작했던 온라인 플랫폼 노동을 사실상 전업의 위치로 올려놓았다. W 플랫폼에서 월간 고소득 순위 5위 안에 여러 차례 들었던 참가자 B의 인터뷰는 우리가 강박적 몰입이라고 이름 붙인 유형의 양상을 잘 보여준다.

"(Q. 아무리 프로젝트가 많아도 월 300만 원 수입을 올리셨을 때 그 이상으로 하긴 힘든 거죠?) 그렇죠. 그럼 잠을 줄여 가면서 해야 되는데. 지금 그렇게 하고 있고, 주말에도 똑같이 하고 있는데 더 이상 하기는 힘들지 않을까. 지금 하는 게 최대라고 볼 수 있어요. 오히려 저는 잠깐 프로젝트가 없을 때 이때가 내가 쉴 수 있는 시간이구나 생각하는 편이에요. 주말까지 계속 일을 하니까 오늘도 잠깐 서버 때문에 중단된다 오더라고요. 지금 이 시간에. 그럼 이 시간은 좀 편하게 이 인터뷰를 할 수 있겠구나 이런 생각을. … 쉬고는 싶은데 몸은 계속 컴퓨터를 켜고 하고 있죠. 언제 닫힐지 모르니까. 제가 안 해도 다른 사람들은 계속 작업을 하니까 진행률은 계속 올라가고 그러니까 해야죠."

– 면접참가자 B

　인터뷰 내용에서 눈에 띄는 것은 익명 크라우드와의 경쟁이 낳는 재미와 압박의 양면성이다. 경쟁에서 느끼는 재미의 이면에서 다른 이들보다 더 많은 작업을 따내야 한다는 강박이 커지면서 참가자 B는 평일과 주말의 구분 없이 일상의 대부분을 데이터 라벨링 노동을 수행하거나, 가성비 높은 프로젝트를 검색하는 데 사용했다. 참가자 B는 전업주부로 가사노동 중에 나는 시간을 이용해 수입을 올릴 수 있는 부업을 찾아서 W플랫폼에 진입했다. 하지만 이후 1년 남짓한 시간이 흐른 2차 인터뷰 시점에는 데이터 라벨링이 주업의 위치를 차지했다. 작업자 B는 가성비 높은 작업을 집중해서 가능한 많이 수행할 필요가 있을 때는 다른 가족구성원들이 집안일을 맡는 경우도 종종 있다고 언급하기도 했다. 1년이 지난 후 진행한 3차 인터뷰에서는 팔목에 통증을 느끼고, 눈이 건조해지는 빈도가 잦아졌다고 언급하기도 했다. 하지만 그녀의 W플랫폼에 대한 불만은 가성비 높은 작업이 꾸준히 공급되지 않는다는 점에 집중되었다.

　선별적 몰입과는 달리 온라인 플랫폼 노동에 대한 강박적 몰입은 오프라인의 일상에 뚜렷한 영향을 남겼다. 그 영향은 작업자 개인의 시간 배분 우선순위를 넘어서 다른 이들과의 사회적 관계까지 다다랐다. 면접참가자 중 한 명은 강박적 몰입이 일상에 미치는 영향을 깨달은 순간, 의식적으로 자기통제를 높여 선택적 몰입 상태를 유지하기 위해 노력한다고 답하기도 했다.

"새벽 1시에 프로젝트가 열려서 아침까지 한 적이 있어요. 안 하면 남들이 뺏어 가기 때문에 압박감이 크거든요. 물 한 잔 마실 때도 누가 작업을 가져갈 수 있거든요. 그렇게 하다 보니까 어느새 제가 가족들에게 짜증을 내고 있더라고요. 그래서 더 이상 이래서는 안 되겠다, 내려놓기로 했어요. 못하는 것도 과감히 포기할 줄 알아야 한다. 그래서 일부러 안 맞는 프로젝트를 많이 하려고 해요."

– 면접참가자 Q

강박적 몰입 양상을 보인 작업자들은 앞서 기술한 습관적 – 선택적 – 역할 몰입 과정을 차례로 거친 경우가 많았다. 즉, 각 몰입의 단계를 거치면서 플랫폼에 대한 경제적 · 시간적 종속의 정도는 점점 높아졌다. 습관적 몰입은 낮은 수준의 시간적 종속성이 나타나는 단계라고 볼 수 있다. 규칙적으로 일상의 시간을 쪼개서 작업 가능 여부를 확인하는데 할애하기 때문이다. 이는 플랫폼 노동에서 광범위하게 나타나는 '대기시간' 노동의 맥락에서 이해할 수 있다.

선택적 몰입은 시간적 종속성이 한 단계가 높아진 상태라고 할 수 있다. 일정 길이의 시간 또는 특정 장소를 온라인 플랫폼 노동에 배정하기 때문이다. 역할 몰입 상태의 노동자의 시간은 한층 높은 강도로 플랫폼 노동에 종속된다. 선택적 몰입에서 본인이 주체적으로 시간을 배정했다면, 역할 몰입에서는 '검수 작업이 오류 없이 완료될 때까지'로 시간 사용의 주도권이 '역할'로 넘어가기 때문이다. 끝으로, 강박적 몰입은 시간사용이 본인의 통제를 벗어남과 동시에 경제적 종속도 형성된다는 점에서 앞선 단계와 차별화한다. 강박적 몰입의 높은 종속성은 작업자의 신체에 미치는 부정적 영향으로 물질화하기도 한다.

배달과 같은 지역기반 플랫폼과 비교할 때, 온라인 노동 플랫폼에 대한 종속성 심화 과정은 무의식적으로 일어나는 경향이 강했고 훨씬 빠르게 진행되었다. 아울러 노동과 비노동의 경계가 모호한 온라인 노동의 특징으로 인해 일상영역의 잠식을 수반했다. 한 면접참가자는 이 과정을 '몸이 적응했다'고 표현했다.

"저는 혼자 일하는 것을 좋아하는 스타일이에요. 사실 처음부터 그랬던 것은 아닌데, 여기(W플랫폼)에 익숙해져 버린 것 같아요. 몸이 적응을 해 버렸어요. 그러다 보니 다른 데서 일을 할 수 있을까 하는 걱정과 의구심이 들기도 하는데, 일단 지금은 여기서 할 작업이 많으니까 만족하고 있어요."

– 면접참가자 R

6. 청년 노동자들은
왜 그리고 어떻게 플랫폼에 종속되는가? ✓

본 장은 청년 노동자들이 오프라인 노동시장에서 온라인 플랫폼 노동으로 진입하는 단계부터 플랫폼에 대한 종속성이 심화되는 단계까지 이르는 과정을 분석함으로써 그들이 플랫폼과 맺는 관계의 진화 과정을 보이고자 했다. 지금까지의 논의를 아래의 그림과 같이 도식화했다.

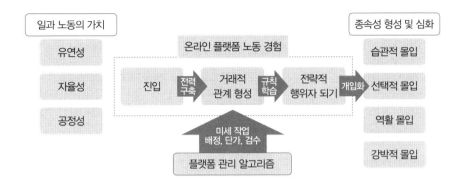

[그림 3] 플랫폼 노동자 종속성 형성과정 이론적 모형

    청년 노동자들은 각자의 노동시장 경험과 그로부터 형성된 일에 대한 가치관을 토대로 자신에게 있어 좋은 일자리와 나쁜 일자리를 구성하는 요인을 저울질한다. 많은 청년 노동자들은 오프라인에서의 나쁜 일자리 경험을 준거점으로 삼아, 데이터 라벨링 노동을 형식적 차원에서 시공간적으로 유연하고, 관계적 차원에서 노동자들에게 자율성을 부여하며, 시스템적 차원에서 성과와 보상 체계가 공정한 좋은 일자리로 인식했다. 이러한 집단적 인식의 결과 W플랫폼은 불과 3년 만에 30만 명이 넘는 가입자를 모을 수 있었다. 온라인 노동 플랫폼 진입 후, 노동자들은 차례로 거래적 관계 형성, 행위자성의 발현, 데이터 라벨링에 대한 몰입의 과정을 거치면서 온라인 플랫폼에 대한 종속성을 형성하게 된다.

    먼저 오프라인 노동시장에서 온라인 플랫폼으로의 본격적인 이행은 청년 노동자들이 W플랫폼을 자신의 노동을 신뢰감을 가지고 거래할 수 있는 노동시장으로 인식하기 시작하면서 진행된다. 온라인 플랫폼에 대한 신뢰 형성은 곧 온라인 노동조건을 규정하는 알고리즘 규칙에 대한 동의를 의미하고, 작업자들은 그러한 규칙의 테두리 안에서 온라인 크라우드 노동자로서의 행위자성을 형성한다. 전략적 행위자성은 개별 노동자들이 다른 크라우드 노동자들과의 경쟁과 미세작업 그 자체가 주는 재미를 바탕으로 데이터 라벨링을 게임처럼 즐기는 단계로 이끈다. 게임화 과정을 거친 노동자들은 플랫폼과의 거래적 관계를 넘어서 몰입의 양상을 보였다.

물론 30여만 명의 모든 가입자들이 몰입의 단계까지 다다르는 것은 아니었다. 온라인 플랫폼 노동 경험의 준거가 되는 오프라인 노동시장 경험은 개인마다 달랐고, 그에 따라서 플랫폼과의 관계 진화 과정의 경로도 달라졌다. 예를 들어, 미세작업 단가가 턱없이 낮다고 판단하고 온라인 플랫폼에 대한 신뢰를 형성하기도 전에 조기 이탈하는 작업자들이 있었다. 또한 검수 지연과 같은 W플랫폼의 운영 규칙으로부터 발생하는 문제에 실망해 게임화 단계에 들어가기 전에 이탈하는 작업자도 있었다.

우리의 분석 결과는 청년 노동과 플랫폼 노동 연구에 세 가지 함의를 제공한다. 첫 번째로 기존 노동시장의 불안정성과 플랫폼 노동 사이의 관계를 이해하기 위한 틀을 제공한다. 우리나라 청년 노동시장의 맥락에서 청년들이 온라인 노동 플랫폼에 열광하는 동기가 무엇인지, 그리고 오프라인 노동시장의 조건에 따라서 플랫폼과의 관계 맺기 양상이 어떻게 변화하는지 이해하는 데 도움을 준다.

두 번째 함의는 청년 플랫폼 노동자 집단 내부의 이질성을 조명했다는 점이다. 알고리즘 통제의 대상으로 플랫폼 노동자들의 '수동적' 동질성에 천착했던 선행 연구와 차별화해, 우리는 그들이 플랫폼과 맺는 관계의 차이에 주목했다. 이질성의 양상을 '종속성의 심화과정'으로 이론화함으로써, 특수고용이나 플랫폼 노동 관련 선행 연구가 천착했던 모호한 고용관계에서의 종속성을 정적인 개념에서 동적인 개념으로 확장하고자 했다.

끝으로, 본 장은 선행 연구들이 미처 다루지 못했지만 최근 디지털 뉴딜 정책에 힘입어 빠르게 확산하고 있는 온라인 크라우드 노동 플랫폼을 살펴보았다. 특히 비대면 노동과정에 주목해 온라인 크라우드 노동자들이 일상과 노동의 경계를 재구성하는 양상을 이해하고자 했다.

이론적인 측면에서 우리는 오프라인 노동시장과 데이터 라벨링 플랫폼(온라인 노동시장) 사이의 중첩성을 검토하기 위해 그러한 경향을 가장 잘 관찰할 수 있는 청년 노동자들의 일 경험에 초점을 맞췄다. 하지만 시간이 흐를수록 청년층을 넘어서 중장년층 역시 부업 일거리를 찾아서 온라인 노동 플랫폼으로 몰리는 흐름이 뚜렷해지고 있다. 향후 연구는 중장년층으로 연구 범위를 확장해 노동과 일자리에 대해 다른 기치를 가진 세대가 각기 온라인 플랫폼 노동을 어떻게 바라보고 경험하는지 비교분석함으로써 본 연구의 함의를 확장할 수 있을 것이다.

• 제3장 •

플랫폼화의 명과 암

: 비공식 노동의 플랫폼 노동으로의 전환 과정

이찬우 충남대학교 사회학과 박사과정 수료   김진두 한양대학교 경영학과 박사과정 수료

이상아 한국자활복지개발원 선임연구원

1. 플랫폼화를 보는 두 가지 시선 √

플랫폼 경제로의 이행은 노동자의 삶에 어떤 영향을 미치는가? 노동사회학과 노사관계 분야의 대다수 연구자들은 부정적인 전망을 내놓았다. 플랫폼 업체들은 사회안전망 외부에 놓이는 모호한 고용관계의 노동자들을 대거 양산하고, 알고리즘 통제를 통해 노동자들의 노동강도를 높이며, 그들의 정신적 건강을 위협하기도 한다(Glavin et al., 2021). 파편화·개별화된 노동과정은 노동자들이 노동조합을 결성해 자신들의 이해를 집단적으로 대변하는 것을 어렵게 만든다(Polkowska, 2021). 기존 연구들은 이러한 요인들이 결합해 플랫폼화가 진행될수록

노동자의 불안정성이 전반적으로 높아지는 것을 보이는 데 초점을 맞췄다(Rosenblat, 2018). 하지만 그동안 플랫폼에 연구들은 대체로 서구의 중·고소득 국가에 집중되었다(D'Cruz and Noronha, 2016).

반면, 제3세계를 대상으로 한 연구들에서는 플랫폼화의 긍정적 측면이 제시되기도 한다. 이들은 플랫폼 기업의 등장으로 일자리의 진입장벽이 낮아지면서 사람들이 노동력을 쉽게 제공할 수 있게 되고, 정보 비대칭이 줄어들면서 거래과정의 투명성이 증가한다는 사실에 주목한다(Sundararajan, 2016). 첫째, 플랫폼 기업은 디지털 기술을 통해 거래를 투명화하면서, 비공식 영역에 효율적인 조세납부 시스템의 기반을 제공하고 사회보장제도를 확장시키는 발판의 역할을 할 수 있다(Weber et al., 2021; 장지연 외, 2020).

둘째, 플랫폼화는 신분제나 여성 차별과 같이 전근대적이고 비공식적인 위계질서의 재생산 문제를 일정 정도 해소하는 데 기여할 수 있다(Rustagi, 2015; D'Cruz and Noronha, 2016; Surie, 2020). 미용사나 가사노동자 등 사회적으로 평가절하된 직업의 노동자들에게 전문가적 정체성을 부여하고 노동시장에서 협상력을 높이기도 한다(Komarraju et al., 2021).

셋째, 디지털 플랫폼은 일자리 접근 기회가 낮은 인구학적 집단에 일할 기회를 제공하고 있다. 플랫폼 기업의 전형이라 할 수 있는 우버의 경우, 앱에 가입하고 간단한 신원조회 절차만 마무리되면 운전 업무를 할 수 있을 만큼 진입장벽이 낮다. 우버는 이를 기존의 규제된 시장의 경직성을 완화하면서 소외계층에게 일자리를 제공하는 사회적 공헌으로 틀짓기 했다(Rosenblat, 2018; Thelen, 2018).

이러한 기존 연구의 상반된 결과는 플랫폼 노동의 양면성을 주의 깊게 살펴볼 당위성을 제공한다. 모든 산업에서 이른바 플랫폼화 (Platformization)가 급격히 진행되는 가운데, 그 흐름을 돌이킬 수 없다면 그것의 부정적 효과를 최소화하고 긍정적 효과를 극대화하는 논의를 진전시키는 것이 중요하기 때문이다(Deng et al., 2016; Dunn, 2020; Wood et al., 2019; Hoang et al., 2020).

한편, 국내에서는 외환위기 이후 고용과 사용을 분리하는 방식으로 실질적으로 노동력을 사용하여 이익은 취하지만 책임은 지지 않는 탈규범적인 고용 방식이 확산되었고, 이는 고용불안 · 중간착취 · 차별대우 · 노동권의 무력화 등을 초래하였다(조경배, 2016). 이와 같이 한국 사회는 선진국에 준하는 경제적 성장을 이룩했음에도 불구하고, 제도적 기형성으로 인해 여러 업종에서 노동의 비공식적 속성이 해소되지 못하고 있다. 이러한 특성은 한국사회의 플랫폼화가 선진국보다는 개발도상국의 플랫폼화 과정에 더 가까울 수 있음을 유추케 한다. 실제로 플랫폼 업체들은 플랫폼화가 오랫동안 업계에 뿌리내렸던 비공식 노동의 불합리를 혁파하는 촉매 역할을 할 수 있음을 강조한다. 이러한 한국 사회의 특성은 플랫폼화 본질을 파악하기 위해 과정적 측면에서 접근이 필요함을 제기한다.

2. 플랫폼으로의 전환 과정에 대한 주목 √

우리는 플랫폼화의 '과정'에 주목해 그것이 어떻게 비공식 노동의 변화를 추동하는지 파악하기 위해 2010년대 중반 이후 본격적인 디지털 플랫폼 노동으로의 전환 과정에 있는 대리운전, 퀵서비스, 가사서비스 직종을 사례연구 대상으로 삼아 각 직종의 플랫폼화 과정과 이러한 변화가 노동자들에게 추동한 결과에 대해 살펴본다.

연구대상으로 3가지 업종을 택한 이유는 세 가지로 정리할 수 있다. 첫 번째, 플랫폼화의 활성화이다. 해당 업종에서 플랫폼화는 업계관계자들을 넘어서 사회적 이슈가 될 정도로 광범위하게 전개되었다. 이는 플랫폼화가 해당 업종에 미친 영향을 파악할 수 있을 만큼 가시적인 변화를 가져왔음을 의미한다.

두 번째 이유는 3가지 업종에서 오랫동안 비공식 노동이 지배적 형태로 자리 잡고 있었다는 점이다. 이러한 특성은 플랫폼화에 따른 비공식 노동의 공식화를 살펴보기에 이상적인 맥락을 제공한다. 마지막으로 플랫폼화 과정에서 나타난 차이점들이다. 플랫폼화의 전개가 이뤄졌지만 각 업종들은 그 속도나 전개 과정의 이질성을 확인할 수 있었고, 플랫폼화 과정이 해당 업종·산업에 따라 상이하게 전개될 수 있음을 제시한다. 이처럼 세 업종에서 나타난 플랫폼화 과정의 유사점과 차이점을 비교분석함으로써 그것이 비공식 노동의 공식화를 매개로 노동자들의 노동조건에 미치는 영향을 이론화하는 것을 목표로 한다.

한편, 본 연구의 초점은 플랫폼화 '과정'이기 때문에, 먼저 주요 제도적 사건들을 기준으로 시간적 구간을 나누고 각 구간에서 나타난 특징을 분석하는 과정중심 연구의 접근법을 택했다(Langley, 1999). 우선 문헌자료를 이용해 플랫폼화의 양상이나 추세에 변화를 일으킨 변곡점들을 특정하고 그것을 기준으로 분석구간을 구분했다. 예를 들어, 대리운전 업종의 경우 2000년대 초반 분리형 플랫폼의 등장, 2010년대 중반 디지털 플랫폼의 등장이 주요 제도적 사건으로 떠올랐고, 이어서 각 분석구간에 해당하는 면접조사 내용을 분석했다. 이를 통해서 플랫폼 노동자들의 일 경험, 더 구체적으로는 불안정성의 양상이 어떻게 진화하는지 이해하고자 했다.

본 연구에서 분석하고자 하는 핵심 변수 중 하나는 세 업종 종사자들이 플랫폼화 과정 전후로 경험한 불안정성의 양상이다. 따라서 우리는 대리운전·퀵서비스·가사서비스 노동자들과의 심층면접조사 내용을 주 자료로 사용했다. 저자들은 2019년부터 독립적으로 연구대상이 된 세 업종을 대상으로 연구를 진행해 왔으며, 면접조사는 2020년 1월부터 2023년 11월까지 각기 다른 여러 연구 과제를 통해서 확보되었다. 연구참여자는 노동자에서부터 노동조합 및 협회 관계자, 사용자를 포괄한다.

3. 플랫폼화와 노동의 공식화 ✓

IT 기술의 발전에 힘입어 전 사회적인 디지털 전환이 급속하게 진행되고 있다. 그리고 디지털 전환의 과정에서 디지털 생태계의 중심적 매개 수단으로서 플랫폼의 역할이 중요해지고 있다.

이는 비단 일부 산업이나 비즈니스 영역을 넘어, '플랫폼 사회'라는 사회적 차원의 질적 전환으로 확장된다. 플랫폼 사회에서는 인간 소통을 넘어 물리적 영역까지 데이터화(datafication)하고, 이를 가공하여 새로운 가치를 창출하며, 플랫폼 생태계를 기반으로 축적된 데이터와 이를 가공하는 알고리즘이 사회경제적 인프라 역할을 한다(Van Dijck et al., 2018). 노동관계와 과정 역시 데이터화되고 플랫폼 생태계 안에서 새롭게 재구축되는데, 이러한 일련의 과정을 노동의 플랫폼화라고 할 수 있다. 플랫폼 기업은 가치 원천이라 할 수 있는 데이터화의 효율성을 위해 불확실성과 비정형성을 최소화(표준화)할 필요가 있다. 또한 공식화된 구조(제도화)의 채택을 통해 이해관계자들에게 조직의 합리성을 제시하면서 정당성을 높일 수 있다는 점(Scott, 1994)에서 공식화를 추동할 동기를 부여받는다.

조직연구의 측면에서 공식화(formalization)란 "조직구성원의 의무나 권리를 결정하는 규칙이나 절차 또는 의사전달이 성문으로 묘사된 행동의 정도"를 의미한다(Schminke et al., 2000: 김태룡, 2016:5에서 재인용). 또한 공식화는 표준화(standardization)의 정도, 즉 "조직이 어떤 일을 누가 언제 어떻게 수행해야 한다는 것을 어느 정도나 공식적으로 규정하느냐에 관한 관념, 혹은 문서화된 규칙의 정도"(원구환, 2004:121)라고 해석할 수 있다. 이처럼 공식화라는 개념은 좁게는 성문화된 규칙에서 넓게는 구성원의 행위를 제한하는 공유된 관념이라고 개념화할 수 있다.

대체로 비공식 노동에 관한 기존 연구들은 주로 제도화(institutionalization)에 초점이 맞춰져 있었다. 하지만 간접고용과 특수고용 등의 탈규범적인 고용형태의 만연과 정규노동의 잔여범주로서 비정규노동이라는 모호한 개념이 공존하는 상황에서 단순히 법적·제도적 규정이라는 협소한 정의는 한계를 지닌다. 따라서 본 연구는 공식화의 속성을 보다 확장하여 성문화된 규칙의 정도를 제도의 공식화로 노동과정의 표준화 정도를 노동과정의 공식화로 정의한다.

4. 지역기반 플랫폼의 플랫폼화 과정 √

본 단락에서는 각 업종별로 플랫폼화 과정의 양상과 플랫폼화에 따른 제도와 노동과정에서의 공식화에 대한 분석 결과를 세분화하여 제시한다.

가. 대리운전: 플랫폼화의 최전선

1) 플랫폼화 과정의 전개

대리운전시장의 플랫폼화 과정에서 가장 핵심적인 특징은 2단계에 걸친 플랫폼화 과정이다. 카카오 대리와 같은 디지털 플랫폼으로서의 전환 이전에 소위 '배차프로그램'이라고 하는 분리형 플랫폼[1]이 존재하였고, 여전히 시장에서 분리형 플랫폼은 70%에 가까운 높은 점유율을 유지하고 있다.

---

1   중개자 역할을 하는 플랫폼으로서의 프로그램(앱)은 2000년대 초반부터 존재해 왔으나, 이 시기의 플랫폼은 단순 중개에 머무르고 있었고, 노동과정에 대한 통제는 여전히 분리형적인 방식에 기반하여 이뤄지고 있었기에 본 연구에서는 초창기의 중개플랫폼을 '분리형 플랫폼'라 정의하며, 2010년대 중반 등장하기 시작한 카카오 등의 새로운 플랫폼은 단순 중개를 넘어 알고리즘을 통한 직접 통제까지 포괄하고 있다는 점에서 '통합형 플랫폼'으로 구분하고 있다.

대리운전은 음주단속이 강화되면서 일부 유흥업소에서 고객 관리 차원에서 종업원이나 주차요원을 통해 대리운전을 수행하고, 이에 대한 보상으로 고객들이 팁을 주는 것이 차츰 관례로 정착되면서 새로운 직종으로 자리 잡았다. 오늘날과 같이 소비자가 전화를 통해 직접 호출하는 방식의 전문대리운전 업체가 생겨난 것은 휴대폰 보급이 확산되기 시작한 1990년대 후반으로, 대리운전 서비스의 영역은 유흥업소 인근의 한정된 지역을 넘어 도시 전 지역으로 확산되었다. 2000년대 이후 음주운전에 대한 사회적 경각심, 자가차량의 증가, 대리운전요금의 하락은 대리운전시장의 대중화로 이어졌고, 대리운전 업체들은 본격적으로 대형화·조직화되었다(국토교통부, 2020).

특히 온라인 배차시스템을 지원하는 분리형 플랫폼의 등장은 대리운전시장의 획기적인 성장과 변화의 계기였다. 분리형 플랫폼은 고객과 기사를 직접 매칭하는 것이 아닌 기존의 지역대리운전업체에 매칭 프로그램을 제공하고 소속된 기사들로부터 이용료를 받는 전략을 채택했다. 분리형 플랫폼 하에서 대리운전업체들은 프로그램사의 배차시스템을 매개로 콜 처리와 대리운전기사를 공유하기 때문에 지역단위로 동일한 프로그램을 이용하는 대리운전업체들 간에 '연합'이라는 사업자단체를 구성하여 프로그램사의 배차정책을 조율하며, 분리형 플랫폼은 이 연합을 통해 소속업체들에 영향력을 행사한다.

그 결과 분리형 플랫폼의 확산과 함께 '플랫폼 사업자 - 연합 - 지역대리업체 - 대리기사'라는 4단계 거래구조가 뿌리를 내렸다. 현재 대리운전의 매칭은 거의 대부분이 프로그램을 통해 이뤄지고 있다는 점에서 배차 영역의 플랫폼화 수준은 매우 높다고 평가할 수 있다. 현재 국내에는 10여 개 배차프로그램업체가 존재하며 지역에 따라 차이는 있지만 로지, 콜마너, 아이콘의 시장 점유율이 80~90%를 차지하고 있다(공정거래위원회, 2016).

10년 이상 흔들리지 않고 작동하던 분리형 플랫폼 거래구조는 2015년 카카오모빌리티가 대리운전시장에 진입하면서 또다시 커다란 변화에 직면한다. 카카오대리 서비스는 연합과 대리업체를 배제하고 '플랫폼 – 대리기사'라는 2단계 거래구조를 구축한다. 기존 사업자(분리형 플랫폼, 지역대리운전업체 등)들은 카카오의 대리시장 진출을 대기업의 골목상권 침해로 규정하고 반발한 반면, 분리형 플랫폼 체계에서 프로그램사나 대리운전업체의 수수료 등에 문제의식을 가지고 있던 대리운전기사들과 대리운전노동조합은 환영하는 입장을 표명했다.

현재 카카오대리의 시장 점유율은 약 20~30%로 추정되며, 동일 모빌리티 영역인 카카오택시가 80%에 가까운 점유율을 보이는 것과 비교하면 상대적으로 낮은 수치라고 할 수 있다. 카카오 대리를 시작으로 타다, 그리고 최근 SKT의 티맵대리까지 디지털 플랫폼 업체들이 시장에 진입하고 있지만, 여전히 시장은 분리형 플랫폼 기반의 대리업체가 주도하고 있다. 이러한 디지털 플랫폼화의 정체에는 기존 프로그램 업체들의 담합을 통한 견제와 더불어, 기존의 콜방식에 대한 고객들의 경로의존성이 주요한 요인으로 작용한다.

이에 대응하여 카카오대리와 티맵대리는 자본력을 바탕으로 기존의 배차프로그램 사인 콜마너와 로지를 각각 인수하는 방식으로 시장을 장악하려는 전략을 선택하였다. 이는 플랫폼의 독점적 경향성을 보여주는 사례라고 할 수 있다.

2) 제도적 공식화

대리운전은 주로 야간 시간대에 음주 상태의 차량 소유주의 청약(운전대행)에 대하여 대리운전업자가 승낙함으로써 성립되는 유상계약의 형태로 법률적으로는 상법에서 규정하는 운송업의 한 범주이다(박윤철, 2011). 태생적으로 음주운전에 대한 법적 제재로 인해 형성된 파생시장이었기에, 이를 관리할 수 있는 법률이나 제도가 부재하였고, 초창기 대리운전업은 낮은 제도적 공식성을 지닐 수밖에 없었다.

플랫폼화 등을 통해서 시장의 규모가 성장하면서, 대리운전 업계에 대한 사회적 관심도 증대되기 시작한다. '대리운전법'을 비롯한 제도적 공식화의 필요성이 대두되었고, 2003년 제16대 국회를 시작으로 제20대 국회에 이르기까지 관계법령 10건의 제정발의가 지속적으로 시도되었다. 하지만 법제화 과정에서 준비 부족 및 실효성의 문제, 대리운전업체와 대리운전기사 간의 입장 차이, 택시업계와 갈등과 같은 이유로 법제화에 이르지 못하고 폐기되었다. 결과적으로 제도적 공식화 대신 2006년부터 국토교통부는 '대리운전 자율규제사업'을 통해 시장 자체적인 자정작업을 유도했지만, 낮은 제도적 비공식성으로 인해 발생하는 불합리한 시장구조 문제를 해소하기에는 본질적인 한계가 존재했다.

디지털 플랫폼의 시장 진출은 대리운전을 플랫폼 노동의 대표적인 업종으로 재인식시키는 계기가 되었고, 이는 정체되었던 제도적 공식화 움직임의 새로운 동력으로 작용하게 된다. 2016년부터 산재보험의 확대 적용을 비롯해 최근 논의가 진행 중인 '플랫폼 종사자 보호법', 그리고 2022년부터 시행되는 특수고용노동자 고용보험 적용 대상에도 대리운전기사가 포함되었다. 지자체차원에서도 부산(2020), 충남(2021)에서 대리운전노동자들의 권익 보호를 위한 조례가 제정되었으며, 플랫폼 노동자 관련 조례 및 이동노동자들을 위한 쉼터와 지원 프로그램들이 확대되고 있는 추세이다.

플랫폼화와 함께 노동조합을 중심에 둔 제도적 공식화도 진행되었다. 분리형 플랫폼의 등장은 지역단위의 광역화를 낳았고, 이에 대응하는 광역단위의 노동조합의 설립을 촉진했다. 2006년 대구를 시작으로 지역단위의 노동조합이 설립되었고, 2012년 전국대리운전노동조합이 출범하게 된다(박명준 외, 2014). 노조는 개별업체나 업체연합들과의 단체협상이나 사회적 협약을 통해, 수수료 인상을 저지하거나 복지처우 개선 등의 성과를 거두었다.

최근 디지털 플랫폼이 영향력을 확대하면서, 대리운전 업종의 노동운동은 다시 한 번 전환기를 맞이했다. 2017년 지역단위 노동조합에서 전국단위 노동조합으로 전환하여, 2020년 설립신고필증을 발급받게 된 대리운전노조는 교섭권을 확보할 수 있었고, 카카오모빌리티를 상대로 단체교섭을 요청했다. 카카오모빌리티는 플랫폼의 사용자성을 부정하였고, 중노위의 판결에 불복하면서까지 단체교섭을 거부하였다. 하지만 이는 오히려 대리운전노조의 지명도와 정당성을 높였고, 부정적 여론 속에서 카카오모빌리티는 결국 단체교섭 테이블에 앉게 되어 2022년 단체교섭을 체결하는 데 성공한다.

디지털 플랫폼의 등장 이전의 지역 단위에서 노동조합의 활동은 지역별 조합의 역량 차이나 지역노동시장의 특징에 따라서 기대할 수 있는 성과의 한계가 존재하였다. 반면, 디지털 플랫폼의 경우 전국 수준의 사용자로서 상징성을 지니게 되면서, 노동조합의 명확한 교섭 대상의 역할을 하게 되었다. 관련 법규와 제도가 여전히 미비한 상황에서 카카오대리의 정책 및 운영은 업계의 표준이 될 가능성이 높기에 플랫폼과의 단체교섭 결과는 높은 제도적 공식성으로 이어질 수 있다.

3) 노동과정 공식화

초창기 대리운전업종은 수요가 발생하는 유흥가를 매개로 하여 시장이 형성되었고, 시장 참여자의 규모도 제한적이었다. 이러한 특성으로 노동과정 역시 체계적인 경영시스템이 아닌 산발적으로 형성된 관계와 관행들에 의해서 이뤄졌으며, 이는 종사자들의 법적 지위의 모호성과 불안정성의 주요한 원인으로 작용하였다.

이 시기 대리운전의 매칭 방식은 주류 관련 업소의 카운터나 웨이터들에게 영업 활동을 해서 오더를 받는 형식이었다. 대리운전기사는 유흥가 주변의 대리운전 업체 사장에게 입회비와 더불어 일정비율의 수수료를 납부해야 했고, 연결해 준 업소나 종업원에게 일정금액을 지불하는 것이 암묵적인 관행이었다. 결국 대리기사로서 수입을 올리기 위해서는 해당 영역에서 영향력이 있는 업체에 소속되거나, 영업을 통해 고객을 확보해야만 했다.

비공식적 관계는 대리기사와 고객과의 관계에서도 확인될 수 있다. 대리운전 요금은 지금과 비교해서 상당히 높은 수준이었고, 그나마도 체계화되지 않아 3만~5만 원선의 요금에 팁까지 지불하는 것이 통상 관례였다. 오랜 경력의 면접 참가자는 그러한 비공식성이 오히려 높은 수익을 올릴 수 있는 요인이었다고 회상했다.

분리형 플랫폼의 확산과 함께 콜센터(업체)에서 고객의 콜을 접수하여 무전기나 휴대폰 등을 통해 직접 소속 대리운전기사에게 배차해 주는 방식은 PDA나 스마트폰에 설치된 배차프로그램에 의존하는 방식으로 변했다. 자동화시스템의 도입으로 이제는 더 이상 기사들이 사무실로 출근하거나 혹은 업무 과정에서 사무실을 경유할 일이 없어졌으며, 동일 프로그램을 사용하는 연합 간의 콜 공유 광역화로 인해 업체에 대한 소속감 역시 약화되었다.

그럼에도 불구하고 매칭 기능만을 수행하는 분리형 플랫폼의 특성상 대리기사에 대한 통제는 여전히 업체의 관리자에 의한 직접통제에 의존할 수밖에 없었다. 표면적으로는 프로그램을 통한 공식적인 노동과정의 통제가 이루어지는 것으로 보이지만, 그 이면에는 여전히 관리자와 기사 간의 비공식적 관계에 기반한 통제가 이뤄지고 있었고, 이 과정에서 감정적인 이유로 콜배정의 차등을 두거나 나아가 블랙리스트를 작성하고 연합 차원에서 이를 공유해 플랫폼으로의 진입을 제한하는 등 비합리적 성격을 띠었다.

이러한 노동과정에 대한 직접 통제는 시장의 규모가 작고 특정 업체의 독점이 강한 소도시일수록 더욱 강하게 작동함을 확인할 수 있었다. 소도시에서는 여전히 무전기를 통한 전(前) 플랫폼적 배차방식이 공존하고 있으며, 대중교통의 부족으로 업체에서 운영하는 복귀차량의 이용 등의 지원을 받기 위해서는 일종의 관제탑인 콜센터와의 긴밀한 연계가 요구되기 때문이다.

분리형 플랫폼 체제에서 배차시스템은 플랫폼을 통해 자동화되었지만, 고객은 여전히 전화호출이라는 전통적 방식을 사용한다. 주요 고객층이 상대적으로 디지털 기술에 접근성이 떨어지는 중장년층이라는 점과 음주 상태에서 앱보다 전화를 통한 호출 방식이 오히려 효율적인 수단이 될 수 있다는 점은 분리형적인 콜기반 고객관계가 유지될 수 있는 기반이라 할 수 있다.

반면 디지털 플랫폼하에서는 기존에 연합과 업체를 통해 간접적으로 이뤄지던 노동과정에 대한 개입이 플랫폼 업체의 표준화된 규칙과 알고리즘에 기반한 직접 통제로 대체된다. 이제 인간에 의한 통제이기에 발생하는 감정적이고 비합리적인 측면이 배제되고, 무차별적이고 고도로 관료제화(합리화)된 경향이 나타난다.

이러한 디지털 플랫폼 체제는 노사관계를 넘어 기사-고객 간 노동과정의 공식화를 추동한다. 디지털 플랫폼은 별점(평점) 통제라는 방식은 고객의 노동과정에의 개입에 핵심적인 수단으로 작동한다. 기존에 고객이 기사에게 영향을 미치는 방법은 노동과정에서 직접 문제를 제기하거나 업체를 통해서 사후에 제기하는 방식에 제한되었고 그나마 기사의 노동과정에 별다른 영향을 주지 못했다. 하지만 디지털 플랫폼에서 고객의 평가는 평점이라는 공식적인 지표로 반영되며, 축적된 데이터의 결과로 기사에게 인센티브나 패널티가 부여된다. 이는 고객의 노동과정에 대한 통제를 강화시키는 결과로 이어진다.

나. 퀵서비스: 플랫폼이 직면한 표준화의 한계

1) 플랫폼화 과정의 전개

디지털 플랫폼이 중요한 행위자로 떠오른 대리운전과 비교할 때 퀵서비스 업종의 플랫폼화 과정은 더디게 진행되고 있다. 2000년대 중반 분리형 플랫폼이 등장해 노동의 거래방식을 표준화하고, 연합망을 통해 시장을 장악하는 과정까지는 대리운전 업종과 유사한 경로를 걷고 있었다. 당시 등장한 인성데이타, 로지소프트, 우람소프트 등의 프로그램사는 퀵 업체들이 인터넷을 통해 엑셀 파일로 정보를 교환하던 방식에 착안하여 보다 많은 업체들이 활용할 수 있도록 기사 공유 소프트웨어를 공급했고, 시장 점유율을 높여 가면서 호출 등록, 자사기사와 공유기사의 호출 선택 방식, 수수료 23% 등을 표준화했다. 현재 업계 1위 업체인 인성데이타의 점유율은 지역에 따라서 낮게는 70%에서 높게는 90%까지 올라간 상황이다. 즉, 퀵서비스 기사와 사업체 모두 인성데이타 프로그램을 활용하지 않고서는 업무의 처리가 어렵다고 볼 수 있다.

분리형 플랫폼을 디지털 플랫폼이 대체하기 시작한 대리운전 업종과 달리 퀵서비스 업종의 플랫폼화 과정은 분리형 플랫폼에서 멈췄다. 물류 분야의 스타트업과 대기업들의 도전이 이어졌으나, 번번이 분리형 플랫폼의 연합망의 아성을 무너뜨리지 못하고 시장에서 물러서야 했다. 2021년 7월에 이르러서야 대표적인 디지털 플랫폼인 카카오모빌리티가 타 모빌리티 업종에서의 성공 사례를 발판 삼아 퀵서비스 시장에 진출을 선언하였으나 여전히 시장은 인성데이터에 의해 주도되고 있는 상황이다.

2) 제도적 공식화

퀵서비스업은 초기부터 현재까지도 제도적 공식성이 매우 낮은 직종이다. 1997년 여객 위주로 운영되던 자동차운수사업법에서 화물자동차운수사업법이 별도로 분리되면서, 화물운송은 등록된 차량을 통해서만 수행하는 것으로 규정되었다. 하지만 이륜차는 등록 규정에서부터 제외되었다. 그로 인해 오랜 기간 동안 업종 자체가 제도적으로 비공식 영역에 머물게 되었다.

이처럼 퀵서비스업은 법의 사각지대에서 위치해 있었기 때문에 업체 설립도 용이하며 기사들의 진입장벽도 낮았다. 사업체 설립 또한 법적 허가나 요건을 갖추는 일이 필요하지 않고, 최소한의 통신장비, 사무실만 있으면 사업 시작이 가능했다.

분리형 플랫폼의 등장 이후에도 퀵서비스 시장에서 낮은 제도적 공식성은 지속적으로 이어졌다. 제도적 공식성이 부재한 상황에서 공유서버의 등장은 기사, 사업체 모두 주문 처리를 빠르고 용이하게 해 주기도 했지만, 사업체 수와 기사 수의 증대를 유도하며 사업체의 쿠폰 남발 등 출혈경쟁이 보다 심화되었다.

플랫폼화 이후 심화되는 문제를 해결하기 위해 노동조합, 협동조합 등 자발적 결사체를 통해 퀵기사들의 목소리를 대변하는 시도도 있었다. 하지만, 노동조합은 단체교섭 대상으로서 사용자가 없기 때문에 별다른 논의를 이어 가지 못했다. 따라서 주로 기자회견, 노조 가입 선전전 위주로 활동하거나 공제회 및 오토바이 정비, 녹색병원 이용 등

서비스 제공 활동에 그치고 있다. 한편 협동조합은 단가 하락으로 인한 기사 처우 개선을 방지하기 위해 공정 거래 기준을 마련하고 조합원에게 수수료 할인, 공제 서비스 등을 제공하고 있다. 하지만 퀵서비스 협동조합처럼 적정 단가를 보장하는 경우 충분한 거래처와 물량을 확보하기 어려워서 조합원 및 기사를 확보하기 어려운 상황이다. 이들도 노조와 마찬가지로 가시적인 변화를 이뤄 내지 못했다.

정부 차원에서도 생활물류서비스법같이 표준요금제와 같은 법제도 개선 논의를 이어 갔으나 결렬되었다. 노동조합은 생활물류서비스법을 통해 거래 규칙의 표준화로 안정적인 소득을 확보하고 교섭을 통해 처우 개선을 이뤄 나가길 원했다. 하지만, 일부 퀵기사들은 공식화가 진행되어 신용불량, 기초생활수급 등 신분이 드러나는 것을 두려워하는 상황이었다. 사용자들 또한 생활물류서비스법의 취지에 공감하면서도 퀵이 생활물류인지 아니면 기업 화물인지 애매하다고 지적했고, 노동자성 규정이 위험하다고 비판했다. 결국 2021년 생활물류서비스법이 제정되었지만, 해당 법은 주로 택배업과 관련된 논의가 중심이 되었고 퀵서비스에 대한 논의는 차후로 미뤄졌다.

한편 퀵서비스업에서도 스타트업과 대기업의 퀵 시장에 대한 도전이 이어졌다. 이들은 퀵 시장에 거래 규칙이 부재해서 기사의 노동조건이 열악해질 뿐만 아니라 서비스 질이 악화된다고 평가하며 시장 질서 개선을 선언했다. 하지만, 퀵서비스업에 도전한 기업들은 퀵 시장을 일정 수준 이상 점유하는 데 실패했다. 더욱이 배달 대행이 음식배달 영역을 장악하고, 택배시장이 당일배송 등 빠른 배송정책을 도입하면서 퀵서비스의 수요를 침식하고 있다는 점에서 향후에도 급진적인 플랫폼화는 제한될 것이라 예상된다.

3) 노동과정 공식화

퀵서비스업에서는 플랫폼화 이전뿐만 아니라 분리형 플랫폼의 등장 같은 디지털 기술의 개입에도 불구하고 사업자들이 기사의 노동과정에 개입하고 이를 표준화할 시스템 자체가 존재하지 않았다. 플랫폼화 이전 퀵기사들은 명목상으로는 특수고용형태였지만, 높은 퀵서비스 업체에 대한 사용 종속성을 보였다. 당시, 퀵 사업체들은 전속기사와 위탁 계약을 맺고 그들의 근태를 관리했고 퀵기사들은 월정액 수수료를 납입하고 사용자 지시에 따라 처리한 주문 수만큼 수익을 얻었다. 실제로 서울행정법원은 사용자에 의한 업무 범위와 방식의 결정, 출퇴근에 대한 암묵적 수준의 관리·성과급 및 능률급적 임금체계 성격이 있다며 퀵서비스 기사를 노동자로 판단하고 퀵서비스 사업체를 산재보험 가입 대상 사업장으로 평가하기도 했다(서울행정법원 2007. 10. 23. 선고 2006구단10552 판결).[2] 이는 면접조사에서도 확인할 수 있었다.

하지만 플랫폼화 이전 시기에도 퀵서비스업의 노동과정 공식성은 낮은 수준으로, 노동과정이 표준화되지 않고 사업주들의 비공식적인 직접 통제가 진행되었다. 업체-기사 관계에서 체계적인 인사노무관리가 부재했고, 퀵서비스의 기사의 업무 수행은 사업체 사장이나 관리자의

---

2   광역기사에 한해서 PDA 등장 이후 사업체가 지역기사에게처럼 순번제로 주문을 배당하지 않고, 기사가 직접 PDA에서 택하는 방식도 나타났다. 하지만 이들도 전속 형태로 근무하면서 과거처럼 퀵 사업체의 노무관리에서의 통제를 받았다.

자의적인 판단에 의해 좌우되는 경우가 많았다. 또한, 기사에게 계약서 교부 등의 절차도 지켜지지 않았고 기사들은 구두계약을 통해 업무를 진행하거나 불공정한 내용의 계약서에 형식적인 서명 절차를 거치고 업무를 수행했다. 그런 점에서 퀵서비스업의 노동과정은 비공식적 성격이 강했다.

분리형 플랫폼 등장 이후에 기사들은 자발적으로 출퇴근하고 주문을 직접 선택하면서 일하기 시작했다. 분리형 플랫폼은 기사와 업체 간 단순 중개만 담당하기 때문에 퀵서비스 사업체가 노동과정에 개입하고 통제하기는 더더욱 어려워졌다. 퀵기사는 퀵서비스 업체를 통해 등록 절차를 거친 후에 프로그램을 설치할 수 있었기 때문에 업체 소속 기사는 여전히 존재하는 상황이다. 이러한 업체 소속 기사를 자사기사라고 부르는데, 자사기사는 주문 선택에서 해당 업체의 주문을 우선적으로 처리할 수 있다. 하지만, 자사기사가 배송주문을 선택하지 않으면, 연합망으로 주문이 넘어가고 공유기사가 누구든지 주문을 선택하여 처리할 수 있다. 그런 점에서 연합망을 통해 불특정 다수의 기사와 사업체가 거래하고 있다고 볼 수 있다.

면접조사에 참여한 퀵서비스 업체 대표들은 공유기사들 중 일부가 벌이는 일탈행동으로 인해 거래처가 끊길 수 있다는 우려를 나타내기도 했다. 퀵 사업체들은 자사기사의 경우 자신들이 어느 정도 노동과정을 관리할 수 있으나 공유기사에 대해서는 구체적인 업무 지시를 하기 어려우며, 이들에 대해서 정확히 파악하기도 어렵다고 했다. 이는 음식만 배달하는 배달 대행, 차량을 대신 이동시키는 대리운전과 달리, 이동시킬 상품의 종류와 규격이 광범위한 퀵서비스의 특성에서 기인한다. 이러한 특성으로 퀵서비스에서는 플랫폼화를 위한 주요한 전제 조건인 표준화가 제한된다.

분리형 플랫폼화 이후에도 배송을 받는 고객 또한 주문 정보를 확인할 수 없어 노동과정에 개입할 여지가 거의 없었다. 스타트업들이 새롭게 퀵 시장에 등장하면서 불투명한 주문 처리 과정에 대한 투명한 정보 제공을 언급해 온 것은 이를 반증한다.

낮은 수준의 노동과정 공식성이 유지되는 가운데, 분리형 플랫폼은 기사들의 개별적이고 자율적인 노동 참여를 촉진하면서도 장시간 · 고강도 노동을 유도하는 정책을 펼쳤다. 공유서버의 등장으로 사업체와 기사 모두에게 업계 진입장벽은 매우 낮아졌고, 업체 간 출혈경쟁으로 단가가 하락했다. 낮아진 단가를 더 많은 물량확보를 통해 상쇄하고자 퀵기사들은 연합망을 통해 최대한 많은 주문을 확보하려 하고, 그것을 위해 지지기 같은 불법매크로를 활용하는 등 사용자가 통제하지 않는 영역에서 일탈 행동을 벌이고 있다. 하지만 프로그램사는 사실상 이를 방치하고 있는데, 그러한 행위는 기사들 간의 경쟁을 높여서 회원 수를 확대할 수 있고 프로그램사와 업체의 수익에 기여하는 부분이 있기 때문이다.

다. 가사서비스: 그림자 노동의 가시화

1) 플랫폼화 과정의 전개

가사서비스 시장은 그 업무 내용이 돌봄에서부터 세탁, 청소 등까지 광범위하고, 집이라는 사적인 공간에서 수행된다는 특성상 과거 지인이나 직업소개소와 같이 비공식시장에서 노동이 거래되어 왔다. 이후 가사서비스는 2000년대에 들어 고용알선업체가 전면에 등장하기 시작하면서 비공식시장이 아닌, 일부 공식시장에서 거래되기 시작하였다.

그리고 2000년대 후반 인터넷 상거래를 통해서 이용자가 원하는 집 안일의 종류를 선택하고, 종류별 이용료를 지불하면 가사서비스 도우미를 파견하는 방식으로 플랫폼화가 시작되었다. 당시, 소비자 인식이 가사서비스를 인터넷으로 이용하는 것에 대한 거부감이 있었고 가사서비스 제공 인력 역시 인터넷 상거래에 대한 접근성이 낮다 보니, 기존의 인력소개소 업체와 연계하여 인터넷에서 거래하는 방식으로 운영되었다. 이에 당시 여전히 오프라인 인력소개소에서 파출부라고 하는 인력파견 형태가 더 시장에서 높은 점유율을 차지하였다.

2010년대 후반 비영리단체에서 이루어졌던 가사서비스는 지역사회를 기반으로 공공서비스 영역의 수행체계로 변화되었고, 유료 직업소개소는 가사서비스 근로자 모집과 체계적 고객 관리의 어려움을 경험함에 따라 시장 트렌트 전환에 따라가지 못하였으며, 인터넷 기반 중개업에서 운영되던 가사서비스가 플랫폼이라는 형태로 전환하면서 시장이 확장되어 갔다.

2015년 전후 O2O 기업들은 스마트 폰 앱을 기반으로 수요자와 공급자를 매칭시켰고, 국내외 투자자로부터 자본을 유치하며 성장해 나갔다. 당시에 가사노동은 공유경제 혹은 플랫폼 산업의 '블루오션'으로 회자되면서 사적 공간 혹은 개별 가정에서 거래되던 비공식 노동이 산업으로 재편되는 과정이라 여겨졌다. 이 시기에 미소, 카카오, 대리주부 등 약 20여 개의 가사서비스 플랫폼이 생겨났고, 그 플랫폼 업체들은 수도권을 중심으로 1인 가구, 맞벌이 가구의 증가와 맞물려 매년 지속해서 성장하고 있다.

① 제도적 공식화

가사서비스는 오랫동안 비가시적이고, 비공식시장에서 거래되는 노동이었다. 또한, 근로기준법 적용배제 조항과 관련하여 1953년 근로기준법 제정 당시, 숙식 해결을 위해 노동을 시작했고 인적결합의 측면이 강했던 가사노동자들의 특성이 반영되어 가사서비스가 노동으로 인식되지 못하였다(전효빈, 2017).

2000년대에 들어, 가사서비스가 '비가시적 노동'에서 '사회적 생산노동, 공식적 노동으로 부여받기 위해 가사서비스 노동자들은 집단행동을 시작되었다. 그러나 2010년 근로기준법, 사회보험법 등 일부개정 법률안 발의(김상희 의원 등)가 임기만료 폐기되었고, 2013년 가사근로자 보호 등에 관한 법률안 발의(김춘진 의원 등) 역시 임기만료 폐기되었다. 2015년 이후 가사노동자 노동환경 개선이 국정과제로 채택되었으나, 줄줄이 발의되지 못하거나 임기만료 폐기되었다(한국가사서비스 노동자협회, 2021). 현행 근로기준법 11조에 따르면, 근로기준법의 적용 범위를 정하면서 '다만 동거하는 친족만을 사용하는 사업 또는 사업장과 가사사용인에 대하여는 적용하지 아니한다.'라며 명시적으로 가사서비스의 비공식성을 부여하고 있다.

2019년 플랫폼 가사서비스 시장의 성장과 함께 가사서비스 노동자들은 플랫폼 노동자로서 인식되기 시작하였고, 가사서비스 노동자는 고용보험, 산업재해 등 사회 보호 사각지대에 놓여 있는 플랫폼 노동자의 공통적 문제의 논의 대상이 된 것이다. 이에 2020년 7월 가사서비스 시장을 공식화하고 가사근로자의 근로 권익을 보호하는 가사근로자의 고용 개선 등에 관한 법 제정안이 국무회의에 의결되었고 2021년 6월 15일 「가사근로자법」이 제정되었다. 5조에 따르면, 이 법에 적용을 받는 가사근로자는 「근로기준법」, 「남녀고용평등과 일·가정 양립 지원에 관한 법률」, 「최저임금법」 등 근로 관계 법령의 적용이 제외되는 가사(家事) 사용인으로 보지 않도록 규정하고 있다.

또한, 제7조에 의해 가사서비스 제공기관이 근로기준법상 사용자 책임, 서비스 관리 및 피해 보상 책임 등을 부담하도록 하는 법률로 인증기관과 가사근로자에 대해서는 노동관계법이 적용, 유급주휴·연차 유급휴가·퇴직급여 등의 권리가 보장된다. 그러나 이 법은 플랫폼 가사서비스 노동자들을 모두 포괄하지는 않는다. 주 15시간 미만 근로 시 유급주휴·연차휴급휴가·퇴직급여·고용보험 등의 적용이 제외되는 것이다. 즉, 1주 15시간 이상인 가사근로자들만이 이 법에 해당되고 있어, '건' 수로 일을 하고 있는 플랫폼 가사서비스 노동자들 중 많은 수가 법적 사각지대에 놓일 가능성이 있다.

② 노동과정 공식화

비공식적 시장에서 거래되었을 때에는 가사서비스 노동자에 대한 '평판'은 수행하게 될 업무에 크게 영향을 미치지 못했을뿐더러, 개별 서비스를 이용하는 당사자의 개인적인 견해였으므로 신문사나 인력사무소에서 그의 의견을 교환하거나 중개하는 데 체계적으로 작동하지 않았다. 그러나 플랫폼의 등장으로 노동자의 통제가 구조적으로 이뤄지게 되었다(Flanagan, 2019). 기존의 비공식적 시장과 달리 플랫폼 기업은 소비자에게 플랫폼에서의 상품거래가 실패하지 않을 것이라는 제도적 신뢰(Institutional trust)를 심어 줘야 경쟁력을 확보할 수 있다(Kuhn & Maleki, 2017). 이에 플랫폼 가사서비스 업체들은 더 많은 고객의 유치와 시장 점유 전략으로 전문적이고 표준화된 가사서비스를 제공하고자 하였다.

가사 플랫폼 업체들은 고객과의 신뢰를 구축하기 위해 전통적 기업의 선발, 업무 배정, 평가, 승진 등과 같은 노동과정 관리를 하고 있다. 가사 플랫폼 업체들은 기본 서비스라는 이름하에 업무의 내용과 업무의 범위를 규정하고 있다. 기본 서비스(2~3시간) 동선으로 각 플랫폼 업체마다 차이가 있으나 환기 – 세탁 – 주방 – 욕실방 · 거실 · 현관 – 퇴실, 정리정돈 · 쓰레기 배출 순으로 업무 절차를 정하고 있다.

한편, 플랫폼 업체들은 가사서비스 노동자들에게 교육 시와 첫 가입 시 안내 매뉴얼을 제공함으로써 새롭게 유입되는 가사서비스 노동자에게 기본적인 업무 내용과 작업 방법을 교육 훈련시키고 있다. 또한, 가사근로자가 고객의 집의 방문 시 지켜야 될 몇 가지 행동들을 규칙으로 정하여 금지하고 이를 어길 시에 활동 제재 혹은 재교육 등을 통해 관리하고 있다.

플랫폼 기업들도 지속해서 "믿고 안심할 수 있는 전문 홈메이드 서비스", "전문가의 손길로 진행되는 홈서비스", "100% 교육 수료한 청소 매니저" 등과 같이 가사서비스가 기존의 파출부나 가사도우미가 아닌 전문가로서 서비스를 제공하는 것임을 강조하고 이를 마케팅의 수단으로 활용하고 있다.

5. 플랫폼화의 다면성 ✓

세 업종들의 플랫폼화 과정 검토를 통해 플랫폼화가 노동과정의 공식성과 제도적 공식성의 심화에 영향을 미치고 있음을 확인할 수 있었다. 다만 업종들에 따라서 플랫폼화와 공식화의 정도 차이가 있었으며, 이를 바탕으로 본 단락에서는 플랫폼으로의 전환과 노동의 공식화 과정에서 나타나는 다면성에 대해서 분석했다.

가. 제도적 공식화에서 오는 다면성

우선, 제도적 공식화의 가장 가시적인 형태는 법률 체계로의 편입이다. 법률 체계로의 편입은 업종에 대한 규제와 종사자들에 대한 명문화된 기준을 보장해 준다는 점에서 중요한 의미를 지닌다. 대리운전, 퀵서비스, 가사서비스는 관련 법령과 대변조직 부재 등의 낮은 제도적 공식성을 나타내고 있었다.

둘째, 플랫폼화는 계약관계와 노동과정을 객관화된 데이터로 공식화한다. 플랫폼화로 인한 고용관계의 모호성이 제도화를 어렵게 하는 걸림돌로 작동한다는 것을 부정하기는 어렵다. 그러나 엄밀한 의미로 플랫폼화로 인한 고용관계의 모호성이라는 것은 보편성이 결여된 기존 노동법 체계의 한계와 제도 개혁의 의지 부족에서 기인하는 제도적 기준의 모호성이며, 오히려 계약관계와 노동과정은 명확하게 데이터로 공식화되고 있다. 대표적으로 표준적인 계약서와 관련 규정의 존재는 제도적 개입 및 노동과정의 공식화에 중요한 요소이며, 거래관계와 내용이 데이터로 기록된다는 것은 계약관계를 명확하게 증명해 줄 수 있음을 의미한다. 플랫폼 노동의 경우, 대체로 앱을 통해 공식적인 계약을 체결하고 계약관계가 데이터상으로 공식화된다.[3] 반면 오프라인 중개를 통해 이뤄지는 계약들은 계약서가 작성되지 않거나 작성되었더라도 계약서를 교환하지 않는 경우가 많았다.

한편 거래단위 자료(거래 당사자, 거래금액, 거래물품 등)를 확보하는 것에 용이하며, 이러한 접근성과 투명성은 과세당국이 과세에 도움이 될 수 있는 정보를 파악하는 데 유리한 측면이 있다(전병목 외, 2020). 과세의 투명성은 제도 내로의 편입을 용이하게 한다.

하지만 이러한 제도화 과정이 오히려 일부 노동자들의 주변화로 이어지기도 한다. 플랫폼 노동에는 고연령자, 신용불량자나 부업종사자 등 수입확보를 위해 일시적으로 활동하는 사람들이 다수 존재하며, 이들에게는 장기적인 안정성보다 즉각적인 금전적 이익이 중요할 수 있다.[4] 업종에 대해서 장기적 비전을 지니지 않은 임시종사자들에게도 사

---

[3] 물론 온라인을 통한 계약관계의 공식화 자체가 해당 계약관계를 비롯한 계약 내용의 적합성을 의미하지 않는다. 대체로 앱을 통한 계약 방식은 근로계약이 아닌 위탁계약 또는 약관회원가입이 주를 이루고 있다. 다만 정책적 개입을 통해 플랫폼이 표준화된 계약의 보급과 공식성을 보다 심화시킬 수 있는 매개로써 활용될 수도 있다.

[4] 실제로 대리운전이나 퀵서비스 부문에서는 현금 거래가 상대적으로 활발하게 이뤄지고 있는데, 이를 통해 압류를 피하거나, 탈세를 통한 수익의 증대 효과를 도모하기도 한다.

회보험료는 실익이 없는 지출로 인식되기도 하며, 고용보험의 도입으로 인해 부업종사자들은 그들의 부업활동이 드러나면서 부업활동에 대해 제지를 받는 사례 역시 확인된 바 있다. 이러한 사례들은 플랫폼 노동의 제도화 과정에서 보다 섬세한 접근이 필요함을 보여 준다.

셋째, 대형 플랫폼의 시장지배력이 강화되면서 새로운 협상 주체와 방식이 등장하고 있다. 본 연구의 4개 업종은 지역기반 플랫폼의 성격을 지니고 있으며, 따라서 물리적인 공간의 제약을 받고 있다. 플랫폼화 이전까지 지역 단위로 중소규모 업체들을 통해 운영되고 있었다. 노동자들의 파편화만큼이나 사용자들 역시 분화되어 있었고, 고용관계도 불명확한 상황에서 협상 대상 역시 모호하거나, 지역에 따른 편차가 존재했다.

업종에 대한 법적기준이 부재한 상황에서 플랫폼 노동자의 지역단위 협상은 노조의 역량이나 사용자의 참여 의사에 따라 불균등할 수 있다. 하지만, 플랫폼 비즈니스는 네트워크 효과에 기반한 규모의 경제를 지향한다. 역설적으로 파편화된 시장에서 플랫폼화로 인한 과점화는 전국 수준에서 업계의 대표적인 협상 대상을 만들어 냈고, 플랫폼과 노동조합 간의 단체교섭으로 이어졌다. 주체의 변화는 협상 대상에 한정되지 않는다. 노동자들 스스로 과거 비공식 노동 혹은 특수고용형태 노동이라는 파편화된 정체성에서 플랫폼 노동자라는 정체성으로 재정의할 수 있다. 플랫폼을 통한 노동 중개라는 공통점은 다양한 노동형태들을 플랫폼 노동이라는 동일 범주로 묶는 역할을 하였고, 연대를 가능하게 했다. 연장선에서 '사회적 대화'와 같은 코포라티즘적인 협상 방식은 다양한 이해관계자들이 얽혀 있는 플랫폼 노동 문제가 제도적으로 공

식화되는 것을 보여 준다.[5]

나. 노동과정 공식화에서 오는 다면성

첫째, 플랫폼화는 노동과정의 표준화를 추동했다. 세 업종 모두 플
랫폼화 과정은 노동과정의 표준화를 추동하였고, 일감을 찾는 과정에
서 정보 불균형 문제가 해소되는 경향을 보여 준다. 특히 카카오와 같
은 거대 플랫폼의 등장은 법과 제도의 외면 속에서 지역과 소규모 업체
들의 경쟁시장에 일정 수준의 가이드라인을 제시해 주었다. 물론 이는
기업의 시장 확대 과정에서 전체적인 서비스의 수준을 상향 평준화하
는 경영적 요구와 맞물려 진행된다.

비공식 노동 영역에서는 비합리적이고 전근대적인 관행과 관습들이
존재했는데, 정부는 규제를 통해 시장에 개입하기보다는 자발적인 자
정을 지원했지만, 결과적으로 이는 성공하지 못했다. 이는 대리운전
노동자들이 새로운 대안으로서 카카오 등 플랫폼 업체의 시장 진출을
지지하며, 일종의 외적 연합(external allies)을 형성하는 결과로 이어졌
다. 실제로 일부 노동자들은 플랫폼화 이후 등장한 표준계약서나, 상
대적으로 낮은 수수료와 관리자들의 비인격적 통제가 사라진 점 등에
대해서는 과거 업체에서의 경험보다 긍정적이라고 평가하고 있다.

5　중앙 경사노위 산하 '디지털 전환과 노동의 미래 위원회', '플랫폼산업위원회'뿐만 아니라
　　노사민정협의회와 같은 지역 차원의 거버넌스적 접근도 존재한다.

물론 플랫폼화와 이에 따른 노동과정의 합리화가 긍정적으로만 해석될 수는 없다. 알고리즘은 고도로 형식화된 합리성의 형태이며, 이는 기존의 대인적 통제의 방식과 비교한다면 매우 객관화된 통제 방식이라 할 수 있지만, 알고리즘 통제의 불투명성과 지나친 형식성에서 발생하는 불합리의 요소가 공존한다.

둘째, 플랫폼화 이후 노동자에 대한 관리 통제 방식의 변화이다. 대리나 퀵 등의 이동노동형태 업종의 경우, 업무 수행 과정에 대한 개입 및 통제가 제한적일 수밖에 없었고, 이는 종사자들의 높은 자율성으로 해석될 여지가 존재하였다. 하지만 플랫폼화는 기술적 방식을 통해 이동 과정이나 경로 등 업무 수행 과정에 대한 개입의 여지를 높였다. 즉, 플랫폼 노동자들은 '잠재적인 주인(potential master)'들에게 동시다발적으로 감시를 받게 된다.

이 과정에서 노동자와 사용자 또는 플랫폼 이용자 간 정보의 불균형 현상이 발생하게 된다. 플랫폼 업체들은 더 '완벽한' 매칭과 고객의 신뢰를 확보하기 위해 노동자들에게 더 많은 정보를 공개하도록 요구하고 있으며, 공개된 개인적인 정보는 전혀 관계가 없는 당사자들에게도 전달되고 있다. 고객은 플랫폼을 통해 서비스 수행자들의 평점과 경력, 나이, 사진 등에 쉽게 접근할 수 있다. 이러한 정보의 비대칭성은 범죄로 악용되기도 한다(이상아 · 유다영, 2021).

플랫폼 서비스 노동시장에서는 낯선 사람에 대한 신뢰를 획득하는 방법으로 평판, 평점, 등급이 중요한 기제로 작용하고 있다. 이 평점은 곧 일감의 획득이라는 경제적 요인과 직결되기 때문에 플랫폼 노동자들은 높은 평점과 등급을 위해서 복장, 행동 등에 대한 자기검열과 높은 서비스 요구를 수용하게 되는데, 이는 노동강도의 심화로 이어졌다.

한편, 통제 방식으로 노동자들에게 전문가적 정체성을 부여하는 전략도 활용된다. 종사자들에게 기존과 다른 호칭[6]과 더불어 전문가, 프리랜서로서의 정체성을 강조하는데, 이는 노동자의 자존감과 직업에 대한 사회적 인식을 증대하는 데 일정 부분 기여하면서도, 노동자성을 약화시키고, 자발적인 자기통제의 기제를 심는다는 점에서 양면성을 지닌다.

셋째, 플랫폼화가 추동한 노동과정의 표준화는 노동시장의 진입장벽을 완화한다. 진입시장에 진입하기 쉽다는 것은 취약계층의 일자리 기회를 확대하는 측면도 있다는 것을 의미하지만, 노동자 간 경쟁의 심화로 이어져 노동강도와 속도의 증대로 이어지는 문제를 야기했다. 구체적으로, 플랫폼화로 일감에 대한 정보가 실시간으로 프로그램을 통해 표준화된 방식으로 전달되면서 정보의 불균형 문제가 일정 부분 해소되었고, 이는 기존의 관행이나 노하우(숙련), 인적 네트워크 등의 필요성을 약화시킴으로써 시장에 대한 진입장벽을 낮추는 결과로 이어졌다. 하지만 이로 인한 경쟁의 심화는 노동강도를 높이는 문제점을 낳았다.

대리운전이나 퀵서비스 노동자들은 심화되는 경쟁 속에서 개인적 비용을 들여 콜 선점 혹은 콜 자체를 가로채는 불법 프로그램(지지기) 사

---

[6] 대표적으로 가사플랫폼에서는 기존의 '식모', '파출부', '이모님', '여사님' '가사도우미'라는 호칭이 '매니저', '클리너'와 같은 직업적 호칭으로 대체되었고, 기존에는 가사노동자가 청소업무와 음식, 돌봄 등 가사노동 전반의 업무를 수행했다면, '청소'와 '돌봄' 등 각 영역을 분화시켜 전문성을 강조한다. 이는 타 플랫폼업종에서도 유사한 경향을 보인다.

용이라는 일탈 전략을 도모하기도 했다. 하지만 플랫폼은 불법 프로그램의 메커니즘 자체를 플랫폼 내부로 포섭하여, 카카오모빌리티는 대리운전 노동자들을 대상으로 일정 금액을 내면 다른 기사보다 빠르게 매칭 정보를 전송하는 '카카오프로' 서비스를 통해 이중적 착취를 수행하고 있다.

넷째, 플랫폼 리터러시(literacy) 능력에 따른 새로운 위계가 형성되었다. 초단기계약이 주를 이루는 플랫폼 노동의 경우, 책임성과 신뢰성을 담보할 장치가 필요하며, 노동자들을 등급화하는 것은 대표적인 방식이라 할 수 있다(정흥준, 2019). 기존 중개 업체들이 비공식적인 형태로 노동자들을 암암리에 등급화하여 관리하고 있었다면, 플랫폼은 고객의 평가와 수행한 업무량 등을 바탕으로 등급제를 공식적으로 적용하고 있으며, 표준적인 평가기준을 제시하는 점에서 차이를 보인다.

플랫폼 노동자 면접조사를 통해 확인할 수 있었던 것은 플랫폼과의 관계에 따라서 계층화가 진행되고 있다는 점이다. 플랫폼화는 노동 통제 방식을 대인적 개입에서 수요공급과 연동된 요금 정책으로 변화시켰다. 노동자들은 이에 대응하여 변화하는 정책을 파악하고, 더 높은 요금 조건에 맞춰 더 빠르게 노동을 수행하게 된다.[7] 하지만 이러한 통제 방식에 빠르게 적응하지 못한 노동자는 상대적으로 낮은 소득으로 이어지는 불안정성을 경험하게 된다. 이로 인해 높은 연령층 중에서는 플랫폼이 연령에 따른 일감의 차등 배분을 체감하거나, 높아진 노동강

7　이러한 능력은 플랫폼 노동에 맞춰 등장하는 새로운 숙련 형태라고도 볼 수 있다.

도로 인해 플랫폼으로부터의 이탈을 택하는 경우도 확인할 수 있었다.

6. 플랫폼화의 명과 암 ✓

비공식 노동에서 플랫폼화가 어떻게 전개되는가에 주목하고 이 과정을 제도적 공식화와 노동과정 공식화로 개념화하였다. 결론에서는 플랫폼화와 제도적 공식화, 노동과정 공식화 간의 관계와 공식화 과정에서 나타난 다면성에 대한 함의를 서술하고자 한다.

첫째, 플랫폼화로 인한 노동과정의 표준화는 기존의 비합리적인 중개방식의 합리적 전환을 추동하였다. 플랫폼 비즈니스가 활성화되기 이전에도 한국의 노동시장은 간접고용과 특수고용 등의 탈규범적인 고용형태가 만연하였고, 이는 해당 부문에서는 고용/계약관계의 불안정성과 노동과정의 비합리성 등 노동의 비공식적 속성을 지속·심화시키는 결과로 이어졌다. 이러한 상황에서 플랫폼으로의 전환은 노동과정 관리와 거래 방식 등이 플랫폼상의 전자거래로 이루어짐에 따라서 거래관계를 투명화하고, 서비스 및 노동과정을 표준화시켰다.

그러나 노동과정 공식화의 이면에서 플랫폼 노동자들은 플랫폼 업체의 표준화 전략 속에 고객의 별점과 평점에 종속되고 있으며, 더 많은 일감 경쟁 속에서 수익을 올리기 위해 추가 비용을 지출하며 스스로 노동강도를 올릴 수밖에 없는 상황에 직면하게 되었다. 그리고 디지털 플랫폼 내에서의 노동자들은 표준화라는 명목하에 노동과정 통제의 강화를 인식하지 못한 채 디지털 플랫폼에 대한 종속성이 강화되었다. 이러한 양면성은 플랫폼화를 통해 개선된 노동과정의 합리성이 '형식적 합리성'에 제한된다는 점에 기인한다.

둘째, 제도적 차원에서 플랫폼 기업은 단순 중개자로서의 위치를 유지하기 위해 제한된 수준의 공식화를 용인하였다. 제도적 공식화는 플랫폼 종사자의 급증과 맞물려, 형성된 플랫폼 노동자의 저항과 제도적 보호에 대한 사회적 담론에 의해 주도되었다고 볼 수 있다. 플랫폼 회사들은 자신들을 고용주가 아닌 디지털 중개업체로서의 역할을 강조하여 사회적 합의 과정에서 소극적인 자세를 취했고, 정부의 제도 및 법령 역시 다양한 양태의 플랫폼 노동자 모두를 포용하지 못하는 한계가 지속해서 나타나고 있다. 이런 측면에서 플랫폼화–제도적 공식화의

[그림1] 업종별 플랫폼화 과정

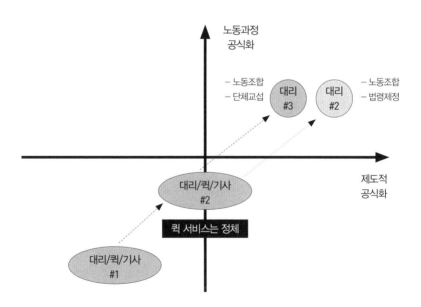

관계는 노동과정 공식화에 비해 제한적인 수준에서 이뤄졌고, 업종에 따른 제도화 수준의 상대적인 편차를 보인다고 할 수 있다.

결론적으로, 플랫폼화 과정에서 명과 암은 각 업종에서의 플랫폼화 속도와 방향에 따라 다양한 양태로 공존했다. 플랫폼화는 비공식 노동시장의 합리적 개편이라는 측면에서 명일 수도 있지만, 플랫폼화 이전 비공식 노동에서 발견되지 않던 새로운 위험인 디지털 플랫폼 종속성의 증가, 노동과정에서 관계의 단절로 인한 노동자의 기계화 문제, 보이지 않는 알고리즘으로 인한 일중독 및 노동강도 심화 등을 강화하는 양면성을 보여 준다.

한편, 플랫폼화는 여전히 진행형으로 플랫폼화에 따른 제도 및 노동과정의 변화가 완결된 것이 아니라는 점에서 향후로도 지속적인 연구가 요구된다.

플랫폼 산업에서의
권력자원 구축 전략

: 라이더유니온과
서비스 연맹 배달 플랫폼 지부 비교 연구

김정훈 코넬대학교 노사관계대학 박사과정

1. 플랫폼 노동에 저항하기 ✓

자본주의 사회에서 노동이 조직되는 방식은 새로운 기술의 도입과 함께 맞물리면서 발전해 왔다. 최근 급속하게 발전하는 디지털 기술 역시 예외는 아니다. 디지털 기술의 발전으로 인해 소비자와 노동자 실시간으로 연결하는 것이 가능해지면서 시장 원리에 의해 노동을 조직하는 플랫폼 기업들이 급속히 성장하고 있다. 이들 플랫폼 기업들은 실시간으로 변화하는 소비자 수요에 탄력적으로 대응하기 위해 노동을 플랫폼이라는 유사 시장에서 거래될 수 있는 작은 단위로 상품화하고 있다.

그 결과, 플랫폼 노동자들은 언제든지 대체 가능한 상품이자 개수 노동을 수행하는 '프리랜서'로 그 고용상 지위가 불안정화되고 있다. 이제 노동과정에서 다른 노동자들은 협력해야 할 동료가 아니라 업무를 두고 서로 다투는 경쟁자로 마주하게 된다. 또한 AI와 소비자의 평점이 사용자의 역할을 일정 정도 대신하게 되면서 플랫폼 기업들이 기존의 제도를 우회해 사용자의 책임성을 회피하는 현상도 나타나고 있다. 이처럼 새롭게 등장하는 플랫폼 노동은 노동자들이 스스로를 조직화하고 요구를 개진하는 것을 어렵게 만들고 있다.

그럼에도 불구하고 전 세계에서 배달 노동자들을 중심으로 플랫폼 노동자들이 어려움을 극복하고 스스로를 조직화하고 있다. 2016년 영국에서 딜리버루 노동자들이 파업을 개시한 이후로 유럽 10여 개국에서 파업이 발생하고 노동조합 또는 풀뿌리 노동 단체들이 결성되었다. 마찬가지로 2017년과 2018년에는 중국 연안 지역에서 메이투완과 같은 배달 플랫폼 기업에서 일하는 배달 노동자들이 열악한 노동조건에 대해 항의하면서 연쇄적인 파업을 조직화하였다. 특히, 브라질을 비롯한 남미 국가에서는 팬데믹 시기에 배달 노동자들의 파업과 조직화가 급속히 확산되었고 이는 정치적인 투쟁으로까지 발전하고 있다.

한국에서도 이러한 세계적 흐름과 유사하게 2019년 이후로 배달 플랫폼 노동자들을 대변하는 노동조합들이 플랫폼 기업들에 맞서 저항을 이어 나가고 있다. 지금 전 세계에서 전개되는 플랫폼 노동자들의 저항들은 디지털 기술의 발전과 함께 새롭게 형성되는 주변부 노동자들이 제약 조건을 극복하고 대항 권력을 효과적으로 구축할 수 있음을 가능성이 아니라 현실로 보여 주고 있다.

이에 본 연구에서는 라이더유니온과 서비스 연맹 배달 플랫폼 지부에 대한 비교 사례연구를 통해 배달 노동자들이 어떻게 노동과정에서 주어지는 제약 조건을 극복하고 플랫폼 자본에 대항하는 권력자원을 구축했는지를 분석하려 한다. 특히, 라이더유니온과 서비스 연맹 배달 플랫폼 지부(이하 서비스 연맹)는 서로 상이한 전략들을 활용했지만 배달 노동자들의 이해를 효과적으로 대변하고 있다는 점이 특징적이다. 이는 플랫폼 노동자들을 조직화하는 방식이 단선적이지 않고 복합적이고 가변적임을 시사한다.

이러한 조직화 전략의 다양성과 그 효과성의 토대를 설명하기 위해서 분석 과정에서 플랫폼 노동과정이 제공하는 기회 요인들을 서비스 연맹과 라이더유니온이 어떻게 활용했는지 분석하려 한다. 변화무쌍한 시장 수요에 민첩하게 대응하기 위해 발전해 온 플랫폼 노동과정은 조직화를 방해하는 제약 조건으로 작용하기도 하지만 동시에 조직화를 촉진하는 가능성들을 제공했던 것이다. 이에 본 글은 서비스 연맹과 라이더 유니온이 노동과정에서 이러한 가능성들 서로 다른 방식으로 발견하고 다른 형태의 권력자원으로 발전시켰는지를 분석한다.

2. 권력자원의 개념 및 종류 √

권력은 상대방의 이해관계 및 의사에 반해 영향력을 행사할 수 있는 힘을 일컫는다(Lukes, 2005). 이를 노동과 자본의 관계에 대입해 보면 권력은 사용자 또는 노동자가 자신이 원하는 바를 상대방에게 관철시킬 수 있는 개인 또는 집단의 역량을 의미한다(Wright, 2000). 이러한 권력 개념을 바탕으로 권력자원 이론은 세계화와 신자유주의의 확산으로 1970년대 이래 지속적으로 약화되어 온 노동운동이 어떤 전략을 활용해 권력자원을 구축할 수 있는지를 그 분석 초점에 두고 있다(Silver, 2003; Schmalz et al., 2018; Wright, 2000).

권력자원 이론의 실천적 함의는 많은 사례연구를 통해서 노동조합 또는 노동자들이 자본에 대항하여 행사할 수 있는 권력자원들의 종류를 유형화했다는 점이다. 권력자원의 개념화에 대해 다양한 접근들이 있지만 대체적으로 지금까지의 연구 성과에 따르면 크게 4가지 종류의 권력자원이 제시될 수 있다. 바로 구조적, 연합적, 제도적, 사회적 또는 상징적 권력자원이 바로 그것이다.

첫째, 노동자들은 생산 시스템 내에서 자신이 차지하고 있는 위치 또는 역할 그 자체로부터 권력을 지니게 되는데, 이를 구조적 권력자원이라 부른다(Silver, 2003; Wright, 2000). 상품을 생산하고 이윤을 만들어 내기 위해 노동과정에서 노동과 자본은 서로를 필요로 한다. 이렇게 서로 의존적인 관계 때문에 노동자들은 단순히 일하기를 기부하는 것만으로 생산에 차질을 일으킬 수 있다. 이렇게 생산과정에서 노동자가 점유하고 있는 위치에서 오는 구조적 권력자원을 작업장 권력자원이라고 부른다. 반면, 노동시장에서 노동자들이 지니는 위치에서 비롯한 구조적 권력자원을 시장적 권력자원이라 한다.

예를 들면 노동시장에서 일할 사람이 부족하면 노동은 자본에 대해 상대적으로 강화된 협상력을 지니지만, 실업·이민 등으로 인해 일할 사람이 넘쳐나면 역으로 자본이 노동에 대해 우위를 점하게 된다. 이처

럼 작업장 또는 시장적 구조적 권력자원은 모두 노동자들의 작업장 또
는 노동시장에서의 객관적 위치에서 기인하기 때문에 노동자들이 의식
하지 않아도 객관적으로 보유하고 있다는 특징을 지닌다.

둘째, 연합적 권력자원은 노동자들이 집단적으로 조직을 결성함으로
써 획득하는 권력을 의미한다(Wright, 2000). 구조적 권력자원과 다르
게 연합적 권력자원은 노동자들의 의식적인 결합과 전략을 통해 확보
할 수 있다. 파편화되어 있는 노동자들 사이에서 집단성을 회복하고 결
사체를 조직하기 위해서는 노동자들의 의식적인 전략과 실천이 필요하
다. 노동조합, 지역 노동 공동체, 노사협의회, 정당 등과 같은 대표적
인 노동자들의 결사체 역시 노동자들의 전략적 선택의 결과물이다.

이러한 의식적인 측면은 단순히 조직의 결성만으로 연합적 권력이
확보되는 것이 아니라, 리더십과 조합원들의 참여가 균형을 이루는 역
동적인 정치적 과정을 통해서 연합적 권력자원이 유지되고 행사할 수
있다는 점에서 더욱 두드러진다(Brookes, 2013). 따라서 연합적 권력
자원을 효과적으로 구축하기 위해서는 노동자들의 의식과 행동을 조직
적 목표를 향해 모으는 행정적 인프라, 효율적인 조직운영, 조합원의
참여, 단결력과 같은 다양한 요소들이 확보되어야 한다(Schmalz et al.,
2018).

셋째, 제도적 권력자원은 노동 계급이 구조적 권력자원과 연합적 권
력자원을 활용해 자본 및 정부에 대해 저항하고 협상한 결과로 축적된
다(Schmalz et al., 2018). 대표적으로 많은 나라에서 노동자들이게 노
동조합을 조직하고, 단체행동을 펼치고, 단체협상을 맺을 권리가 법적
으로 보장된다. 이러한 노동 3권은 노동계급의 자본과 국가에 대한 역

사적인 투쟁의 결과가 제도적인 형태로 자리 잡게 된 것이다.

한편, 제도적 권력은 과거 투쟁의 성과를 반영한 것이기도 하지만 합법적인 저항의 테두리를 정하는 족쇄로 작동하기도 한다. 제도적 권력자원은 다른 권력자원과 비교했을 때 법에 의해 보장받는 권리이기 때문에 상대적으로 안정적이고 지속 가능하다는 특성을 지닌다. 그렇다고 해서 노동자들의 정치적인 역량이 제도적 권력자원을 확보하는 데 부수적인 역할을 하는 것이 아니다. 오히려, 노동조합이나 노동자들은 자신이 속한 사회의 제도적 지형 속에서 사용자나 정부로부터 제도적 지원을 이끌어 내기 위해서는 사회적 지지 및 정당성을 확보하기 위한 다양한 전략들이 필요하다(Hui, 2021).

넷째, 사회적 권력자원은 노동운동이 시민사회 및 공론장에서 다양한 이해관계자들과 연대를 형성하고 대중들의 지지를 이끌어 내는 역할을 한다. 사회적 권력자원은 단체협상과 같은 기존의 제도적 틀로 포괄할 수 있는 불안정한 고용형태가 확산되면서 노동자들이 행사하는 구조적 · 연합적 · 제도적 권력자원들이 약화되는 상황 속에서 대안적인 권력자원으로 주목받고 있다.

이러한 맥락에서 Chun(2011)은 한국과 미국의 비정규직 노조에 대한 비교 연구를 통해 상징적 권력자원이라는 개념을 제시했다. 도덕적 정당성과 같은 상징적 힘은 주변부 노동자들에게 도덕적인 지위를 부여하며 광범위한 이해관계자들로부터 연대를 이끌어 낼 수 있는 자원으로 기능을 하는 것이다. 또한, 도덕적인 수사는 그동안 보이지 않았던 노동 이슈를 공론장에서 드러내고 자본과 노동 사이의 사적 갈등을 사회적인 문제로 확장시키는 역할을 한다. 비슷한 관점에서 Schmalz et al(2018) 역시 사회적 권력자원 개념의 구성요소로서 담론적 권력자원과 연합적 권력자원을 제시하였다.

3. 라이더유니온의 권력자원 구축 과정 ✓

가. 사회적 권력자원 구축 과정

2018년 여름 맥도날드 배달 노동자 박정훈 씨가 100원의 폭염수당을 요구하는 1인 시위를 개시하면서 라이더유니온의 활동은 시작되었다. 간결한 구호, 100원이라는 상징성, 배달 노동자들의 열악한 노동조건들이 맞물려 폭염시위는 많은 사회적 주목을 받았다. 이후 준비 기간을 거쳐 라이더유니온은 2019년 5월 1일 노동절에 공식적으로 출범하였으며, 2019년 11월, 2020년 11월에 각각 서울시, 노동부로부터 노조 설립 신고필증을 교부받음으로써 공식노조로 인정받게 되었다.

현재까지 라이더유니온의 조합원은 지속적으로 성장해 약 1,000명에 이르고 있다. 이러한 조직적 성장 이외에도 실질적으로 배달 산업의 제도 형성 과정에 적극적으로 개입해 산재 전속성 폐지와 같은 제도 개선을 이끌어 내고 플랫폼 기업들과 단체교섭을 시도함으로써 배달 노동자들의 권익 향상에 기여하고 있다.

초기 폭염수당 시위에서도 나타나듯이 라이더유니온의 초기 활동은 미디어를 활용해 사회적 권력자원을 구축하는 데 초점이 맞춰져 있었다. 초기에 라이더유니온의 활동은 몇몇 소수의 활동가들에 의해 주도되었다. 그에 반해 조직 대상인 배달 노동자들은 각자 파편화되어서 일할 뿐만 아니라 플랫폼 기업 간 이동도 활발해 소수의 인원이 특정 기업을 타깃으로 조직화하기 어려운 상황이었다. 이러한 제약 조건 속에서 라이더유니온은 미디어를 활용해 내외부자들의 무형 유형의 지지를 획득하는 전략을 활용하였다. 특히, 이 과정에서 일반 배달 노동자의 노동경험이 생생히 담겨 있는 이야기는 노조의 핵심적인 초기자원으로 역할을 하였다(Revesque & Murray, 2010).

우선 라이더유니온 초기 활동가들은 카카오 오픈채팅방을 통해 산재, 부당해고, 갑질 등과 같은 노동이슈에 대한 상담을 개시하였다. 그리고 상담 사례 중 적극적인 대응이 필요한 경우 이를 기자회견을 통해 공론화하였다. 대표적으로 라이더유니온은 업무 위탁계약을 맺었지만 임의적으로 업무 지시를 한 요기요 사례를 이슈화하였고, 최종적으로 노동부로부터 근로자성 판정을 이끌어 냈다. 이처럼 라이더유니온은 이슈파이팅 과정에서 배달 노동자들의 이야기를 '증언대회'와 같은 형식으로 활용해 언론의 이목을 끌고 이를 바탕으로 플랫폼 기업을 압박하였다.

또한 라이더유니온은 특정 플랫폼 기업뿐만 아니라 산업 전반을 타깃으로 한 의제들을 세우고 지금까지 노조의 주요 목표로 추구하고 있다. 2019년 5월 1일 노조 설립과 함께 진행된 오토바이 행진에서 라이더유니온은 ① 배달용 오토바이 보험료 인하, ② 최소배달료 인상, ③ 폭염·한파·미세먼지 대책 마련, ④ 산재 고용보험 보장, ⑤ 라이더유니온, 정부, 플랫폼 기업의 대화체 구성과 같은 의제를 내세웠다. 또한 2020년 4월 29일 진행된 2차 오토바이 행진에서는 ① 안전배달료 강화, ② 배달용 보험 현실화, ③ 산재전면적용, ④ 플랫폼 갑질 근절, ⑤ 무법천지 배달 산업 규제를 주요 의제로 내세웠다. 이러한 의제들은 새롭게 등장하고 있는 배달 산업의 제도적 공백을 보완하고 기존의 불완전한 제도를 노동친화적으로 수정하는 제도 형성 및 수정의 성격을 지닌다.

특히, 라이더유니온은 라이더 안전 문제를 적극적으로 이슈화하였다. 라이더유니온 초기 활동부터 산재 상담은 주요 활동의 한 축이었을 뿐만 아니라 위험한 노동환경은 많은 배달 노동자들이 실질적인 개선을 바라는 사항이었다. 또한 안전하게 일할 기본적인 인권을 보장받지 못하고 있다는 점에서 이는 당사자인 배달 노동자뿐만 아니라 정책 입안자 및 일반 시민의 관심과 공감을 이끌어 낼 수 있는 의제이기도 하였다. 또한 이러한 의제들에 대해서 미디어 및 대중들의 관심을 이끌어 내기 위해 라이더유니온은 직접 실태조사, 실험, 사례조사를 적극적으로 실시해 왔다.

최근 라이더유니온은 직접 플랫폼 알고리즘을 소재로 실험을 진행해 준법 운행 시 소득이 낮아지는 점을 밝혀내었다. 이 결과는 많은 언론에서 취재되었으며 이를 바탕으로 라이더유니온은 안전배달료의 정당성을 주장하고 있다. 이처럼 최저 배달료를 인상하는 정책을 '안전배달료'로 이름 짓는 데에서 드러나듯이 정책의 공적 성격을 강화하고 이를 통해 내부 및 외부자들의 지지를 획득하고 배달 산업 정책 형성 과정에 적극적으로 개입해 왔다.

이렇게 사회적 권력자원을 구축하는 전략이 효과적이었던 배경에는 배달 산업이 새롭게 성장하는 산업이라는 데에 있다. 첫째, 기존에 비공식적 영역에서 사업이 이뤄졌던 배달 산업이 스타트업 기업의 진출과 함께 공식화되고 성장하게 되면서 기존 제도로 시장이 규율되지 않는 회색지대가 늘어나게 되었다. 우선, 직접고용을 회피해 플랫폼 기업들이 배달 노동자들과 위탁계약을 맺었지만 여전히 지역 배달 대행사에서는 관리자에 의한 직접 통제가 빈번히 발생하고 있었고, 또한 새롭게 등장한 알고리즘에 의한 통제가 전통적인 업무 지시로 해석될 수 있는지에 대해 사회적·법적 합의가 맺어지고 있지 않다.

또한 이러한 고용형태 오분류 이슈 때문에 산재 및 고용보험과 같은 직접고용 중심으로 설계된 사회보험의 테두리에서 배달 노동자들이 배제되게 되면서 생기는 문제들도 있다. 산업의 성장을 위해 표준을 마련하고 산업 내 행위자들 간의 상호작용을 제도화하는 하는 것이 국가의 중요한 기능 중 하나임을 생각했을 때, 배달 산업 내에서 발생하는 문제들을 이슈화하고 이를 친노동적인 방향으로 견인하려는 시도들은 정부의 관심을 끌 수 있었다.

둘째, 사회적 정당성을 아직 충분히 획득하지 못하고 정부의 정책 및 규제에 따라 산업의 향방이 바뀔 수도 있는 상황 속에서 플랫폼 기업들은 정부 및 여론의 압력에 민감할 수밖에 없다. 그렇기 때문에 라이더 유니온이 구조적 권력자원을 통해 직접적으로 생산에 차질을 주기 힘듦에도 불구하고 미디어를 통해 사회적 권력자원을 행사하는 것에 민감하게 반응하는 것이다.

나. 연합적 및 제도적 권력자원의 구축 과정

라이더유니온이 확보한 사회적 권력자원은 다시금 노동조합의 내부 역량, 즉 연합적 권력자원을 구축하는 데 활용되었다. 라이더유니온이 특정 플랫폼 기업 또는 작업장을 기반으로 조합원 조직 활동을 벌이지 않았음에도 불구하고 조합원들은 노조에 가입하기 전에 라이더유니온의 존재를 알고 있었다. 또한 일부의 경우 노조와 직접적 접촉 없이 언론 기사를 보고 라이더유니온에 가입하는 경우도 있었다. 또한 라이더유니온의 대외적인 미디어 활용은 조합원들에게 조합 활동을 통해 긍정적 정체성을 획득하는 계기로도 작용하고 있다.

한국 사회에서 배달이라는 직업이 사회적으로 낮은 평가를 받는 상황 속에서 라이더유니온은 소비자, 플랫폼 기업의 갑질에 대해서 목소리를 내고 배달 일을 정규적인 직업으로 만들려는 활동들을 하고 있다. 이는 조합원들로 하여금 자신의 직업 정체성을 긍정하고 노조 활동에 더 몰입하게 되는 계기로 작동하였다. 특히, 라이더유니온은 라눔이라는 봉사활동 모임을 만들고 최근 지역 사회 소외계층을 대상으로 생필품을 배달하는 봉사활동을 수행하고 있는데, 이 활동을 통해 조합원들은 배달 일의 사회적 가치를 느끼고 있으며 동시에 시민사회의 일원으로서 인정받는 경험을 하고 있다. 이처럼 라이더유니온이 지닌 상징적 활동 및 지위는 조합원들을 조직하고 조직한 조합원들을 노조활동에 몰입하게 하는 무형의 자원으로 역할하고 있다.

또한 상징적 권력자원은 무형의 자원뿐만 아니라 유형의 자원으로 전환되어 연합적 권력자원을 축적하는 데에도 활용되었다. 라이더유니온이 지니는 배달 노동자에 대한 상징적 대표성은 시민사회 단체, 노동단체, 정부 유관 기간으로부터 유형의 자원을 지원받는 데 중요한 역할을 하고 있다. 공제회비를 납부한 조합원에게 사고 시 오토바이 수리비를 지원하는 자차수리공제회는 사무금융 노사합의에 의해 조성된 우분투 재단에 의해 그 초기 운용 비용을 지원받아 사업을 시작하였다. 그리고 지금 자차수리공제회는 기층에서 활동가들이 경제적 이해관계를 바탕으로 배달 노동자들을 노조로 조직할 때 중요한 계기로 작용하고 있다.

또한 표준적 고용관계와 달리 라이더들은 기업이 제공하는 사내 복지로부터 배제되어 있는 상황 속에서 라이더유니온이 녹색병원 및 한국보건사회연구소 등과 같은 시민사회 단체들과 연대해 제공하는 의료 서비스는 파편화되어 있는 배달 노동자들이 한군데로 같이 모이는 데 중요한 역할을 하였다.

마지막으로, 무엇보다도 최근 몇 년 사이에 지자체와 노동 및 시민단체의 민관 협력하에 설립된 노동센터들 역시 라이더유니온의 조직화 활동에 많은 자원을 제공하고 있다. 라이더유니온은 설립 초기부터 전략적으로 이러한 제도로부터 유입되는 자원을 적극적으로 활용하고 있다. 지역 노동센터들과 긴밀한 협력 속에서 장소 제공, 실태 조사, 모임 지원금과 같은 유형의 지원을 받고 있으며 이는 조합원들을 조직하고 모임을 유지하는 데 활용되고 있다.

이러한 연합적 권력자원이 축적되면서 라이더유니온의 조합원 수도 최근에 가파르게 성장하고 있으며 전국에 지부와 지회가 설립되면서 조직이 체계화되고 있다. 이러한 연합적 권력자원을 바탕으로 라이더유니온은 여론을 집중시키고 의제를 확산시키는 일련의 단체행동들을 벌이고 있다. 대표적으로 라이더유니온은 2021년 4월 '라이더 정책 배달데이'라는 이름으로 국회 앞에서 집단행동을 하는 동시에 주요 정당의 정치인들을 만나 배달 산업 정책들을 전달하였다. 이렇게 단체행동을 통해 얻은 사회적 관심 또는 미디어의 주목은 다시금 라이더유니온의 상징적 자원의 축적으로 이어지고 있다.

또한 상징적인 지위를 바탕으로 설립 초기부터 라이더유니온은 배달 산업에 맞는 정책을 개발하고 새로운 제도를 형성하는 과정에 참여하고 있다. 특히 라이더유니온은 활동 초기부터 경제사회노동위원회 산하 배달 업종 분과위원회에 참여하면서 산재 제도 개편에 많은 노력을 쏟은 결과, 2020년 9월 배달 노동자들의 산재보험 가입을 확대하는 합의안을 발표하였다. 그리고 변화하는 물류산업을 새롭게 규제하기 위한 법인 생활물류서비스 발전법이 설계되는 과정에서도 라이더유니온은 국토부와의 지속적 면담을 통해 법안에 대한 지속적인 의견을 내었고, 그 결과 배달 대행 등록제가 법안 내용에 포함되었다.

또한 '플랫폼 노동 대안 마련을 위한 사회적 대화 포럼'에 서비스 연맹과 함께 노측 단체로 참여하여 공정한 계약의 체결, 합리적이고 투명한 업무 조건, 효과적인 업무 수행, 안전과 보건, 학습과 발전 면에서 노사가 협력하고 노동조건을 개선할 것을 골자로 하는 협약을 맺었다. 이 밖에도 라이더유니온은 배달 보험료 현실화, 오토바이 수리 공임단가 표준화와 관련해서 유관 정부 기관 및 자자체와 지속적으로 대화하고 있다. 배달 산업은 성장하지만 노동을 보호하고 산업을 규제하는 제도는 미비하거나 또는 지체되고 있는 상황 속에서 라이더유니온이 보유한 상징적 지위는 배달 노동자들에게 일종의 시민권을 부여하고 적극적으로 제도 형성 과정에 목소리를 낼 수 있는 동력으로 작동하고 있다.

이 밖에도 라이더유니온은 단체교섭권과 같은 노동법이 보장하는 제도적 권리를 활용해 단체협약을 체결하고 배달 라이더들의 노동조건의 향상을 추구하고 있다. 라이더유니온은 2020년 11월에 각각 노동부로부터 노조설립 신고필증을 교부받음으로써 법적으로 노동3권을 지니는 노조로 인정을 받았다. 이러한 지위를 바탕으로 라이더유니온은 우아한청년들, 쿠팡이츠, 지역 배달 대행사와의 단체교섭을 이끌거나 참여하고 있다. 요기요-배달의민족 합병에 따른 라이더 보호, 안전배달료 도입, 일방적인 프로모션 축소에 반대하며 2019년 12월 라이더유니온은 배달의민족에도 단체교섭을 요구했다.

서비스 연맹 배달 플랫폼 지부도 같은 시기 배달의민족에 단체교섭을 신청하였는데, 노동위원회의 결정에 따라 서비스 연맹 배달 플랫폼 지부가 대표교섭 노조가 되었다. 현재 배달의민족과의 교섭은 서비스 연맹 배달 플랫폼 지부가 이끌고 있으며 단체교섭을 통해 조합원들의 실질적인 권익 향상에 기여하고 있다. 또한 라이더유니온은 얼마 전 창원 지역 배달 대행사들과 단체교섭을 통해 표준계약서 작성, 일방적인 해고 금지, 산재보험료 노사공동 부담, 인권전담팀 설치 등을 골자로 하는 단체협약을 체결하였다. 이 밖에도 라이더유니온은 현재 서비스 연맹 배달 플랫폼 노조와 함께 공동교섭단을 꾸려 쿠팡이츠와 단체협상을 진행 중이다.

4. 서비스 연맹 배달 플랫폼 노조의 권력자원 구축 과정 √

가. 연합적 및 구조적 권력자원의 구축 과정

서비스 연맹은 2019년 3월 플랫폼 노동연대를 출범하면서 배달 노동자를 조직화하기 시작하였다. 2019년 6월 배달서비스 지부를 설립하였으며, 2020년 10월 우아한청년들과 배달 산업 최초로 단체교섭을 체결하였다. 이후 지속적인 성장을 거듭해 2022년 현재 조합원은 1,200명 규모이다. 최근 배달 노동자들을 전국적으로 조직화하기 위해 배달 플랫폼 노조로 출범하고 연맹 직할 조직으로 개편하였다. 서비스 연맹은 택배, 대리, 퀵서비스와 같이 배달 노동과 유사한 특수고용직에서 일하는 노동자들을 조직한 경험을 바탕으로 파편화되어 있는 배달 노동자를 효과적으로 조직하였다. 또한 최근에는 단체 및 임금 협약과 같은 기업별 의제를 넘어서 안전 배달제 및 공제조합 설립과 같은 산업별 의제를 달성하기 위한 노력을 기울이고 있다.

플랫폼 노동연대의 출범과 함께 서비스 연맹은 배달 산업에 대한 실태조사와 조직화 전략 수립하였고, 2019년 8월부터 본격적으로 배달 노동자를 조직화하기 시작했다. 배달 노동자들이 많이 사용하는 카카오톡 채팅방과 같은 온라인 채널보다는 많게는 20~30명의 서비스 연맹 활동가들이 직접 거리로 나가서 배달 노동자들을 대면하고 조직화하는 방법을 택했다. 많은 시행착오 끝에 서비스 연맹은 배달의민족의 자회사인 우아한청년들에 소속된 배민 라이더스 노동자를 주요 조직화 대상으로 선택하게 되었는데 그 이유는 다음과 같다.

첫째, 배달 산업의 성장을 이끌고 있는 배달의민족은 1등 기업으로서 상징성을 지니고 있기 때문이다. 특히, 대체로 이동성이 높은 배달 직종의 특성상 사용자가 불분명한 경우가 많은데, 배달의민족은 사용자로서의 지위가 가시적이기 때문에 대결 구도하에서 배달 노동자들의 불만을 조직화하기 용이하다는 점도 주요하게 작용하였다. 그리고 1등 기업과의 단체교섭 체결은 상징성을 지니기 때문에 조직화 흐름이 산업 전반으로 확산될 수 있는 가능성도 중요한 요소였다.

둘째, 배민 라이더스 노동자들은 다른 노동자들과 비교했을 때 상대적으로 배민에 소속감을 느끼고 있었다. 우아한청년들은 사회적 책임을 다한다는 명분뿐만 아니라 안정적으로 배달 인력을 구축하기 위해서도 산재보험, 배달 장비 등 여러 지원을 배민 라이더스 노동자에게 제공하고 있었기 때문이다. 이러한 지원은 다른 플랫폼 기업에서 일하는 배달 노동자들에 비해 배민 라이더스 노동자들이 전업으로 장기간 일하도록 만드는 동시에 기업에 소속감을 가지게 만드는 요인이었다. 이러한 소속감 또는 조직 정체성을 활용하여 서비스 연맹은 노조라는 테두리로 개인주의적인 성향을 지닌 배달 노동자를 묶고 집단적 정체성을 형성하려 했던 것이다.

셋째, 다른 플랫폼 노동자들에 비해 배민 라이더스 노동자 사이에 비공식적인 네트워크가 두텁게 형성되어 있었다. 초기에 배민 라이더스 노동자들은 배달 대행과 같은 형태로 직접적으로 관리자들에 의해 직간접적인 지시 통제를 받고 있었다. 이러한 인적인 통제와 업력이 오래된 배달 노동자들이 많은 점이 결합하게 되면서 배달 노동자들끼리 서로 두터운 인적 네트워크를 형성하고 있었다. 이러한 특성들로 인해 서비스 연맹은 다른 플랫폼보다 배민 라이더스를 조직화 대상으로 삼았던 것이다.

우선 서비스 연맹은 단체교섭 이전에 정책협의를 통해서 우아한청년들과 대화 채널을 개설하였다. 이 정책협의 채널이 열리기 위해 사용자 단체인 코리아 스타트업 포럼이 중요한 가교 역할을 하였고, 이 과정에서 서비스 연맹은 우아한청년들과의 대화 가능성을 보고 단체교섭 전에 정책협의를 시작했던 것이다. 그러던 2019년 11월쯤부터 일반인 또는 부업을 대상으로 하는 배민 커넥트가 성장하고 전업 라이더를 중심으로 한 배민 라이더스가 콜 배정, 수수료 측면에서 불공정한 대우를 받자 배민 라이더스 노동자들의 불만이 증가하기 시작했다.

그러던 중 라이더유니온이 요기요·배달의민족 합병에 따른 라이더 보호, 안전배달료 도입, 일방적인 프로모션 축소에 반대하며 2019년 12월 우아한청년에 단체교섭을 요구했다. 이를 계기로 라이더유니온과 서비스 연맹 사이에 조직화 경쟁이 붙으면서 배민 라이더스 노동자들 조직화가 본격화되기 시작했다. 결과적으로 서비스 연맹이 더 많은 조합원 수를 조직함에 따라 교섭 노조로서 지위를 확보하고 우아한청년들과의 단체교섭을 주도하게 되었다.

서비스 연맹의 조직화 과정에서의 특징은 온라인보다 오프라인 조직화가 두드러졌다는 점이다. 서비스 연맹 활동가들이 직접 거리로 나가 대면으로 배민 라이더스 노동자들을 조직화하였다. 그리고 주변 배달 노동자들과 두터운 네트워크를 구축하고 있는 배달 노동자들을 조직함으로써 조직화 속도는 더욱 탄력을 받게 되었다. 초기 조직화 과정에서부터 서비스 연맹은 각 지역별로 지부와 간부를 선출하고 교육기능을 강화하면서 조직을 체계화하였다. 이렇게 선출된 간부들이 다시 적극적으로 조직화에 나서면서 조직 규모가 성장하기 시작하였다. 평조합원 인터뷰 과정에서도 많은 경우 온라인 채널보다는 사적인 관계를 통해 많이 조직화된 것으로 드러났다.

그리고 민주노총과 서비스 연맹이라는 전국노조가 지니는 상징적인 지위로부터 배달 노동자들은 서비스 연맹이 실질적인 변화를 이끌어 낼 수 있는 것이라는 기대를 가진 점도 조직화에 있어서 이점으로 작용했다. 이러한 조직화의 결실로 서비스 연맹 일반노조 배민 라이더스 지부는 2020년 10월 긴 협상 끝에 우아한청년들과 단체교섭을 체결하게 되었다. 이 단체교섭 결과로부터 조합원들이 효능감을 느끼게 되면서 다시금 조합원 수가 늘어나는 선순환이 발생되면서 조합원 수가 지속적으로 증가하였다. 서비스 연맹의 초기 조직화 과정에서 흥미로운 점은 파편화된 플랫폼 노동자를 조직화할 때 온라인 중심의 조직화가 아니라 기존의 대면 조직화도 역시 효과적으로 작동하였다는 것이다.

이렇게 축적한 연합적 권력자원을 바탕으로 서비스 연맹은 회사의 일방적인 정책 변경에 맞서 파업이라는 형태의 단체행동을 개시하게 된다. 2021년 1월 18일 쿠팡이츠에 맞서 빠른 배송을 보장하기 위해 우아한형제들이 1인 1배차 '번쩍배달' 정책을 도입하면서 기존에 여러 배달을 한 번에 묶어서 가던 라이더들의 소득이 감소하고 주행거리는 늘어나게 되었다. 이러한 사측의 일방적인 정책 변경에 맞서 서비스 연맹은 2021년 3월 19일 '번쩍 파업'이라는 이름으로 집단행동을 벌인다.

이 파업에 약 200여 명의 조합원들이 참여했으며, 우아한형제들 본사 앞에서 오토바이를 세워 놓고 점심 배달 시간인 11시부터 1시까지 조합원들은 동시에 앱을 키지 않았다. 노조는 번쩍배달 개선, 신규입직 중단, 지방 라이더 콜 보장, 자토바이(자동차로 등록하고 오토바이를 이용하는 어뷰징 행위) 단속을 구호로 내세우며 파업을 수일간 지속하였다. 우아한청년들이 프로모션을 통한 가격 변동으로 손쉽게 대체인력을 투입했기 때문에 파업의 효과는 제한적이었지만, 실질적인 정책결정 과정에 개입한다는 의미 이외에도 파업은 조합원의 단합력을 강화하고 신규 조합원을 조직화하는 계기가 되었다.

또한 파업은 정책 변경뿐만 아니라 임금협상 과정에서도 회사를 압박하는 수단으로 활용되기도 하였다. 서비스 연맹은 2021년 12월 임금협상 과정에서 7년간 동결된 기본배달료를 올리는 문제를 두고 사측과의 협상에서 난항을 겪자 중앙노동위원회에 쟁의조정을 신청하였다. 이는 배달 산업 최초로 공식적인 파업 절차를 밟는 것이었다. 노사가 보험료 지원, 직선거리제 폐지 및 실거리제 도입 등을 골자로 한 임금협상안에 합의하면서 파업이 실제로 개시되지는 않았다.

하지만 임금협약 이후 도입된 실거리제에 의해 배달거리가 왜곡되게 나타나면서 임금 정상화가 아니라 임금이 하락하는 일이 발생하였다. 이에 서비스 연맹은 항의의 의미로 조합원 300명과 함께 우아한형제들 본사를 행진하였고, 이에 대한 문제는 현재 노사 간에 협상 중이다. 이처럼 서비스 연맹은 축적된 연합적 자원을 바탕으로 지속적으로 파업을 비롯한 단체행동을 지속하고 있다. 물론 언제든지 대체 인력을 손쉽게 구할 수 있는 배달 노동의 특성상 이러한 구조적 권력자원의 행사가 플랫폼 기업의 생산활동을 교란하는 데에는 한계를 지니지만, 단체행동 그 자체는 신규 조합원을 조직하고 기존 조합원의 단결력을 강화하는 중요한 역할을 하고 있다.

이렇게 축적된 조직적 역량을 바탕으로 최근 서비스 연맹은 그 조직화 범위를 배민 라이더스를 넘어서 다른 플랫폼으로도 확대하고 있다. 최근 직제와 명칭을 서비스 연맹 일반노조 배민 라이더스 지부에서 서비스 연맹 배달 플랫폼 노조로 명칭을 바꾸고 직할조직으로 위상을 세운 것도 특정 플랫폼 기업을 넘어서 배달 산업 전반으로 조직화 방향을 확대하려는 시도로 볼 수 있다. 이러한 방향에 발맞추어 최근에는 라이더유니온과 공동교섭단을 꾸려 쿠팡이츠와 단체교섭을 진행하고 있다. 또한 지역 배달 대행사와 같이 기존에 노조로 활발히 조직화되지 않았던 기업들의 배달 노동자 역시 조직화하려 하고 있지만 주요 노조 구성원은 배민과 연관된 플랫폼 노동자들이다.

나. 제도적 권력자원의 구축 과정

초기에 서비스 연맹의 주요한 활동들은 단체교섭을 중심으로 조직되었다. 법적 구속력이 있는 단체교섭을 체결함으로써 노동활동에 필요한 물질적 자원을 획득하고 실질적으로 조합원의 노동조건을 향상시킬 수 있기 때문이었다. 또한 산업을 이끌고 있는 우아한형제들과의 단체교섭은 향후 다른 플랫폼 기업으로도 조직화 흐름이 확산되는 계기가 될 수 있기 때문에 단체교섭 체결에 전략적 우위를 두었던 것이다.

서비스 연맹과 우아한형제들이 단체교섭 상견례를 가진 2020년 4

월 23일 이후로 6개월 동안 20차례 이상 단체교섭 협상을 가진 결과, 2020년 10월 23일 단체교섭을 체결하였다. 단체교섭은 배민 라이더스 노동자들에게 적용되며 그 핵심적인 내용으로는 중개 수수료 면제, 장기 근속자 휴가비 및 건강검진비 지원, 노조활동 인정 및 지원, 라이더 인식 개선을 위한 노사 공동 캠페인 실시 등이 있다.

인터뷰 결과, 단체교섭 체결 후 기층 조합원들은 경제적인 혜택을 체감하면서 조합 활동에 더 몰입하게 되는 것으로 나타났다. 또한 공식적인 고충처리 채널을 사측과 개설하게 되면서 조합원들이 일상적으로 겪는 불만들을 소통할 수 있는 노조의 의견 개진 역량도 강화되었다. 무엇보다도 전임자 활동비와 노조 사무실 유지비와 같은 비용을 지원받게 되면서 노동활동이 보다 안정화될 수 있는 계기가 마련되었다. 이후 2022년 1월 5일에도 오토바이 라이더 보험료 지원, 배달료 산정 기준 변경, 기준 단체협약, 공제조합 출범 등을 골자로 하는 두 번째 단체협약이 체결되면서 배달 산업에서의 노사관계가 점차 제도화되는 데 많은 기여를 하였다.

최근 들어 서비스 연맹은 조직화 외연을 확대하면서 공제조합 설립과 같이 배달 산업의 제도적 허점을 보완하는 산업별 의제를 추진하고 있다. 기존의 고용형태와 다르게 배달 노동자들은 사내 복지 또는 사회보험을 통해서 사회적 또는 일터에서의 위험으로부터 보호받지 못하고 있다. 이에 서비스 연맹은 오토바이 보험료 인하, 보험 가입 확대, 안전 및 배달 교육 등을 위한 배달 오토바이 공제조합을 주요 의제로 내세우고 있다. 이를 위해 길거리에서 배달 노동자 일반 시민을 대상으로 서명을 받는 캠페인을 지속적으로 진행하고 있다.

또한 공제조합 설립, 임금 인상 등을 주장하며 2021년 10월 20일 민주노총 총파업에도 참여했으며, 최근에는 대통령 인수위를 방문해 산재 전속성 기준 폐지와 공제조합 설립 조기 실행을 요구하기도 하였다. 최근 배달 플랫폼 노조로 직제와 이름을 개편한 데에서 나타나듯이 서비스 연쟁은 우아한형제들과 기업별 교섭을 통해 축적된 역량을 바탕으로 산업별 의제를 새롭게 설정하고 이를 다양한 형태의 활동으로 달성하려 하고 있다.

다. 사회적 권력자원의 구축 과정

노조 설립 초기에 서비스 연맹은 조합원을 조직하고 단체교섭 활동에 집중하였기 때문에 상대적으로 미디어를 활용해 플랫폼 기업이나 정부를 압박하는 활동의 비중은 낮았다. 하지만 최근 서비스 연맹도 라이더유니온과 같이 배달 산업에서 발생하는 사건을 이슈화하고 이를 바탕으로 노조 또는 배달 노동자들에게 우호적인 여론을 조성하려는 시도를 계속하고 있다.

대표적으로 2021년 8월 선릉역에서 신호 대기 중인 배달 노동자가 덤프트럭에 치여 사망하는 안타까운 사건이 발생하였다. 이 비극적인 사건에 많은 배달 노동자와 시민들이 안타까움을 표하며 연대를 표현하였다. 서비스 연맹도 성명을 발표하고 사망한 라이더에 대한 추모 행동을 이어 가면서 플랫폼 기업들에게 안전 대책 마련을 촉구하는 동시에 공제조합의 설립을 촉구하였다. 이러한 일련의 활동들은 언론의 주목을 많이 받았으며 배달 노동자의 안전 문제가 공론장에서 중요한 의제로 다뤄지게 되는 데 기여하였다.

5. 배달 플랫폼 노동의 노동과정과 권력자원 구축 과정: 중심부와 주변부의 정치적 동학 √

노동조합의 이해대변 방식은 노동조합이 대변하려 하는 집단의 현실적인 특성과 밀접하게 연관되어 있다(Meardi et al., 2021). 특히, 이들 집단의 물질적인 조건을 재생산하는 노동과정은 동시에 자본이 노동으로부터 이윤을 생산하는 과정이기도 하지만 동시에 노동조합에게는 불만을 조직화하고 내부 외부적으로 공통의 이해관계를 재구성할 수 있는 자원을 제공하기도 한다. 서비스 연맹과 라이더유니온이 권력자원을 구축해 간 과정은 배달 플랫폼 노동이 조직되는 과정, 즉 노동과정과 밀접하게 연관을 맺고 있다.

플랫폼 노동과정의 주요한 특징은 플랫폼 자본은 시장형 고용관계를 바탕으로 노동력을 활용한다는 점이다. 이는 자본이 유연성을 확보에 전통적 고용관계 활용에 따르는 비용을 절감하고 급변하는 시장 수요에 실시간으로 적용하는 데 이점을 준다. 하지만 동시에 이는 플랫폼 자본 입장에서도 감당해야 하는 불확실성을 높이는 기제이기도 하다. 직접 고용과 같은 전통적 고용관계에서 오는 안정적인 노동력 공급이라는 이점을 누릴 수 없어 원하는 때에 원하는 만큼의 노동력을 시장에서 구매할 수 없기 때문이다. 전통적인 노동과정과 차별화되는 플랫폼 노동과정의 주요한 특징은 이러한 노동력 구매 과정에서 존재하는 딜레마를 해결해기 위해 다양한 통제기제를 구축한다는 점이다(Smith, 2006). 즉, 전통적 고용관계에 따르는 비용을 부담하지 않으면서 자신의 기업 테두리 안에 플랫폼 노동자들을 항시적으로 머물게 하여 급변하는 수요에 대응할 수 있도록 하려는 것이다.

이러한 플랫폼 기업이 직면하는 딜레마는 수요와 공급의 미스매치라는 형태로 나타난다. 음식점에서 플랫폼 기업에게 소비자로의 음식배달을 요청했지만 이를 수락하는 라이더가 없거나 부족한 경우가 발생하는 것이다. 제시간 내에 음식을 배달하는 것이 배달 산업의 주요한 경쟁력인 만큼 이러한 미스매치는 소비자와 음식점을 플랫폼으로부터 이탈하게 만드는 요인이 된다. 이러한 문제점을 해결하기 위해 배달의 민족은 노동력을 차별화하는 전략을 활용하였다. 배민 커넥트 서비스를 통해 다양한 이동수단 활용을 허락하고 입직에 낮은 제약을 둠으로써 광범위한 노동력을 활용하는 동시에 이른바 '전업' 라이더를 활용하는 배민 라이더스로 상대적으로 안정적으로 노동력을 확보하려 한 것이다.

특히, 초기에는 배민 라이더스 상대로 스케줄 관리, 아침조회, 강제배차, 관리자에 의한 사적 보상과 같이 외형은 시장형 고용관계지만 상당한 직접적 통제가 이뤄졌었다. 또한 배민 라이더스들에게는 배민이 산재를 가입해 주고 배달 관련 용품을 무료로 지급하는 등 다른 플랫폼 기업과 비교했을 때 괜찮은 수준의 혜택을 제공하고 있었다. 그 결과 인터뷰 결과에서도 나타나듯이 배민 라이더스에는 상대적으로 일에 대한 애착을 가지고 오랫동안 일한 배달 노동자들이 많았을 뿐만 아니라 배달 노동자 사이에서도 사적으로 관계를 맺고 있는 경우도 많았다.

서비스 연맹이 배민 라이더스를 바탕으로 초기에 연합적 권력자원을 효과적으로 구축할 수 있었던 데에도 배민 라이더스의 이러한 특성을 활용했기 때문이다. 라이더유니온과 달리 서비스 연맹은 초기 조직화에 있어서 온라인 채널보다는 길거리에서 직접 라이더를 대면함으로써 조직화를 시도하였다. 특히 이 과정에서 다른 라이더들과 두터운 관계를 맺고 있는 핵심 라이더를 조직화하였고, 이 라이더들이 주변의 다른 라이더를 연쇄적으로 조직화하게 되었다.

또한 배민 라이더스들은 주로 부업이 아니라 전업으로 배달 일에 종사하는 경향이 강했다. 그렇기 때문에 이동성이 높은 다른 배달 노동자들보다 이들 노동자들은 단체교섭을 중심으로 제시된 기업별 의제에 대해 민감하게 반응했고, 단체교섭이 체결된 이후에도 즉각적으로 단체교섭 효능감을 효과적으로 전달할 수 있었다. 이처럼 상대적으로 다른 플랫폼에 종사하는 노동자들에 비해 배민 라이더스는 전통적 고용관계의 특성을 많이 지니고 있었기 때문에 다소 전통적인 형태의 조직화 방식이 효과적일 수 있었던 것이다.

하지만 자본은 미스매치 해결을 위해 상대적으로 안정적인 노동력을 확보하려 하지만 동시에 수요의 불확실성에 대응하기 위해 불안정한 노동력을 확보하려 하기도 한다. 이러한 수요의 부침에 따라 한시적으로만 사용할 수 있는 노동력은 배달 플랫폼 기업을 위한 광범위한 노동력 저수지로 기능하고 있다. 이렇게 노동력 저수지에서 일시적으로 노동력을 사용하기 위해서는 노동과정이 표준화되어 있어야 한다. 또한 노동과정의 표준화가 전제되어야만 배달 플랫폼 기업들은 이를 디지털화해 노동과정을 추적하고 데이터를 확보할 수 있다.

이러한 표준화 및 디지털화는 플랫폼 기업에 상관없이 배달 노동자들이 겪는 노동 경험을 유사하게 만들고 있다. 또한 일반 시민 역시 손쉽게 배달 노동에 참여할 수 있게 되면서 대규모의 노동력 저수지는 일반 시민 대중과 배달 노동자의 경계를 약화시키고 있다. 이러한 광범위하게 공유되는 공통의 경험으로 인해서 기업별 의제뿐만 산업별 또는 사회적 의제 또한 배달 노동자들을 산업 수준에서 조직화하는 데에 효과적으로 활용될 수 있는 것이다.

이러한 물질적 조건에 착안해 라이더유니온은 서비스 연맹과 달리 특정 기업의 노동자들 대상으로 기업별 의제를 제시하기보다는 산재와 같은 산업별 의제를 초기 조직화 시에 제시하고 조직화를 수행해 나갔다. 특히, 대부분의 플랫폼들이 빠른 배달을 강조하고 다양한 방식을 통해 이를 강요하고 있는 상황 속에서 산재로부터의 보호받을 수 있는 제도적 장치들의 필요성은 대부분의 라이더들이 절감하고 있는 상황이었다. 물론 산업별 의제는 단기적인 이해관계를 보전해 주지 못하기 때문에 많은 배달 노동자들을 라이더유니온의 활동에 직접적으로 결합시키는 데에는 한계가 있었다. 하지만 라이더유니온은 도로라는 공적 공간에서 발생하는 산재를 개인적인 문제가 아니라 공적 문제로 전환함으로써 많은 언론·정부·시민 사회로부터 많은 사회적 관점을 이끌어냈고, 이를 바탕으로 경사노위와 같은 공적인 의사결정 과정에 개입하였다.

또한 라이더유니온이 공적인 공간에서 내는 목소리에 다른 사회 구성원들이 반응하는 것을 경험하는 것은 많은 라이더 및 조합원들에게 일종의 '사회적 인정'으로 받아들여졌다. 이를 바탕으로 느슨하지만 지속적인 지지를 배달 노동자로부터 확보할 수 있었던 것이다. 이처럼 라이더유니온은 상징적 권력자원을 효과적으로 구축함으로써 외부적으로는 제도적 장에서 의사결정 과정에 개입하는 동시에 내부적으로는 배달 노동자를 조직하고 조합원의 지속적인 참여를 이끌어 낸 것이다.

6. 플랫폼 경제 규제를 위한 다양한 전략들 √

본 연구는 배달 플랫폼 산업에서 서비스 연맹 배달 플랫폼 노조와 라이더유니온이 어떻게 배달 노동자들을 조직화하고 이들의 이해관계를 효과적으로 대변했는지를 분석하였다. 특히 배달 노동의 노동과정이 제공하는 상이한 특징을 활용하여 두 노조는 다른 방식의 이해대변 및 권력자원 구축 전략을 활용하였다. 우선, 서비스 연맹 배달 플랫폼 노조의 경우 배달 산업을 선도하고 있는 배달의민족의 자회사인 우아한형제들과 단체협약을 맺고 노동조건을 개선하는 성과를 내었다.

이러한 성공은 특정한 노동력을 자신의 플랫폼 내에 묶어 두려는 노동력 관리 방식을 서비스 연맹 배달 플랫폼 지부가 효과적으로 잘 활용한 데에 일정 정도 기인한다. 배민 라이더스와 같이 상대적으로 다른 배달 노동자들에 비해 플랫폼에 더 많이 종속된 배달 노동자들을 전략적으로 조직화하고 이를 바탕으로 우아한형제들과 단체교섭을 시도한 전략이 효과적이었던 것이다.

반면 라이더유니온은 독립 노조로서 제한된 역량을 바탕으로 배달 노동자 전반이 공감할 수 있는 산업별 의제를 설정하고 이를 미디어를 통해서 내부 및 외부 이해관계자에게 호소하는 전략을 활용하였다. 특히, 배달 플랫폼 간의 속도 경쟁이 배달 노동자에게는 산재라는 형태로 전가되는 상황 속에서 라이더유니온은 산재 문제를 공적 문제로 전환하였고 이를 해결하기 위한 제도 설계 과정에 적극적으로 개입하였다. 그 결과, 산재 관련 법제도 개선이라는 성과에 기여했을 뿐만 아니라 미디어 활동으로 인해 얻은 대내외적 정당성을 바탕으로 조합원 조직화에 필요한 유무형의 자원을 획득할 수 있었다. 그 결과 최근에는 가파르게 조합원 수가 증가하고 있으며 이를 체계적으로 관리하기 위해 조직 구조를 정비하고 있다.

배달 플랫폼 산업에서 서비스 연맹과 라이더유니온의 성공적인 활동은 플랫폼 산업에서의 노동운동에 시사하는 바가 크다. 첫째, 플랫폼 산업과 같이 노동이 표준화되고 노동자들의 이동성이 높은 산업에서는 산업적 수준의 의제가 조합원으로부터 지지를 쉽게 확보할 수 있다는 점이다. 따라서 플랫폼 산업별로 일이 수행되는 특성은 각기 다를 수는 있어도 산업 수준에서 공유되는 공통적인 의제를 찾는다면 이를 바탕으로 조합원을 조직화하고 정책적 의사결정 과정에 개입할 수 있는 전략을 수립할 수도 있다.

둘째, 본 연구는 플랫폼 산업에서도 단체교섭을 통해 사용자를 통제하고 노동조건을 향상시킬 수 있는 가능성을 제시한다. 약 지난 20년간의 특수고용 노동자들의 투쟁으로 인해 점차 많은 불안정 노동자들이 노조할 권리를 확보하고 있다. 이러한 배경하에서 라이더유니온과 서비스 연맹도 상대적으로 쉽게 공식 노조로 인정받을 수 있었다. 이는 노동조합이 플랫폼 노동자를 노동조합으로 효과적으로 조직화할 수 있다면 단체교섭이라는 제도적 틀로 플랫폼 기업을 끌어들일 수 있다면 플랫폼 기업을 단체교섭이라는 틀로 규율화할 수 있음을 시사한다. 즉, 단체교섭에 기반한 조직화 전략이 플랫폼 산업에서도 여전히 유효할 수 있는 것이다.

마지막으로, 주변화된 노동을 조직화하는 데 있어서 사회적 차별에 대해 저항하는 것이 중요한 요소 중 하나임을 알 수 있다. 많은 배달 노동자들이 사회적 차별을 경험하고 있기 때문에 자신의 직업을 정규적인 직업으로 생각하지 않고 일시적으로 종사하는 직업으로 생각하고 있다. 이처럼 낮은 직업 정체성은 노조 가입에 걸림돌로 작용하고 있으며 동시에 노조에 가입하더라도 적극적으로 활동하지 않는 요인이 되기도 한다. 라이더유니온과 서비스 노조가 조합원을 조직화하는 데 성공적이었던 것도 배달 노동자들이 겪는 사회적 차별에 대해 목소리를 냈기 때문이다. 마찬가지로 주변화된 노동력을 주로 활용하는 플랫폼 산업에서 사회적 차별에 저항하는 것은 인권 차원에서도 필요하지만, 노동자들을 조직하고 집단적인 힘을 발휘하는 데도 필수적일 수 있다.

가사서비스노동의 상품화와 노동자 이해대변의 변화

김진두 한양대학교 경영학과 박사과정 수료

1. 68년 만에 노동자가 되다 ✓

2021년, 가사서비스 노동자들은 68년 만에 노동자가 되었다. 가사서비스 노동자들이 2021년에 이르러서야 스스로를 노동자라고 주장할 수 있는 것은 아쉬운 현실이다. 하지만 이제라도 노동자라고 말할 수 있다는 점은 진전이기에 각별하다. 가사서비스 노동자들은 위장자영업자도 특수고용노동자도 아니었다. 골프장 캐디나 학습지 교사처럼 법원에서 근로기준법상 근로자는 아니지만 노동법상 근로자라는 판결을 받아 낼 수조차 없었다. 가사서비스 노동자들은 1952년 근로기준법의 적용범위에서 예외로 명시되어 있었기 때문이다. 하지만 2021년 '가사근로자

고용개선 등에 관한 법률'(가사서비스노동자법) 제정으로 가사서비스 노동자들은 노동자가 될 수 있었다.

현재 가사서비스노동자법이 가사서비스 노동자들에게 끼칠 영향을 평가하기에는 아직은 법의 시행 초기라 이르다. 다만 현재의 가사서비스 노동자법은 적용범위가 좁아 한계가 불가피하다는 지적들은 공통으로 모아지고 있다. 고용노동부 장관의 인증을 받은 인증기관에 고용된 노동자만 가사서비스 노동자로서 15시간 이상 노동시간 보장, 최저임금, 퇴직금, 사회보험, 연차, 휴가 적용 같은 근로기준법을 적용받는다. 인증기관 등록은 사업주의 선한 의지에 달려 있지, 의무가 아니다.

그럼에도 불구하고, 노동자가 될 자격조차 주어지지 않은 가사서비스 노동자들이 노동자가 된 법 개정은 그 자체로 의의가 크다. 역사적인 법 제정은 첫째, 가사서비스 노동자들의 이해대변단체이자 자조조직인 가사서비스 노동자 협회/협동조합의 역할이 컸다. 가사서비스 노동자들의 이해대변은 YWCA 같은 시민단체와 한국가사노동자협회, 전국가정관리사협회같이 협회와 협동조합 기능을 수행하는 자조조직의 역할이 컸다. 이들 세 단체는 '가사3단체'로 불리는데, 전체 시장에서 차지하는 규모는 작은 수준이지만 가사서비스 노동자들의 목소리를 대표해서 적극적으로 시장의 관행을 개선해 온 작지만 강한 조직이다.

둘째, 가사서비스 이해대변 단체들의 꾸준한 노력도 중요했지만 가사서비스 노동을 둘러싼 정치적 상황이나 사회경제적 환경의 변화도 중요했다. 가사서비스 이해대변 단체들은 오래전부터 가사서비스 노동자들의 근로기준법 적용을 주장해 왔다. 이러한 주장이 힘을 얻을 수 있었던 데는 정치권에서 ILO 협약 비준 문제가 본격적으로 논의되기 시작한 맥락이 있었다. 또한 가사서비스 플랫폼뿐만 아니라 배달 대행, 대리운전 등 플랫폼 기업들이 급격하게 성장하면서 플랫폼 노동자의 불안정한 노동조건에 대한 사회적 관심이 확대되었다.

특히 시장환경의 변화는 가사서비스 노동자 이해대변의 방향성을 좌우해 왔다. 1998년 외환위기 이후 남성생계부양자 모델이 약화되고 중장년 여성들의 가사서비스업으로의 진출이 증가하면서 협회와 시민단체 같은 이해대변단체들의 역할이 본격화되었다. 플랫폼 기업들이 등장하면서 가사서비스 노동의 상품화는 심화되었다.

이처럼 가사노동의 상품으로서 가사서비스업의 확대는 일하는 사람들에게 새로운 형태의 불안정성을 야기했으며, 노동단체와 시민단체 그리고 정부까지 시장이 만든 불안정화에 대응하기 시작한 것이다. 칼 폴라니(Karl Polanyi)가 자신의 저서 『거대한 전환』(1944)에서 시장과 사회적 보호 간 이중운동을 시계추로 비유한 것과 유사하다. 시계추의 힘이 시장으로 쏠리면 새로운 힘이 등장하여 시계추의 영역을 사회적으로 바로잡는다. 폴라니의 이중운동에 대한 은유는 신자유주의의 심화 과정에서 노동운동이 침체되자 노동운동의 재활성화 노력들이 증가하는 상황에서도 언급된다(Ibsen & Tapia, 2017).

본 장에서는 가사서비스 이해대변단체들이 그동안 노동자가 아닌 노동자인 가사서비스 노동자를 어떻게 대표해 왔고, 특히, 가사서비스 시장에서 플랫폼 기업이 등장하며 경제의 디지털화와 가사서비스의 상품화가 확대되는 상황에서 직면한 위기와 딜레마들에 다룬다.

본 장은 문헌자료와 면접자료에 기반한 사례연구를 진행했다. 학술 논문, 정책연구보고서 등 선행 연구뿐만 아니라 신문기사와 당사자 기고글 같은 문헌자료를 통해 가사서비스 시장에 대한 전반적인 흐름과 사실관계, 종사자들의 노동 실태를 확인했다. 가사단체의 주요 이해관계자에 대한 면접조사를 통해서는 주요 관계자들이 가사서비스 시장의 문제를 바라보고 대응하는 방식을 구체적으로 이해하고자 했다.

면접조사는 2020년 말에서 2021년 중순까지 한국가사노동자협회 소속 임원 3인, 조합원 1인, 전국가정관리사협회 전현직 임원 3인, 직업소개소 대표 1인 등 8명을 대상으로 진행되었고, 면접 소요시간은 짧게는 1시간 반 정도이며 길게는 2시간 15분 정도다. 가사서비스노동자법 제정이나 가사돌봄유니온 결성 등 최근 제도 변화를 파악하기 위해 2022년 10월과 2023년 10월엔 부분적으로 추가 면접을 진행하기도 했다.

본 글은 우선적으로, 가사서비스 노동의 역사와 실태를 살펴보고 최근의 변화 및 동향을 확인한다. 가사노동자들의 대안적 이해대변이 어떻게 자리 잡았으며 플랫폼화 국면에서 어떠한 도전에 직면하고 있는지, 분투하고 있는지 다루고자 한다. 마지막으로 최근의 변화와 함의를 제시한다.

2. 가사서비스 노동자는 누구인가? √

가사서비스 노동을 정의하기란 쉽지 않다. 우선 가사노동과 가사서비스노동이 다르다는 점을 지적하고자 한다. 가사노동은 가정을 꾸리는 과정에서 동반되는 노동으로 집안청소, 요리, 설거지, 세탁, 자녀

돌봄 등을 포괄한다. 한편 가사서비스 노동은 가사노동을 타인의 집에서 서비스로서 제공하는 노동이다. 서비스를 제공한다는 것은 서비스 제공을 대가로 상응하는 보상을 받는다는 것이다.

예를 들어, IT기업에 다니는 여성노동자는 IT노동자이면서 집에서 가사일도 도맡아 하는 가사노동자일 수 있다. 한편, 가사서비스 노동자는 가사서비스를 노동으로 제공하면서도 집안에서 가사일도 하는 가사서비스 노동자이자 가사노동자다. 물론 가사노동과 가사서비스 노동을 여성이 해야 한다는 법은 없지만 부당하게도 사회문화적 규범은 여성에게 가사노동 부담을 전가하고 있으며 가사서비스 노동자도 여성노동자가 집중되어 있다.[1]

본문에서 보려는 가사서비스 노동자가 포괄하는 범위의 가사노동 또한 다양하다. 가사서비스 노동은 크게 말하면 집안 청소, 아이돌봄, 산후관리, 간병노동자까지 포괄한다. 하지만 좁게 말해서 가사서비스 노동자는 집안의 정리와 청소 업무를 담당하는 노동자다. 대리주부, 미소, 청소연구소 등 대중적인 플랫폼이 진출한 영역도 홈클리닝으로 집안정리와 청소에 집중되어 있다. 또한 YWCA 같은 시민단체와 가사서비스협회들이 대표하는 노동자들도 주로 홈클리닝에 집중되어 있다.

---

1 본문의 서술에 입각해서 보면 가사노동과 가사서비스 노동은 분명 다른 개념이다. 다르게 말해, 자신의 집안에서 가사노동과 서비스 제공으로서 가사노동이 다르다고 할 수 있다. 하지만 현실에서는 가사노동에 대해 가사노동자와 가사서비스 노동이라는 용어를 구분해서 사용하기보다 두 용어가 혼재되어 사용된다. 가사서비스 노동자 협회/협동조합도 명칭이 '한국가사노동자협회' 및 '한국가사노동자협동조합'이며 가사서비스노동 대신 가사노동이라는 표현도 빈번하게 사용한다. 본문에서는 서비스 제공으로서 가사노동을 강조하기에 가사서비스 노동으로 표현했지만 고유명사나 녹취 기록 등에서 가사노동이라는 표현이 사용된 경우 수정하지 않았다.

따라서 본 장의 논의는 좁은 의미의 가사서비스 노동자에 한정한다.

3. 가사서비스 노동시장의 현황과 문제점 √

가사서비스 노동자들의 고용형태 혹은 계약형태에는 몇 가지 유형이 있다. 첫째, 가장 대중적인 방식으로 직업소개소가 고객과 가사노동자를 중개하는 방식이다. 직업안정법이 규율하는 영역으로 고용노동부 인증을 받은 중개기관이 고객과 가사서비스 노동자를 중개하는 것이다. 하지만 직업안정법이 규율하는 인증된 중개기관 외에도 무허가 직업소개소가 비공식적으로 가사서비스 노동을 중개하는 사례가 많다고 알려져 있다.

둘째, 중개기관이 영리기관이 아닌 비영리기관인 경우다. YWCA 같은 기독교 시민사회단체부터 한국가사노동자협회와 전국가정관리사협회 같은 협회이자 협동조합으로 가사서비스 노동자의 이해대변을 지속해 온 단체들도 가사서비스 노동을 중개한다. 셋째, 플랫폼 기업이 가사서비스 노동자와 고객을 중개하는 유형으로, 가사서비스 노동자들은 앱에 등록하고 스마트폰앱을 통해 가사서비스 노동자와 고객이 매칭되면 거래가 성사되는 방식이다. 마지막으로, 가사서비스 노동자를 구할 때 개인 인맥을 통해 일할 사람을 찾고 일당을 주는 비공식적인 방식이 동원되기도 한다.

가사서비스노동자법이 제정된 만큼, 직접고용되는 근로기준법상 노동자들도 향후 등장할 가능성이 높다. 하지만 정부인증 가사서비스에 대해 소개하는 페이지인 '가사랑'[2]을 통해 확인하면 2024년 1월 기준 인증기관은 76개소에 불과하다. 이들 중 다수는 비영리단체인 협동조합으로 가사서비스노동자법 제정 이후에도 직접고용이 시장의 관행으로 자리 잡았다고 볼 수는 없다. 특히 가사서비스 노동자 보호에서 사회적 논란으로 부상한 플랫폼 기업의 경우 대리주부앱을 운영하는 홈스토리생활만 인증기관 등록을 진행했으며, 그마저도 홈스토리생활의 모든 노동자가 아닐 플랫폼에 가입한 노동자를 제외한 소수의 직접고용 노동자다. 노동자 다만 지주회사와 유한회사 같은 일부 영리기업들의 인증이 조금씩이나마 증가하는 추이는 긍정적인 부분이다.

이처럼 가사서비스 노동시장은 비공식적 성격이 강해 규모조차 파악이 어렵다. 2020년 기준 지역별고용조사에서 가사노동자의 규모는 13만 7천여 명이지만 과소 추계에 대한 지적이 있다. 고용정보원에서 플랫폼 노동자만 추산한 경우 가사청소돌봄 서비스 노동자는 8만여 명이었다(김준영, 2020). 한편 박은정은 2019년 글에서 기존 실태조사를 종합하여 가사노동자가 2017년 기준 25만 명가량이며, 이 중 플랫폼 노동자는 2만 7천여 명 정도로 직업소개소 중심 노동시장이 지배적이라고 보았다(박은정, 2019).

전체 경제활동인구를 고려하면 가사서비스 노동자들의 규모가 작은 것은 분명하다. 하지만 플랫폼경제가 심화되는 과정에서 대표적인 중장년 여성의 노동으로서 가사서비스 노동에 대한 주목은 필수적이다.

---

2   https://www.work.go.kr/gsrnMain.do

지역기반 플랫폼 노동은 성별 직종 분리가 강하게 나타나는데, 배달 대행과 대리운전 기사 같은 남성이 집중된 노동뿐만 아니라 가사서비스 같이 여성이 집중된 노동에 대한 주목도 필요하다.

이들 가사서비스 노동자들은 근로기준법 적용 대상에서 예외에 있었기에 사회보장제도에서 배제되었다. 또한 가사서비스 노동자의 낮은 사회적 지위를 이용한 고객의 인권침해도 빈번했는데, 가사노동자들은 폭언·폭력·성폭력 같은 정신적·물리적 위협에 노출되기도 했다. 또한 플랫폼 기업이 등장하면서 불안정성과 같은 새로운 사회적 위험을 경험하기 시작했다.

4. 가사서비스 노동의 역사 √

가사서비스 노동은 전근대적인 노동으로 출발해서 상품화 과정을 경험했다. 모든 노동은 자본주의 발전과 함께 상품화되었지만 가사서비스 노동은 상품화 과정이 산업화 속도에 비해 늦은 양상이 두드러지며, 상품화에도 불구하고 사회적 보호는 진전되지 않는 양상이 두드러졌다.

가. 전근대적 노동으로서 가사노동

가사서비스노동은 전통사회부터 존재해 왔는데 근대화 이후에도 노동이 되지 못하고 비공식 노동에 머물고 있다. 전근대 시기 가사서비스 노동자는 고위신분층 집안에 하인이라는 이름으로 존재했다. 신분제 사회에서 신분에 맞는 역할을 수행한 것으로 근대적인 노동은 아니었다. 노동은 노동력 제공을 대가로 임금을 지불받는 과정이기 때문이다.

현대 한국에서는 산업화가 진행되면서 농촌에서 도시로 이주한 10~20대 여성들이 식모나 가정부라는 이름으로 도시 중산층 이상 가정집에 거주하며 집안에서 가사일을 도맡기도 했다. 가사일이 여성이면 누구나 할 수 있는 일이라는 편견 때문에 임금이나 보상 자체를 수령받지 못하는 경우가 다수였다. 당시 가사서비스 노동자들은 가정집에서 수양딸이라는 이름으로 존재하면서, 가사서비스 제공의 대가에 대한 지불은 성인이 되어 결혼할 시기에 결혼 비용 정도를 지급받고 마무리되기도 했다(김원, 2002; 강이수, 2009).

나. 직업으로서 등장한 가사노동

가사서비스 노동이 직업의 영역에 등장한 것은 1970년대부터 시민사회단체인 YWCA가 하층 기혼여성의 전문성을 증진하기 위해 파출부로 식모나 가정부를 대체하려 시도에서 비롯되었다(강이수, 2009). YWCA 산하 주부교실중앙회와 중앙가정상담소에서 여성 노동자들을 교육하고 가정으로 파견하기 시작했다. 파출부는 식모나 가정부와 다르게 임금노동이었다. 출퇴근 시간 규정을 준수하고 노동을 대가로 임금을 지급받는 등 노동규칙과 규제체계의 지배를 받기 시작했기 때문이다. 여성의 노동시장 참가와 핵가족화에 따른 아파트 거주 확산이 맞물리며 식모와 가정부를 파출부가 점차적으로 대체하게 된 것이다(강이수, 2009; 이혜경, 2004). 한편, 파출부의 등장은 가사서비스 노동이 임금노동으로 등장했다는 점에서 가사서비스 제공이 노동력으로서 상품 제공화된 것을 의미한다.

당시 파출부의 확대에는 크게 두 가지 이유가 있었다고 진단된다. 첫째, 가사일이 여성의 일이라는 고정적 편견으로 노동시장에 진입하기 시작한 여성 노동자들은 임금노동과 가사노동의 이중부담에 노출되었다. 따라서 여성의 사회 진출 확대는 가사서비스 시장 수요의 확대와 연결되었다. 둘째, 핵가족화가 진행되면서 아파트와 같은 집단시설에 거주하는 경우 식모나 가정부의 거주는 부담으로 작용했다. 따라서 사회문화적으로도 가정부가 아닌 파출부를 선호하게 하는 조건들이 구성되었다.

가사서비스 노동은 외환위기 이후 영리 직업소개소의 중개를 중심으로 두드러지게 증가했다. 가사서비스 노동이 상품으로서 본격적으로 확대된 결정적 계기는 경제위기였다. 1998년 외환위기를 기점으로 남성생계부양자 모델이 약화되기 시작했기 때문이다. 외환위기 당시는 저학력·저숙련 중장년 여성 전업주부들도 가구의 생활을 유지하기 위해 노동시장에 진입해야 하는 불가피한 상황이었다(최영미 외, 2011). 특히 가사일은 여성의 일로 사회적으로 고착되어서 여성 전업주부들은 주부 경력을 이용하여 노동시장에 진입했다. 경제위기로 인한 시장압력 강화는 상품으로서 노동력이 확대되는 계기였다고 할 수 있다. 가사서비스 노동자들의 이해대변단체인 협회들도 이 시기를 즈음으로 출발했다고 볼 수 있다.

다. 플랫폼화와 가사노동자

경제위기가 가사서비스 노동을 상품으로서 확대시켰다면 정보통신 기술의 발전 같은 기술 혁신도 가사서비스 상품화와 시장화의 결정적 원인 중 하나였다. 가사서비스 시장의 새로운 변화는 인터넷과 스마트폰의 대중화 맥락에서 이루어졌다. 스마트폰을 중심으로 하는 앱 기반 플랫폼이 진출하기 이전에도 가사서비스 거래에 웹사이트를 중심으로 한 가사서비스 노동자 인력 구인 시장이 존재했다. 실제로 2000년대 후반부터 웹사이트를 중심으로 음식, 청소, 수리 등 홈매니지먼트 용역회사가 빠르게 성장하기 시작했다(김종진 외, 2020). 스마트폰이 대중화된 이후인 2010년대 중반부터 앱을 중심으로 하는 플랫폼 기업들이 가사서비스 시장에서 영역을 개척하기 시작했다.

가사서비스 시장에서 대표적인 플랫폼은 대리주부, 미소, 당신의집사, 청소연구소, 단디헬퍼 등이다. 이 중 이용자 수를 기준으로 대리주부, 청소연구소, 미소가 3대 업체로 평가받는다. 대리주부는 인터파크가 출자한 사내벤처기업으로 세 업체 중 가장 초기에 가사서비스업에 진출했다. 2009년 인터파크가 출자한 자회사인 홈스토리생활이 가사서비스 시장에 진출하면서 대기업들의 진출 또한 시작되었다. 인터파크는 2010년대 초반 직업소개소와 가맹계약을 통해 인력을 연계받아 가사서시비스 노동자를 고객과 중개하며 사업 영역을 넓혀 갔다. 현재는 스마트폰앱 개발을 통해 플랫폼을 통한 가사노동자와 고객의 직접 매칭도 함께 이용하고 있다. 이후 청소연구소는 카카오의 계열사로 출범할 예정이었지만 시장독점 논란으로 카카오가 스타트업에 투자하는

방식으로 시작했다. 미소는 다국적기업이 투자한 스타트업이 개발하여 빠르게 성장했다.[3]

가사서비스 플랫폼의 매칭 유형은 크게 세 가지다. 첫째, 고객이 가사서비스를 요청하면 플랫폼이 지역의 오프라인 직업소개소를 통해 가사노동자를 공급받고 고객에게 파견하는 방식이다. 둘째, 온라인 플랫폼에서 고객이 가사서비스를 요청하면 플랫폼에 가입한 가사노동자가 알고리즘이 전달한 고객의 요청들을 직접 확인하고 선택해서 일하는 방식이다. 가사서비스업의 주요 플랫폼인 미소, 대리주부, 청소연구소 등에서 활용하는 방식이다. 다만 대리주부는 두 가지 방식을 병행하고 있으며 미소와 청소연구소는 플랫폼을 통한 고객과 가사노동자의 직접 매칭 같은 두 번째 방식을 이용하고 있다. 셋째, 당근마켓, 숨고 같은 직거래형 플랫폼에서 고객과 가사비스 노동자가 직접 소통하며 매칭이 이루어지는 경우다. 고객이 가사서비스의 요청글을 올리면, 가사서비스 노동자들이 댓글 형태로 견적서와 업무계획을 제시한다. 고객은 특정 가사서비스 노동자에게 거래를 제안할 수 있으며, 가사서비스 노동자도 거래조건에 대해 협상할 수 있다. 숨고와 당근마켓 같은 직거래 플랫폼에서도 이루어지며 가사서비스만 직거래할 수 있는 전문 플랫폼 기업인 단디헬퍼 같은 기업이 있다.

플랫폼 기업이 등장한 이후 가사서비스 노동시장은 직업소개소가 관

---

3 한편 이들 플랫폼 기업은 고객과 관리사 확보 과정에서 과도한 출혈경쟁을 벌이기도 했다. 이러한 재정적 문제를 보완하고 서비스 확장에서 시너지 효과를 누리기 위해 서비스를 가사서비스에 한정하지 않고 인터넷 설치, 정수기 렌탈 등 가정 내 다양한 서비스로 확대하며 사업을 다각화하고 있다.

할하는 영역과 플랫폼 기업이 관할하는 영역으로 구분된다. 유의할 점은 플랫폼 기업이 직업소개소가 관할하는 시장을 파괴하고 대체하지 않았다는 것이다. 직업소개소가 관할하는 시장은 정기형 고객이 중심인 반면, 플랫폼 기업이 관할하는 시장은 일회성 고객이 다수이다. 플랫폼 기업은 앱을 통해 가사서비스 이용의 진입장벽을 낮추었는데, 이로 인해 평상시 가사서비스를 이용하지 않던 고객들도 일회적으로 플랫폼을 통해 가사서비스 노동을 이용하기 시작한 것이다.

다만 정기성 고객의 경우 직업소개소를 통한 매칭이 지배적인데, 인증된 직업소개소의 경우 인력에 대한 관리가 비교적 철저하기 때문이라고 했다. 예를 들어 압구정동 같이 부유층이 많이 거주하는 지역에서는 장기간 정기적으로 가사서비스 노동자를 이용해 왔는데, 직업소개소의 고객 매칭에서의 노하우와 서비스 품질관리 역량을 경험했기 때문에, 단속적인 거래로 서비스 품질 수준이 불확실한 플랫폼 기업이 진출하기 어렵다고 했다.

"지금 압구정동 같은 경우에는 플랫폼이 힘을 못 써요. 기존 옛날부터 써 왔던 사람들은 직업소개소를 택했던 사람들을 한 번 봤기 때문에. 그리고 그 사람들은 그 집이 어떻다는 거를 사업자들이 너무 잘 알잖아요. 두말 안 해도 거기에 맞는 사람들을 보내 주기 때문에, 압구정동 같은 경우 플랫폼이 전혀 통하지 않아요."

− C1. 영리 직업소개소 대표

그런 점에서 플랫폼 기업이 가사서비스 노동시장에서 '일회성 서비스'라는 새로운 수요를 개척한 것은 사실이다. 또한 플랫폼 기업들은 가사서비스 노동시장에 진출하는 과정에서 수차례 협동조합 관계자 등 이해관계자와 면담하면서 종사자들에게 긍정적인 관행을 수용하기도 했다. 가사서비스 협동조합의 활동 중 하나는 가사서비스 노동자의 서비스직으로서 전문직업화 캠페인이었는데, 플랫폼 또한 소속 가사서비스 노동자의 전문성을 강조하고 있다. 실제로 플랫폼은 초기에 가사서비스 노동자의 교육훈련 지원에 적극적이었다.[4]

그럼에도 불구하고 디지털 플랫폼의 등장으로 가사서비스 노동자들은 과거와 다른 새로운 사회적 위험에 직면하게 되었다. 이상아와 유다영의 연구는 플랫폼 노동자들이 직면하는 새로운 사회적 위험을 ① 고용 불안정, ② 소득 불안정, ③ 비가시적 노동의 증가, ④ 감시와 개인정보 침해, ⑤ 신체적 · 정신적 위험으로 유형화했다(이상아 · 유다영, 2021). 예를 들어 디지털 플랫폼이 등장하면서 가사서비스업에서 일회성 고객 수요가 증가하기 시작한 점이다. 종래에 가사서비스를 이용하지 않던 고객도 필요한 경우 간헐적으로 1~2회 서비스를 받는 일이 증가한 것이다. 일회성 고객이 새롭게 등장한 부분은 새로운 시장 수요를 창출한 측면이 존재하나, 종사자 입장에서는 고용 불안이나 장시간 노동, 과잉서비스 유도로 이어지는 문제가 발생되고 있다. 한편, 장기적으로 직업소개소의 영역이 대폭 축소되고 거대 플랫폼 기업의 지배력

---

4 뒤이어 설명하겠지만, 가사서비스 노동자 협동조합들은 고객과 이용약관에서 가사서비스 노동자들에 대한 교육훈련을 통한 전문직업화를 강조해 왔다. 고객과 이용약관에서도 이모, 아줌마가 아닌 직책인 '관라사님'이라고 부를 것을 명시하고 있다. 이는 플랫폼 기업들이 '매니저' 등의 호칭을 사용할 것을 권하는 것과 유사하다.

이 강화될 것이라는 예측도 설득력을 얻고 있다. 그런 점에서 가사서비스 노동자의 사회적 고립 증가와 새로운 불안정성은 새로운 과제를 제기한다.

5. 가사서비스 이해대변의 주요 특성 √

가. 가사서비스 이해대변단체의 개략적인 역사

외환위기 이후 대량실업이 본격화되자 노동계 중심으로도 실업자 운동 단체들이 출범했다. 실업자 지원 단체가 모태가 되어 가사서비스 노동자 협동조합인 한국가사노동자협회와 전국가정관리사협회가 창립되었다. 두 조직은 2012년 협동조합 기본법 제정 이후에는 수익 구조를 개선하기 위해 사회적 협동조합으로의 전환 절차를 거쳤다. 이들은 조합원에게 고용 알선 서비스뿐만 아니라 체계적인 교육훈련 제공, 공제회와 자조모임을 제공하면서 가정/가사관리사의 직무 적응을 조력할 뿐만 아니라 직무 만족도를 높여 주고자 한다. 두 단체와 YWCA는 가사3단체로서 ILO 협약 85호 비준 운동을 벌이며 가사서비스 노동자들의 근로기준법 적용을 위한 정치 캠페인을 진행하기도 했다. 최근 가사근로자법이 제정되면서 소기의 목적을 달성했다.

한국가사노동자협회는 전국가정관리사협회는 현재 가사서비스를 제공하는 사회적 협동조합의 연합조직이다. 협회 차원에서 사무국이 있고 조합원이 참여하는 월례회 등을 통해 조직적 결정들이 만들어지고 있다. 사무국은 보통 현장의 목소리를 체계적으로 요약하고 집행하는 과정을 지원하며, 고용알선 업무를 통해 노동자에게 일감을 제공한다.[5]

1) 한국가사노동자협회

한국가사노동자협회의 전신 단체는 1998년 설립된 전국실업극복단체연대의 전국여성일용사업단 우렁각시이다. 외환위기 이후 대량실업이 발생하면서 일자리 창출의 필요성을 절감하며 실업자 단체들이 만들어졌다. 하지만 당시 여성일용사업단 관계자들이 보기에 기존 실업문제에 대한 대응은 은행원이나 건설노동자 등 실업 남성 위주의 일자리 창출에 치우쳐져 있었다. 이에 한국가사노동자협회 초동주체들의 문제의식은 대량 실업으로 남성생계부양자 모델이 취약해지면서 여성들의 경제활동 참가가 증가했는데, 별다른 대안들이 구축되지 못했다는 것이었다. 당시 중고령 여성들은 평균 학력도 낮았고 경력 단절이라고 부르기에도 일자리 경험조차 부족했다. 이들은 주부 일을 오래 경험한 만큼, 이들이 익숙하게 할 수 있는 일을 가사·돌봄 업무로 판단했고 여성 구직자에게 가사서비스 교육을 제공했다.

한편 2000년대 초반 서울과 경남 지역에서 가사서비스 노동자 노동

---

5 이들 조직은 실업자 지원단체에서 직업협회로 발전했다. 협동조합기본법이 제정되면서 조직의 활로를 모색하기 위해 협회 산하에 프랜차이즈 법인과 협동조합을 설립하는 절차를 거쳤다. 재정상의 한계로 협회가 협동조합으로 전환하기보다 협회조직을 유지하면서 협동조합을 별도로 설립하는 절차를 거쳤다. 본문에서는 협회와 협동조합을 맥락에 맞게 혼용하여 사용했다.

조합 조직화를 추진했으나 약 1년 만에 별다른 성과를 거두기 어렵다고 판단했다. 사용자가 직업소개소의 사장인지, 아니면 업무를 지시하는 지도 모호했기에 노동조합의 틀을 우회할 고민을 하게 되었다. 비슷한 문제의식을 가지고 있었던 실업단체들은 네트워크로 연결되어 있었는데, 이후 협력하여 한국가사노동자협회 우렁각시를 창립하게 되었다.

단체 설립 취지는 일하는 여성들의 자조모임과 고용안정 보장, 법적 보호 방안 마련 등을 진전시키기 위함이었다. 한국가사노동자협회 중앙 수준에서는 가사서비스 노동자가 4대 보험에 가입이 제한되면서 산재나 실업 등 사회적 위험에 직면하는 경우 공제회를 통해 이러한 리스크를 방지하고자 했다. 하지만 지부별로 공제회 등의 기능이 없고, 교육훈련 제공과 운영과정에 조합원 참여만 활성화되어 있는 지부도 있다.

협동조합기본법이 제정된 이후 협회 산하에 사회적 협동조합 설립과 프랜차이즈 사업을 통해 협회가 만들어 온 좋은 노동 관행을 전국적으로 확산시키고자 시도했다. 이어서 플랫폼협동조합 실험을 진행했고, 최근에는 가사돌봄유니온 설립을 주도했다. 협회 산하의 여러 기관 간 분업화와 체계화가 진행 중인 상황이다.

한국가사노동자협회 소속기관들은 가사서비스 이외에도 정부의 바우처 사업을 통해 산후관리, 아이돌봄 등 가사서비스뿐만 아니라 돌봄서비스까지 광범위하게 제공하고 있다. 그런 점에서 재정 구조는 상대적으로 안정적이다. 하지만 이들 단체도 플랫폼 진입 이후 회원과 고객 수에서 정체를 겪고 있다. 플랫폼화의 진행에 따른 노동의 불안정화 양상을 두고 프랜차이즈 사업모델 추진과 플랫폼 앱을 개발한 시도는 향후 주목할 여지가 크다. 또한, 결론에서 간단히 언급하겠지만 가사서비스노동자법 제정 이후 변화에 대응하기 위해 가사돌봄유니온 같은 노동조합을 설립을 주도하고 조직적 체계를 새롭게 정비했다.

2) 전국가정관리사협회

전국가정관리사협회는 한국여성노동자회라는 여성 노동 대변 시민단체 소속으로 출발했다. 한국여성노동자회는 1988년 출범한 시민단체로 기존 노동운동에서 여성 노동자들이 목소리를 내기 어려운 구조와 여성 노동자들의 활발한 노동운동 참여에도 불구하고 남성 노동자의 목소리 위주로 강조되는 현실에 대응하여 출범했다.

한국여성노동자회는 외환위기 당시에 고용노동부 자활사업을 위탁받아 수행하면서 가사·돌봄 노동자의 취업을 알선했다. 자활사업 지원이 마무리될 무렵 안산 지역의 자활센터를 중심으로 협회 결성 움직임이 나타나기 시작했다. 자활사업은 차상위 수급자를 대상으로 하는데, 대상을 확장해 보다 많은 여성 노동자들에게 교육훈련, 취업 알선 서비스를 제공하기 위해서였다. 이들은 자활사업 종료된 이후 전국가정관리사협회를 2004년 설립했다.

전국가정관리사협회는 전국 7개 지부로 창립되었고 12개 지부로까지 조직이 확대되었다. 하지만 가정관리사협회는 재정 사정이 악화되면서 대부분의 지부들이 해산 절차를 거치거나 탈퇴했으며 중앙사무국이 폐지되고 안산지부로 흡수되었다.

전국가정관리사협회는 과거에는 가사서비스뿐만 아니라 보육, 간병 서비스 등을 제공해 왔다. 하지만 여성가족부에서 아이돌보미 사업에 대한 바우처 제도를 실시하면서, 가사서비스를 제외한 영역의 수요가 감소하기 시작했다. 이에 따라 가사서비스만으로 조직을 유지하기 어려워졌고, 협동조합과 사회적 기업 설립 절차를 통해 지자체의 사업을 수주하는 방식으로 재정난을 극복하고자 했다.

현재는 안산과 광주에서만 사회적 협동조합이 운영되고 있다. 안산의 경우 경기도나 안산시로부터 펀딩을 받아 취약계층에게 소독 방역 업무나 독거노인 대청소 사업 등을 수주하면서 발생하는 보조금으로 운영하고 있다. 대부분의 지자체에서는 실무 행정 인력의 부족으로 안산과 광주처럼 보조금 사업을 유지하기 어려운 상황에서 해산 절차를 거쳤다.

나. 주요 이해대변 활동

1) 조합원 교육훈련을 통한 전문성 향상

협동조합의 공통적인 특징 중 하나는 가사서비스 노동자를 하나의 직업으로서 인정받도록 하면서 구성원의 전문성과 자부심을 고취시키는 일이다. 협동조합은 가사서비스가 타인의 집안에 방문하여 청소 서비스를 제공하는 만큼, 단순히 자신의 집안을 청소하는 일과 다른 전문적인 서비스라고 강조하며, 노동자들에게 체계적인 교육훈련을 제공한다. 특히 이들은 가사서비스 노동자를 아줌마, 이모, 여사님 등의 호칭보다 '관리사'라는 호칭으로 부를 것을 강조해 왔다.

먼저, 교육훈련을 보면 한국가사노동자협회와 전국가정관리사협회 모두 가입 자격 조건으로 교육 훈련 이수를 의무화하고 있다. 교육은 크게 초기 교육과 보수 교육으로 구분된다. 교육의 취지는 가사서비스 업무 또한 타인에게 제한된 시간에 서비스를 제공하는 것이기 때문에 직업으로서 수행해야 한다는 것이다.

"교육은 아무래도 우리가 집에서 아무리 하던 일이라도, 나가면 남의 집이니까 서툴잖아요. 그리고 또 인제 이런 일보다도 또 고객하고의 그, 저거를, 뭐라고 그럴까. 그게 참 중요한 것 같아요. 이거는, 내가 아무리 일을 잘해도 쉽게 말하면 고객하고 궁합이라, 그러나 그게 안 맞으면 캔슬이 될 수가 있어요."

– B3, 전국가정관리사협회

초기 교육의 내용은 노동자가 업무 적응에서 겪는 어려움을 방지하고 고객에게 양질의 가사서비스를 효과적으로 제공하기 위한 내용으로 구성되어 있다. 입회 교육에서는 고객에게 서비스 제공자로서 친절하게 응대하는 방법부터 서비스 제공 시간인 4시간 안에 주어진 업무를 효율적으로 마무리하는 방법을 가르친다. 이러한 교육은 강의실 교육과 실습 교육 형태로 진행된다. 구체적으로 화장실이나 거실, 방별로 구체적인 청소 방법에 대해 교육한다. 이러한 고객 응대 과정에서 낯선 집에서 청소 업무를 보며 고객과 호흡을 맞춰 나가는 방법부터 고객을 대응하는 경우 인사말이나 복장 관리를 주지시킨다. 약관상 제공되지 않은 서비스를 거부할 때 고객을 설득하는 노하우 또한 알려 준다.

"제공되지 않는 서비스에는 이런 게 있다, 설사 고객이 해 달라고 하면 고객님한테 말씀을 잘 드려서 오해가 없도록 해라, 의사소통을 잘해라, 이렇게 하거든요. 그런데 이제 가끔, 말 그대로 옛날 어르신들은 다 손으로 닦았잖아요. 그러니까, '할머니 방만 손으로 좀 닦아 주세요.' 이런 분도 나오거든요. 그래서 한 번은 닦을 수 있지만 다음부터는 손으로는 안 닦으니까 밀대로 닦아 드리겠습니다, 이렇게 하고 한 번 정도는 닦아 준 적도 있어요. 어르신이 말하는데 완강하게 거부할 수는 없으니까. 그렇게 해서 고객을 이해시켜야 하는 거죠."

– A3. 한국가사노동자협동조합–지역

"관리사님들이 직업인으로서, 갖춰야 될 자세, 에티켓 이런 것들도 기본적으로 했었는데. 뭐 예를 들자면, 이런 것까지 했어요. 뭐 그 집에 방문했을 때 인사말이라든지. 처음 고객을 응대하는 뭐 예의라든지. 아니면 옷차림을 뭐 어떻게 해야 된다든지. (중략) 화장실이면 화장실, 주방이면 주방, 방이면 방, 이렇게 해 가지고. 그 구체적으로 그렇게 하고."

– B2. 전국가정관리사협회

보수 교육은 가사서비스 현장에서 새로운 업무에 대응하는 방법을 가르친다. 보수 교육은 개인의 라이프스타일이 빠르게 변화하기 때문에 가사서비스 노동자들도 고객의 수요에 적응하여 서비스를 제공할 의무가 있다고 보기에 진행되고 있다. 이러한 보수 교육은 주로 월례회의를 기반으로 진행된다. 두 가사서비스 노동자 협동조합 모두 조합원들은 월례회의 등 의사결정 과정에 참여해야 할 의무가 있다.

"플랫폼 노동시장과 다른 점 같은 경우는 회원들한테 교육을 되게 많이 시켜요. (중략) 교육장에 모여서 서로 힘들었던 점, 서로 소통하고 이야기도 하고, 그런 다음에 본인들이 어, 청소했을 때 이렇게 하니까 너무 일이 잘돼, 자기만의 노하우를 이렇게 회원들 앞에서 발표도 하고, 회원들이 그런 것들을 하고 있는 거죠."

- B1. 전국가정관리사협회

월례회의에서는 조합원들이 가사서비스 노동 현장에서 겪는 어려움을 공유한다. 고객 문제로 인한 고충뿐만 아니라 고객의 라이프스타일 변화로 업무 과정에서의 어려움을 공유하고 이에 대한 집단적인 학습 과정을 통해 해결법을 모색해 간다. 예를 들어 신규 전자제품이 출시될 경우 사용법에 대해 혼란을 겪을 수 있다. 따라서 관련 제품을 먼저 다뤄 본 관리사가 동료 관리사에게 방법을 가르쳐 주기도 한다.

최근에는 반려동물 가구가 늘어나면서 반려견·반려묘에 대응하는 정기교육프로그램이 신설되었고, 집주인의 낯선 가사서비스 노동자를 만난 반려견에 대한 걱정을 완화시키고 가사서비스 노동자에게 일어날 수 있는 사고를 방지하고 있다.

"알레르기가 있다거나 너무 거부감 있으신 분은 서비스를 못 가지만, 나름대로 있어도 괜찮아, 좋아하지는 않아도. 이런 분들을 위해서 저희가 작년에 반려견 교육도 했어요."

- A3. 한국가사노동자협동조합-지역

"그 '전자제품의 이해'라고 있어요, 그렇죠. 그리고 건조기가 있어요. 예전에는 그런 거 없었거든? 근데 선생님 못 다루잖아. 그래서 저희가 그런 거 해서, 교육시키고. 그런 게 보수 교육이라는 거지. 저희는 철저하게 교육, 교육은 잘 시킵니다."

— A2. 한국가사노동자협동조합-지역

이처럼 유사한 사례가 축적되어 일괄적인 교육이 필요한 경우 별도의 교육과정을 새롭게 신설하거나 매뉴얼화해서 체계적인 교육을 제공하기도 한다. 대형 직업소개소에서 교육을 제공하는 사례는 있으나 대부분의 직업소개소는 영세하기 때문에 교육 프로그램을 제공하기 어렵다고 한다. 대신 직업소개소는 과거에 고용 중개 과정에서 축적한 고객-노동자 간 업무 조율 자료를 가지고 노동자를 심사하고, 정기고객과 소통하면서 고객-노동자 간 구체적인 업무 내용과 지시사항, 불만이나 애로사항을 조율한다.

플랫폼 또한 입회 자격으로 교육을 제공하나 업무 과정에서 구체적인 피드백은 제공하지 않고 고객의 별점 평가나 짧은 평으로 이를 대신한다. 따라서 플랫폼 노동자는 상대적으로 업무 과정을 스스로 익혀야하며, 이에 어려움을 겪어 부정적인 평가가 축적되면 도태된다. 최근플랫폼 기업에 또한 가사서비스를 제공하는 매니저에 대한 교육 제공을 강점을 내세우고 있지만, 최근에는 오프라인 교육을 줄이고 교육시수를 최소화하는 상황들이 벌어지고 있다.

"또 하나, 플랫폼으로 들어가는 관리사님들은요, 그렇게 우리처럼 이틀 동안 10시간 교육 안 시켜요. 조금 짧게. 그렇다고 해서 그분들이 일을 못하는 건 아닌데, 조금 짧게 해서 하루 사이에 교육시켜서 내보내더라고요."

- A3. 한국가사노동자협동조합-지역

그런 점에서 플랫폼 기업은 관리사의 업무 역량과 서비스 품질에 대해서 노동자 개인에게 모든 책임을 전가하고 있다. 이렇듯 플랫폼 기업이 확장되면서 검증되지 않은 다수의 인력을 교육 훈련 없이 내보낸다는 점에서 서비스 질 저하에 대한 우려도 크다.

2) 직업인으로서 가사서비스 노동자에 대한 존중 강조

가사서비스 노동자 단체의 문제의식 중 하나는 가사서비스 노동자를 직업인으로서 대우하지 않는다는 것이다. 두 가사서비스 노동자 협동조합은 이용약관에서 고객에게 가정관리사, 가사관리사 등 직업인의 호칭으로 불러 달라고 명시하고 가사서비스 노동자를 직업인으로서 호명하는 캠페인을 지역에서 진행해 왔다. 가사서비스 노동자의 경우 현장에서 '아줌마', '이모님' 등으로 칭해지며 간간이 '여사님'으로도 칭해진다.

"확실히 고객분 중 한 분이 꼭 관리사님이라고 불러 주신 분이 있어요. 확실히 기분은 달라요. 이게 그냥. 그냥 아무아무 그냥 뭐 말없이 '이것 좀 해 주세요.' 이런 거하고, 아 '관리사님, 오늘은 좀 뭔가 좀 부탁드려요.' 이렇게 하는 거하고. 그 앞에 관리사님이라는 호칭이 아무래도 자존감을 좀 많이 높여 주기는 해요. 기분도 확실히 다르기는 해요. 그게, 듣고 보면."

- B3, 전국가정관리사협회

가사서비스 노동자 협동조합에서는 고객이 서명하는 이용약관에도 관리사라고 부를 것을 명시한다. 사무처에서는 가사서비스 노동자에게 관리사라고 부르지 않는 고객에게 직접 호칭변경을 요청하기도 하며 가사서비스 노동자들에게도 그럴 경우 고객의 기분이 상하지 않게 관리사라고 불러 달라고 요청하는 방안도 안내해 준다.

가사서비스 노동자 협동조합은 가사서비스 노동자에게 직책을 호명하면서 단지 여성이라면 누구나 할 수 있는 일이 가사서비스 일이라는 편견을 넘어서고, 가사서비스 노동자가 고객의 집에 서비스를 제공하는 직업인으로 존중받도록 지원해 왔다. 가사서비스 노동자를 직업인으로서 존중하고자 하는 협동조합의 관행은 대리주부나 미소 등 플랫폼으로도 파급되었다. 이들 플랫폼도 가사서비스 노동자를 '매니저' 등의 직책으로 불러 달라고 명시하고 있다.

"(여사님은) 따지고 보면 낮춰서 부르는 것은 아닌데 여성을 직업인으로서 인정하지 않는, 여성을 그냥 예의 있게 부르는 명칭이라는 생각이 들거든요."

- B2, 전국가정관리사협회

"우리도 이름이 있거든요. '가사관리사라고 불러 주세요.' 어떤 데는 가정관리사. 어떤 데는 매니저. 어떤 데는 아내의 휴일. 어떤 데는 당신의 집사. 굉장히 이름들이 많은데, 우리 우렁각시 쪽은 가사관리사라고 하거든요. 근데 고객들이 그런 이름을 안 불러 주고 아줌마, 아줌마 이런 호칭을 할 때. 좀 존중해 줬으면 좋겠다, 이런 생각도 하고 그래요. 그래서 비록, 남이 하기 싫은 일을 하는 거잖아요. 청소라는 게. 청소 힘들잖아요. 놓아 두면은 계속 지저분해지고 하는데, 그런 곳을 가서 해 주는 거예요. 말 그대로 진짜, 변기가 누래지고, 닦기 싫어요."

— A2. 한국가사노동자협동조합-지역

다. 구성원 간 친목 도모를 통한 공동체 강화

협동조합의 특징 중 하나는 협동조합에서 일하는 것이 단지 일만 하고 임금을 수령하는 공간이 아니라는 점을 강조해 온 점이다. 가사서비스 노동자 협동조합의 유료직업소개소나 대기업 플랫폼과 차별점은 조직 차원에서 경조사 챙기기뿐만 아니라 취미, 소모임 활동, 여행 프로그램을 지원하면서 조합원의 친목 증대를 진전시키고자 하는 점이다. 이처럼 친목이나 비공식적 소통 관련 모임을 추진하면서 구성원들의 조직몰입도와 충성심이 높아지기도 했다.

가사서비스에 진입하는 중고령 여성들은 주로 집에서 주부 일을 생활하면서 사회적 상호작용이 단절되기도 했다. 하지만 가사서비스 일을 하는 동료들과 취미, 소모임, 여행에 참여하면서 사회적 관계의 질이 향상되는 경험을 할 수 있었다. 예를 들어 조합원끼리 경조사를 공유하면서 기쁨과 슬픔을 나누며 사회에서 존중받는 느낌을 받기도 한다.

"천연 화장품 소모임 그런 것들을 만들어서, 만들어서 본인들이 쓰기도 하고 안 그러면, 등산 소모임 회원들이 같이해 가지고 지금은 못 가지만, 사람들이 모여서 소모임을 만들어서 이런 산에 갔다가 내려와서, 같이 도시락을 또 모으면서, 어떻게 여성들은 수다를 풀어야 스트레스가 풀리잖아요."

- B1. 전국가정관리사협회

한편 협회는 공제회를 구성해서 급한 경우 대출을 해 주기도 한다. 가사서비스 노동자들 다수는 직장 경험이 매우 짧거나 부재한 중고령 여성으로 신분이 불안정해서 은행 대출이 어려운 경우가 많다. 이런 경우 기금을 적립해서 일상적으로 급하게 돈이 필요한 조합원에게 대출을 제공해 준다. 한편, 대출 제도는 협동조합별로 재정 여건이 상이해서 개별 지부에 따라 제공되지 않기도 한다.

"어디도 대출을 받을 수 없고, 신용카드 외에는 없으니까 우리끼리 해 주는 거고 그걸 통해서 가사노동자들은 조직의 소중함을 아는 거고, 내가 모은 푼돈이, 3년 동안 있으면 한 3천 모아지거든요. 50명이 모아도 큰돈이 되는구나, 이걸 알 수 있는 거고."

- A1. 한국가사노동자협동조합

협회/협동조합 조합원은 전체 가사서비스 노동자 수를 기준으로 생각하면 매우 적은 수준이지만, 협동조합에는 일상적인 소통 공간이나 조합원의 삶의 질을 강화하는 제도들로 충성심이 높은 조합원이 많다. 따라서 협동조합의 조직적 생명력은 지속적으로 유지되고 있다. 협동조합은 조합원에게 플랫폼과 직업소개소 일을 병행하는 일은 별도로 금지하지 않아 여러 곳에서 중복으로 일하는 조합원도 있다. 하지만 협동조합 조합원 다수는 높은 충성심으로 소속 협동조합에서만 장기간 일하는 경우도 많다. 그런 점에서 중고령 여성들에게 협동조합의 친목 등 커뮤니티 기능 제공은 플랫폼 기업의 등장으로 시장이 침식되는 과정에서 장기간 근무한 숙련된 조합원을 유지하는 결과를 낳음과 동시에 동종업계에서 교육에 투자한 인력을 다른 기업이 인력사냥하는 (poaching) 문제를 방지하고 있다.

"(협동조합 쪽은) 이탈이 적죠. 아무래도 그쪽에서 비영리 쪽에서 일하니까. YWCA는 잘 모르겠어요. YWCA는 서로 이쪽으로 유료 쪽으로도 많이 넘어서 일하는데, 유료 쪽으로도 많이 넘어가지 않았는데. 이 연맹 쪽이나 연합회 이런 쪽은 좀 충성도가 높아서 잘 넘어오지는 않은 걸로 알고 있어요."

— C1

"…수련회를 진행했었죠, 모여 가지고. 체육대회도 진행을 하고 그런 것들이 굉장히 회원들이 좋아했던 것 같아요. 왜 그러냐면 전국의 조직 있고 가서 보면은 어머 작년에 만났던 사람을 또 만나. 너무 반갑잖아요. 그렇게 하고 서로 이야기도 나누고 그럴 수 있는 장들이 전국에 그렇게 그렇게 해서 또 지금 과정과 세포가 끈끈하게 잘 나가고, 그러고 나는 가정관리사협회에 있었다면 약간 자신감을 갖고 그렇게 일을 하셨다고 하시더라고요."

- B1

라. 이해대변조직으로서 목소리 내기

가사서비스 노동자 협회와 협동조합은 단지 노동자들에게 일감, 교육훈련, 자조모임과 취미모임 등 서비스를 제공하는 것을 넘어서 정치적인 목소리를 적극적으로 표현해 왔다. 2000년대 중반에는 돌봄 노동자 실태조사뿐만 아니라 법적 보호 방안을 위한 토론회와 캠페인을 진행해 왔다.

한편 2011년 6월 국제노동기구(ILO) 총회에서 "가사노동자를 위한 양질의 일자리에 관한 협약"이 체결되자 국내에서 가사서비스노동자법 제정을 위해 수차례 캠페인을 벌여 왔다. 가사서비스노동자법 제정은 입법 논의와 여러 법안 발의에도 국회에서 처리되지 못하며 장기간 지연되다가 2021년 5월에 이르러 '가사근로자의 고용개선 등에 관한 법률'이 국회 본회의를 통과하면서 제정되었다. 이러한 입법적 논의가 진전될 수 있었던 이유는 ILO 핵심협약 비준이 이루어지는 우호적인 정치적 기회구조가 존재했기 때문이다. 하지만 가사서비스 노동자에 대한 협약은 ILO 협약 중 핵심협약이 아니며, 가입국가는 관련 법안 제정이 의무가 아니다.

가사서비스노동자법 제정 시기는 플랫폼 노동자들의 불안정한 조건이 사회적 이슈로 부상하던 시기와 맞물려 있다. 코로나19 확산 속에서 배달 대행 플랫폼이 급격하게 성장했지만 배달 대행 노동자들의 과도한 경쟁에 따른 안전사고 문제가 사회적으로 이슈화되었다. 한편 카카오모빌리티 같은 대기업이 진출한 시장에서는 대리운전 기사들의 소득 급락 문제와 생계유지 문제가 지적되었다. 가사서비스 플랫폼 기업 또한 시장에서 급격하게 성장 중이었으므로 가사서비스 이해대변단체들이 주장해 온 가사서비스 노동자 보호 문제들은 더욱 사회적으로 설득력을 얻을 수 있었다.

가사서비스노동자법의 제정은 가사서비스 협회와 협동조합을 포함한 YWCA 같은 시민사회단체가 결합하여 가사서비스 노동자들도 법적인 노동자로 인정받아야 한다는 목소리를 제기하던 과정에서 우호적인 환경을 맞이한 결과이기도 하다.

한편, 이해대변단체들은 지방자치단체 수준에서 가사서비스 노동자 보호에 대한 조례들이 확산되는 과정에도 기여하고 있다. 이들은 조례 제정 논의 과정에 참여하면서 조례 내용이 단순히 사회적 보호조항 확대에 그치기보다, 가사서비스업의 주요 이해관계자들이 소통할 수 있는 노사정 사회적 대화를 촉진할 수 있는 조항의 삽입을 제안하고 있다. 그런 점에서 가사서비스노동자법 제정은 몇몇 한계에도 불구하고 이해대변기구들이 노사정 대화에 적극적으로 참여해서 목소리를 낼 수 있는 기회를 열어 낸 의의가 있다.

마. 가사서비스 노동자 이해대변의 딜레마: 중개기구와 공동체조직 사이에서

하지만 과거부터 가사서비스 협동조합은 고객에게 질 좋은 서비스를 제공하면서 딜레마에 직면해 왔다. 협동조합은 고객과 관리사를 조율하면서 고객이 부당한 요구를 해도 관리사의 입장만 듣기는 어려운 구조이다. 무리한 요구를 한다는 이유로 업무를 거절하면 지역사회에서 협동조합 서비스의 나쁜 평판으로 확산되어 이용률이 감소할 수 있으며, SNS에 관련 내용이 올라가면 다른 고객들도 서비스를 취소할 수 있기 때문이다. 이처럼 협동조합은 수익을 올려야 하는 기업과 노동이 해대변 조직 두 사이에서 갈등하는 경우도 존재한다.

"고객은, SNS에 다 올리죠. 일단은 저는 중재해야 하니까, 죄송하다고 하고 잘 어떻게 해서 잘하게끔 노력하겠다고 해야죠. 관리사 편들면 고객들 난리 나죠. 똑같을 걸요. 아무튼 사무국의 역할은 상담부터 해 가지고 매칭, 그리고 사후관리까지 하기 때문에 업무가 많아요, 은근히. 상담해서 고객이 원하는 대로 매칭을 또 했는데 매칭이 그렇지 않다. 그러면 고객이 또 캔슬도 놓을 것이고, 그러면 나름대로 힘들죠."

– A3, 한국가사노동자협동조합–지역

"고객의 입장을 듣고. 또 그래서 관리사님 입장을 좀 대변해 줘야 되고. 그런…. 막 이렇게 조율하고 이런 역할들을 사무실에서, 사무국에서 했었는데. 때로는 뭐 고객한테 치우칠 때도 있고. 일부 그랬겠죠. 관리사님들이 '아, 사무국은 언제나 나의 편에서 고객과 싸워 줘.' 이렇게 백 프로는 아니었을 거 같아요."

- B2. 전국가정관리사협회

　　하지만 이러한 갈등이 전면적으로 가시화되지는 않았다. 가사서비스 협동조합이 고객과 노동자를 조율하는 과정에서 발생하는 내부적인 모순들은 고객에게 양질의 서비스를 제공하면서 장기고객을 유치하는 방식으로 해소되기도 했다. 가사서비스 노동자 협동조합의 장점 중 하나는 공동체 기반 문화로 내부인력이 조직에 대한 충성심이 강해 장기간 일해 온 것이다. 그런 점에서 가사서비스 노동자 협동조합의 노동자들은 내외부적으로도 신뢰할 만하다는 것이 검증되고 교육훈련으로 전문성이 높다는 장점이 있다.

　　"저희는 오프라인이고, 저희가 이제 보증을 한 번씩, 이제 회사 협동조합이 보증을 하니까, 이 선생님은 마음 놓고 일을 할 수 있어. 믿을 수 있는 거죠. 저희가 다 주민등록이나 신분증이나 이런 거를 다 해결할 수 있는 거. 그런데 플랫폼 노동자들은, 어쨌든 없잖아, 그걸 어떻게 믿을 거야?"

- A2. 한국가사노동자협동조합-지역

　　"분명히, 탄탄한 기본교육은 있어야 된다. 그래서 일반 고객님들도 그냥, 다른 곳 이용하지 않으시고 이런 협동조합, 기관들을. 왜? 보수 교육도 하고 다 하잖아요. 그런 걸 아시기 때문에 들어오시는 것 같아요. 선호하시고, 신원보장도 되잖아요."

- A3, 한국가사노동자협동조합-지역

가사서비스 노동자협동조합은 이러한 활동을 통해 가사서비스의 질
을 향상시키며, 장기고객을 안정적으로 유지해 오며 시장에서 안정적
으로 고객을 유지할 수 있었다.

"장기고객이 많죠. 정기성 고객이라고 해요. 플랫폼은 일회성 고객이
많아요. 그런데 저희 그동안 들어오셨던 우선 고객들은 정기성 고객, 장
기적으로 이용하시는 고객들이고 이용하다가 외국에 나가셨다 들어오시
면 또 이용하시고."

- A3, 한국가사노동자협동조합-지역

이러한 가사서비스 노동자 협동조합의 철저한 교육훈련과 신원검증
에 기반한 양질의 서비스 제공 관행은 직업소개소에서도 유사하게 발
견되고 있다. 가사서비스 노동자 협동조합은 시장에서 점유율은 낮지
만 영리업체들에게 모범적 준거를 제공해 왔다.

"근데 가사노동 쪽은 그나마 건강해요. 그 이유가, 10년 동안을 갖다
가 최소한 우리나 YWCA가 주도를 하면서 영리업체를 만나고 시장을
건강하게 합시다, 규정을 합시다, 그리고 영리업체들이 다 여기 와서 벤
치마킹을 해 가는 거예요. 이쪽이 하는 거를. 그러니까 최소한도 그렇게
할 수가 없는 관계들이 되어 있는 거예요. 그리고 또 이, 그, 돌봄 서비

스의 특징이 있어요. 돌봄 서비스는 종사자들이 만족해야지 그, 서비스가 잘 나가는 게 있거든요?"

— A1, 한국가사노동자협동조합

"플랫폼에서 보내는 사람들은 검증이 안 된 사람들을 많이 보내요. 예를 들어서 우리 같은 지역적인 직업소개소 같으면 그래도 받은 사람들을 보내고 신뢰가 쌓인 사람들을 보냈는데, 그 사람들은 일감이 많아지니까 여기저기 다 보내야 하잖아요. 그러니까 검증이 안 된 사람을 보내서, 사고가 많이 나는 경우가 있죠."

— C1, 영리 직업소개소 대표

가사서비스 협회와 협동조합의 이해대변 모델은 미국의 노사관계 연구자 타피아(Maite Tapia)가 말한 관계적 조직화(relational organizing)와 유사하다(Tapia, 2012; 2019). 타피아는 노동자 이해대변 조직으로서 노동조합과 공동체조직의 조합원 특징을 비교했다. 타피아는 노동조합 조합원은 활동에 대한 관심이 단기적이거나 낮은 수준인 도구적 몰입의 경향이 있는 반면에, 공동체조직의 구성원들은 조직 활동에 장기적으로 헌신적으로 참여하는 사회적·규범적 몰입이 강하다고 보았다. 이는 노동조합이 경제적 서비스를 제공하는 데 중점을 둔 반면에 공동체 조직은 내부에서 면대면 회의와 일대일 미팅 등 사회적 상호작용이 활발하기 때문이다. 타피아는 공동체 조직의 활동을 관계적 조직화로 표현하며 노동자 이해대변 모델로서 잠재력을 높게 평가했다. 앞서 서술한 가사서비스 노동자 협회와 협동조합의 공동체적 문화 강조는 타피아가 말한 관계적 조직화 모델의 전형이라 할 수 있다.

또한, 가사서비스 노동자협동조합들은 노동조합으로 이해대변이 어려운 비공식 노동자들의 목소리를 확대하는 역할을 수행하는 데 성공했다고 볼 수 있다. 가사서비스 노동자들의 활동은 준노조(qausi-union)라는 새로운 형태의 노동자 이해대변조직으로 주목되기도 했다(박명준·김이선, 2016; 오준영·김경연·김동원, 2019; 김태은, 2021). 준노조를 개념화한 연구자인 헥셔와 까레는 준노조가 문제제기 중심의 주창(advocacy) 조직과 상호부조, 복지 제공 중심의 서비스(service) 조직으로 구분된다고 주장했다(Heckscher & Carré, 2006). 가사서비스 협동조합은 준노조로서 가사서비스 노동자에게 일자리 알선과 교육훈련, 상호부조적 공동체를 제공하고 입법과 처우 개선 운동 같은 정치적인 목소리를 제기해 왔다는 점에서 주창 기능과 서비스 기능 모두를 수행한다.

바. 새로운 대응으로서 비즈니스 모델 창출

1) 플랫폼 기업과 협동조합의 위기

가사서비스 시장에 대기업 플랫폼이 진출하면서 시장구조가 급격하게 변화했으며 가사서비스 협동조합들의 이해대변 방식은 새로운 도전에 직면했다고 할 수 있다. 가사서비스 협동조합은 노동자들의 공동체로서 역할하는 것 외에도 시장에서 고용 중개를 담당하기 때문에 고객을 유지해서 소속 조합원에게 일감을 제공하고 운영을 위한 수익을 창

출해야 한다. 하지만 현재 맥락에서 가사서비스 협동조합의 경쟁상대
는 비영리 직업소개소가 아닌 독점화를 추구하는 대규모의 자본을 보
유한 플랫폼 기업이다.

플랫폼 기업은 초기에 손해를 감소하고 광고, 쿠폰 등을 통해 시장
소비자를 대규모로 끌어들인다. 이 과정에서 소비자뿐만 아니라 노동
자에게도 대거 직간접적 혜택을 부여하면서 기존의 잘못된 시장 질서
를 교정하며 소비자와 서비스 제공자 모두에게 긍정적일 것이라 주장
한다. 하지만 플랫폼이 독점적 지위를 차지하면, 규모의 경제와 네트
워크 경제에 기반해서 시장에서 영향력을 강화하며 신규진입업체나 기
존 업체를 몰아내고 노동력에 대한 보호의무도 회피하기 시작하는 경
향이 나타난다.

현재, 가사서비스 시장에서 플랫폼이 압도적인 점유율을 보유한 것
은 아니다. 현재도 시장점유율은 영리 직업소개소의 비중이 높다고 알
려져 있다. 한편 가사서비스 노동시장에서 플랫폼 기업은 기존 시장을
잠식하기보다는 새로운 시장을 창출했다는 평가도 있다. 영리기구와
비영리기구가 상대하는 가사서비스 시장은 정기성 고객이 중심이었지
만, 플랫폼으로 인해 가사서비스를 일회성으로 이용하는 고객이 대거
증가했으며, 이후 여러 플랫폼 기업들이 경쟁적으로 진출하며 시장경
쟁이 격화되고 있다. 따라서 플랫폼 기업의 진출과 극심한 경쟁으로 시
장 관행들의 급격한 변화 가능성이 관측되고 있다.

"플랫폼은 일회성이 너무 많은 거야. 고정이 없어요. 사실 근데 오프라
인 같은 경우, 저희는 기존의 협동조합 방식이기도 하지만, 오프라인은

한 번 2년이 있으면? 계속 10년도 갈 수 있고, 5년도 갈 수 있는데, 플
랫폼도 마찬가지기는 하지만, 처음의 개념은 한 번, 그냥 일회성이 제일
많더라. 일을 잘하시면, 이제 이렇게 첫 좀, 뭐 고정으로 갈 수도 있다,
이제 이 개념이 가장 크고."

– A2. 한국가사노동자협동조합–지역

"우리 이제, 전에는 플랫폼이 없을 때는 우리로 왔다고 하면, 본인들이
어디든지 갈 수가 있잖아요. 신청만 하면 다 접수가 돼요. 가서 일할 수
가 있거든요. 그래서 조합원 수도 좀 녹록지는 않게 들어온다는 것. 그런
건 저도 느끼는 것 같아요. 그래서 예전보다 많이 들어오지가 않죠."

– A3. 한국가사노동자협동조합–지역

첫째, 협동조합 입장에서는 중개기관으로서 수익 유지에 따른 재정
문제를 우려하기 시작했다. 플랫폼이 기존 가사서비스 노동자 협동조
합이 담당해 오던 정기성 시장에서 높은 점유율을 차지하는 것은 아니
다. 하지만 플랫폼 등장의 파급 효과로 가사서비스 협동조합은 플랫폼
등장 이후 신규 수요를 창출하지 못하고, 기존 고객을 유지하는 데 그
치고 있다. 가정관리사협회의 경우 플랫폼 진입 이후 지역지부가 확대
되지 못하고 감소하는 조직 축소를 경험하고 있다.

"엄청나게 플랫폼이 활성화되어 있잖아요. 그 활성화가 되는 바람에,
저희 같은 약간 비영리단체를 운영했던 그런 곳들은 어려워졌어요. 저희
회원이 늘어나지 않아요, 지금은. 그래서 서울도, 거의 없는 서부도 없어

졌고요. 서울지부도 거의 가사서비스가 없어졌다고 보면 될 것 같아요. 그리고 수원도 지금 몇 명 안 되고."

— A1, 한국가사노동자협동조합

그뿐만 아니라, 영리 직업소개소도 새로운 가사서비스 고객을 확보하는 데 어려움을 경험하고 있다. 수많은 직업소개소들이 가사 사업을 철수하고 식당 파출이나 건설 일용 등 다른 업종에 중점을 두기 시작했다.

"이제 2015년부터 해서 시장의 20에서 30프로를 먹었다고 보시면 됩니다. 80년, 100년 동안 변함이 없었던 시장을 이제 플랫폼이 쫙 먹기 시작했어요. 음, 그러다 보니까 직업소개소들이, 지역에 있던, 이제 건설 일용이나 파출은 완전 식당 파출만 의미하게 됐어요. 이쪽으로 집중을 하게 되고 가사 쪽으로 했던 데들은 거의 수도권은 문을 닫고 그 사업을 축소하게 돼요."

— A1, 한국가사노동자협동조합

가사서비스를 새롭게 이용하고자 하는 신규 고객들은 플랫폼의 대중적인 홍보력 등으로 인해 협동조합이나 직업소개소를 찾기보다 앱을 이용하게 된다. 앱의 경우 설치 후 호출 기능이 간편하고 인력이 많아 빠르면 당일에도 노동자를 구할 수 있기 때문에, 직접 전화를 해야 하고 서비스를 제공받기 위해 며칠간 대기해야 하는 협동조합에 비해 편리하기도 하다.

"앱으로 하게 되면 빨라요. (중략) 그러면 하시는 분들이 거기에다가 주소가 나면 본인들이 신청을 딱 해요. 그러면 그분이 일을 갈 수 있는 구조가 되는 거예요. 그러니까 어르신들은 안 해도, 젊은 가사서비스를 받고자 하는 고객들은 이 앱에서 다 해 버리더라고요. 저희는 플랫폼을 전혀 안 해서 그런 것들은 잘 모르는데, 그렇게 진행하거든요."

– B1

요약하면, 플랫폼이 가사서비스 노동자 협동조합이 보유하고 있던 영역들을 완전히 침범하지는 않았지만 기존 시장 행위자의 잠재적 고객을 흡수하면서 협동조합과 영리 직업소개소들도 향후 재정적 안정성이 지속되기 어려운 상황에 이른 것이다.

둘째, 가사서비스 노동자 협동조합의 가사서비스 협동조합은 비영리 단체로서 높은 정치적 대표성을 가지고 시장의 관행의 유형 설정자 역할을 수행해 왔지만 플랫폼 기업의 점유율 증가는 협동조합의 대표성을 악화시킬 수밖에 없다. 특히 그동안 가사서비스 노동자 협동조합이 구축해 온 시장의 긍정적인 관행들이 플랫폼을 통해 파괴되는 문제들이 증가하기 시작했다. 대표적으로 가사서비스 노동자 협동조합은 가사서비스 시장에 노동자에 대한 교육의 필요성을 강조하며 그러한 문화들을 시장에 확산시키고 있었다. 플랫폼 또한 초기에는 이러한 관행을 수용하여 철저한 교육을 제공했지만, 경쟁업체보다 빠르게 가사서비스 노동자를 조달하고 교육비용을 축소하기 위해 비중을 축소하고 있다.

"그다음에는 근데, 이게 5년이 지나면서 기존의 서로가 암묵적으로 합의해 왔던 룰들이 약간씩 무너지고 있어요. 교육은 굉장히 중요하다고 얘기를 했는데 교육은 이미 비용이에요. 그리고 오프라인에서 모이게 하기도 어려우니까, 교육, 오프라인 교육을 점점 줄이고 최소한의 교육시수만 한다든가. 어, 그리고 그 대신에 별점, 고객별점으로 평가를 내리고, 별점이 높은 분한테는 좋은 일거리가 가게끔."

– A1, 한국가사노동자협동조합

셋째, 가사서비스 노동자에 대한 교육훈련과 공동체모임 제공 등 충성심 강화 같은 관계적 조직화에 기반한 모델은 플랫폼과 경쟁하면서 악화될 우려가 있다. 플랫폼의 자본력 동원과 양적 경쟁으로 신규 고객을 확보하기 어려워지면서 가사서비스 노동자에게 일자리를 제공하지 못할뿐더러 재정적인 지속 가능성이 문제가 되기 때문이다. 플랫폼 기업의 경우 초기 가사서비스 노동자들에게 협동조합들처럼 교육을 적극적으로 제공했는데, 경쟁업체에 비해 노동자 수를 확보하는 시간이 길어지면서 교육을 대폭 축소하기도 했다.

가사서비스 노동자 협동조합 차원에서도 대기업 플랫폼이 교육을 축소하면서 다른 예비 가사서비스 노동자들을 빠르게 흡수하면서 회원 충원이 어려워지고 있기 때문에 교육시간 축소에 대한 고민이 없던 것은 아니다. 하지만 가사서비스 협동조합은 교육훈련이 가사서비스 업종의 질서를 규율하는 핵심적인 역할을 한다고 보기 때문에 교육시간을 축소할 동기가 약하다. 더욱이 가사서비스 노동자 협동조합이 추구하는 정체성 중 하나는 양질의 교육훈련을 가사관리사에게 제공하면서 가사서비스 노동자가 업무에 보다 용이하게 적응하고 전문적인 서비스를 제공하는 과정에서 노동자들과 책임을 공유하는 것이다. 그렇기에 가사서비스 노동자가 원활히 업무를 수행하고 좋은 품질의 서비스를 제공하기 위해서는 현재의 교육시간도 사실상 부족하다는 입장이 강하다.

"신입이, 자꾸 신입이 계속 들어와서 교육받고 자꾸 일을 해야 하는데 그런 쪽으로, 빨리 접하고 빨리 가서 할 수 있기 때문에. 그래서 때로는 저희도 이틀 동안 10시간 교육이 너무 긴가? 그런데 해 보면 절대 길지가 않아요. 왜? 고객들 집에 가서 업무 수행을 해야 하는데 10시간 갖고도 진짜 많은 걸 알려 줘야 하잖아요? 그러다 보니까 저희는 그게 맞다고 봐요."

– A3. 한국가사노동자협동조합–지역

2) 새로운 비즈니스 모델로서 소셜프랜차이즈와 플랫폼 협동조합

그런 점에서 가사서비스 노동자 협동조합은 플랫폼 기반 대기업의 등장에 위기의식을 가지고 프랜차이즈 사업 같은 새로운 비즈니스 모델을 시도하면서 시장에서 영향력을 확대하고자 했다. 특히 한국가사노동자협회는 적극적으로 조직 전환을 추구하며 공세적인 실험을 시도했다. 구체적으로 한국가사노동자협회는 플랫폼화에 대응하기 위해 소셜프랜차이즈 모델과 플랫폼 앱 개발을 통한 새로운 비즈니스 모델 실험을 시도했다. 하지만, 기본적으로 플랫폼은 가사서비스 노동자 협동조합처럼 내부적인 연대와 협력을 추구하는 것과 다르게 규모의 경제와 네트워크 효과에 기반해서 수익을 창출하며 노동자 간 경쟁과 개별화를 유도한다. 그런 점에서 한국가사노동자협회의 플랫폼 도입 실험은 내부적인 모순을 가지고 출발했다고 할 수 있다.

우선, 2010년대 중반부터 한국가사노동자협회는 법인 '라이프매직케어'를 설립하여 프랜차이즈 전략을 통해 지역에서 가사서비스 노동자 협동조합/협회들의 역할을 강화하고 전국적으로 브랜드를 확산하고자 했다. 특히 2018년 경기도에서 사회적 경제와 소상공인 지원을 목표로 '경기도형 프랜차이즈 협동조합 육성지원' 사업을 진행한 것은 한국가사노동자협동조합 입장에서는 새로운 기회였다. 한국가사노동자협동조합은 사업 선정을 통해 전문인력 지원, 경영컨설팅 교육 및 지원 등을 받을 수 있었다. 이러한 지원을 토대로 우렁각시 앱 개발을 통해 플랫폼협동조합 모델을 지향하며 프랜차이즈 사업과 시너지를 도모했다.

한국가사노동자협회는 플랫폼을 추진하면서도 대기업 플랫폼 같은 자본력이 부재하기 때문에 대규모 투자에 기반해서 고객을 끌어들이는 방식으로 높은 점유율을 확보하는 것은 현실적으로 불가능하다고 판단하고 있었다. 다만 그동안 가사서비스 협동조합들이 직업소개소 중심 시장에서 낮은 점유율에도 불구하고 높은 정치적 대표성으로 긍정적인 준거를 제공한 만큼, 플랫폼 앱 개발의 실험적 시도로서 시장에 간접적으로나마 긍정적인 파급 효과를 끼치려는 의도 또한 존재했다.

"첫 번째로 명심해야 될 것은 경쟁상대로 영리기업을 봐서는 안 돼요. 그러는 순간에 뱁새가 황새를 못 쫓아가는 게 되거든요. 거기가 자꾸 잘 하는 것처럼 보이는 거. 우리도 온라인 광고하자, 뭐 하자, 불가능하고.

거기는 경쟁상대가 아니라 (우리가 모범적인 사례를 만들고 대기업이) 벤치마킹하도록 유도하는 거지."

- A1, 한국가사노동자협동조합

하지만 그러한 상황을 감안하고 보아도, 가사서비스 협동조합 플랫폼 개발 실험은 현재까지는 소수 지역을 제외하면 정착하지 못한 상황이다. 무엇보다, 플랫폼으로서 이용자 수가 적기 때문에 대기업 플랫폼이 노동자들을 불안정화하고 파편화해 온 기존의 시장관행 파괴를 저지하기 어려웠고, 모범적인 시장관행을 창출하는 모델로서 간접적인 파급 효과를 남기기도 어려웠다. 또한 지역지부들이 소셜프랜차이즈로 전환한 이후 지역에서 기존 사업을 진행하는 과정에서도 한국가사노동자협회가 개발한 플랫폼은 소수 지역을 제외하고 거의 활용되지 않았다.

또한 플랫폼 앱을 통한 신규 고객의 확충도 거의 이루어지지 못했다. 실제로 지역지부에서는 플랫폼을 활용하기보다 기존의 오프라인 업무 방식을 유지하는 경향이 강했다. 면접 사례에서 지역협동조합 이사장도 플랫폼에 대해 거의 인지하지 못하기도 했다. 한편으로 일각에서는 현재의 우렁각시 플랫폼이 근본적인 한계를 가지고 있다는 점을 생각하기도 했다.

"이용자는 아직 한 지가 얼마 안 돼서 그렇게 많지는 않은데, 작년 같은 경우에 이제 코로나 때문에 또 확 좀 줄다가, 지금 이제 조금 서서히 많이 늘어난다 하더라고요. 그거는 대표님이 가장 잘 알고, 저희는 그게 이제, 본사가 아니기 때문에 모르고."

– A2. 한국가사노동자협동조합–지역

"플랫폼이라는 건 계속 홍보를 해야 되는 거거든요. 인지도가 있지 않으면 이용을 안 해요. 알아야 하죠. 대리주부는 사방 곳곳에 광고잖아요. 우리는 아직 돈을 그만큼 뿌려낼 게 없기 때문에, 그런 데보다는 인지도는 조금 떨어지지만 나름대로. 서울 말고 기타 원주, 미추홀, 부천 그런 데는 플랫폼 잘 사용하고 있어요, 고객들이."

– A3. 한국가사노동자협동조합–지역

프랜차이즈에 기반한 우렁각시 브랜드 확산 사업도 플랫폼 사업과 병행하면서 시너지를 발휘하기보다 오히려 한계에 직면했다. 결국, 소셜 프랜차이즈 사업과 플랫폼 사업이 연계되지도 못하면서 시너지를 만들지 못했고 역량이 분산되었다.

다만 가사서비스 이해대변 단체들이 어려운 상황에서도 안정적인 재정을 유지할 수 있었던 것은 공공사업 참여를 통해 펀드를 제공받았기 때문이다. 예를 들어, 지방자치단체의 취약계층에 대한 가사서비스 제공 사업을 수주하면서 재정을 확보하고 소속 조합원에게 일감을 제공할 수 있었다. 최근 일부 지역에서 가사서비스 제공 사업은 맞벌이 가정에 대한 가사서비스 바우처로 확대되고 있어 가사서비스업의 비영리 단체들의 재정사정이 어려운 것은 현실이지만 향후 전망을 과도하게 부정적으로 볼 필요는 없다.

3) 가사서비스 협동조합의 딜레마

본 글은 플랫폼 사업의 한계가 재정과 기술적 역량의 문제에만 기인한다고 보지 않는다. 가사서비스 노동자 협동조합이 지향하는 공동체적 모델이 플랫폼 모델과는 근본적으로 모순되는 문제가 있다고 본다. 플랫폼은 규모의 경제를 기반으로 해서 고객에게 원하는 서비스를 즉시적으로 매칭한다. 고객들이 디지털 플랫폼을 선호하는 이유 중 하나도 즉각적인 매칭이다. 이와 같은 최대한 많은 시장 참여자들의 양적 평가를 통해 데이터화하고 이를 기반으로 최적화된 매칭을 통해 고객을 만족시키고자 한다. 플랫폼 노동자들은 최대한 많은 소득을 올리기 위해서는 고객과 매칭되어야 하는데, 동료보다 좋은 평가와 양질의 서비스를 제공해야 한다.

가사서비스 협동조합이 앱을 개발한 이후 별점평가 제도를 도입하지 않고 알고리즘 구축 등에도 별다른 관심이 없는 이유는 플랫폼의 양적 평가의 위험성을 시장의 핵심적인 문제점으로 이해하고 있기 때문이다. 특히 별점평가가 도입되면 협동조합이 가사서비스 노동자와 고객 간 동등한 관계를 지향하는 가운데 고객의 권한이 강화되면서 고객의 갑질 문제와 노동자의 과잉서비스 문제로 이어질 우려가 있다고 보는 것이다.

"좋은 말로는 고객에게 선택권을 준다고 하는 거고요. 다른 말로는 기업의 홍보 전략이에요. 근데 선택권을 줄 때, 그러면 노동자들의 선택권은 어디가 있냐 하는 거죠. 그럼 노동자들 역시 고객에 별점을 매기거나 내가, 고객이 나한테 콜을 해도 노를 할 수 있어야 하는데 가장 기본적으로 여기도 임노동자잖아요. 그런 사람들의 선택권은 한계가 있을 수밖에 없어요. 그리고 우리가 고객에게 별점 매긴 게 공개되지는 않잖아요, 내부적으로는 뭐 한다 그러는데. 그래서 기본적으로 비대칭적이다, 라고 하는 거고. 고객의 선택권이 과연 별점만 보고 있을 것인가. 그렇지 않은 방식으로 되어 왔었다."

- A1, 한국가사노동자협동조합

더욱이 가사서비스 노동자 간 경쟁의 심화로 내부공동체가 붕괴되며 기존 자조모임과 상호 도움을 제공하기 어려워질 수도 있다. 그런 점에서 플랫폼이 익명화된 다수를 확보하면서 추구하는 수익전략은 가사서비스 협동조합이 노동자의 권익을 강화하고 내부적으로 끈끈한 공동체를 추구하며 양질의 서비스를 제공하는 것과 상이하다.

그런 점에서 가사서비스 협동조합의 플랫폼 앱 개발 실험이 기존의 플랫폼 기업의 전형적 논리로 추진되었다면 스스로 공동체적 가치를 침식할 수 있었다. 하지만 가사서비스 노동자 협동조합은 공동체 형성과 같은 관계적 조직화 모델의 가치를 부여하고 있었고, 플랫폼 기업의 문제점과 위험성에 대한 고민이 뚜렷했다. 따라서 한국가사노동자협동조합은 플랫폼의 시장 논리를 도입하지 않고 관계적 조직화를 지향하는 공동체적 모델을 지속해 갔다. 결국, 가사노동자협동조합에서 플랫폼은 기존 업무를 앱으로 부분적으로 보완하는 정도에 그쳤다. 대부분의 지역 현장에서는 그마저도 거의 활성화되지 않았는데, 대부분의 지역지부에서도 플랫폼을 사업에 거의 활용하지 않은 채 기존의 업무 관행을 유지했기 때문이다.

더욱이 플랫폼의 이용자 수 자체가 적었기 때문에 규모의 경제에 기반한 이용자의 확대 또한 어려웠다. 그런 점에서 가사서비스 협동조합에서 플랫폼 앱 개발은 실제 플랫폼 앱 활용은 가사서비스 협동조합 조직의 목표와 지부의 기존 관행 고수로 인해 플랫폼이 거의 활용되지 않는 디커플링되는 현상으로 이어졌다고 할 수 있다.

6. 가사서비스 노동자 이해대변의 미래 √

가사서비스 노동의 역사를 간략하게 요약한다면 전근대적 노동에서 지속적으로 시장화 과정을 경험했다. 하지만 가사노동이 여성이면 누구나 할 수 있는 일이라는 사회적 편견으로 가사서비스 노동의 시장화와 상품화는 한국의 산업화 과정과 비교해서도 늦은 편이었다. 가사서비스 노동자가 직업으로 인정받은 것은 1970년대 YWCA의 파출부 양성 활동을 시작하면서였다. 그리고 본격적으로 가사서비스 노동자들의 규모가 증가한 것은 외환위기의 충격으로 남성생계부양자 모델이 붕괴하며 가정주부로 사회적 역할이 한정되어 있던 중장년 여성들이 일자리에 진입하기 시작하면서부터이다. 하지만 가사서비스 노동이 점차 시장에서 상품화되었음에도 근로기준법의 예외조항의 적용을 받으면서 노동으로 인정되지 않았고 근로기준법과 노동조합법의 보호를 누리지 못했다.

대신 외환위기 이후 설립된 한국가사노동자협회와 전국가정관리사협회가 가사서비스 노동자들의 자조조직으로서 사회적 보호에 대한 역할을 수행해 왔다. 이들은 가사서비스 노동자도 하나의 전문 직업인임을 강조하면서 가사서비스 노동자를 '아줌마', '이모님'이 아닌 '관리사님'으로 부르자는 캠페인을 진행했다. 또한 가사서비스 노동자들이 서비스 노동자로서 고객에게 제한된 시간 내에 좋은 서비스를 제공할 수 있도록 교육훈련을 제공했다. 또한 이들은 가사노동자 협회로 역할하면서 가사노동자들의 정기적인 월례회의 참여 의무화와 취미모임을 통해 사회적 고립을 방지했다.

하지만 플랫폼 기업들이 가사서비스 노동시장에 진출하기 시작하면서 가사서비스 노동시장은 새롭게 변화했다. 플랫폼 기업은 가사서비스 시장에 일회성 서비스라는 새로운 수요를 창출했지만 경쟁적인 시장 환경을 강화하기 시작했고, 가사서비스 노동자들도 플랫폼 노동자들이 일반적으로 경험하는 사회적 고립과 불안정성을 경험하게 되었다. 과거 경제위기로 상품화가 확대되었다면, 이번에는 기술 혁신에 의한 상품화가 새롭게 시작된 것이다. 이로 인해 그동안 협회와 협동조합이 조성해 온 공동체적 문화가 파괴되기 시작했고 협동조합과 협회도 경제적인 어려움에 직면했다.

협동조합 입장에서도 플랫폼 기업의 진출이라는 새로운 경제적 환경을 돌파하고 협동조합의 과거처럼 사회적으로 모범적인 모델을 시장에 확산시킬 필요가 존재했다. 대표적으로 한국가사노동자협동조합은 소셜 프랜차이즈 전환과 플랫폼 앱 개발을 진행하면서 플랫폼 협동조합을 기존의 위기를 극복할 대안적 비즈니스 모델로 추구했다. 하지만 현재까지 두 사업은 모범적인 준거를 제공하는 모델로서 큰 성과를 남기진 못했다. 특히 플랫폼은 시장경쟁의 가치를 강화하면서 공동체적 가치를 잠식하며 독점화를 추구하지만, 가사서비스 노동자 협회가 추구하는 공동체적 가치는 시장적 가치와 상반되기 때문에 딜레마에 직면했다고 할 수 있다.

그렇다면 가사서비스 노동자들의 대안적 이해대변의 미래는 어떠해야 할까? 협동조합이 강조하는 공동체적 가치를 포기하고 시장 환경에 승복해야 하는가?

역사적으로 볼 때 구조적으로 제약된 환경에서도 노동자들은 자신의 노동조건을 개선하는 방안들을 발견해 왔다는 점에서 플랫폼 경제의 확대라는 시장의 압력하에서 미래를 지나치게 낙관해서도 안 되겠지만 비관적으로만 볼 필요도 없다.

유념할 것은 외환위기 이후 가사서비스 협회들이 구축해 온 공동체적 가치는 당시 노동자 이해대변의 맥락에서는 혁신적이고 창조적인 시도였다는 점이다. 2000년대 초반 무렵으로 돌아가 생각해 본다면 당시로서는 노동자 자조조직이 성공한다는 보장도 없었다. 역사적으로 시장경쟁이 강화되는 과정에서 항상 모두가 주주 가치를 극대화하고 경쟁적으로 성과를 추구하는 비즈니스 모델이 성공한 것은 아니었다. 그런 점에서 기존 조직의 가치를 유지하면서도 변화하는 환경에 적응할 수 있는 창조적인 조합을 발견하는 상상력이 필요하다고 할 수 있다.

한편, 가사서비스노동자법 제정은 일부 한계에도 불구하고 가사서비스 노동자들에게 우호적인 기회들을 열었다고 할 수 있다. 노동조합법의 보호를 받는 노동조합 조직화를 통한 이해대변을 새롭게 모색해 볼 수도 있고, 노사정 사회적 대화 참여의 기반도 마련되었기에 가사서비스 노동자들이 발언권을 확대하는 공간이 폭넓어졌다고 볼 수도 있다. 실제로 한국가사노동자협회는 가사돌봄유니온 같은 가사서비스 노동자들의 노동조합 창립에 힘을 보탰다. 가사돌봄유니온은 전국 혹은 지역 수준의 사회적 대화에 참여해서 공적인 정치적 장에서 가사서비스 노동자의 보호방안을 논의하고자 시도하고 있다.

우선 최근 한국가사서비스노동자협회는 가사돌봄유니온 결성을 주도한 이후, 협회 총괄하에 협동조합/사회적 기업 조직과 노동조합의 활동 영역을 분리하며 혼재되어 있던 각각의 조직적 역할과 체계를 명확히 했다. 협회가 기본적으로 사업을 총괄하지만 사회적 기업의 비즈니스 영역은 라이프매직케어 주도로 운영되며, 노동자 조직화와 공제회 운영은 노동조합이 담당하게 되었다.

이처럼 가사서비스업에서는 지속적인 가사서비스 상품화 과정에서 다양한 이해대변단체들은, 폴리니의 비유를 빌려 말하면 시장과 사회의 이중운동에서 시장으로 기운 시계추의 방향을 사회로 되돌리려는 노력을 지속하고 있다. 그런 점에서 가사서비스 시장 변화에 대해 플랫폼 기업 같은 대기업의 권력 확대로 노동자들의 입지가 줄어든다는 현실을 비관하고 한탄만 하기보다, 현재 상황에서 노동자들이 작은 것이라도 조금 더 나은 미래를 위해 무엇을 할 수 있을지 고민할 필요가 있다.

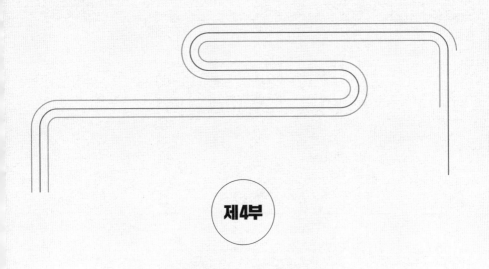

제4부

플랫폼 자본과
노동 국제비교

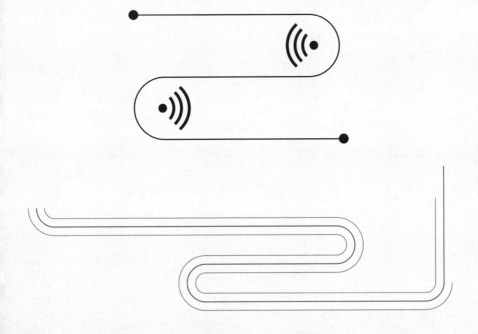

· 제1장 ·

일본 배달 산업의 현황과
배달 노동자의 노동조건

신재열 히로시마대학교 인간사회과학연구과 부교수

일본에서는 2019년 코로나19의 확산을 계기로 배달 산업이 급성장하였으나 배달서비스업의 현황을 고찰하고 배달원들의 노동과정에 주목한 연구는 비교적 적은 편이며, 배달 노동자들의 노동조건을 명확하게 설명하고 있는 연구는 찾아보기 어렵다. 이에 이 글에서는 다양한 문서 자료를 활용하여 일본 배달 산업의 현황과 노동 실태를 검토하였다. 또한 배달원들의 의견과 노동 실태를 깊이 있게 기술하기 위하여 15명의 배달원을 대상으로 인터뷰를 수행하였다.

현재 일본에서 배달 산업에 종사하고 있는 배달 노동자들은 노동자로 인정받고 있지 못하며 독립자영업자로 활동하고 있다. 다행히 최근 들어 일본 우버이츠 유니언에서 도쿄 지방노동위원회에서 노동자성을 인정받는 성과가 나오기는 하였으나 일본 우버이츠에서 곧바로 항소하였기에 진정한 의미에서 노동자성을 인정받기 위해서는 수년에 걸친 지난하고 외로운 싸움을 이어 가야 할 것으로 전망되고 있다. 이러한 배경을 기반으로 1장에서는 일본 플랫폼 산업의 현황과 노동조건을 구체적으로 확인하고 나아가 플랫폼 배달 산업에서 조직화가 이루어지고 있지 않은 이유를 검토하고자 한다. 다만 한 가지 독자들에게 양해를 구할 점은 이 글에서는 2021년까지의 현황을 집중적으로 검토하고 있으며 2022년 이후의 변화는 충분히 반영하지 못하였음을 미리 밝혀 두고자 한다.

1. 음식배달의 역사와 현황 √

가. 플랫폼이 등장하기 이전의 음식배달

한국과 달리 일본에서는 음식배달이라는 표현을 사용하지 않으며 '데마에(出前)' 혹은 '데리바리(delivery)' 혹은 '음식택배'라는 표현을 이용하고 있다('데마에(出前)'와 '데리바리(delivery)'는 일종의 고유명사이기에 그대로 사용하는 것이 적절하지만 독자들의 편의를 위해 배달이라는 표현을 사용하고, '데마에(出前)'와 '데리바리(delivery)'를 구분해야 하는 경우에만 '데마에(出前)' 혹은 '데리바리(delivery)'라는 표현을 사용할 것이다).

일설에 따르면 일본의 음식배달은 에도시대 중기부터 발달하기 시작하였으며 초밥과 같은 서민음식에서 적절한 선도 유지를 요구하는 수산물까지 다양한 품목의 배달이 이루어졌다고 한다. 관련하여 외출이 금지된 요시와라 유곽(吉廓)의 여성들이 음식배달을 하기 시작한 것이 시초라는 이야기도 있다. 물론 어느 쪽도 명확하게 검증된 것은 아니다. 중요한 것은 이 시기부터 음식배달을 '데마에'라고 표현하였다는 것이며 지금도 데마에라는 표현은 널리 사용되고 있다. 한 가지 재미있는 점은 일본에도 한국의 '배달의민족'과 유사하게 배달을 뜻하는 '데마에'와 건물·상점을 뜻하는 '칸(館)'이라는 단어를 결합한 '데마에칸(出前館, Demaecan)'이라는 상호를 가진 배달업체가 있으며, '우버이츠(Ubereats)'와 함께 일본의 배달시장을 양분하고 있다.

데리바리(delivery)는 1980년대에 새롭게 등장한 용어로 데마에와 비슷하면서도 다른 문맥에서 이용되고 있다. 데리바리는 미국계 피자 배달 가맹점이 도미노피자가 1985년 9월 30일에 도쿄 에비스 점을 개점하면서 본격적으로 확산된 용어이다. 앞서 데마에의 어원을 검토하면서 살펴본 바와 같이 도미노피자가 서비스를 개시하기 이전에도 꽤 오래전부터 음식배달 서비스를 도입한 음식점이 있었지만, 도미노피자와 같이 체계적인 시스템을 도입한 배달 전문점은 거의 없었으며 일반 음식점에서 음식배달도 겸하여 하는 것이 일반적인 형태였다. 따라서 매장에서의 취식을 할 수 없고 배달 또는 테이크아웃만을 전문으로 하는 것을 별도로 구분하기 위하여 데리바리라는 용어를 사용하였다. 현재는 데마에보다 데리바리가 더 많이 사용되고 있으며, 식사가 가능한 매장에서의 배달도 출장 데리바리라고 통칭하고 있다.

무엇보다 데리바리의 등장은 배달 산업의 성장에 큰 영향을 주었다.

1985년에 도미노피자에서 배달서비스를 시작하기 이전에는 주로 도시락을 중심으로 배달서비스가 이루어졌고 시장 규모도 크지 않았으며, 그나마 도쿄와 같은 대도시를 중심으로 배달 시장이 형성되었다. 도미노피자, KFC 등의 외국계 패스트푸드 가맹점을 중심으로 배달서비스의 저변이 확대되었다고 보는 것이 타당하겠다.

'도미노피자'에서 1985년에 배달서비스를 처음으로 도입하였다. 이후 또 다른 피자 가맹점인 '피자라'에서 1987년에 배달서비스를 도입하였고, 뒤이어 '피자헛'과 'KFC'에서 각각 1991년과 1995년에 배달서비스를 도입하였다. 지금은 맥도날드(2012년에 도입)를 비롯하여 대다수의 가맹점에서 자체적인 배달서비스를 제공하기 시작하였다. 물론 이때의 배달 시스템은 개인이 직접 매장에 전화하는 게 일반적이었고 플랫폼에 의한 중개는 거의 이루어지지 않았다. 따라서 배달원들은 각 매장 혹은 업체에 고용된 비정규직/정규직 임금노동자였다.

[그림 1] 주요 기업의 배달서비스 연혁

나. 플랫폼의 등장과 음식배달 산업의 성장

일본에서 플랫폼 기반 배달 산업이 도입된 것은 2000년대 이후이며, 코로나19의 확산을 계기로 배달 산업이 크게 성장하였다. 2000년 10월에 데마에칸에서 본격적인 배달 플랫폼 서비스를 시작하였으며, 이후 2002년 2월에 대형 IT회사인 라쿠텐에서 '라쿠텐 데리바리(樂天デリバリー)'라는 배달 플랫폼을 시작하였다. 이후 일본 최대 통신회사인 NTT도코모에서 2014년 5월에 'd데리바리(dデリバリー)'라는 이름으로 서비스를 시작하였고, 라인에서도 '라인데리마(LINEデリマ)'라는 이름으로 2017년 7월 26일부터 플랫폼 서비스를 개시하였다.

한편 2016년 9월 29일에 우버이츠가 일본 도쿄에서 서비스를 개시하였으며, 이후 배달서비스 산업의 성장과 함께 배달 전문 플랫폼이 급증하였다. 가령 2019년 8월에 anycarry, 2020년 2월에 Chompy, 2020년 4월 MENU, 2020년 3월에 Wolt, 2020년 9월에 foodpanda 등의 업체가 서비스를 시작하였으며, 2020년 10월에는 '수구(Sugu)'와 같이 특정 지역을 중심으로 배달서비스를 전개하는 곳도 다수 등장하였다. 2019년부터의 배달시장은 춘추전국시대라고 표현해도 과언이 아닐 것이다.

이러한 흐름 속에서 배달 음식 시장은 꾸준히 성장하였다. 일본의 외식산업은 1980년에는 약 15조 엔(약 150조 원) 규모였으나 2018년에는 약 26조 엔(약 260조 원)까지 증가하였다.[1] 이 중에서 배달시장은

---

1 이 장에서는 100엔=1000원을 기준으로 환율을 계산하였다.

2015년 3,564억 엔(약 3조 5,640억 원)에서 2018년 4,084억 엔(약 4조 840억 원)으로 4년 동안 약 500억 엔(약 5천억 원)이 증가하였다. 또한 2018년을 기준으로 가게에서 고객이 직접 물건을 받는 테이크아웃의 비중이 36%였으며 73%는 배달 업체를 이용한 것으로 나온다.

또한 연령층이 낮아질수록 배달서비스를 이용한 경험이 많을 것으로 조사되었다. 2020년 11월에 1,000명의 20~69세 성인 남녀를 대상으로 수행한 조사 결과에 따르면 총 40%가 배달서비스를 한 번이라도 이용해 본 적이 있다고 답변하였는데, 60대에서는 30%만이 이용 경험이 있다고 답변하였으나 20대와 30대는 50% 이상이 한 번 이상 이용한 경험이 있다고 답변하였다(일본 MUFG은행 연구&컨설팅 센터, 2020.12.17).

[그림 2] 일본 배달시장 규모의 추이

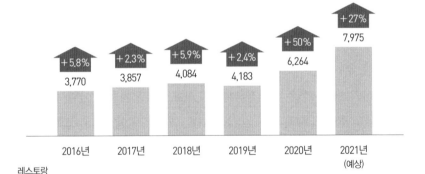

	2016년	2017년	2018년	2019년	2020년	2021년 (예상)
	+5.8%	+2.3%	+5.9%	+2.4%	+50%	+27%
	3,770	3,857	4,084	4,183	6,264	7,975
레스토랑 매출액에서 배달의 매출	3.0%	3.0%	3.1%	3.1%	6.5%	9.4%

소매업, 도시락, 반찬, 자판기, 학생식당, 회사식당을 제외

* NPD Japan 조사 자료(エヌピーディー・ジャパン調べ)

특히 2019년 말에 발생한 코로나19의 확산은 일본 배달 산업의 성장에 큰 영향을 주었다. 일본에서는 코로나19 대책의 하나로 2020년 4월부터 2022년까지 약 2년에 걸쳐서 긴급사태선언과 만연 방지정책을 반복적으로 시행하였는데, 해당 기간 음식점은 오후 8시 이후 영업이 사실상 금지되었다. 따라서 음식점에서는 생존을 위하여 고객들도 음식 서비스의 이용을 위하여 배달을 적극적으로 이용하기 시작하였고, 외출 제한 등과 겹치면서 2019년에 4,182억 엔(약 4조 1,820억 원) 정도에 불과하던 일본의 음식배달 시장은 2020년 6,264억 엔(약 6조 2,640억 원), 2021년 7,975억 엔(약 7조 9,750억 원)으로 급성장하였다. 특히 2021년도에는 코로나가 발생하기 이전인 2019년에 비하여 거의 2배 가까이 시장 규모가 확대되었다. 코로나 발생 이전의 성장률이 연간 2~5% 정도에 불과했다는 것을 고려하면 괄목할 만한 성장이라고 할 수 있겠다.

[그림 3] 배달업체 시장점유율

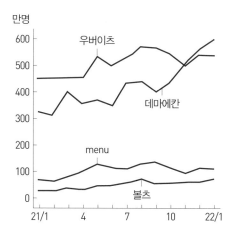

(출처: ㈜벨류스, 닛케이신문 2022년 3월 2일자 신문에서 재인용)

다만, 배달 산업의 성장에도 불구하고 모든 기업에서 그 열매를 균등하게 가져간 것은 아니다. 일본 동북 지방과 홋카이도에서는 볼츠 (Wolts)라는 배달업체가 높은 시장점유율을 기록하고 있지만 나머지 지역에서는 데마에칸과 우버이츠 양사가 독점하고 있고 그 외 업체들의 점유율은 매우 낮은 편이다. 마케팅 데이터를 전문적으로 다루고 있는 ㈜바류즈의 조사 결과에 따르면, 2022년을 기준으로 우버이츠와 데마에칸의 배달앱 이용자 수가 각각 500만 명에 이르는 데 반하여 제3위 배달업체인 MENU의 배달앱 이용자는 최대 100만 명, 볼츠는 70만 명 정도에 불과하다.

무엇보다 우버이츠와 데마에칸은 꾸준하게 배달 가능 지역을 확장하여 전국의 주요 도시를 전부 커버하고 있으나 MENU나 볼츠와 같은 업체들은 일부 지역에서만 사업을 전개하고 있다. 특히 데마에칸은 2021년 12월 대형물류회사인 세이노 홀딩스와의 업무제휴를 통해 사업성이 낮다고 평가되었던 과소 지역과 도서 및 산간 지역에도 배달서비스를 전개하기 시작하였다. 볼츠와 MENU에서도 배달 가능 지역을 꾸준히 늘리고 있으나 데마에칸과 우버이츠에 비하여 확장 속도가 느리고 자금력에서도 한계를 노출하며 계속하여 격차가 벌어지고 있다.

결과적으로 푸드판다, 도어대쉬, 디디푸드와 같은 많은 기업이 코로나 팬데믹을 계기로 사업을 전개하였으나 이미 높은 인지도와 막대한 자금력을 바탕으로 시장을 장악하고 있는 우버이츠와 데마에칸의 장벽을 뚫지 못했으며, 푸드판다, 도어대시, 디디푸드와 같은 해외 기업들은 1~2년 만에 일본 시장에서 철수하였다. 또한 대기업에서 운영하는 라인데리마, 라쿠텐 데리바리 등과 같은 배달 플랫폼도 낮은 시장점유율로 인하여 데마에칸 혹은 다른 기업과의 인수합병을 통해 배달 플랫폼 사업에서 철수하였다.

■ 데마에칸

데마에칸은 본래 ㈜유메노마치소우조우이인카이(한국으로 번역하면 ㈜꿈의거리창조위원회)에서 운영하는 서비스명이었으나, 데마에칸의 상표 가치가 커지면서 2019년 12월 1일 데마에칸(영문명: DEMAE-CAN CO.,LTD)으로 사명을 정식으로 변경하였다.

데마에칸은 1999년에 9월 9일에 설립되었으며, 2000년 10월에 데마에칸 서비스를 출시하여 본격적인 서비스를 시작하였다. 원래는 오사카에 본사가 있었으나, 도쿄를 중심으로 배달서비스업의 중심이 성장하면서 2020년 12월에 도쿄로 본사를 이전하였으며, 2006년 6월 5일에 상장하였다.

이후, 일본 2014년에 최대 통신회사인 NTT도코모에서 운영하는 d데리바리, 2016년에 라인데리마를 운영하는 라인과 업무연계를 체결하였다. 특히 2020년 3월 26일 개최한 이사회에서 라인그룹과의 300억 원 규모의 자본업무연계를 의결하였다. 라인에서 150억 엔, 네이버의 자회사인 ㈜NAVER J.Hub에서 150억 엔, 총 300억 엔을 제3자 할당의 형태로 데마에칸에 투자하였으며, 이러한 대규모 자본투자는 배달서비스업의 성장, 업체 간 경쟁 격화 등과 맞물려 다른 경쟁업체와 배달원의 노동조건 등에 상당한 영향을 미쳤다고 볼 수 있다.

■ 라쿠텐 데리바리 / d데리바리/ 라인데리마

2002년 2월에 IT업체인 라쿠텐에서도 데마에칸과 비슷한 시기에 라쿠텐 데리바리라는 이름으로 배달서비스를 시작하였다. 또한, 2020년 5월에 테이크아웃을 전문으로 하는 라쿠텐리얼타임테이크아웃을 별도로 설립하여 사업을 확장하였다. 하지만, 데마에칸과 우버이츠에 밀려 사업성장이 더딘 편이었다. 라쿠텐 데리바리에서도 데마에칸과 마찬가지로 2018년에 일본의 음식점 소개업을 하고 있는 구루나비와 자본업무연계를 체결하였으나, 결국 2021년 7월 1일자로 흡수분할합병의 형태로 구루나비에 사업권 일체를 양도하였다. 이후, 라쿠텐 구루나비데리바리, 라쿠텐 구루나비테이크아웃으로 이름을 변경하여 서비스를 이어 갔으나 결국 다른 배달 플랫폼과의 시장경쟁에서 밀리면서 2022년 7월 24일자로 서비스를 종료하였다.

d데리바리는 2014년 5월 1일에 시작하였으나, 데마에칸에 경영자원을 집중한다는 이유로 2021년 5월 31일에 폐지되었다. 실제로 d데리바리의 시장점유율은 매우 낮았다. 무엇보다 d데리바리는 도코모 이용자를 중심으로 제공한 서비스였으나 도코모 이용자라고 해서 반드시 d데리바리에 가입할 이유가 없었기 때문에 애당초 사업 성장성이 낮았다고 보는 것이 타당하겠다.

라인데리마는 2017년에 서비스를 시작하였으나 낮은 시장점유율 등을 이유로 2020년에 데마에칸과의 서비스 통합의 형식으로 서비스를 종료하였다. 참고로 라인에서는 라인데리마 서비스를 시작하기 1년 전인 2016년 7월에 꿈의거리창조위원회(데마에칸)에 배달 업무를 위탁하는 형식으로 "出前館 on LINE"이라는 배달서비스를 운영했었다. 또한 라인에서 운영하고 있던 테이크아웃 전문 서비스인 라인포케오도 라인데리마와 함께 데마에칸에 통합되었다.

2. 배달 노동자의 노동과정과 노무관리 ✓

앞서 언급한 바와 같이 일본에는 수십 개의 배달업체가 있으나 데마에칸과 우버이츠의 영향력이 매우 크기에 우버이츠와 데마에칸을 중심으로 간략히 소개하고자 한다.

가. 배달원의 모집

2022년 1월을 기준으로 데마에칸과 우버이츠의 배달원이 되기 위해서는 앱 마켓에서 배달원 전용 앱을 내려받아서 등록신청을 해야 한다. 다만, 세부적으로는 크게 5가지 경로로 세분화할 수 있다. 첫째 가장 일반적인 형태로 구글 플레이 스토어에서 배달원 앱을 임의로 내려받아 해당 앱을 통해 가입하는 것이다.

둘째, 앱 마켓의 배달원 앱을 직접 내려받는다는 점에서는 같지만, 다른 배달원의 추천을 받아 등록하는 것으로 이 경우 추천인과 등록자 모두에게 별도의 소개료를 지급한다.

셋째, 인터넷 블로그의 광고를 통한 모집이다. 우버이츠와 데마에칸은 인터넷 블로그 운영자에게 일정한 광고비를 지급하고 앱 등록 링크를 홈페이지 내에 게재하고 적절한 홍보를 해 달라고 요청해 주고 있으며, 해당 링크를 통하여 배달원 등록 앱을 내려받는 경우, 해당 배달원의 배달 수입의 일정 부분을 블로그 운영자에게 지급하는 것이다.

넷째, 대행업체를 통한 모집이다. 이는 우버이츠보다는 주로 데마에칸에서 적극적으로 활용하고 있는 방식이다. 현재 일본에서는 배달원 부족 현상이 발생하여 시장 성장이 다소 정체되고 있는데, 우버이츠보다 시장점유율에서 열세를 보이는 데마에칸에서는 공격적으로 배달원을 모집하고 있고, 이 중 하나가 업체를 통한 배달원 모집이다. 나중에 다시 설명하겠지만 우버이츠에 비하여 데마에칸의 노동 통제 시스템은 상당히 복잡한 편인데, 이러한 복잡한 시스템으로 인하여 배달원이 쉽사리 모이지 않는 점이 있고, 이를 해결하기 위해 업무 및 배달원 모집과 운영을 대행하는 업체를 공격적으로 육성하였다. 현재 일본에서 가장 큰 업체에 600명 정도의 배달원이 등록되어 있다. 우버이츠의 경우에는 대행업체를 적극적으로 사용하지는 않지만 시장 점유율을 확실하게 높여야 한다고 판단되는 곳에 대해서는 대행업체를 활용하고 있다.

다섯째, 직고용을 통한 배달원의 운영이다. 이는 데마에칸 특유의 시스템으로 플랫폼을 활용하기 이전부터 사업을 전개하였기에 해당 조직 시스템을 여전히 운영하고 있으며, 배달 수요의 폭주, 장거리 혹은 수익성이 없어서 자영업으로 등록된 배달원들이 배달하지 않는 배달주문을 담당하고 있다.

나. 배달 업무의 배분

우버이츠에서는 AI를 활용하여 임의의 배달원에게 임의 배달 업무를 할당하며 배달원은 1분 동안 배달 내용을 확인하고 배달 수령 여부를 결정할 수 있다. 또한 배달을 거부해도 특별한 페널티는 없으며 3번 연속으로 앱의 배달 요청에 응답하지 않으면 부재중으로 인식되어 앱이 강제 종료되기는 하지만 바로 재기동이 가능하다. 다만 많은 배달원이 공통으로 지적하고 있듯이 앱에서 배달원에게 배달 업무를 배정하는 기준은 명확하지 않으며 일부 배달원은 "블랙박스"로 표현하고 있다.

데마에칸에서는 특정 지역에 있는 배달 업무를 앱에 로그인한 배달원에게 동시에 보여 준다. 배달원들은 수시로 앱을 확인해야 하며 먼저 누른 사람이 좋은 일감을 가져가는 구조이다. 또한 배달원은 최대 3개의 배달을 동시에 받을 수 있다.

[표 1] 배달 업무 운영방식 비교: 우버이츠 vs. 데마에칸

구분	데마에칸	우버이츠
배달 배분 방식	지역 내 업무 중인 배달원에게 전체 공개	AI가 자동으로 배분
배달 업무 수령 방식	선착순	승낙/거부를 선택해야 함
동시 배달 가능 여부	최대 3개	최대 3개

배달원을 대상으로 하는 인터뷰 결과에 따르면 전업 배달원들은 일주일에 5~7일간 오전 10시부터 밤 10시까지 배달 업무를 하고 있다.

프리랜서 협회의 조사에 따르면 일주일에 20~60시간 정도를 일하는 배달 노동자가 약 44%이며 약 14%는 일주일에 60시간 넘게 일하는 것으로 조사되었다. 다만, 노동시간과 별개로 이들은 높은 자율성을 배달 노동의 장점으로 들고 있다. 배달 노동자들은 정해진 근무 시간이 없으므로 본인의 필요에 따라서 자유롭게 노동시간을 선택 및 조정할 수 있다. 물론 주문이 몰리는 점심 및 저녁 시간대에 단가 및 주문 건수가 많으므로 높은 수익을 올리기 위해서는 특정 시간대의 배달 업무에 참여할 필요가 있으나 의무는 아니다.

다. 노무관리 방식

우버이츠는 대체로 앱에 근거하여 운영하고 있으며, 모든 것을 앱으로 진행하게 되어 있으며, 결제 · 배달 수령 · 항의 관리 등이 앱을 통해 일원화되어 있다. 또한 매주 배달보수를 정산하고 있다.

특이한 것은 데마에칸으로, 데마에칸은 플랫폼 시스템이 등장하기 이전부터 사업을 영위했으며, 전통적으로 지역별로 배달 거점을 마련하고 거점별로 배달원을 고용하여 배달수요를 충족하는 방식을 택하였다. 이러한 시스템은 플랫폼 시스템을 도입한 이후에도 이어지고 있다.

우선 독립자영업자로서 배달원을 채용할 때도 거점을 중심으로 하는 노무관리 시스템을 활용하고 있다. 앱을 통해 계약한 배달원이라 하더라도 각 배달원은 자신의 거주지 혹은 주요 배달 지역을 관리하는 거점 사무소에 소속되어 있으며, 급여의 정산, 배달비의 정산 등을 거점에서 하게 된다. 쉽게 말해, 배달원들은 어느 지역에서 주로 근무할지를 정해야 하고 해당 지역을 담당하는 거점에 등록한 이후 배달보수를 해당 거점에서 월 2회 정산받는다. 특히 우버이츠와 달리 데마에칸은 현금으로도 배달비를 받고 있는데, 2022년 3월까지는 음식배달 시 현금으로 음식값을 받으면 배달원은 거점으로 직접 가서 정산을 해야 했다. 이에 대해서 배달원들의 불만이 계속되자, 2022년 4월부터 편의점의 키오스크를 이용하여 정산하는 시스템으로 바뀌었다.

거점에서는 고객의 불만 사항을 접수하고 해당 불만 사항을 배달원들에게 전달하기도 하지만, 독립자영업 배달원에 대한 통제가 많은 편은 아니다. 한편, 거점에서는 라인을 통해 아르바이트 배달원을 관리하고 있으며, 배달원 중에서도 일정 시간 이상을 근무할 때는 보험을 적용받는다. 배달원들은 한 시간에 주로 1~2건 정도를 배달하고 있으며, 업체에서 오토바이, 자전거, 유니폼 등을 지급하고 있다. 배달은 주로 독립 자영업 배달원들이 꺼리는 수익성이 낮은 지역을 커버하고 있다.

고용된 배달원들은 배달원을 중심으로 위계질서 혹은 수직적 조직시스템을 갖추고 있다. 우선 데마에칸 본사에서는 거점을 관리하기 위하여 직원을 파견하는데(지점장), 직원 한 명이 여러 개의 거점을 동시에 관리하는 경우도 있다. 그 외에 총괄 매니저, 슈퍼바이저, 일반 배달원 등의 직급체계가 존재하며 이들은 모두 아르바이트 배달원으로 구성되어 있다. 시기별로 입출입이 격심하며, 해당 직급이 받기 위해서는 다른 매니저 혹은 슈퍼바이저의 추천이 필요한 경우가 많다. 다만 이러한 거점 시스템은 2022년 7월을 전후로 대폭 변경되어 거점의 역할이 많이 축소되었다.

또한, 거점과 비슷하면서 다른 개념으로 인력파견업체와 비슷한 제도를 채용하였다. 이는 3명 이상의 배달원이 모이면 누구나 배달원 관리 업체를 신청할 수 있으며, 소속된 배달원이 적으면 보수는 배달앱에 직접 등록한 배달원과 같지만, 업체의 규모가 커질수록 1건당 보수 단가가 증가한다. 이때 업체는 배달원에게 자유롭게 배달 보수를 지급할 수 있다. 2021년을 기준으로 데마에칸에서 업체에 주는 보수는 배달 1건을 기준으로 하며, 이 1건당 보수는 배달업체의 규모 인원수와 배달 건수가 많을수록 높아지며, 이 경우 배달 1건당 800엔(8,000원)이 된다.

예를 들어 업체에 소속된 배달원이 1건의 배달을 하는 경우, 데마에칸은 1건당 800엔의 배달보수를 지급하고 업체에서는 50엔 정도를 공제한 750엔을 배달원에게 지급한다. 간단하게 말해 업체에서는 배달원이 데마에칸과 직접 해야 하는 고용·사무처리 등을 대행해 주고 있으며, 이를 통해 배달원과 데마에칸 본사의 사무처리 부담을 줄여 주고 대가로 수수료를 받고 있다고 이해할 수 있다.

또한 데마에칸에 직접 등록하면 월 2회 정산을 받는데 대행업체에 등록하면 월 1회 정산을 받는다. 대행업체에서도 거점과 마찬가지로 급여 관리와 항의 관리를 하고 있으며, 문제가 발생하는 경우엔 배달원에게 직접 경고한다. 배달원들의 관리도 마찬가지로 라인을 이용하여 관리하고 있다. 이는 업체마다 약간의 차이는 있을 수 있으나 일본 최대 데마에칸 대행업체인 A사에서는 소속 배달원이 전부 라인 단톡방에 가입하여 있으며, 단톡방을 통하여 필요한 내용의 전달 및 노무관리를 이행하고 있다.

라. 컴플레인 관리

컴플레인을 관리하는 방식도 양사가 서로 다르다. 우버는 기본적으로 앱을 이용한 채팅을 통해 컴플레인를 통제하고 있다. 2022년부터는 전화 대응을 하지 않고 있으며 모든 대응을 채팅으로 대응하고 있다. 또한 고객과 배달원들의 접촉을 금지하고 있다. 다만 계정을 정지해야 할 때에는 해당 배달원에게 직접 전화 연락을 하여 해명할 기회를 주고 있다. 다만 우버이츠는 채팅센터의 운영 주체 등에 대해서는 불투명한 점이 많다.

반면, 데마에칸에서는 채팅보다는 주로 전화를 활용하여 항의를 관리하고 있다. 가령 데마에칸의 배달원은 20분 이내에 음식을 배달해야 하는데 20분이 지나게 되면 배달원이 직접 고객에게 전화하여 배달 지연을 사과해야 한다. 또한 고객은 전화로 데마에칸에 각종 컴플레인 및 문의를 할 수 있다. 또한 컴플레인과 관련한 관리주체도 우버이츠에 비하여 상대적으로 명확한 편이다. 데마에칸에서는 규슈 가고시마현에 있는 ㈜데마에칸커뮤니케이션스라는 자회사를 통해 항의를 관리하고 있다. 간단한 컴플레인은 해당 전화상담실에서 자체적으로 처리하고 있으나, 배달원에게 주의를 줄 필요가 있다고 생각되는 시스템에 대해서는 거점 혹은 업체에 해당 내용을 통보하여, 업체나 거점을 통해 배달원에게 주의를 주고 있다. 또한 일정 기간 3번 이상 경고를 받은 배달원은 배달앱을 이용할 수 없게 된다.

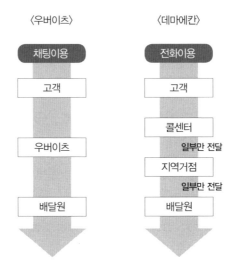

[그림 4] 우버이츠와 데마에칸의 컴플레인 관리 방식

〈우버이츠〉

채팅이용

고객

우버이츠

배달원

〈데마에칸〉

전화이용

고객

콜센터

일부만 전달

지역거점

일부만 전달

배달원

3. 보수체계와 소득수준 ✓

가. 보수체계

배달 플랫폼의 보수체계는 수시로 변하고 있다. 또한 2022년 현재, 우버이츠와 데마에칸의 보수체계는 양극단에 위치한다고 말해도 좋을 정도로 매우 상이하다. 우선 우버이츠는 보수지급체계가 매우 명확하지 않으며 매주 유동적으로 변한다는 특징이 있다. 그에 반해 데마에칸에서는 한 달 전부터 시간대 및 지역별 보수 금액을 매우 명확하게 고지하고 있다. 이 글에서는 2022년 5월을 기준으로 우버이츠와 데마에칸의 보수체계를 설명하고자 한다.

우선 우버이츠의 보수는 크게 '기본배달료 + 거리당 비용 + 퀘스트 보너스'로 이루어져 있다. 따라서 더 많은 보수를 받기 위해서는 배달 횟수를 일정 부분 채워야 하는 시스템이다. 거리는 구글맵을 기준으로 하고 있으며, 구글의 정해진 루트를 따라갈 필요는 없기 때문에, 얼마나 지역을 효율적으로 잘 알고 있어서 지름길을 찾아가는가가 수익성으로 연결된다. 또한, 우버이츠는 배달앱에서 자동으로 한 건씩 배달을 할당해 주고 있으며, 배달원은 해당 배달을 받을지 거부할지를 결정할 수 있다.

그리고 처음 배달을 하는 날에는 과도하게 배달 건수가 많다는 의견이 있으며, 우버에서는 첫 90일 동안 일정 수익을 보장해 주는 프로모션을 진행 중에 있다. 피크타임이 존재하며, 해당 피크타임에 배달이 몰리고 1건당 배달 단가도 증가한다. 퀘스트 보너스에는 날씨 퀘스트, 주말 퀘스트, 횟수 퀘스트 등이 있다. 악천후와 주말과 같이 배달수요가 몰리지만 배달원의 숫자가 적은 시기에는 추가 보너스를 지급하여 배달원의 참여를 독려하고 있다.

특히 횟수 퀘스트는 배달원 1인당 배달 건수를 높이기 위하여 일주일 배달 건수를 기준으로 특정 횟수 이상 배달하는 경우 추가보수를 지급하고 있다. 2022년 5월을 기준으로 5번 배달에 500엔(5천 원), 이후 10번에 4,000엔(4만 원)을 추가로 더 지급, 15번에 1,500엔(1만 오천 원), 30번에 3,000엔(3만 원)을 더 지급한다. 횟수에 따른 추가보수는 누적되므로 일주일에 30번을 배달하게 되면 총 9,000엔(9만 원)을 더 받게 되는 것이다. 또한 우버이츠는 배달에 사용하는 도구(도보, 자전거, 오토바이, 경자동차)에 따라 보수 및 일감 지급에 차등을 두고 있다. 다만, 정확하게 어느 정도 차이가 있는지는 명확하지 않다.

[그림 5] 우버이츠 배달보수 예시 화면

배달 퀘스트의 예시 화면   건당 배달 보수 화면

데마에칸은 앱에서 배달일을 제공하는 것이 아니고, 배달원이 최대
한 빨리 눌러서 선점하는 형태이다. 이러한 배달시스템으로 인하여 데
마에칸에는 전업 배달원의 비중이 높은 편이며, 이에 따라 일부 배달원
들은 데마에칸에 거부감을 가지고 있기도 하다. 한 가지 재미있는 점은
일부 배달원은 데마에칸의 시스템이 천박하다고 말하면서도 앞으로 사
용할 의사가 있음을 표명하였다는 점이다.

배달원들은 한 번에 최대 3개의 배달을 동시에 선택할 수 있다. 또한 배달은 최대 20분 안에 배달을 완료해야 하며, 시간이 지연되는 경우, 고객 혹은 거점에 연락해야 한다. 숙련된 배달원은 배달 루트를 고려하여 최대 3개의 주문을 동시에 받기도 한다. 데마에칸은 건당 715원의 배달 수수료를 일률적으로 지급하는데, 피크시간대 혹은 이벤트 시기에는 1.2~3배, 4배까지 배달 수수료를 올려 지급한다. 즉, 실질적으로 피크시간대에 배달 1건에 3천 엔 이상의 보수를 받는 것도 가능하다. 또한 데마에칸은 1~3개월 전에 시간대별로 배달 보수 요율을 공지한다. 배달 보수 요율은 각 일자 및 시간대별로 기본 배달보수 금액인 715엔(7,150원)보다 몇 배나 더 많은 금액을 지급하는 것에 관한 것이다. 가령 1월 1일 오후 1시에 1.5배의 배달보수율이 책정되며, 1월 1일 오후 1시에 1건의 배달을 하면 '715엔 × 1.5인 = 1,075엔(1만750원)'이 실제 보수가 된다.

[그림 6] 우버이츠 배달보수 예시 화면

인센티브 표   급여명세서

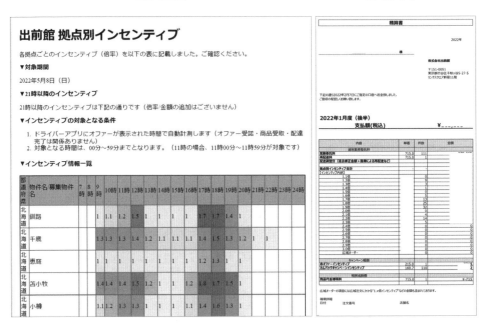

한 가지 특이한 점으로 데마에칸에서는 배달 건수당 715엔(7,150원)을 지급하고 있는데, 해당 업체에 등록한 배달원에 대해서는 한 건에 800엔(8천 원) 이상의 보수를 업체에 지급한다. 그러면 업체에서는 운영관리에 필요한 수수료를 제외하고 나머지 금액을 배달원에게 지급하는데, 이때 715엔(7,150원)보다 더 많은 730(7,300원)엔 등의 보수를 지급하여 배달원을 모집하고 있다. 여기에서 주목할 만한 것은 해당 업계에도 정보 비대칭이 존재하며, 데마에칸의 보수 지급이 715엔(7,150

원)이라는 것을 정확히 모르는 초보 배달원들은 과도하게 수수료를 탈취하여 715엔(7,150원)보다도 낮은 금액을 지급하는 업체에 등록하는 때도 있다.

나. 실제 보수금액

배달원들의 실제 수령 금액은 전업인지 부업인지에 따라 다르다. 부업의 경우에는 한 달에 3~5만 엔(30~50만 원) 정도를 버는 경우가 많다. 반면 전업으로 일할 때는 한 달에 평균 40~100만 엔(400~1,000만 원) 정도를 번다.

우버이츠에서는 배달원 전용 앱에서 본인의 수익이 전체 배달원 중에서 몇 퍼센트에 해당하는지에 대한 통계를 간략하게 제공해 주고 있으며, 상위 10% 안에 드는 전업 배달원의 경우 2022년 1월을 기준으로 한 달에 50만 엔~100만 엔(500~1,000만 원) 정도를 받는다. 100만 엔은 다소 극단적인 사례이지만, 충분히 확인할 수 있는 사례이다. 일본프리랜서협회의 조사 자료에 따르면 일주일을 기준으로 29.4%가 평균 1~3만 엔(10~30만 원)을 번다고 하였으며 27.9%는 평균 5~10만 엔(50~100만 원)을 번다고 답변하였다. 구체적으로 전업으로 일하는 배달 노동자 중 약 44%가 일주일에 평균 5만 엔(50만 원) 이상을 번다고 답변하였으며, 부업으로 일하는 배달 노동자는 9%만이 일주일에 5만 엔 이상 벌고 있다고 답변하였다.

관련하여 2021년에 발표된 '일본 임금구조 기본통계조사'에 따르면 운송·우편업에서 종사하는 40~44세 남성의 평균임금은 305,000엔(약 305만 원), 숙박·식음료서비스업 종사자의 평균임금은 317,100엔(약 317만 원)으로 한 달에 40만 엔 이상 버는 전업 배달원의 수입보다도 낮은 편이다. 독립자영업자이기 때문에 연금과 같은 사회보장에 가입하지 못한다는 심각한 문제가 존재하지만, 매월 벌어들이는 보수 수준만 고려한다면 결코 소득수준이 낮다고 할 수는 없다.

4. 배달 노동에 대한 배달원들의 인식과 태도 √

적지 않은 수의 배달 노동자들은 스스로를 독립자영업자로 인식하고 있으며, 노동조합에 대하여 부정적 혹은 적대적인 인식을 하고 있었다. 또한, 전반적으로 노동조건, 노동과정, 대인관계에 대한 만족도가 매우 높았으며, 일부 전업 배달원들은 평생직업으로서 생각하고 있는 예도 있었다. 한편, 많은 사례는 아니지만 사고를 경험하더라도 특별히 노동자 정체성이 더 강해지는 것은 아니었다. 간단히 말해 배달원들은 높은 소득수준과 자율성, 그리고 배달원에게 우호적인 시장 환경 등에 기반하여 노동자로서의 포지셔닝을 거부하고 있다. 인터뷰 조사에 따르면 배달서비스업에 대한 배달원들의 인식과 태도를 형성하는 요인들은 다음과 같이 정리해 볼 수 있겠다.

첫째, (사전 조건) 배달업체에서 사전에 제시한 계약 조건이 배달원들의 인식에 큰 영향을 미치고 있었다. 인터뷰한 배달원들은 공통적으로 계약서에 그렇게 작성되어 있다는 이야기를 반복적으로 하고 있었다. 따라서 배달서비스에 종사하고 있는 배달원들은 독립자영업자로 계약한다는 것을 인지한 상태에서 계약을 승낙하였기에, 처음부터 노동자로서의 포지션을 생각하지 않았을 가능성이 있다. 이는 처음 업체에서 제시한 조건이 노동자 의식의 형성에 일정 부분 영향을 줄 수 있다는 것을 의미하며, 시장이 형성되고 성장하는 단계에서 만들어진 초기 조건이 노동자들의 인식과 태도 형성에 장기간에 걸쳐 큰 영향을 주고 있다고 볼 수 있다.

둘째, (시장 환경) 업체 간의 경쟁 격화와 배달원이 부족한 수요공급의 불일치가 배달원들의 노동조건 및 태도 형성에 영향을 주고 있다. 시장이 안정되면서 지속적으로 배달 단가가 조정되었음에도 우버이츠와 데마에칸의 경쟁이 치열해지면서 다양한 형태로 배달원들의 보수가 증가하였고 결과적으로 배달원들의 노동 수입에는 큰 변화가 없었다.

따라서 배달원 입장에서 특정 배달 플랫폼에 집착할 이유가 없으며, 오히려 위험 분산이라는 차원에서 다양한 플랫폼에 사전에 가입하여 특정 플랫폼에 문제가 발생하였을 때, 다른 플랫폼으로 재빨리 이동하는 전략을 취하고 있다. 이에 따라 이들 배달원은 특정 배달 플랫폼에 대응하는 노동조합에 들어가서 종속적으로 되기보다는 위험 분산의 차원에서 다양한 플랫폼을 이동하는 생존 전략을 취하고 있다. 이러한 맥락 속에서 배달원들은 배달 수입에 큰 불만을 가지고 있지 않았으며, 우버이츠에 집착하는 것이 멍청하게 보인다고 답변한 배달원도 있다.

셋째, (소득수준과 거시경제) 업체 간 경쟁과 배달원 부족이라는 시장 상황으로 인하여 배달원들의 보수는 높은 편이다. 전업으로 종사하는 배달원의 경우 월 50만 엔 이상의 수입을 얻고 있으며, 이는 임금근로자로 근무할 때보다 더 높은 금액이다. 특히 일본에서는 지난 30년간 평균적인 급여 수준이 지속해 하락하였다. 후생노동성의 임금구조 기본조사에 따르면, 2001년에 남성의 평균임금은 34만 엔 정도였으나 2018년에는 33.7만 엔, 2020년에는 33.8만 엔에 머무르고 있다. 산업별로 살펴보면, 2020년 남성 정규직을 기준으로 숙박음식업 종사자의 임금은 29만 엔에 불과하고 임금수준이 가장 높은 금융 보건업의 평균임금도 50만 엔이다.

　이러한 상황에서 하루 평균 1만 6천 엔(월 급여로 환산하면 45만 엔) 정도의 배달 수입은 이들에게 높은 만족도를 줄 수밖에 없으며, 현 상황의 변화, 즉 임금노동자로의 편입을 원하지 않는 중요한 이유가 된다. 실제로 인터뷰 사례 중에서는 '임금노동을 배달원 → 임금노동 → 배달원'의 경로를 경험한 배달원이 있었다. 해당 배달원은 배달 산업이 다소 불안정하고 향후 배달 보수가 낮아질 수 있다는 것을 인정하면서도 서비스업 임금 근로자의 급여가 월 20~30만 엔에 불과하다는 것을 고려하면 배달 노동자로 일하는 것이 경제적인 측면에서 훨씬 더 좋다고 말하였다.

　한 가지 흥미로운 점은 본인의 포지션에 따라 배달서비스업 전망에 대한 태도가 상이하다는 것이다. 본 연구에서는 블로그 운영자, 업체 운영자, 전업 배달원, 부업배달원, 아르바이트 배달원을 대상으로 하였는데, 전업 배달원, 부업배달원, 아르바이트 배달원 등은 배달서비스업을 긍정적으로 평가하고 있으며, 앞으로도 계속해서 배달서비스업에 종사할 것이라는 의견을 표명하였다. 하지만 블로그 운영자, 업체 운영자 등은 배달원보다 높은 수익을 창출하고 있음에도 불구하고 장기적으로 배달 산업의 전망을 높게 평가하지 않았다.

가장 큰 이유로는 장기적으로 배달단가는 하락하고 있으며, 근래의 높은 보수는 데마에칸을 중심으로 하는 출혈경쟁이 주요 원인인데, 데마에칸이 대규모 적자를 기록한 점 등의 이유를 들어 장기적으로 이러한 배달 수수료가 유지되지 못할 것이라는 의견을 제시하였다. 또한 그들은 나름대로 배달 노동의 가치를 평가하였는데, 배달 노동은 어린아이도 할 수 있는 단순노동이므로 현재의 배달보수는 적정 단가가 아니며 적정한 배달단가를 찾아서 꾸준히 하락할 것이라는 전망을 제시하였다.

넷째, (노동환경과 자율성) 노동과정의 상대적 자율성은 임금노동자로의 포지션을 거부하는 중요한 요인 중 하나이다. 우선, 임금노동자로 되는 경우, 노동시간·보수·채용 시스템 등에 대한 논의가 필요한데 이러한 논의 자체가 너무나 귀찮다는 답변이 있었다. 배달 업무의 경우 피크시간대가 정해져 있지만, 보수가 높다는 것일 뿐, 반드시 해당 피크타임에 일을 해야 한다는 규정이나 제약은 없다. 오히려 업무 개시 시간이나 업무일 등을 자유롭게 정할 수 있기 때문에 배달 업무를 하고 있는데, 임금노동자가 되어서 노동시간이나 일하는 방식에 제약받고 싶지 않다는 의견이 많았다. 특히 이러한 자유로운 시스템을 자아실현이나 심리적 안정 등에 적극적으로 활용하는 때도 확인할 수 있었다.

인터뷰한 배달원 중에는 개그맨, 양계장 사업, 농업 등과 같은 직업적 희망 사항을 가지고 있었고, 또한 이를 위해 여러 가지 것들을 하고 있었다. 따라서 이들은 자신의 사업이나 희망 직업에 우선순위를 두고 있으며, 이를 위해 최저한의 수준에서 생계를 유지하려는 방편으로 배달원으로서 배달서비스업에 종사하고 있음을 알 수 있다. 따라서 노동시간에 제약이 가해지는 임금근로자로의 전환을 달가워하지 않았다. 또한, 인터뷰 대상자 중에는 학생 아르바이트의 형태로 배달원을 하고 있으며, 높은 소득수준과 자유로운 시간 사용을 이유로 배달 노동 이외의 다른 아르바이트를 고려하고 있지 않다고 답변한 응답자도 있다. 이들은 때에 따라 한 달 정도 배달 업무를 중단한 적도 있으나, 이에 따른 불이익은 전혀 없다고 하였다.

다섯째, (대인관계) 배달원들은 주로 트위터와 라인을 이용하여 의사소통하고 있으며 대면접촉도 음식점에서 배달 음식을 기다리는 동안 동료 배달원들과 간단하게 정보를 교환하는 것이 대부분이다. 하지만 이러한 배달서비스업 특유의 의사소통 방식이 오히려 배달원들의 대인관계 만족도를 높이고 있다. 배달원들에 따르면, 주변 배달원 중에는 대인관계가 원인으로 임금노동자를 거부하는 사람들이 있을 수 있다(커뮤쇼[2]가 있어서 배달 노동자를 하는 사람들도 있을 것이라는 이야기를 하고 있다).

특히 임금 노동시장에서 수직적 조직체계를 경험한 배달원 중 일부는 조직에서의 상하관계에 기초한 의사소통을 달가워하지 않았으며, 본인 나름의 대안으로서 수직적 의사소통을 요구하지 않는 배달서비스업에 진입한 때도 있다. 배달원들은 트위터, 유튜브를 사용하여 의사

---

2 '커뮤니케이션 장애'라는 일본식 표현의 일본식 약칭.

소통하는 예도 있으며, 음식점에서 음식 수령을 기다리면서 정보를 교환하는 등의 활동을 하고 있었다. 오히려 기존의 제도 혹은 시스템에서 사회적 관계에서 배제된 사람들이 다시 사회적 관계를 구축해 가는 과정으로도 이해할 수 있으며, 특히 트위터 등을 사용한 비대면 의사소통의 효과에 주목할 필요가 있다.

여섯째, (고용시스템) 일본형 고용 관행은 종신고용을 보장하는 대신 부업을 엄격하게 금지하였다. 물론, 오랜 기간 실질임금이 하락해 왔고 새로운 성장전략 및 기업혁신의 일환으로 기업가정신의 육성을 적극적으로 도모하면서 부업을 허가하는 기업이 늘어났다. 하지만, 근본적으로 낮은 임금에 대한 암묵적인 보상시스템 혹은 기업가정신 이론에 기초한 종업원의 인적자원 개발이라는 측면에서 이해하는 것이 타당하다.

또한, 부업을 허용하더라도 세무적인 문제로 인하여 임금노동자로의 취업은 금지하는 곳이 많으며, 대체로 자영업 혹은 프리랜서의 형태로 부업을 할 것을 규정하고 있다. 따라서 부업으로 배달서비스업에 종사하는 배달원들의 경우에는 임금노동 시스템에 편입되는 순간 배달 업무가 어려워진다. 또한 최근 추세도 전업보다는 부업 배달원의 확보가 추세이며 이를 위해 데마에칸에서도 배달 시스템의 변경을 예고하였다. 쉽게 말해, 전업이 아닌 부업으로 배달서비스에 종사하고 있는 배달원의 경우에, 임금노동 시스템으로의 편입은 배달서비스업에서의 퇴출을 의미할 수도 있기에 반기지 않는다.

일곱째, (보험 및 의료시스템) 일본의 높은 수준의 의료 시스템과 보험제도가 배달원들의 위험을 낮추는 역할을 하면서, 현재 상황에 대한 만족도를 높이고 있다. 현시점에서 배달 플랫폼은 배달원으로 등록하기 위한 조건으로 보험 가입을 전제조건으로 하고 있다. 단, 특정 보험이나 회사를 지정하지는 않았기에 자신의 사정에 맞춰서 원하는 보험에 가입하면 되고 보험의 가입비용도 저렴하다. 무엇보다 일본의 국민건강보험 자체가 보장성이 좋은 편이고, 여기에 가입 시 의무적으로 가입해야 하는 보험에서 추가 비용을 전반적으로 커버해 주고 있다. 따라서 대형 사고는 아니지만 골절상과 같은 부상을 입더라도 사전에 가입해 둔 보험과 국가 건강보험제도를 활용하여 경제적으로 큰 어려움 없이 치료할 수 있다. 실제로, 인터뷰 대상자 중에서는 사고로 인해 골절상을 입은 배달원도 있으나, 개별적으로 들어 둔 보험을 통해 치료비를 충당하였기에 별다른 문제나 불만이 없다는 사람들도 있었다.

여덟째, 고용형태에 따라 서로에 대한 인식이 서로 다른 것을 확인할 수 있었다. 데마에칸에 고용된 배달원들은 독립 자영업자로 일하는 배달원들을 항상 문제를 일으키고 돈밖에 모르는 사람들로 인식하였다. 결과적으로 같은 거점에 소속된 배달원들 사이에서도 서로에 대한 인식이 다르고 분열이 존재하는 것을 확인할 수 있다. 오히려 독립 자영업 배달원 중에는 데마에칸에 직고용된 배달원들을 한 시간에 한 건이나 배달하는 능력 없는 배달원으로 인식한 때도 있다. 이러한 집단 간 분열도 독립자영업자로 일하는 배달원들의 조직화에 부정적 영향을 미치고 있다고 추측된다.

5. 배달 노동의 현재와 미래: 조직화는 가능할까? ✓

현재 일본의 배달 노동자들은 임금노동자로 근무할 때보다 훨씬 더 높은 소득수준과 자유로운 노동시간에 높은 만족감을 나타내고 있다. 배달원들의 소득수준은 동일 업종에 종사하는 임금노동자보다 30% 이상 높은 수준이고, 휴가 및 연차의 사용이 매우 어렵고 정해진 업무시간을 일방적으로 따라야 하는 임금노동자보다 자율성도 높은 편이다. 이러한 사정으로 인하여 일본에서는 상대적으로 조직화가 매우 더디게 진행되고 있다. 우버이츠 노동조합이 존재하지만, 조합원 수가 30명 정도에 머무르고 있으며 법적으로도 노동조합으로 인정받고 있지 못하다. 또한 임금노동자를 고용하고 있는 데마에칸에도 노동조합이 없다.

우버이츠 노동조합은 카와카미 요시히토(川上資人) 변호사가 트위터 상에서 활동 중인 일부 배달 노동자를 적극적으로 설득하여 설립되었다. 설립 당시에는 약 5명 정도가 참여하였다. 다만, 초창기에 우버이츠 유니언에 참여한 배달원들이 모두 노동자성을 강하게 인정한 것은 아니었으며, 처음부터 독립자영업자로 인식하고 있었던 배달원들도 있었다. 이러한 사정으로 일부 초창기 설립 구성원들이 우버이츠 유니언을 탈퇴하였다. 또한 우버이츠 유니언은 현재 배달원들의 호응과 지지를 받지 못하고 있다.

특이한 점은 일본에서는 2022년 7월을 기점으로 본격적인 배달 보수 하락이 이루어졌고, 그 결과 일부 배달원들이 배달 현장을 이탈하였으며 남아 있는 배달원들도 수입 하락을 경험하면서 많은 배달원이 보수체계에 불만을 가지고 있음에도 2023년에 이루어진 별도의 추적조사에서 불만 사항을 해결하기 위하여 단체행동 혹은 적극적인 의사 표현을 하겠다는 배달 노동자는 드물었으며 다른 일자리의 탐색, 더욱 효율적인 배달 방법의 개발에 관한 의견을 개진하였다는 점이다.

하지만 이러한 상황 속에서도 우버이츠 유니언에서는 월 1회의 정기모임을 가지고 노조의 운영 방안과 조합원 간의 친목을 도모하면서 활동을 이어 가고 있다. 또한 요가 유니언, 프리랜서 유니언과 같은 독립 자영업자들이 주축이 되는 노동조합과의 연대 활동도 활발하게 수행하고 있다. 다행히, 2023년 1월에 일본 도쿄 지방 노동위원회에서 우버이츠 배달원들의 노동자성을 인정하는 판결이 나왔고 렌고와 같은 대형 노동조합으로부터 경제적 지원을 받으면서 노동조합의 영향력이 점차 커지고 있기에 전망이 나쁘지는 않은 편이다. 아직 일본에서 배달 노동자들의 조직화는 초기 단계에 머물러 있기에 앞으로의 변화를 계속하여 추적할 필요가 있겠다.

■ 일본의 도시락 문화와 배달서비스

과거 일본에서는 음식의 질이 떨어질 수도 있다는 우려 때문에 배달을 꺼리는 경향이 있었다. 사실 이러한 경향은 일부 음식 장르를 중심으로 최근까지 이어지고 있다. 특히 일본 라면 가게에서 음식의 품질 저하를 이유를 배달에 대한 거부감이 강하였으며, 테이크아웃 서비스도 하지 않는 곳이 많았다. 물론 2019년 말부터 시작된 코로나19의 확산을 계기로 라면 가게에서도 배달서비스를 도입하였으나, 적지 않은 라면 가게에서 음식의 품질 유지를 이유로 주문받고 배달원들이 가게에 도착한 다음에 요리를 시작하고 있다. 이는 배달원들과 음식점 간의 갈등을 유발하기도 하며 배달원들은 정보 공유를 통해 이러한 가게를 의도적으로 피하기도 한다.

하지만 도시락의 경우에는 보존을 전제로 한 찬 음식이었기 배달에 대한 거부감이 없었고, 이에 따라 도시락을 중심으로 배달서비스가 전개되었다. 특히 1970년대 일본 국철에서 '디스커버리 재팬' 캠페인을 진행하며 지역 특산물이나 향토 요리를 활용한 에키벤(직역하면 역 도시락이 되지만 고유명사로 취급하여 발음 그대로 번역하였다)을 본격적으로 개발·판매하기 시작했고, 체인형 도시락 판매점이 등장하기 시작하면서 도시락에 한해서는 다소 시간이 지난 이후에 먹어도 된다는 인식이 정착되었다고 볼 수 있겠다.

이러한 사회·문화적 환경에 기반하여 도시락에 대한 배달서비스가 어렵지 않게 가능하였다. 물론, 오토바이 퀵서비스 업체가 배달서비스를 시작한 것이 도시락 배달서비스의 확산에 일정한 영향을 준 것도 있다. 일본에서는 경제성장의 영향으로 1980년대에 도쿄를 중심으로 서류 배송의 수요가 늘어나면서 각종 퀵서비스 업체가 설립되었으나, 거품 경제가 붕괴한 이후 서류 배송 수요가 줄어들었다. 이에 대응하여 각 업체에서는 다양한 서비스를 선보였는데, 이 중 하나가 도시락 배달이다.

· 제2장 ·

확산되는 플랫폼 노동과
기로에 선 한일의 노동 정치[1]

안주영 류코쿠대학교 정책학부 교수

1. 플랫폼 노동, 한국과 일본의 차이 ✓

이 글의 목적은 전 세계적으로 플랫폼 노동이라는 새로운 노무제공 방식이 확대되고 종래의 노사관계에서 배제되어 온 그레이 존의 노동자 수가 급증하는 등 새로운 변화 속에서 한국과 일본의 노동조합이 어떠한 대응을 모색하고 있는가를 검토하는 것이다. 특히 한국과 일본은

---

1 이 글은 필자의 일본어 논문 拡大するプラットフォーム労働と岐路に立つ労働政治: 日韓,欧米の労働組合動向比較, 龍谷政策学論集 10권, 2호,「新しい働き方」における集団の意義: 韓国20年間の軌跡からの示唆, 日本労働研究雑誌 747호를 수정한 글이다.

기업별 노동조합이라고 하는 공통적 노동 관행을 갖고 있음에도 불구하고, 한국에 비해 일본의 노동조합은 왜 소극적으로 대응하는지 그 원인을 살펴보고자 한다.

본격적으로 플랫폼 노동이 증가하면서 한국에서는 전국민주노동조합총연맹(이하 '민주노총')이 플랫폼 노동자를 조직화하고 플랫폼 기업과 단체협약을 맺거나 사회적 대화 포럼을 통해서 기업과의 자율규약을 체결했다. 또 다른 노총인 한국노동조합총연맹(이하 '한국노총')도 플랫폼 노동자의 보호 방안 TF팀을 만들어 이 문제를 검토하기 시작해 전국연대회의를 조직 내에 설치하고 플랫폼 노동자의 조직화에도 착수했다.

이에 반해 일본에서는 한국과 같은 조직화 작업이 이루어지지 않고 있다. 노동조합총연합회(이하 '렌고')가 플랫폼 노동 문제를 의식하여 새롭게 네트워크 회원 제도를 만들고 이를 위한 사이트 'Wor-Q'를 개설하는 등의 대응에 나섰으나, 플랫폼 노동자를 개별적으로 상담하는 형식으로 지원하는 데 그칠 뿐 조직화에 이르지는 못하고 있다. 전국노동조합총연합(이하 '전노련')이나 전국노동조합연락 협의회(이하 '전노협')도 플랫폼 노동자를 위한 조직화 움직임은 보이지 않고 있다. 지금까지 한국과 일본은 대기업의 정규직을 중심으로 기업별 노동조합이 조직화되어 있기 때문에 초기업적 문제나 정규직 이외의 처우 개선 문제에 대해 구조적으로 소홀하다고 지적되어 왔다(藤田, 2017; 中村 2018; 박태주, 2014). 그러나 최근 등장한 플랫폼 노동 문제에 있어서 한국과 일본의 노동조합이 이렇게 명확한 대응 차이를 보이고 있는 것이다.

플랫폼 노동이란 온라인 플랫폼을 이용해 어떤 조직 또는 개인이 다른 조직이나 개인에게 문제를 해결해 주거나 노무를 제공한 이후 그 대가의 지불을 받는 고용형태이다(Eurofound, 2018:9). 종래의 고용형태와 구별되는 가장 큰 특징은 노무의 제공이 노동자가 아닌 독립 계약자에 의해 이루어지며, 이들은 형식상 플랫폼 기업과 계약을 맺고 있다는 점이다. 때문에 이러한 고용형태가 등장한 초기에는 플랫폼 기업의 사용자 책임이 문제되지 않았고 플랫폼 노동자도 노동법에 보호되지 않았다.

그러다 각국에서 플랫폼 노동자의 노동자성을 인정받으려는 법적 투쟁이 일어나기 시작하면서 이 문제가 사회적 관심을 받게 되었다. 여러 나라에서 이들의 법적 권리에 관한 소송이 진행되었지만, 행정부와 사법부의 판단이 일치하지 않거나, 유사 안건임에도 서로 다른 판결이 내려지는 등 종래의 법체계에서 이에 관한 법적 분쟁을 해결하는 것은 용이하지 않았다(Daugareilh, Degryse and Pochet eds, 2019).

따라서 법 개정을 통한 보호가 상당한 시간을 필요로 하는 가운데 주목받는 것이 노동조합의 대응이다. 노동 환경은 노동법과 고용 정책에 좌우되지만 노동3권을 가지는 노동자들 스스로가 기업 측과의 교섭을 통해서도 노동환경을 개선할 수 있기 때문이다. 정책적 변화가 더딘 상황에서 노동 환경보호의 또 하나의 축을 담당하는 노동조합이 주목받는 것은 당연하다고 할 수 있겠다.

이후 살펴보겠지만, 유럽에서는 기존의 노동조합이 플랫폼 노동 문제에 적극적으로 대응하고 있으며 이미 플랫폼 노동의 단체협약이 맺어지고 있는 등 노사관계에서 플랫폼 노동을 보호하는 움직임이 활발히 진행되고 있다. 이에 비해 한국과 일본은 상대적으로 플랫폼 노동에 대한 노동조합의 대응이 뒤처져 있다. 그러나 이러한 성과에 대한 평가와는 별개로, 한일 노동조합이 갖고 있는 구조적 유사성에도 불구하고 양국 노동조합의 대응 양상에서 나타나는 차이에 주목해 볼 필요가 있다.

이러한 차이를 분석하는 것은 노동 정치의 중요한 테마이기도 하다. Rueda(Rueda, 2005)의 연구 이후 노동시장의 아웃사이더가 종래의 노동 정치에서 배제되고 있다는 점이 주목을 받았다. 최근에는 이러한 불안정노동자의 이익대표에 주목한 불안정노동 정치(Precarious politics)라는 개념이 등장했다(Paret, 2015). 노동 정치의 주요한 이론인 코포라티즘(Przeworski and Wallerstein, 1982)과 권력자원론(Korpi, 1978; Esping-Andersen, 1985)이 표준적 고용 관계를 전제하고 있기 때문에 플랫폼 노동이라는 새로운 노동자들을 어떻게 대표하고 이들의 이익을 보호하는 문제가 노동정치에서 중요한 이론적 쟁점이 되고 있는 것이다.

이러한 문제의식을 기반으로 이 장에서는 플랫폼 경제와 플랫폼 노동을 살펴보고 관련 선행 연구를 검토하여 분석 틀을 제시한다. 이를 토대로 영미권 국가와 한일 노동조합의 대응을 각각 검토하고, 나아가 한국과 일본에서 나타나고 있는 대응 양상의 차이와 그 원인을 고찰한다.

2. 선행 연구와 분석 틀 √

플랫폼 노동의 확대는 전통적인 고용관계와 사회보장제도로 보호받지 못하는 노동자 계층을 증가시키고 있으며, 이러한 계층을 보호하기 위한 정책적 논의와 각 분야의 연구가 진행되고 있다(Healy, Nicholson and Pekarek, 2017). 이 장에서는 플랫폼 노동의 증가가 전통적인 노사관계와 노동정치의 변화에 영향을 미치는 부분에 초점을 맞추어 선행연구를 정리하고 분석틀을 제시하고자 한다.

앞서 언급했듯이 플랫폼 노동은 업무의 세분화와 더불어 노동의 제공 장소나 시간적 구속력이 약해 사용자 책임이 모호해지기 때문에 기존의 노동기준법 등으로 보호하는 것이 쉽지 않다. 또한 플랫폼 노동자들은 형식상 고용관계를 가지고 있지 않기 때문에 노동조합에서도 배제되어 노동3권을 충분히 누릴 수 없었다(Hyman, 2018; 脇田 編, 2020; 김종진, 2020; 정흥준 외 4인, 2019). 이러한 취약 노동자에 대한 기존 노조의 대표성 결여가 지적되면서 유럽과 미국에서는 플랫폼 경제에서 노조의 역할이 주목받게 되었다(Chesta, Lorenzo and Carlotta, 2019; Crouch, 2019).

기존 노동조합이 조합원 이외의 노동문제를 다루고 이들 노동자를 대표하기 위한 시도로 유럽과 미국에서는 특히 다음 세 가지가 주목받고 있다.

첫째, 불안정노동 문제에 대한 적극적인 대응이다. 노동조합은 그동안 노동시장 내부자인 조합원의 이익만을 대변하고, 내부자의 고용 완충 장치로 아웃사이더를 방치해 왔기 때문에 노동시장의 이중성이 심화되었다는 지적이 있다(Saint-Paul, 1996; 新川敏光, 2007). 그러나 불안정노동이 증가하면서 최근 노동조합이 이들 노동자를 포용하고 이익을 대변하려는 움직임이 활발해지고 있다(Kuene and Pedaci, 2020; Kilhoffer, Lenaerts and Beblavy, 2017). 이러한 변화의 배경에는 불안정 노동자의 증가가 조합원들의 노동조건 저하로 이어진다는 인식과 함께, 노동조합이 전체 노동자를 대표하는 역할을 해야 한다는 요구에 대한 대응이 있다(Keune, 2015). 불안정노동자를 조직화할 때 기존 조합원과 같은 조직에 포함시킬 것인가, 별도의 조직을 만들 것인가, 불안정노동자 조합원에게 어느 정도의 권한을 허용할 것인가의 문제는 여전히 남아 있지만(Wynn, 2015), 기존 조합원 중심의 노동조합 활동에 변화가 나타나고 있는 것이다.

둘째, 사회운동과의 관계 강화이다. 노동조합의 조직률 하락과 세계화의 진전으로 노동조합의 영향력이 약화되면서 이를 보완하기 위해 사회운동단체와의 연대가 주목받고 있다(Heery, Healy and Taylor, 2004; Ibsen and Tapia, 2017; Grote and Wagemann eds, 2018; Hyman and Gumbrell-McCormick, 2017). 저출산 고령화, 양극화 문제, 재정적자 등 여러 문제가 존재하는 가운데 기존의 사회보장제도와 노동조건을 유지하는 것은 쉬운 일이 아니며 사회 전반의 개혁이 필요하다. 따라서 노동조합도 노사관계 내 노동문제를 넘어 다양한 문제를 다룰 필요가 있으며, 이를 위해 다른 단체와의 연대가 요구되고 있는 상황이다.

마지막으로, 경영자·정부·지역사회 등과 연계한 사회적 협약 체결이다(Kilhoffer, Lenaerts and Beblavy, 2017). 앞서 언급했듯이 노동조합의 영향력을 비롯해 정책에 대한 영향력과 단체협약의 구속력도 감소하면서 이를 보완하는 사회적 대화와 합의가 주목받게 되었다. 이러한 사회적 협약은 단체협약과 같은 법적 구속력이 없다는 점에서 한계가 있지만, 노동문제에 대한 사회적 관심을 불러일으킬 수 있다는 점에서 주목받고 있다.

이처럼 서구 노동조합은 기존의 노력만으로 발생하는 노동조합의 대표성 부족을 극복하기 위해 다양한 노력을 기울이고 있다. 여기서 생각할 문제는 이러한 전환이 왜 가능한가 하는 점이다. 이때 참고할 수 있는 것이 멤버십의 논리(logic of membership)와 영향력의 논리(logic of influence)이다(Vandaele, 2018:18-20)2. 멤버십의 논리는 노동조합을 운영할 때 조합원의 현재 필요와 이익을 우선시하는 것이고, 영향력의 논리는 조직의 확장을 우선시하는 것이다. 물론 두 가지가 양자택일의 문제이거나 배타적이지 않다.

노동조합은 조합원 없이 존재할 수 없기 때문에 조합원의 요구와 필요를 무시할 수 없다. 그러나 노동조합이 약화되고 불안정노동이 증가하는 상황에서 조합원들의 이익만 추구하고 사회로부터의 지지 확보에 소홀히 한다면 결국 조합원들의 이익을 지킬 수단을 잃게 될 것이다. 노동조합에게는 노동의 전환기에 이 두 가지 논리의 균형을 어떻게 이

---

2   Vandaele(2018)는 영향력을 제도 내 영향력으로 정의해 기존 노동조합은 영향력 논리를 중시하고 신생 노동조합은 조합원 논리를 중시한다고 주장하고 있지만, 필자는 권력자원론의 입장에서 영향력을 사회로부터의 지지 조달 가능성으로 간주해 멤버십 논리와 영향력의 논리에 대해 Vandaele과 다른 정의를 사용하고 있다. 권력자원론에 기반한 노동조합의 사회적 지지조달의 전략적 의미에 대해서는 安周永(2013) 참조.

루고 조직을 운영할 것인가가 과제가 된다. 전통적인 노동조합은 기존 조합원의 이익을 중시하고 조직 확대에는 상대적으로 관심이 적지만, 신흥 소규모 노동조합은 영향력 확대를 중시할 것이다. 또한 전통적 노동조합도 노동조합의 약화에 대한 위기의식을 강하게 느낀다면 조합원 논리보다 영향력 논리를 우선시하여 조직 확대와 불안정노동자 포용에 적극적으로 나설 것이다. 이처럼 전환기 노동조합의 전략을 분석하는 데 있어 이 두 가지 논리는 유용하다고 할 수 있다.

일본과 한국에서는 오랫동안 노동조합이 대기업 노동자 중심으로 기업별로 구성되어 왔고, 교섭의 대상은 산업 전체의 노동조건이 아닌 기업 내 처우와 조건 개선이 대부분이었다. 이처럼 기업별로 노동조합이 형성되고 교섭이 진행되어 왔기 때문에 중소기업 및 불안정 노동자들은 노조 활동에서 배제되어 초기업적 문제나 정책에 대한 대응이 어려운 상황이었다.

이러한 기업별 노조 구조하에서 노동조합이 서구에서 볼 수 있는 전환기의 새로운 전략을 취하기 어렵고, 노동조합이 조합원 논리를 넘어 영향력 논리를 우선시하며 노동조합 활동을 전개하는 것도 매우 어려운 상황이라고 할 수 있다. 이러한 상황에서 노동조합이 멤버십의 논리를 강조하는지, 영향력의 논리를 강조하는지에 따라 노동조합의 전략이 달라질 수 있을 것이고 이를 이용해 한일 양국의 노동조합의 대응 차이를 분석하고자 한다.

3. 유럽 노동조합의 대응 ✓

앞서 언급했듯이 유럽과 미국에서는 플랫폼 노동에 대해 노동조합이 적극적으로 대응하고 있다. 이를 확인할 수 있는 것이 영국 리즈대학교(University of Leeds) 고용관계센터 연구진의 플랫폼 노동 관련 노동운동 실태조사 결과이다. 이 조사는 세계 각국의 뉴스 데이터베이스, 노동운동 보고서, 활동가 네트워크, 온라인 포럼 등을 활용해 2015년 1월부터 2019년 6월까지 각국의 플랫폼 노동 관련 항의 활동과 그 조직화에 대해 검토하였다(Joyce, Neumann, Trappmann and Umney, 2020:5). 이 중 플랫폼 노동자의 조직화에 대해 정리한 것이 [표 1]이다.

주류 노동조합에 의한 조직화, 플랫폼 노동자 스스로 조직화에 나서서 노조 조직을 갖게 된 경우, 완만한 조직 형태를 가진 경우 등의 유형이 제시되어 있다. 이에 따르면 유럽과 미국에서는 주류 노동조합이 플랫폼 노동자를 조직화하는 비율이 상대적으로 높은 반면, 다른 지역에서는 스스로 조직화하거나 새로운 형태의 조직화 비율이 높은 것으로 나타났다. 플랫폼 노동자의 자발적 조직화는 인적 자원과 재정이 한정되어 지속적인 활동이 쉽지 않기 때문에 주류 노동조합이 조직화에 나서는 유럽에서 더 활발하고 지속적인 플랫폼 노동운동이 이루어질 가능성이 높을 것으로 추정된다.

[표 1] 플랫폼 노동자의 조직화 유형과 수

	영국과 아일랜드	미국과 캐나다	서유럽 제국	인도와 파키스탄	남부·중앙아프리카제국	남아메리카제국	다른 지역	합계
비공인 노동조합	47	21	14	12	6	13	10	123
주류 노동조합	34	22	28	3	2	1	8	98
비공식적 조직 (사회 네트워크)	1	5	2	0	2	2	3	15
미분류	0	5	4	2	2	6	7	26
기타	8	28	5	1	3	5	5	55

* Joyce, Neumann, Trappmann and Umney(2020:5)

이 수치는 실제 유럽 노동조합의 사례에서도 확인할 수 있다(Aloisi, 2019). 노동조합의 플랫폼 노동에 대한 적극적인 대응 사례로 잘 알려진 것이 독일의 IG메탈이다. IG메탈은 독일의 금속노동자 노동조합으로 유럽 최대 규모의 노동조합이지만 2016년 독립사업자도 노조에 가입할 수 있도록 노조 규약을 개정했다. 또한 공정한 크라우드워크(faircrowd.work)라는 사이트를 개설해 플랫폼 노동자들을 지원하고 있다. 이 밖에 오스트리아 최대 산별노조인 GPA-DJP도 2019년 1월부터 플랫폼 노동자를 받아들이기 시작했고, 프랑스에서도 노동총동맹(CGT), 민주노동총동맹(CFDT), 노동자의 힘(FO) 등 주요 노조가 조직을 재편해 플랫폼 노동 문제에 대응하기 시작했다. 이탈리아에서도

3대 노조인 노동총동맹(CGIL), 노동조합연맹(CISL), 노동연합(UIL)이 플랫폼 노동자를 포함한 불안정노동자 조직을 신설했다.

이러한 서대 노총의 적극적인 노력을 배경으로 유럽에서는 이미 기업 측과 노동조합 사이에 플랫폼 노동에 관한 단체협약이 체결된 사례도 있다(Mexi, 2019). 덴마크에서는 2018년 4월 최대 산별노조인 3F(Fagligt Fælles Forbund)와 청소업체 힐프(Hilfr) 사이에 단체협약이 체결되어 플랫폼 노동자에게 최저임금 보장, 공적 연금권 부여, 건강보험, 질병수당, 유급휴가, 실업급여 등을 보장하도록 하였다. 또한 이탈리아에서는 2017년 12월 6개 노동조합과 음식배달업체 간 근로시간 규제와 질병수당을 보장하는 단체협약이 체결되었다.

이 밖에도 스웨덴에서는 운수노조와 플랫폼형 간편택시 사업을 운영하는 Bzzt가 해당 운전자들에게 택시운전자와 동일한 근로조건을 적용하기로 합의했고, 영국에서는 2019년 12월 GMB노조와 음식배달업체 Hermes가 최저임금과 휴일수당 수당에 대한 단체협약을 체결하였다. 네덜란드에서는 2018년 플랫폼 기업 템퍼(Temper)가 직업훈련, 공적 연금, 사회보험을 보장하기로 노조와 합의했다. 이처럼 유럽에서는 기존 노동조합이 플랫폼 노동자들의 조직화에 나서서 단체교섭을 보장하고, 노동조건을 개선하는 데 성공한 사례가 다수 확인되고 있다.

4. 일본과 한국의 정부 대응 √

일본과 한국에서는 노동조합의 움직임에 앞서 정부 측의 플랫폼 노동에 대한 논의가 먼저 시작되었기 때문에 양국 모두 정부의 대응 과정에 대해 확인할 필요가 있다.

아베 신조 총리의 사적 자문기구인 '일하는 방식 개혁 실현회의'가 2016년 9월에 신설되어 "재택근무, 부업-겸업 등 유연한 일하는 방식"에 대한 검토를 시작하였다. 이후 관계부서에서 이 문제에 검토하기 시작해 경제산업성에 2016년 11월 '고용관계에 얽매이지 않는 일하는 방식에 관한 연구회'가 설치되었다. 이듬해인 2017년 3월의 최종 보고서에는 노동법제나 사회보장제도 내에서 고용관계에 따른 일하는 방식을 적절히 자리매김할 필요성을 언급하는 데 그쳤고 구체적인 방향성은 제시되지 않았다. 또한 후생노동성에서는 2017년 10월 학자들을 중심으로 '고용 유사 근무형태에 관한 검토회'를 설치하여 플랫폼 노동에 대한 논의를 시작했다. 이듬해인 2018년 3월에 보고서가 나왔지만 여기에서도 역시 보호방식에 관한 새로운 움직임을 주시하는 것이 중요하다는 결론에 그치고 말았다.

그 후 보다 구체적이고 본격적인 논의를 위해 2018년 10월에 '고용유사 근무형태에 관한 쟁점 정리 등에 관한 검토회'가 설치되어 2019년 6월 검토회의 중간 정리를 발표했다. 여기에서는 노동자성의 개념을 확장해 자영업자를 폭넓게 보호하는 방법, 자영업자와 노동자 사이의 별도 분류를 정의해 노동관계법령의 일부를 적용하는 방법, 자영업자 중에 일정한 보호가 필요한 사람에게 보호의 내용을 고려해 별도의 필요한 조치를 행하는 방법 등 기존의 법체계를 수정하는 등의 다양한 검토가 진행되고 있었다.

그러나 2020년 7월 17일, 정부의 성장전략 수립을 위한 자문기관이

자 아베 총리가 의장을 맡은 미래투자회의에서 이러한 다양한 논의를 고려하지 않는 기존 정책을 유지하는 안을 발표하고 이를 내각 방침으로 결정했다. 즉, 플랫폼 노동자를 경제법으로 보호하는 방법과 산재보험 특례가입 제도 확대로 제한함으로써 후생노동성 내 검토회의의 노동법 체계 전환 논의는 사실상 폐기되었다.

산재보험 특별가입제도는 2021년 9월 1일에 노동자재해보상 보험법 시행규칙 등의 일부를 개정하는 성령이 시행되어 자전거를 사용하여 운행하는 화물의 운송 사업에 더해 정보처리시스템, 데이터베이스 시스템의 설계·개발·관리 감독 등도 포함하게 되었다. 주요한 플랫폼 노동의 업종인 음식배달과 웹개발자 등이 포함된 것이다. 일본에서는 산재보험 특례가입은 임의 가입에 보험료도 가입자가 100% 부담하기 때문에 보호의 실효성이 제한적이다. 동시에 플랫폼 보호도 앞서 언급한 것처럼 경제법 중심으로 논의되었고, 이러한 관점에서 프리랜서 거래의 적정화를 주요 목적으로 한 프리랜서 보호법안이 2023년 4월 27일에 통과되었다.

이러한 일본 정부의 대응은 그 검토와 결정의 과정에 노동자의 목소리가 반영되지 않았다는 한계가 지적된다. 먼저 방식에 있어서 정부의 정책 방향을 구상한 미래투자회의 및 이와 관련된 일련의 의사결정 과정에서 해당 노동자를 대표하는 노동조합이 배제되었다. 또한 정부의 정책 방향도 플랫폼 노동이 노동문제가 아니라 자영업자의 문제로 다뤄졌다는 점에서도 플랫폼 노동이 노동정책에서 배제되었다고 할 수 있다.

한편 한국에서는 2016년 12월 미래창조과학부(이듬해 7월 과학기술

정보통신부로 개편)가 발표한 '지능정보사회 중장기 종합대책'과 2017년 7월 문재인 정부 출범 준비로 설치된 국정기획자문위원회가 발표한 '과학기술이 주도하는 4차 산업혁명'에서 신산업에 대한 지원의 필요성이 언급되었다. '과학기술이 선도하는 4차 산업혁명'에서 모두 신산업에 대한 지원 필요성이 언급되었지만, 본격적인 논의가 시작된 것은 문재인 대통령의 공약에 따라 같은 해 11월에 신설된 대통령 직속 4차산업혁명위원회에서였다. 위원회는 민관합동으로 정부 관계부처가 참여해 경제 저성장과 열악한 고용환경을 극복하기 위해 적극적인 신기술 도입과 이용 촉진을 목표로 설립되었는데, 논의 과정에서 신기술 도입에 따른 노동환경 변화가 주목받으면서 이 문제에 대한 이해당사자 간 소통이 중요하다는 주장이 제기되었다.

이에 이듬해인 2018년 7월, 노사정의 디지털 전환 대응을 위해 노사가 참여해 노동정책 방향을 결정하는 대통령 직속 경제사회노동위원회(이하 경사노위)의 소위원회로 '디지털 전환과 노동의 미래위원회'가 설치되었다. 전국 단위 중 민주노총은 노사정위원회를 탈퇴하고 있는 상황에서 한국노총만 노동자 대표로 참여하고 그 외에는 경영자 대표와 정부위원, 공익위원이 참여했다. 여기서 논의를 거쳐 2019년 2월 18일 '디지털 전환에 대한 노사정 기본 인식과 정책 과제에 관한 기본합의문'이 제시됐다. 이 합의를 구체화하기 위해 디지털 전환과 노동의 미래위원회는 29차례 회의를 거쳐 2019년 12월 11일 『디지털 전환 시대, 노동의 미래를 위한 우리의 도전과 과제』라는 보고서를 발표했다. 이는 독일 연방노동사회부가 2016년 발표한 백서 『워크 4.0』을 모델로 하여 작성된 것으로, 디지털 전환에 따른 노동의 미래에 대해 처음으로 노사정 및 전문가들이 의견을 교환하고 해결해야 할 과제와 쟁점을 정리한 것이다(경제사회노동위원회, 2019).

또한 2020년 5월 27일에는 디지털 전환과 노동의 미래위원회에 '디지털 플랫폼 노동: 배달업종 분과위원회'가 발족하여 산재보험 적용 확대와 고용보험 가입에 대해 논의하게 되었다. 여기서 노사협의를 바탕으로 같은 해 9월 16일 '배달 노동 종사자의 산재보험 사각지대 해소를 위한 노사정 합의문'이 체결되어 배달 종사자에 대한 산재보험 가입 확대가 합의되었다. 그리고 노사정 논의를 기반으로 2020년 12월 21일에 플랫폼 종사자 보호대책이 발표되었다. 일본과의 비교 관점에서 가장 큰 차이점은 플랫폼 노동자가 산재보험뿐만 아니라 고용보험에도 가입 대상이 되었다는 것이다.

이상과 같이 플랫폼 노동과 관련하여 일본에서는 노동자 측의 참여가 미흡한 상태에서 정부와 기업이 중심이 되어 논의가 이루어지고 있는 반면, 한국에서는 제도적으로 노동자 측의 참여가 보장된 노사정 협의의 장에서 논의되고 합의가 이루어지고 있고, 사회보험의 확대 적용 등 큰 변화가 있다는 것을 알 수 있다.

5. 일본과 한국의 노동조합 대응 √

한일 양국에서 음식배달 서비스가 급속히 확대되면서 플랫폼 노동이 주목받게 되었다. 일본과 한국 모두 스마트폰 앱을 이용해 음식배달 서비스를 제공하는 플랫폼 기업이 확대되면서 원래 배달을 하지 않던 음식점도 쉽게 배달을 할 수 있게 되었다. 코로나19 확산에 따른 외출 자제 움직임도 맞물려 한일 양국의 음식배달 서비스 시장은 더욱 가파르게 성장하였다.

일본에서는 1999년 설립된 데마에칸이 음식배달 업계에서 가장 큰 규모의 기업으로, 레스토랑과 계약을 맺고 배달원을 데마에칸의 직원으로 직접 고용하는 방식으로 운영되어 왔다. 하지만 2016년 9월 우버이츠가 일본에 진출하면서 음식배달 시장은 급변했다. 우버이츠는 택시 배차 사업에서 쌓은 기술을 활용해 식당과 배달원을 앱으로만 연결해 주었기 때문에 배달원은 우버이츠의 직원이 아닌 자영업자로 분류됐다. 데마에칸과 구별되는 우버이츠의 이러한 운영 방식은 초기에 그 자유로운 근무 방식이 배달원들 사이에서 호평을 받으며 일본 시장에 자리 잡게 되었다.

그러나 2019년 4월 이후 회사 측의 수수료 과소 측정 문제에 불만을 품은 배달원들이 노동조합 설립을 추진했고, 같은 해 우버이츠 유니온이 탄생해 10월 3일 창립총회를 열었다. 설립 초기에는 등록된 배달원 1만 5천여 명 중 조합원은 18명에 불과하고, 상급단체도 월 500엔의 조합비에 의존할 수밖에 없는 열악한 재정 구조였다. 이러한 우버이츠 유니온이 주목받기 시작한 것은 일본의 주요 매체인 아사히신문과 니혼게이자이신문에 우버이츠의 노조 설립이 비교적 크게 보도되면서부터이다.

노조는 설립 직후 우버재팬에 단체교섭을 제안했지만, 회사 측은 배달원은 개인사업자일 뿐 노동자가 아니라는 이유로 단체교섭을 거부했다. 게다가 우버재팬은 같은 해 11월 20일, 배달 보수의 기본료를 대폭 인하하고 대신 보너스를 지급하는 방식의 새로운 보수체계를 불과 9일 뒤인 29일부터 도입할 것을 일방적으로 발표했다. 이에 노조 측은 12월 5일 일방적인 보수 인하와 단체교섭 거부에 항의하는 기자회견을 열었다. 그럼에도 불구하고 여전히 단체교섭에 응하지 않는 사측에 대항해 노조는 2020년 1월부터 우버이츠 배달원 사고에 대한 조사를 시작했고, 3월에는 동경도 노동위원회에 부당노동행위 구제를 신청했다. 배달원 사고 조사에 관해서는 NPO법인 동경산업안전보건센터의 협조를 받아 같은 해 7월 21일 보고서를 발표했다. 보고서에는 업무상 각종 사고와 이에 대한 사측의 대응이 정리되어 있으며, 정부에 산재보험 적용을 요구하고, 사측에는 현행 손해배상금 제도의 대상 범위와 금액을 확대할 것을 요구하고 있다. 그리고 동경도 노동위원회 2022년 11월에 우버재팬에 우버이츠 유니온과 단체협상을 하라는 명령을 내렸다. 그러나 우버재팬은 중앙노동위원회에 재심을 신청해 여전히 단체교섭은 이뤄지고 있지 않고 있다.

전국 노동조합단체인 렌고는 앞서 언급한 2019년 12월 우버이츠 노조 기자회견에 고즈 리키오 회장이 참석하여 공동 기자회견의 형식을 취해 지지를 표명했다. 또한 이듬해인 2020년 2월 3일 춘투 총결의대회에서도 렌고는 별도의 장소를 마련해 우버이츠 배달원들이 참여하는 좌담회를 진행하는 등 산하단체도 아닌 우버이츠 배달원 문제에 적극적으로 간여했다. 같은 달 20일에는 『인터넷 주문을 받는 프리랜서 실태조사』라는 제목의 보고서를 발표해 실태분석을 한 뒤 '모호한 고용' 종사자의 법적 보호에 대한 입장을 정리하는 작업에 착수했다. 또한 2020년 5월 정례 기자회견에서는 렌고의 연대활동기금에서 우버이츠

유니온에 운영자금으로 200만 엔을 출연하여 지원한다고 밝혔다. 기자회견 질의응답에서도 밝혔듯이 렌고가 산하조직이 아닌 단체를 지원하는 것은 이례적이었다.

또한 같은 해 10월부터는 다양한 고용·근로형태로 일하는 사람을 대상으로 한 '연합 네트워크 회원' 제도를 신설하고, 전용 사이트 'Wor-Q'를 운영하기 시작했다. 네트워크 회원은 조합원이 아니라 렌고와 느슨한 관계를 맺는 것으로 출발했다(下田, 2020). 그러나 지원 웹사이트의 이름이 워크가 아닌 것에서 알 수 있듯 같은 노동자가 아니라는 것을 알 수 있다. 렌고가 플랫폼 노동 문제에 간여하고 있지만 이들 같은 노동자를 간주하고 조직화하는 단계에까지는 이르지 못하고 있다. 마찬가지로 전노련과 전노협도 구체적인 조직화 노력은 보이지 않고 있다. 이처럼 일본의 전국 노동조합은 플랫폼 노동자를 조직화하기보다는 개인에 대한 지원과 정책적 대응을 통해 플랫폼 노동 문제를 해결하려 하고 있다고 할 수 있다.

한국에서는 우아한형제들이 운영하는 '배달의민족'과 딜리버리 히어로 코리아가 운영하는 '요기요', '배달통'이 배달 대행 앱으로 자리 잡으며 음식배달 시장을 확대해 왔다. 이런 가운데 음식배달 플랫폼 노동자들의 노동조합이 만들어진 것은 2018년 7월 맥도날드의 한 배달원이 연일 계속되는 폭염 속에서 폭염수당을 요구하는 집회를 기획한 것이 계기가 되었다. 이것이 언론에 보도되면서 공감하는 배달원들이 모였고, 이들에 의해 노동조합 설립이 추진되어 이듬해인 2019년 5월 1일 라이더유니온으로 창립총회가 열렸다. 개인 가입 노조로 일본의 우버이츠 유니온과 마찬가지로 상급단체에 가입하지 않고 독자적으로 활동을 시작했다. 이후 라이더유니온의 지원으로 배달원이 산재 인정을 받아 보상을 받은 사례도 생기면서 라이더유니온이 널리 알려지게 되었다. 또한 서울 지역 라이더유니온 조합원들이 같은 해 10월 15일 서울시에 노동조합 설립을 신고했고, 이듬해 11월 18일에 접수되어 배달 플랫폼 노동자로서는 처음으로 공식적인 노동조합이 탄생했다. 이렇게 해서 같은 해 12월 14일 라이더유니온은 배달의민족에게 단체교섭을 제안했다.

한편, 민주노총도 산하 조직인 전국서비스산업노동조합연맹(이하 서비스연맹)이 중심이 되어 플랫폼 노동자 조직화를 추진하고 있었는데 2019년 3월 서비스연맹 산하에 '플랫폼노동연대'를 만들어 대리운전·퀵서비스·음식배달 등 플랫폼 노동자의 조직화를 시도했다. 일정 금액의 조합비를 내면 조합원 자격이 주어지며, 2020년 10월 현재 대리운전기사 300명, 오토바이 배달원 150명, 음식배달원 280명이 조합원으로 활동하고 있다. 또한 라이더유니온의 단체교섭 제안 직후, 서비스연맹도 12월 23일 배달의민족에게 단체교섭을 제안했다. 창구 단일화 규정에 따라 교섭에서 누가 대표교섭단체가 될 것인가를 두고 라이더유니온과 서비스연맹 사이에 갈등이 생겼다. 결국, 서울지방노동위원회의 판정 결과 조합원 수가 많은 서비스연맹이 대표 교섭단체가 되었다. 6개월간의 교섭 끝에 10월 22일 단체협약이 체결되어 배달 중개 수수료 면제, 건강검진 비용 제공 및 복장 지원 등 노동환경 개선이 이뤄졌다.

이러한 단체교섭과 병행하여 진행된 것이 플랫폼 대응 마련을 위한 사회적 대화 포럼의 노력이다. 이 포럼은 2020년 4월 1일 출범했으며 경영자 측에서는 코리아 스타트업 포럼이라는 플랫폼 기업 경영자 단체와 우아한형제들, 배달의민족, 딜리버리 히어로 코리아, 플랫폼 배달업계 대기업 3사가 참여하고, 노동자 측에서는 서비스연맹과 라이더유니온이 참여했으며 3명의 학자가 3자로 참여해 논의를 진행했다.

이들 논의를 통해 10월 6일 7가지 합의문을 발표했다. 총칙으로 노사 상호 존중과 자유로운 노동조합 결성 및 활동 인정부터 공정한 계약, 근로조건과 보상, 안전과 보험, 정보 보호와 소통, 향후 과제, 제도 개선 합의사항과 정부에 대한 건의사항이 정리되어 있다. 다만, 앞서 언급한 단체협약은 노사 양측을 강제하는 구속력이 있지만 이 합의문은 그런 구속력이 없는 것으로 노사자율협약이다. 또한 노동자성을 어떻게 판단할 것인가라는 플랫폼 노동에서 가장 중요한 논점이 빠져 있는 등의 과제가 있지만, 라이더유니온과 서비스연맹이 모두 참여하여 경영자 측과 규칙을 만든 첫 사례로서 주목받았다.

또 다른 전국 단위인 한국노총은 민주노총에 비해 비정규직을 조직화하려는 노력이 부족했고, 플랫폼 노동자를 어떻게 다룰 것인지에 대한 명확한 방침을 내놓지 못했다. 그래서 처음에는 플랫폼 노동자 조직화에도 민주노총만큼 적극적이지 않았고, 2019년 말 '플랫폼 노동자 보호방안 수립 TF팀'을 꾸려 검토를 시작했지만, 노동조합 조직화가 아닌 '플랫폼 노동자 공제회'라는 형태로 출발했다. 즉, 일본의 렌고와 마찬가지로 플랫폼 노동자를 노동조합의 조직화 대상으로 생각하지 않았던 것이다.

그러나 민주노총과 라이더유니온의 적극적인 노력으로 한국노총도 이에 대해 적극적으로 대응하지 않을 수 없게 되었고, 2020년 9월 4일위원장 직속 '전국연대회의'를 설립하여 플랫폼 노동자 조직화를 위한 기틀을 마련하였다. 앞서 언급했듯이 노사정위원회에서 민주노총이 탈퇴하고, 전국 단위로는 한국노총만 참여하고 있기 때문에 한국노총은 그동안 정책적 대응에 주력해 왔지만 조직화에도 나서게 되었다고 할 수 있다.

6. 새로운 노동정치의 가능성 ✓

유럽과 미국에서는 우버택시가 급격하게 성장해 플랫폼 노동이 주목받기 시작했지만, 일본과 한국에서는 영리 목적의 차량 공유가 금지되어 있었기 때문에 우버택시와 같은 갈등은 나타나지 않았고 플랫폼 노동에 대한 관심도 유럽과 미국에 비해 늦어졌다. 한국과 일본 모두 먼저 정부가 새로운 산업 모델로서 플랫폼 노동에 주목하기 시작했고, 정부 위원회를 중심으로 이에 대한 논의가 진행되어 왔다. 이러한 가운데 음식배달 시장이 급격히 성장하면서 한일 모두 플랫폼 노동이 확대되었다. 이에 따라 플랫폼 노동자의 노동 환경과 사회보장에 대한 정비가 필요해지며 관련 논의가 본격적으로 시작되었다. 플랫폼 노동과 관련된 노동법은 여전히 논의 중이며 법 정비가 이루어지는 데 아직 상당한 시간이 필요할 것으로 보인다.

이러한 가운데 유럽에서는 노사관계에서 플랫폼 노동환경을 보호하려는 움직임이 두드러지고 있으며, 이 글에서도 살펴본 바와 같이 주류 노동조합이 적극적으로 플랫폼 노동자의 조직화에 나서면서 단체협약도 체결되고, 최저임금 보장, 질병수당 등 플랫폼 노동자의 보호조치가 노사 간 협상을 통해 이루어지고 있다. 노조 규약을 개정하고 플랫폼 노동자 조직화에 나선 독일의 IG메탈처럼 조합원 논리에 집착하지 않고 영향력 논리를 중시하면서 조직 재편과 노동운동이 전개된 결과라고 할 수 있다.

반면, 일본과 한국에서는 노동조합이 대기업 정규직 중심으로 기업별로 형성되어 왔기 때문에 둘 다 조합원 논리를 중시하면서 노동조합 운동이 전개되어 온 것으로 여겨져 왔다. 그러나 최근 한국에서는 이러한 형태에서 탈피하려는 노동조합의 노력이 일본에 비해 활발하게 이루어지고 있다(安周永, 2013; 2020a; 2020b). 기존의 노동조합 운동으로는 노동조합의 미래가 없다는 판단에서 새로운 운동이 전개되고 있는 것이다. 이 때문에 산별노동조합으로의 전환이 진행되는 동시에 공공복지 확대가 노동조합의 주요 과제로 부각되기 시작했다. 이는 오랫동안 유지되어 온 조합원 논리에서 벗어나 영향력 논리 쪽으로 무게중심이 서서히 이동하고 있음을 보여 주는 사례이다.

플랫폼 노동자의 조직화도 마찬가지다. 그동안 민주노총은 산별노조로 구조전환을 추진하는 한편, 취약한 노동조건이 문제가 되었던 '특수고용'이라 불리는 프리랜서 등 비정규 노동자들의 조직화를 적극적으로 추진해 왔다. 때문에 플랫폼 노동의 문제가 대두된 이후에도 즉각적으로 이 문제를 다룰 수 있는 조직적 구조와 경험을 보유하고 있었다. 구체적으로는 취약하고 고용관계가 불분명한 노동의 특수성을 고려하여 일정 금액의 조합비를 내면 조합원이 될 수 있도록 하고, 기업별 노동조합 조직구조로의 전환을 위해 노력을 기울이는 것이었다. 이러한 민주노총의 노력은 플랫폼 노동자 보호에 중요한 영향을 미치고 있으며, 앞서 언급한 플랫폼 노동자 조직화 진전, 단체협약 및 경영자 단체와의 자율규약의 체결로 이어지고 있다.

한국에서도 일본과 마찬가지로 라이더유니온이라는 소규모 노동조합이 먼저 등장해 주목을 받았지만, 영세한 재정구조로 인해 지속적인 활동에는 한계가 있다. 월 5,000원 정도의 조합비로는 전임자를 둘 수 없기 때문에 소수로 구성된 집행부의 자기희생으로 조합이 유지되고 있는 것이 현실이다. 이렇게 척박한 현실에서 신생 노동조합이 제 역할을 할 수 있을 만큼 자리 잡기 위해서는 외부의 지원이 필수불가결하다. 이들의 열악한 재정과 인적구조를 뒷받침할 수 있는 외부 지원으로서 기존 노동조합의 역할이 중요한 이유가 바로 여기에 있다. 한편, 민주노총과 경쟁관계에 있는 한국노총은 비정규직 조직화 경험이 부족하고 애초에 플랫폼 노동자를 어떻게 조직화할 것인지 명확한 입장이 존재하지 않았으며 오직 공제회 활용에 초점을 맞추고 있었다. 그러나 이제 한국노총도 플랫폼 노동자 조직화를 위한 조직 개편에 착수했다. 이처럼 한국에서는 전국센터 간 온도차는 있지만 플랫폼 노동자의 조직화가 진행되고 있는 상황이다.

일본에서는 우버이츠 유니온이 결성되면서 플랫폼 노동에 대한 사회적 관심도 함께 높아지고 있다. 렌고도 이 운동에 주목해 우버이츠 유니온과 공동기자회견을 하거나 춘투 총결의대회에 초청하는 것은 물론, 조직회 소규모 노조에 이례적으로 재정적 지원을 하고 있다. 다만 렌고는 플랫폼 노동자의 조직화에는 소극적 태도로 일관하고 있다. 일본에서는 조합원 논리가 우선시되는 조직 구조 속에서 노동조합 운동이 전개되고 있다고 할 수 있다. 이런 상황에서 정부의 협의회나 위원회에서는 렌고조차도 충분한 참여가 보장되지 않은 채 논의가 진행되기 때문에 플랫폼 노동의 당사자들이 논의의 장에 참여할 수 있는 여지가 거의 없다. 또한 이러한 상황에서 우버이츠 노조의 단체교섭 요구도 사측이 계속 거부하고 있는 만큼 일본 플랫폼 노동 문제는 한동안 변화 없이 현상 유지에 머무를 가능성이 크다.

이 글에서 살펴본 바와 같이 플랫폼 경제의 확대는 고용 상태에서 자영업자로의 전환을 촉진하고 노동의 경계를 모호하게 만들고 있다. 따라서 노동조합이 그동안 포용하지 못했던 플랫폼 노동자들을 어떻게 조직화하여 이 문제에 대응할 것인가가 중요해진다. 유럽에서는 노동조합의 노력으로 최저임금과 질병수당 등을 보장하는 노동환경이 만들어지고 있다. 그러나 일본과 한국에서는 아직 그러한 노력이 시작된 지 얼마 되지 않았고, 보다 적극적인 노력을 기울이고 있는 한국에서도 유럽과 미국에서 체결된 단체협약과 같은 플랫폼 노동자의 최저생활을 보장하는 수준에는 이르지 못하고 있다.

플랫폼 노동의 확대로 불안정 노동이 그 어느 때보다 늘어나는 상황에서 이 문제를 어떻게 해결할 것인지, 한일 양국의 노동조합은 스스로의 존재 의미를 사회적으로 재확인하는 분기점에 서 있다고 할 수 있다. 즉, 기업별 노조 관행을 가져온 한일 양국의 노동조합이 조합원 논리에서 영향력 논리를 중시하는 방식으로 어떻게 전환할 수 있을 것인지 새로운 노동환경에 맞는 노동정치가 탄생할 수 있을지 주목해야 할 부분이다.

제3장

플랫폼 경제에서의 노동자 보호를 위한 해외 정책동향[1]

장희은 코넬대학교 노사관계대학 박사후과정

디지털 기술의 발전과 함께 인터넷과 모바일 네트워크를 통해 재화나 서비스를 중개하는 플랫폼 경제가 새로운 경제 현상으로 등장했다. 국내에서도 플랫폼 경제 부문이 빠르게 성장하면서 기존의 고용형태는 물론이고 일의 수행 방식과 폭넓게는 일의 사회적 의미까지 변화시키고 있다. 문제는 이러한 변화가 노동의 불안정성을 심화시킬 수 있다는 점이다. 이에 국내에서도 플랫폼 종사자 보호 방안에 대한 활발한 논의가 이루어지고 있지만 아직 구체적이고 현실성 있는 정책 대안을 도출

---

1 본 원고는 『산업노동연구』 제26권 1호에 게재된 「플랫폼 경제에서의 노동자 보호를 위한 해외 정책동향」을 수정 및 보완한 것임을 밝힙니다.

하는 데까지는 이르지 못한 상황이다.

본 장에서는 한국의 실정에 맞는 플랫폼 노동 보호 방안을 마련하는데 창의적 영감을 줄 수 있는 다양한 해외 정책 사례를 살펴보고자 한다. 한국보다 먼저 플랫폼 노동을 경험한 서구 국가에서 플랫폼 노동에 대한 보호 및 사회보장과 관련하여 어떠한 접근 방식이 이루어지고 있는지 다양한 정책 사례를 살펴봄으로써 국내 플랫폼 종사자 보호를 위한 정책을 마련하는 데 도움을 얻을 수 있을 것이다. 구체적으로 해외 사례에서 플랫폼 노동자 보호를 위한 국제기구·중앙정부·지방정부·노조·기업·학계와 같이 다양한 주체들의 대응 방식과 시도를 살펴보고, 각 사례의 의의와 한계점, 시사점을 분석한다.

개별 사례의 실천적 의의를 명확히 하기 위하여 학계와 실무 영역에서 자주 언급되고 있는 플랫폼 노동보호를 위한 주요 과제를 기준으로 하여 각 사례를 분석할 것이다. 정책보고서, 연구논문, 법령, 웹사이트, 신문기사 등의 자료를 참고하여 ① 고용관계의 재정립, ② 양질의 디지털 노동을 위한 노력, ③ 노사관계의 확립과 노동자 이해대변, ④ 사회보장시스템의 혁신이라는 4가지 과제를 도출하였다.

이어지는 절에서는 다음과 같이 각 과제에 대응하는 정책 사례들을 소개한다. 첫째, 국제기구, 정부 차원에서 전통적인 고용관계를 재정립함으로써 플랫폼 노동자를 보호하는 사례를 살펴본다. 둘째, 디지털 경제에서 양질의 노동이 가능하도록 플랫폼 노동자의 권리를 보장하고 관련 주제들에 대한 규제와 책임성을 강화하는 정책들을 고찰한다. 셋째, 노동조합과 기업 차원에서 플랫폼 노동에 대한 노사관계를 확립하고 플랫폼 노동자의 이해를 대변하기 위한 시도들을 고찰한다.

넷째, 플랫폼 노동자의 보호와 관련하여 새로운 사회보장시스템 모델을 다룬다.

1. 고용관계의 재정립 ✓

다수의 플랫폼 종사자들은 전통적인 관점의 노동자에 해당하지 않아 노동법과 사회보장의 보호에서 배제된다. 때문에 플랫폼 종사자를 보호하기 위해 법제도 차원에서 고용관계에 대한 재정립이 절실하다. 고용관계에 대한 재정립은 첫째, 플랫폼 종사자를 포함한 독립계약자를 노동법의 적용대상으로 포괄하는 방식, 둘째, 노동법에서 전통적 노동자와 독립계약자 외에 플랫폼 노동자를 포괄하는 제3의 범주를 추가하는 접근, 셋째, 플랫폼 노동자를 포함한 전체 독립노동자에 대한 사회보장을 강화하는 접근이 있다.

가. 고용관계 명확화

프리랜서나 독립계약자는 노동법과 각종 사회보장제도에서 제외된다. 최근 플랫폼 노동자를 포함하여 실질적으로는 업무의 수행에서 종속성이 존재함에도 전통적인 노동법의 노동자로 인정받지 못하는 가짜 자영업자(false self-employed)가 증가하고 있다(Williams & Lapeyre, 2017). 이에 대한 대응으로 독립계약자 분류 방식과 기준을 명확하게

함으로써 플랫폼 노동자를 오분류할 가능성을 줄이고 실질적 고용형태에 맞는 법적 보호를 제공하려는 노력이 이어지고 있다.

다음의 미국 캘리포니아의 AB5 법령(Assembly Bill No. 5)과 네덜란드 「고용관계평가법」은 모두 오분류된 가짜 독립계약자 문제를 방지하고 노동자성이 높은 독립계약자의 노동권과 사회보장을 보호하는 법제도적 시도이다. 실질적 고용형태에 맞는 분류방식을 적용함으로써 플랫폼 종사자를 노동법상의 노동자로서 보호할 수 있는 방안이다.

2019년 9월 18일 캘리포니아 상원의회는 독립계약자를 사용하는 모든 기업을 대상으로 독립계약자를 노동자로 분류하도록 강제하는 AB5 법령을 통과시켰다(Gonzales, 2019 September 18). AB5 법령은 캘리포니아에서 독립계약자를 사용하고자 하는 기업이 ABC 기준을 통과하는 경우에 한하여 독립계약자를 고용하도록 규정한다. ABC 기준은 (A) 기업의 통제와 지시를 받지 않는지, (B) 기업의 상시적 업무 외의 업무를 수행하는지, (C) 독립적인 사업 영역(고객층 등)을 가지는지로 구성된다. 위 기준을 통과하지 못하는 독립계약자는 기업의 노동자로 분류되어 최저임금, 유급휴가, 건강보험 등과 같은 노동자의 권리를 보장받을 수 있다.

2020년 1월 1일 발효된 본 법령은 노동의 종속성, 상시성, 사업의 독립성 측면에서 독립계약자를 구분하고 위 기준에 해당하지 않는 독립계약자는 모두 일반 노동자로 분류한다. 이러한 기준은 우버(Uber), 리프트(Lyft) 등의 플랫폼에서 일하는 노동자에게도 동일하게 적용된다. 그러나 2020년 11월 앱 기반 운전사(App-based drivers)에 한하여 이들을 독립계약자로 간주하는 주민발의법안 22호(Proposition 22)가

통과되었고, 2023년 3월 해당 법률이 AB5를 위반하지 않았다는 판결이 내려지면서 AB5의 적용범위가 축소될 위기에 있다.

한편 EU 의회는 2021년 12월 플랫폼 노동의 노동조건 개선을 위한 입법지침을 내놓고 2023년 2월에는 플랫폼 노동자를 피고용인으로 간주하는 안을 의결하였다. 종사장 지위를 판단하는 기준과 피고용인으로서 플랫폼 노동자가 누릴 수 있는 권리를 명확히 하고, 이외에 알고리즘 관리와 플랫폼의 투명성을 제고하기 위한 주요 원칙들을 담고 있다.

입법지침에 따르면 디지털 플랫폼이 보수의 상한가를 정한다거나, 복장이나 서비스 제공에 대한 규정이 있는 경우, 업무에 대한 감독, 노동시간에 대한 제한 등의 7가지 기준 가운데 3가지 이상에 해당하는 경우에는 노동자로 간주해야 한다. 고용관계인지 여부를 입증하는 책임은 플랫폼사에 있다. 즉, 플랫폼사가 독립계약자임을 입증하지 못하는 이상 고용관계가 존재하는 것으로 간주하게 된다. 노동자로 인정되는 경우 플랫폼 노동자는 최저임금, 단체협상, 유급휴가, 각종 복리후생 등의 권리를 누릴 수 있다.

해당 입법지침안이 EU의회를 통과함에 따라 EU 의장국과 집행위원회는 의결된 입법지침안을 토대로 회원국 정부와 최종 입법지침 마련을 위한 협상에 들어가게 된다. EU가 마련한 플랫폼 노동 보호를 위한 정책의 기초가 향후 비EU 국가들에 어떤 영향을 미치게 될지 귀추가 주목된다.

한편 개별 기업 수준에서 다양한 고용형태의 선택지를 제공하고 각각의 고용형태에 부합하는 권리와 의무를 부여함으로써 고용형태를 더욱 명확하게 하려는 시도도 있다. 덴마크의 청소 플랫폼 기업인 힐퍼

(Hilfr)는 자신의 플랫폼에서 일하는 힐퍼를 노동자 힐퍼인 수페르 힐퍼(Super Hilfrs)와 프리랜서 힐퍼(Freelance Hilfrs)로 구분하고 각각 고용형태에 따라 다른 노동조건을 제시하고 있다(Vandaele, 2018). 수페르 힐퍼의 경우 노동자로서 단체협약과 사회보장의 적용을 받을 수 있고 계약 기간 동안만큼은 고용안정을 보장받는 반면, 프리랜서 힐퍼는 각종 사회보장의 적용을 받을 수 없고 고용안정성 또한 보장되지 않지만 기업이 지불하는 복지비용을 현금의 형태로 받음으로써 수페르 힐퍼보다 더 높은 수수료를 받을 수 있다.

힐퍼사와 유사하게 영국의 택배 플랫폼 기업인 헤르메스(Heremes) 역시 최근 자영업자로 일하고 있는 자사 배달원들에게 자영업 플러스라는 새로운 근무형태를 제공하기로 하였다. 이는 헤르메스 소속 배달원들이 근로자 지위 확인 소송에서 승소하게 되면서 노동자를 대리했던 GMB노조와 헤르메스사 사이에 맺어진 일종의 타협안이었다. 그결과 자영업 플러스로 일하는 배달원들은 개별 수수료 협상과 최저임금 적용, 유급휴가 등의 적용을 받을 수 있게 되었고, 기존의 독립계약자 배달원들은 상대적으로 높은 업무 자율성과 프리미엄 요율을 적용받게 되었다(Zorob, 2019).

힐퍼와 헤르메스의 시도는 상당수의 플랫폼 종사자들이 독립계약자로 일하고 있는 상황에서 노동자로서 일할 기회를 제공함으로써 기존의 사회제도의 틀 내에서 플랫폼 종사자를 보호할 가능성을 열었다는데서 긍정적으로 평가할 수 있다. 하지만 무엇보다 플랫폼 종사자들에게 자신의 상황과 필요에 맞추어 고용형태를 선택할 수 있는 기회를 제공함으로써 고용형태의 실질적 속성과 사회적 보호 간 괴리를 완화하고 기업 스스로 고용관계를 명확하게 하였다는 점에서 의의가 있다.

나. 종사상 지위 재분류(reclassification)

대부분의 플랫폼 종사자들은 노동자의 특성을 띠면서도 동시에 독립계약자의 특성을 갖는 중간지대에 자리하고 있다. 이 같은 고용형태의 모호성으로 인해 많은 플랫폼 종사자들이 사실상 노동자로서 일하면서도 독립계약자로 분류되어 노동법과 각종 사회보장제도에서 배제되고 있다(Garben, 2017; Harris & Krueger, 2015; Lenaerts et al., 2017). 이에 대한 대응으로 기존의 프리랜서와 노동자 사이에 제3의 범주를 만들고 이들의 종사상 지위에 맞는 사회적 권리를 부여하자는 주장이 제기되고 있다.

이러한 주장은 일단 국제노동기구(ILO)의 제안을 통해 힘을 얻고 있다. 2018년 10월 국제노동기구는 국제노동통계학술대회(ICLS)에서 '2018 국제종사상지위기준(International Classification of Status in Employment 2018, ICSE-18)'을 채택하였다. '2018 국제종사상지위기준'은 임금노동자와 자영업자로 분류되었던 기존의 분류 기준에 종속적 계약자 항목을 추가하였다. 본 기준은 종사상지위를 ① 고용주(employers), ② 고용인 없는 독립노동자(independent workers without employees), ③ 종속적 계약자(dependent contractors), ④ 고용인(employees), ⑤ 무급가족종사자(contributing family workers)의 5개 항목으로 분류한다(ILO, 2018).

ILO의 새로운 분류법이 제안되기 전부터 유럽의 일부 국가들과 캐나다는 프리랜서 노동자와 노동자 사이의 제3의 범주를 도입해 왔다. 이는 고용인으로 포함되기 어려운 노동자들에게 현재의 독립계약자에게는 제공되지 않는 사회적 보호를 제공하기 위한 조치로서 높은 수준의 경제적 종속성을 띠고 있음에도 독립계약자로 분류되고 있는 플랫폼 종사자들을 보호하기 위한 방안으로 주목받고 있다.

대표적으로 독일의 유사노동자(employee-like persons)는 고용인에게서 발견되는 인적 종속성은 없으나 경제적인 종속성을 띠는 경우를 가리키는 개념이다. 유사노동자에게는 자영업자에게 적용되는 사회적 보호보다 더 강화된 보호방안이 필요하다고 보고 유급휴가나 차별금지와 같이 고용인에게 적용되는 일부 권리가 제공된다. 또한 이들의 계약 조건은 노동법원의 감독을 받고 단체교섭권도 보장받는다(황수옥, 2017; Forde et al. 2017).

이탈리아 역시 고용인과 독립노동자 사이의 중간지대에 "사용자의 조정에 의한 프리랜스 업무(employer-coordinated freelance work)" 혹은 프로젝트 업무(project work)를 두고 있다. 이러한 일을 수행하는 이들에게는 수행한 노동의 질이나 양에 비례하는 급여를 지급하도록 하고 있으며 전국적인 단체협약에 따라 고용관계하에서 제공되는 유사한 서비스의 임금 수준을 반영하도록 규정하고 있다.

스페인의 경우 2007년 "경제적으로 종속적인 자영노동자(economically dependent self-employed workers)"라는 개념을 도입하여 경제적 종속성이 인정되면 계약 조건에 따라 고용인처럼 연차휴가, 가족병가, 퇴직급여를 받을 수 있고 단체협약이나 쟁의행위에도 참여할 수 있게 하였다(Forde et al., 2017).

이처럼 제3의 범주가 플랫폼 종사자들에게 일반적인 독립계약자와는 달리 특별한 보호조치를 가능하게 하는 입구로서 기능할 수 있을 것이다. 그러나 아직까지 많은 국가들에서 제3의 범주가 도입되어 있어도 플랫폼 종사자들을 보호하는 조치로서 실질적인 효과를 보이지는 못하고 있다는 한계도 뚜렷하다. 가령 독일의 노동조합은 플랫폼 종사자들의 단체교섭권을 보장하기 위한 전략으로 플랫폼 노동자에게 유사노동자의 지위를 부여하는 방법을 주요하게 보고 있지만, 현재까지 플랫폼 종사자는 고용인이나 유사노동자로 분류되고 있지 않은 상황이다(Forde et al., 2017).

영국 역시 위의 나라들처럼 삼분법을 채택하고 있으나 경제 환경의 변화를 따라가기에 중간 범주인 노무제공자(worker)를 지나치게 협소하게 정의하고 있으며, 자영업자에 대한 보호 역시 부족하다는 비판을 받고 있다(Taylor et al, 2017). 이러한 비판에 답하여 영국 정부는 2018년 12월 『굿워크플랜(Good Work Plan)』을 발표하였는데, 여기에는 플랫폼 노동자를 자영업자로 전제해서는 안 되고 고용관계의 존재 여부를 입증할 책임을 사용자에게 부여한다는 원칙적 답변도 포함되어 있다. 하지만 영국 정부의 미온적 태도와 함께 플랫폼 종사자를 보호하기 위한 조치로서는 여전히 부족하다는 비판적 의견이 높은 상황이다.

2. 양질의 디지털 노동(decent digital work)을 위한 노력 √

가. 플랫폼 노동자의 권리 법제화

플랫폼 종사자의 권리를 보장하는 또 다른 방법으로 플랫폼 종사자를 법률적으로 규정하고 이들의 권리를 법적으로 명문화시키는 방법도 존재한다. 이는 플랫폼 종사자의 종사상 지위를 명확히 함으로써 기존의 법률 체계 속에서 이들을 보호하는 방법이 아니라 별도의 법률을 통해 기존의 법체계에서 보호받지 못하고 있는 새로운 유형의 노동을 보호하는 대안적 접근법으로, 빠르게 변화하는 노동시장의 흐름을 반영하는 데 큰 이점을 갖는다.

이러한 법제화 움직임의 대표적 사례로는 스페인을 들 수 있다. 스페인은 2021년 5월 '라이더법'으로 더욱 잘 알려져 있는 「디지털 플랫폼 배달원의 노동자로서의 권리보장을 위한 노동자 지위 수정에 관한 긴급 입법」을 제정하여 큰 주목을 받았다. 라이더법에 따라 배달앱을 통해서 일하는 모든 플랫폼 종사자는 노동자로 인정받게 되며, 플랫폼 업체는 배달 노동자를 직접 고용해야 할 책임을 갖는다. 플랫폼 보호를 위한 법제화 노력으로서는 유럽 내에서 가장 선도적일 뿐 아니라, 알고리즘의 투명한 관리와 이를 위한 노동자들의 권리를 명시하였다는 점에서 진일보한 법률이라는 평가를 받는다.

다만 배달업에 한정한 법률이라는 점은 한계이다. 또한 라이더법에 반발한 일부 플랫폼 기업들이 스페인 시장을 떠나거나 떠나지 않더라도 하청(subcontracting)의 형태로 직접 고용의 책임을 회피할 수 있다는 점은 새로운 과제로 남아 있다. 이러한 한계에도 라이더법은 실질적인 변화를 만들어 내고 있다. 법률 제정 이후 플랫폼에 소속되어 임금노동자로 일하고 있는 배달 노동자의 수는 2022년 8월 기준 약 1만 1천 명으로 집계되고 있으며, 유럽 최대의 배달업체인 저스트잇은 법 제정 이후 2021년 12월 UGT와 단체협약을 체결하기도 했다(신상호, 2022).

프랑스 역시 2016년 제정된 「노동과 사회적 대화의 현대화 그리고 직업적 경로의 보장에 관한 법」을 통하여 플랫폼 노동자의 권리를 최초로 법제화하였다. 법률 제정과정에서 임금노동자와 비임금노동자의 이분법에서 벗어나 제3의 범주를 도입하자는 논의도 있었지만 받아들여지지 않았다(Garben, 2017). 대신 프랑스는 개정된 노동법을 통해 플랫폼 노동자를 별도로 정의하고 이들에게 다양한 권리를 제공하는 한편 플랫폼 사업자에게는 최소한의 사회적 책임을 부여하는 방식을 선택하였다.

해당 법률에 의하면 플랫폼 노동자는 "전자적 방식의 플랫폼을 이용하여 작업 활동을 행하는 비임금노동자"로 정의되며 이들에게는 플랫폼 사업자가 부담하는 산재보험과 직업교육의 기회가 제공된다. 또한 플랫폼 노동자가 노동조합을 통하여 집단적 이익을 주장할 수 있는 노동권도 보장되며, 노동조합을 결성할 권리, 노동조합에 가입할 권리, 노동조합을 통하여 자신의 이해를 대변할 권리, 집단행동을 할 수 있는 권리까지 포함된다. 플랫폼 노동자들은 자신의 요구사항을 관철하기 위해 노무 제공을 거부하는 등의 조직적인 행동을 취할 수 있으며 플랫폼 사업자는 계약상 책임을 묻거나 불이익을 가해서는 안 된다. 단, 해당 법률은 플랫폼 사업자가 서비스나 재화의 특성은 물론 가격까지 결정하는 때에만 적용된다. 즉, 플랫폼을 통하여 노무를 제공하더라도 상당 수준의 자율성을 갖는 경우에는 법의 적용대상이 되지 않는다.

프랑스와 같은 국가적 수준에서의 법제화는 아니지만, 지방정부 수준에서의 입법 사례도 있다. 2019년 라치오주는 「플랫폼 노동자 보호를 위한 법률」을 제정하였는데, 이는 플랫폼 노동자 보호와 관련한 이탈리아 내 최초의 입법안인 동시에 EU 최초의 지방법이다. 라치오주는 2018년 「긱 경제에서의 기본권 선언」을 작성하고 이후 이를 바탕으로 플랫폼 노동의 임금, 산업안전, 사회보장에 대한 공개적인 토론을 거친 뒤 법안을 제정하였다(Daugareilh et al., 2019; Veronese & Iudicone, 2019).

해당 법에 의하면 플랫폼 종사자(digital worker)는 "계약의 형태나 기간과 관계없이 전자적 수단을 통하여 제3자에게 서비스를 제공하는 회사(디지털 플랫폼)에 자신의 서비스를 제공하는 사람"으로 정의된다. 이 법에 의하여 라치오주의 플랫폼 사업자들은 업무 관련 재해나 질병으로부터 노동자를 보호할 의무를 지며, 안전교육과 책임보험, 운송수단 유지비용도 제공해야 한다. 나아가 플랫폼 산업 특유의 개수보상(piecework compensation) 방식 대신 시간급으로 지급하고 전국수준의 단체협약(NCBA)이 존재하는 경우에는 해당 협약이 정한 최저임금을 지켜야 한다. 라치오주 정부는 해당 법의 효과적 실행을 위하여 '디지털 노동 포털(portale del lavoro digitale)'을 설치하여 플랫폼 종사자들에게 자신의 권리에 대한 정보를 제공하고 다양한 지원정책을 제공할 계획이다.

나. 모범 사용자로서 플랫폼 기업의 역할 강화

플랫폼 종사자들의 권리를 법률로 명문화하지 않더라도 플랫폼 기업 스스로 모범 사용자로서의 역할을 수행함으로써 플랫폼 종사자들의 권리를 보호하고 노동조건을 향상하는 것이 가능하다. 특히 기술과 경제 구조의 변화에 비하여 뒤처지는 입법 공백을 보완하고 건강한 산업생태계를 구축한다는 점에서 플랫폼 기업의 자발적 노력은 산업발전과 노동보호라는 양 측면에서 시사점이 크다. 이 같은 관점에서 일부 플랫폼 기업들은 사회적 책임을 명시한 공동의 행동규약을 만들고 이를 따르기로 서약하거나, 개별 기업 차원에서 일자리의 질을 높이기 위해 노력하는 등 다양한 노력을 기울이고 있다.

대표적으로 독일의 크라우드소싱 업체들은 모범 사용자로서의 책임을 명시한 행동수칙을 발표하고 이에 서명하는 등 자발적 노력을 기울이고 있다. 2017년 7월 독일을 중심으로 운영되고 있는 8개 플랫폼 기업들은 '크라우드소싱 행동수칙(The Crowdsourcing Code of Conduct)'이라는 10가지 행동규범을 마련하였다. 크라우드소싱 행동수칙은 2015년 독일의 소프트웨어 점검 플랫폼인 테스트버즈(Testbirds)가 초안을 만들면서 시작되었으며, 이후 독일의 금속노조가 행동수칙 작성에 참여하고 각 플랫폼이 행동수칙을 잘 지키고 있는지 감시하는 역할까지 수행하고 있다(Berg et al., 2018). 행동규칙에는 공정한 임금 지급, 공개적이고 투명한 의사소통, 명확한 과업 부여와 같은 기본 원칙들을 포함하고 있으며, 공정한 임금 지급의 기준으로 지역별 임금표준(local wage standards)을 플랫폼 수수료 산정에 반영하도록 하였다. 현재는 독일의 크라우드소싱협회(Deutscher Crowdsourcing Verband)가 공식 서포터로서 참여함으로써 산업적 차원의 규범으로 확산하는 데 기여하고 있다.

독일의 크라우드소싱 행동수칙과 마찬가지로 미국에서는 '굿 워크 코드(Good Work Code)'를 만들어 주문형 노동을 수행하는 이들의 노동조건을 개선하기 위한 캠페인이 일어나기도 했다. 굿 워크 코드는 플랫폼 회사들이 바람직한 일자리를 제공하도록 독려하는 일종의 규약체계라고 할 수 있는데, 안전, 안정성과 유연성, 투명성, 상생, 생활 가능한 임금, 포용과 투입, 지원과 연결, 성장과 발전이라는 8가지 원칙으로 구성되어 있다. 2015년 시작되어 12개의 회사가 굿 워크 코드에 서명하였으나 이후 지속되지 못해 현재는 특별한 활동이 없는 상태이다.

다른 한편 개별 기업의 수준에서 모범 사용자로서의 역할을 수행하기 위하여 노동자들을 정식 직원으로 직접 고용하는 플랫폼 기업들도 있다. 대표적으로 미국의 사무실 청소 및 건물관리 플랫폼사인 매니지드바이큐(Managed by Q)는 자신의 플랫폼에서 일하는 노동자들을 정식 직원으로 고용하였으며 이들에게 최저임금 이상의 시간당 임금을 지급하고 건강보험, 퇴직연금(401K 플랜), 유급가족휴가(paid family leave), 스톡옵션 등을 제공하고 있다(Greenhouse, 2016; Zorob, 2019).

매니지드바이큐는 안정된 고용관계 위에 양질의 서비스를 제공하는 사업모델을 추구하고 있다. 창업 초기에 경쟁사들에 비해 낮은 수익성으로 어려움을 겪기도 했지만, 고객사들의 높은 재계약율과 직원들의 낮은 이직률로 마케팅과 인력관리 비용을 절감하는 한편 부가가치가 높은 서비스를 제공함으로써 현재는 경쟁사보다 더 높은 수익성을 올리는 데 성공하였다(Griswold, 2017 October 27).

직접 고용의 또 다른 사례로 크라우드소싱 업체인 리드지니어스(LeadGenius, 구 모바일웍스)도 들 수 있다. 리드지니어스는 주변부 국가의 인력에 일자리를 제공한다는 사회적 미션을 갖고 기업을 운영하고 있으며, 크라우드소싱의 고질적 문제인 업무의 질과 속도 문제를 개선하기 위해 인력을 직접 채용하고 있다. 리드지니어스는 동적 라우팅 시스템(dynamic work routing system)을 도입하여 과업을 일차적으로 일반 노동자에게 할당하고 남는 일은 관리자에게 할당하는 방식으로 업무를 수행한다. 또 동료에 의한 관리(peer management)를 통해 개별 업무의 수행을 두고 노동자들끼리 서로 토론하고 학습하면서 오류를 줄여 나가고 있다(Vakharia & Lease, 2015).

리드지니어스에 의하면, 이 같은 운영원리 덕분에 노동자들에게 아마존 메케니컬 터크보다 나은 노동조건을 제공할 수 있었다고 한다. 리드지니어스는 노동자가 거주하는 지역의 생계비와 연동하여 최저임금 수준을 설정한 최초의 크라우드소싱 업체로 노동자들 대부분이 각 지역 최저임금보다 많은 보수를 받고 있다. 리드지니어스는 개별 노동자를 대체 가능한 자산으로 보지 않고 이들과 장기적인 관계를 발전시키기 위해 노력하는데, 노동자들에게 컴퓨터 기술 교육과 고용의 기회가 제공된다. 그리하여 50개 국가에 수백 명의 상근직을 두고 있고 이들이 성과에 따라 관리자로 승진하는 것도 가능하다. 이 관리자들은 플랫폼 노동자들을 교육하기도 하고 노동자들이 분쟁 상황에 처했을 때 조정하는 역할도 수행한다(Mosco, 2015; Scholz, 2017; Vakharia &

Lease, 2015).

매니지드바이큐나 리드지니어스와는 달리 현재의 독립계약자 지위를 유지한 가운데 자체적인 기업복지를 강화하여 플랫폼 종사자들의 처우를 개선하려는 기업도 있다. 대표적으로 영국에서 시작한 배달 플랫폼 기업인 딜리버루는 자신의 플랫폼에서 일하는 12개국 35,000명의 라이더들에게 상해보험, 책임보험, 유급휴가, 안전 및 기술 교육 등의 복리후생을 제공할 것이라고 밝혔다(Zorob, 2019). 또한, 우버는 유럽에서 일하는 운전사에게 재해 발생 시 의료비 지원, 유급병가, 건강보험을 제공하고 있으며 1,000유로의 출산수당과 출산휴가를 제공하고 사보험을 통하여 부상 및 질병을 보상하고 있다. 특별히 영국의 경우 프리랜서 및 자영업자 협회(Association of Independent Professionals and the Self-Employed, IPSE)와 파트너십을 맺고 운전사를 대상으로 산재보험료를 지원하고 있다.

기업 차원에서 제공하는 복리후생은 소속 플랫폼 노동자들에게 최소한의 안전망 역할을 하고 있다는 점에서 긍정적으로 평가할 면이 있다. 다만, 해당 기업들은 자칫 플랫폼 종사자들이 노동자로 재분류될 가능성이 있다는 점을 우려하여 사용자성이 발생하지 않는 범위 내에서 제한적인 복지제도를 운영하고 있다. 그 결과 노동조건을 실질적으로 개선하는 수준에는 이르지 못하고 있다.

다. 새로운 디지털 노동 기준 마련

4차 산업혁명과 디지털 기술의 발전으로 변화하는 노동시장에 걸맞은 새로운 노동에 대한 기준이 촉구되고 있다. 플랫폼 노동을 포함한 디지털 노동으로의 전환을 맞이하여 국제기구 차원에서 노동자 보호를 위한 원칙들이 제시되었다. 주 내용은 노동시장 변화에 발맞춰 노동권과 사회보장의 대상을 확대하는 것이다.

국제기구 차원에서 플랫폼 노동을 포함한 디지털 노동으로의 전환을 맞이하여 노동자 보호를 위한 원칙들이 제시되었다. 주요 내용은 노동시장 변화에 발맞춰 노동권과 사회보장의 대상을 확대하는 것이다. 2018년 2월 국제노동기구(ILO)과 경제협력개발기구(OECD)는 비정형 노동자들까지 포괄하는 사회보호와 사회보장 촉진에 대한 보고서를 발표하였다(ILO & OECD, 2018). 보고서는 플랫폼 노동과 같이 증가하는 비정형 고용에 대응하여 다양한 형태의 노동자를 포괄하기 위하여 제도 간 연계 강화, 고용형태 간 사회보장 수급자격의 이동성, 디지털 경제 근로자의 사회보장 등을 제안하였다. 2019년 6월 국제노동기구(ILO) 총회에서 채택된『일의 미래를 위한 100주년 선언』에 디지털 노동으로의 전환에 대응하는 정책 및 수단의 필요성을 포함하였다(ILO, 2019a). 국제노동기구(ILO)는 법령과 단체협약을 통하여 고용형태와 관계없는 보편적 노동권을 보장하는 원칙을 제시하였다(ILO, 2019b). 이는 디지털 플랫폼 노동에도 적용된다.

[표 1] 플랫폼 노동자의 조직화 유형과 수

구분	내용
공정한 임금	• 현지 최저임금 이상의 임금을 요구하는 정책 여부
공정한 근로조건	• 작업 과정에서 발생하는 위험으로부터 작업자를 보호하는 정책 여부 • 근로자의 건강과 안전을 보호하고 증진시키거나 근로조건을 개선하기 위한 사전 대책 여부
공정한 계약	• 이용약관이 투명하고 간결하며 접근 가능한 형태로 근로자에게 제공되는지 여부 • 근로자와 계약하는 주체는 현지 법률의 적용을 받아야 함
공정한 관리	• 근로자에게 영향을 미치는 의사결정에 대하여 이의를 제기하고 의사소통 할 수 있는 적법한 절차를 제공하는지 여부 • 데이터 수집에 대한 근로자의 형평성을 보장하고 사전동의를 받는지 여부
공정한 표현	• 결사의 자유와 근로자 대표와 플랫폼의 의사소통 여부

* Moore(2018), 28쪽.

유럽연합 차원에서도 디지털화로 인한 노동시장 변화를 반영한 지침이 등장하였다. 2019년 6월 유럽연합 이사회(European Council)는 「유럽연합의 투명하고 예측 가능한 근로조건 지침(Directive on transparent and predictable working conditions in the European Union)」을 채택하였다. 인구통계학적 변화, 디지털화와 새로운 형태의 고용 증가에 따른 노동시장 문제에 대응하기 위하여 위 지침을 제안하였다(European Union, 2019). 지침은 4주간 주 3시간 이상 일하는 모든 노동자를 대상으로 근로에 대한 정보(근로조건, 작업기간 등) 사전 제공, 수습기간 제한, 영시간 근로계약(zero hours contract) 남용 방지, 의무교육 제공 등의 최소한의 권리를 제시하였다.

한편, 학계에서도 새로운 디지털 노동의 기준을 정립하기 위한 시도들이 진행되고 있다. Oxford 인터넷 연구소의 Mark Graham 등이 독일연방경제협력개발부(Federal Ministry for Economic Cooperation and Development, BMZ)의 지원을 받아 2018년 공정노동재단(Fairwork Foundation)을 설립하고 디지털노동 플랫폼 연구 프로젝트를 수행하기 시작하였다(Moore, 2018). 공정노동재단은 디지털노동 플랫폼의 근무조건 평가를 위한 제도 비교와 연구를 수행함으로써 온라인 플랫폼의 변화를 촉진하고자 하였다. 국제노동기구(ILO) 회의에서 플랫폼, 근로자, 노동조합, 기관, 학자들과 논의를 실시하고 추가 워크숍을 수행함으로써 '플랫폼 경제에서 공정노동을 위한 글로벌 원칙'을 설정하였다.

유사한 시도로 Heeks(2017)는 영국의 경제사회연구위원회(Economic and Social Research Council)의 지원을 받아 변화하는 경제 환경에 맞는 새로운 노동 규범을 세우고 체계적인 정책 대안을 마련하기 위한 목적에서 양질의 디지털 노동(decent digital work) 기준을 제안하였다. Heeks(2017)는 양질의 디지털 노동과 관련한 여러 규범과 기준들을 종합하여 체계화된 기준을 수립하고자 하였다. 고용관계가 위치한 사회적 맥락, 고용, 노동조건이라는 세 가지 측면에서 세부적인 기준을 제안하고 있으며 이러한 기준이 실행되기 위한 행동계획(action plan)까지 함께 제시하였다.

한편 디지털 경제에서는 데이터가 핵심자원으로서 기능하는 만큼 디지털 플랫폼 노동의 질을 정보인권의 관점에서도 평가할 필요가 있다. 플랫폼 기업이 수집하고 축적하고 있는 데이터의 대부분은 플랫폼을 이용하는 고객과 노동자들이 발생시킨 것이다. 이 때문에 데이터의 수집·가공·활용 과정에서 이해관계자의 프라이버시가 훼손되지는 않는지, 자료가 안전하게 보호되고 있는지에 대한 광범위한 규제조치가 필요하다(Moore, 2018). 이와 관련하여 국제사무직 노동조합(UNI)은 일터에서의 AI와 머신러닝 활용에 대한 사회적 규제와 노동자의 정보인권 보호를 위한 여러 활동을 벌이고 있다.

그중 하나로 UNI는 2017년 「노동자의 데이터 프라이버시와 보호에 대한 10가지 원칙(Top 10 Principles for worker's data privacy and protection)」을 발표하였는데, 플랫폼 종사자들의 권리 보호의 관점에서도 시사하는 바가 크다. UNI의 10가지 원칙에 의하면 자료의 수집과 활용은 투명하게 이루어져야 한다. 이를 위해 노동자와 노동조합 대표가 정보의 접근 및 수정·삭제 권한을 가질 수 있어야 한다. 데이터에 대한 노동자의 접근성을 높이고 자료의 사용을 최소화하며 생체정보 혹은 종단적 자료는 제한적으로만 수집하고 활용해야 한다.

특히 중요한 것은 이러한 원칙들이 실행되고 유지되기 위한 체계를 수립하는 것이다. UNI는 자료의 생성·가공·보안 이슈와 관련한 원칙을 단체협상을 통해 수립할 필요가 있다고 강조한다. 정보 보호와 관련한 각국의 법률이 최소한의 규제책으로 존재하고 있지만, 단체협약 역시 자료의 접근이나 생산, 소유권과 관련한 주제를 다룰 필요가 있다(Prassl, 2018). UNI에 의하면 단체협약수립이 어려운 경우에는 다학제적이면서도 초기업적인 거버넌스를 수립하여야 하며, 이 과정에서 노동자들의 대표자들이 참여할 수 있어야 한다.

라. 플랫폼 산업에 대한 감시와 소비자 책임성 강화

  유사한 서비스를 제공하는 플랫폼이 늘어나고 기업 간 경쟁이 심화되는 상황에서 소비자의 선택이 플랫폼의 생존에 미치는 영향은 점차 커지고 있다(Prassl, 2018). 따라서 플랫폼 기업이 법과 규제를 잘 지키고 있는지 평가하는 기준을 수립하고, 어느 플랫폼이 이러한 기준을 잘 지키고 있는지 그 정보를 대중에게 공개하는 것은 플랫폼 산업의 일자리 질 개선에 도움을 줄 수 있다. 그 대표적인 사례가 페어크라우드워크(FairCrowdWork.org)이다. 독일의 금속노조(IG Metall)와 오스트리아 노동국(Arbeiterkammern Oberösterreich), 오스트리아 노동조합연맹(Österreichische Gewerkschaftsbund), 스웨덴 사무노동조합이 공동으로 운영하는 페어크라우드워크는 노동자의 관점에서 플랫폼 산업의 감시견 역할을 수행하는 웹사이트이다.

  페어크라우드워크는 플랫폼 노동자들의 리뷰에 기초하여 플랫폼에 대한 평점 시스템을 구축함으로써 일자리 질의 관점에서 플랫폼 기업을 상호 비교할 수 있도록 하고 있다. 또 플랫폼의 약관, 크라우드워커의 권리와 법적 의무, 가입 가능한 노동조합에 대한 정보를 제공하고 있으며, 업무, 노동과정, 고객, 노동자의 수 등과 함께 보수, 의사소통, 업무성격, 기술 등에 대한 등급 점수를 활용한 '플랫폼 프로파일'도 제공한다. 향후에는 플랫폼 약관을 평가하는 정교한 기준을 개발하려는 계획도 갖고 있다(Berg et al., 2018; Moore, 2018).

  소비자와 서비스 제공자를 중개하는 플랫폼 산업의 특성상 플랫폼 기업 못지않게 소비자가 플랫폼 종사자의 노동조건에 미치는 영향도

적지 않다. 이러한 이유로 플랫폼 산업생태계의 중요한 행위자로서 소비자의 책임성을 강화하고 이들을 평가하기 위한 감시시스템이 도입되기도 하였다. 대표적으로 터콥티콘은 아마존 메케니컬 터크에서 일하는 터커스(Turks)가 고객(Requester)과 업무에 대한 후기를 작성하기 위해 만든 데이터 기반 소비자 평가시스템을 가리킨다. 터콥티콘이란 터커스와 벤담이 제시한 감시형 건축양식을 의미하는 파놉티콘(Panopticon)의 합성어로, 터커스에 의한 감시체계를 의미한다.

터콥티콘은 소비자에게 유리하게 만들어진 아마존 메케니컬 터크의 운용규칙으로 인해 터커스가 임금 체불, 사기 피해와 같은 부당한 일을 겪는 사례가 증가하자 이에 대응하여 2008년 릴리 이라니와 식스 실버만이 노동자들이 직접 소비자를 평가하고 거래 시 이를 참고할 수 있도록 시스템을 구축하면서 시작되었다. 터콥티콘은 소비자와 터커스 간의 정보 비대칭으로 인해서 발생하는 불공정성을 시정하는 것을 목표로 하고 있으며 터콥티콘 시스템에서 이루어지는 고객에 대한 평가는 의사소통(communicativity), 보수(pay, generosity), 공정성(fairness), 속도(promptness)라는 네 가지 차원에서 이루어지고 있다.

지난 10년 동안 40만 건 이상의 리뷰와 6천 명 이상의 고객에 대한 평가가 축적될 만큼 활발한 활동이 이루어졌으며, 터콥티콘 이외에도 이와 유사한 평가시스템이 등장하여 터커스에 의한 고객 평가가 강화되는 데 크게 기여하였다. 특히 소비자 평가시스템이 플랫폼 종사자와 '선량한' 고객 모두에게 도움이 되고 플랫폼 생태계의 건강성을 높이는 데 기여하기도 한다(Berg et al., 2018). 다만 터콥티콘과 같은 소비자에 대한 평판 시스템은 직접적인 분쟁 조정 기능이 없어 불공정성을 직접 해소할 수 있는 규제책은 되지 못할 뿐 아니라 노동자와 고객의 선의에 의존할 수밖에 없다는 점에서 한계를 갖고 있다. 특히 가짜 리뷰나 보복성 리뷰 등을 충분히 필터링하지 못할 수 있다는 문제가 있어 개선책이 필요하다.

한편 공정한 노동조건을 확립하기 위한 바람직한 규범을 확립하고 이러한 규범의 확산에 소비자를 직접적으로 참여시키는 방식으로 소비자의 책임성을 강화하려는 움직임도 존재한다. 그 예로 다이나모는 아마존 메케니컬 터크를 통하여 연구 활동을 수행하는 연구자들을 교육시키고 윤리적 기준을 준수하도록 가이드라인을 만드는 활동을 하고 있다. 터커스를 대상으로 하는 조사연구에서 인권 침해나 부당행위를 예방하기 위한 목적에서 생겨난 온라인 운동으로서 본래는 연구자를 대상하고 있지만 일반적인 온라인 기반 플랫폼에서 바람직한 소비자/의뢰인이 되기 위한 행동지침으로서도 시사점을 갖는다.

다이나모의 가이드라인에 의하면, 의뢰인(소비자)은 법상 지위가 노동자가 아니어도 터커스들에게는 아마존 메케니컬 터크의 수입이 주 수입원일 수 있다는 점을 인식하고 최저임금 이상의 '윤리적 보상(ethical pay)'을 제공해야 한다. 임금수준이 낮은 해외에 거주하는 터커스에 대해서도 의뢰인의 지역(주로 미국이나 유럽)의 최저임금을 기준으로 할 것을 권고하기도 한다.

다이아모는 모범 규범의 확산을 위하여 가이드라인을 지키기로 서약한 연구자들의 명단을 공개하고 있어 터커스들은 자신의 의뢰인이 가이드라인에 서명했는지 여부를 확인할 수 있다. 다이나모는 서약의 구속력을 강화하기 위해 터커스들에게 의뢰인이 가이드라인을 어겼을 때의 대응 요령도 안내하고 있다. 이외에도 온라인을 통한 집단행동을 장려하여 아마존의 제프 베조스 CEO에게 공개서한을 보내는 등의 캠페인을 벌이기도 하였다. 그러나 터콥티콘과 마찬가지로 이들의 자발적인 참여에 의존할 수밖에 없고 여전히 참여가 저조하다는 것은 한계이다(Berg et al., 2018). 이후 가이드라인에 서명한 연구자를 늘리기 위한 다양한 방안이 논의되었으나 실질적인 효과는 발휘하지 못하는 상황이다. 그러나 이 같은 한계에도 불구하고 다이나모의 사례는 소비자의 책임성을 강조하고 그에 맞는 윤리규범을 마련한 온라인 운동으로서 중요한 의미를 갖는다.

3. 노사관계의 확립과 노동자 이해대변 √

가. 단체협약 체결

표준적인 고용관계에서 단체협약은 노동자의 집단적 이해를 대변하는 구속력 있는 조치로서 실질적인 노동조건 개선에 크게 기여한다. 그러나 영국의 딜리버루 사례에서 볼 수 있듯 플랫폼 산업에서는 많은 기업들이 노동조합을 인정하지 않고 있고 플랫폼 종사자들 역시 개별화된 방식으로 일하고 있기에 노사 간 공동의 협약을 맺기가 쉽지 않다(Garben, 2017).

이러한 상황에서 최근 유럽을 중심으로 일부 플랫폼사들과 노동조합 사이에 단체협약이 체결되고 있어 노사관계 측면에서 많은 관심을 받고 있다. 대표적으로 플랫폼 업계에서 최초로 체결된 덴마크의 힐퍼사와 3F노조 간의 단체협약을 들 수 있다(Moore, 2018; Prassl, 2018; Vandaele, 2018). 해당 단체협약은 앞서 언급한 수페르 힐퍼에게만 적용되는데, 단체협약을 통하여 수페르 힐퍼는 시급제, 연금(건강보험 포함), 유급휴가, 실업급여 등을 적용받을 수 있게 되었다.

힐퍼사의 사례와 마찬가지로 영국의 헤르메스사에서 자영업 플러스로 일하는 노동자들은 헤르메스사와 GMB노조가 체결한 단체협약의 적용을 받을 수 있게 되었다(Zorob, 2019). 스페인 딜리버루의 경우에도 마드리드 라이더 조합(Asociacion de mensajeros, Asoriders)과 단체협약의 일종인 이해관계 협약(Acuerdo de Interes Profesional)을 맺었었으며(CincoDias, 2019 October 28), 호주 인력중개 플랫폼 에어태스커는 뉴사우스웨일즈 노조(Union NSW)와 임금 및 근로조건 개선 관련 협약을 체결하였다(Dias, 2017 May 1). 이처럼 국가 및 지역별로 플랫폼 기업과 노동조합이 개별 협약을 체결하는 방식으로 플랫폼 노동자의 권리를 보장하는 시도들이 이루어지고 있으며, 이는 전 세계적으로 확산하는 추세에 있다.

나. 공동규제(co-regulation)를 위한 거버넌스 구축

플랫폼 산업을 둘러싼 주요 이해관계자들 간의 사회적 대화는 플랫폼 산업의 안정적 성장과 함께 성장의 과실이 사회적으로 공유되기 위한 기초 역할을 한다. 그만큼 플랫폼 종사자에 대한 보호 정책을 실행함에서도 사회적 대화의 틀을 마련하는 것이 중요하다고 할 수 있는데, 이탈리아의 볼로냐시에서는 지방정부와 플랫폼 기업, 노동조합이 사회적 대화를 통하여 디지털 노동권의 개념을 정립한 바 있다.

2018년 5월 볼로냐시에서는 시의회와 라이더유니온(Rider Union), 지역의 배달 플랫폼사인 Sgnam e MyMenu가 공동으로 「도시의 디지털노동권의 기본원칙에 관한 헌장」을 발표하였다(Vandaele, 2018). 볼로냐 헌장은 볼로냐시에서 일하는 플랫폼 종사자들의 노동조건을 개선하는 것을 목표로 하고 있으며, 최저임금 기준, 각종 수당 지급, 차별 금지, 플랫폼 종사자의 단결권과 파업권 등 다양한 보호 방안을 담고 있다.

해당 헌정은 자발적 참여에 의존하고 있는 상황에서 딜리버루나 푸도라와 같은 주요 플랫폼사가 참여하지 않았고, 협약을 지키지 않더라도 이를 규제할 방법이 없다는 점에서 한계점도 뚜렷하다. 그러나 이러한 한계에도 불구하고 도시 차원의 노사정 3자가 맺은 최초의 협약으로서, 플랫폼 노동 보호를 위한 공동규제의 틀을 마련했다는 점에서 중요한 의미가 있다(Veronese & Iudicone, 2019).

공동규제의 측면에서는 플랫폼 종사자와 기업 간 갈등과 이해를 조정하는 체계를 마련하는 것 역시 중요한 과제이며, 이 점에서 독일의 옴부즈 오피스(Ombuds Office)는 플랫폼 산업 내 분쟁 조정기구로서 주목할 만한 사례이다. 2017년 독일 금속노조와 독일 크라우드소싱 협회, 크라우드 행동수칙(code of conduct)에 서명한 플랫폼은 행동수칙의 책임감 있는 실행과 플랫폼 종사자와 기업 사이에 발생할 수 있는 각종 분쟁을 해소하기 위해 옴부즈 오피스를 설립하였다(Moore,

2018; Berg. et al., 2018; Prassl, 2019).

옴부즈 오피스는 이해당사자인 플랫폼 종사자와 기업 소속의 직원을 포함하여 노동조합 대표, 크라우드소싱 협회대표, 중립적인 위원장으로 구성되어 있다. 행동수칙에 서명한 플랫폼이 반복적으로 행동수칙을 어겼다고 판단될 때는 옴부즈 오피스가 해당 플랫폼을 행동수칙에 서명한 플랫폼 명단에서 제외하는 등의 구속력 있는 결정을 내릴 수 있다.

옴부즈 오피스의 운영과 관련하여 특이점은 독일 이외의 국가에서 일하고 있는 플랫폼 종사자 역시 옴부즈 오피스를 통하여 분쟁 조정 절차를 밟을 수 있다는 점이다. 이때 조정을 신청한 당사자가 자신이 속한 국가의 노동조합의 도움을 받아 조정 절차를 진행할 수 있도록 해당 국가의 노동조합 대표가 고문 자격으로 참여할 수 있다. 초국적 수준에서 사업이 영위되고 있는 크라우드소싱의 특성을 반영한 운영원칙으로, 다양한 지역의 종사자들을 보호하는 조치로서 디지털 시대의 이해대변을 위한 새로운 시각을 제시한다고 할 수 있다.

다. 플랫폼 노동의 이해대변

표준적인 고용관계 중심의 노동조합에서 새롭게 등장하고 있는 플랫폼 노동의 이슈에 빠르게 대응하기에 한계가 있을 수 있다. 특정 업종과 지역을 중심으로 플랫폼 노동자가 능동적으로 목소리를 낼 수 있는 플랫폼 노동자 단체가 조직되었다. 예를 들어 네덜란드에서 딜리버루 노동자들이 중심이 되어 음식배달 플랫폼 우버 잇츠(Uber Eats)와 테이크어웨이(Thuisbezorgd)의 노동자들과 함께 노동단체 라이더 노조(Riders' Union)를 조직하였다(Eurofound, 2018). 네덜란드 라이더 노조는 자신들을 노동환경 개선을 위한 시위와 파업을 실시하고 관련 음식배달 노동자들을 고용인으로 분류할 것을 요구하는 소송을 제기하는 등의 활동을 하였다.

또 다른 사례로 벨기에의 노동조합 소속(union-affiliated) 배달 플랫폼 종사자 노동조합(Collectif des coursier-e-s, KoeriersKollectief)이 2016년 설립되었다(Eurofound, 2018). 해당 노조는 우버 잇츠, 딜리버루 등의 배달 플랫폼 종사자를 대표하며, 딜리버루의 고객서비스 이전에 항의하는 등의 활동을 수행하였다.

노동조합의 형태를 벗어나 사용자가 노동자의 이해대변을 위한 제도 구성에 기여하는 사례들도 존재한다. 대표적인 사례로, 미국 뉴욕의 우버가 독립운전자길드(Independent Drivers Guild)를 창설하여 노동자 이해대변 역할을 수행하도록 지원하였다. 2016년 우버는 국제기계공항공근로자협회(IAMAM) 지역 지부와의 합의의 일환으로 독립운전자길드를 창설하여 노사 간 대화를 가능하게 하였다(Scheiber & Isaac, 2016 May 10). 독립운전자길드는 뉴욕시 임대차량(FHV) 운전자들을 대표하여 차량공유 업체와 협상하고 필요한 보호와 혜택을 제안하는 역할을 수행하고 있다.

또한 오스트리아 음식배달 플랫폼 푸도라(Foodora)는 2017년 4월 오스트리아 운송서비스 부문 노조(Vida)의 지원을 받아 노사협의회(work council)를 설치하였다(Johnston & Land-Kazlauskas, 2018). 노사협의회는 배달 노동자들의 야간 근로 추가비용, 업무용 자전거 및 핸드폰 보험 제공 등의 이슈를 다루고 인원 감축 등의 문제에 대응한 목적으로 설립되었다.

독일 음식배달 플랫폼 딜리버리 히어로(Delivery Hero)는 2018년 법인을 독일 주식회사(AG)에서 유럽 주식회사(Societas Europaea, SE)로 전환한 후, 초국적 노사협의회 설치하고 노동자의 감독이사회(supervisory board) 참여를 보장하였다(IRES, 2019). 위 사례에서 사용자가 플랫폼 노동자의 이해대변 제도 구성에 기여하고 노동자의 참여를 보장한다는 점에서 의의가 있다.

4. 사회보장시스템의 혁신 ✓

경제구조의 변화와 함께 새로운 고용형태가 등장하면서 사회보장시스템의 공백을 메우는 것 역시 중요한 과제로 등장하고 있다(Behrendt et al., 2019; Berg et al., 2018). 플랫폼 노동의 가장 큰 특징 중 하나는 노무의 제공이 가변적이고 유동적이라는 것이다. 플랫폼 종사자는 하나의 고용주에 종속되어 서비스를 제공하지 않으며, 크라우드워크와 같이 특정 국가나 지역에 구애받지 않고 자신의 노무를 제공할 수도 있다. 이와 같은 플랫폼 노동의 유동성은 기존 사회보장제도와 부정합하여 플랫폼 노동자들이 사회보장에서 제외되는 결과로 나타난다. 따라서 플랫폼 노동자를 보호할 수 있는 새로운 방식의 사회보장시스템이 시도되고 있다.

가. 이동형 사회복지(portable benefits) 실험

이동형 복지는 고용주에게 종속되지 않고도 노동자가 여러 일터를 옮겨 다닐 때마다 그에 따라 움직이는 사회보험 프로그램으로 전통적인 고용관계에서 벗어나 있고 이동성이 높은 플랫폼 노동자들을 위한 사회안전망으로 많은 기대를 모으고 있다(Heeks, 2017). 미국의 전미 가사노동자연맹(National Domestic Workers Alliance)은 가사노동자의 노동조건을 향상하기 위한 목적에서 2018년 이동형 복지를 제공하는 온라인 복지플랫폼인 알리아(Alia)를 시험적으로 도입하였다. 알리아는 복지 혜택을 받지 못하는 가사노동자들을 위해 고안되었으나 플랫폼 종사자나 프리랜서들도 이용할 수 있다.

[그림 1] 알리아의 운영 방식

1
당신의 청소부를 찾으세요.
그리고 Alia로 초대하세요.

2
월 분담금을 설정하세요.

3
당신의 청소부는
여러 고객으로부터 받은 분담금을 모아
자신의 복지해택을 관리할 수 있습니다.

노동자와 고객, 보험사를 매개하여 복지서비스를 제공하는 온라인 플랫폼인 알리아는 [그림 1]과 같이 운영되고 있다. 노동자로부터 요청을 받은 고객이 보험료를 납부하면 노동자의 알리아 크레딧으로 적립된다. 노동자는 알리아를 통하여 여러 고객들로부터 보험료를 적립받을 수 있는데 이후 알리아에 적립된 자신의 크레딧으로 복지 혜택을 구매할 수 있으며, 유급휴가(paid-time off), 장애보험(disability insurance), 상해보험(accident insurance), 생명보험(life insurance), 중병보험(critical illness insurance) 등의 혜택을 적용받을 수 있다.

　알리아는 변화하는 노동시장에 맞는 대안적인 사회복지 시스템으로 주목받고 있다. 하지만 한계점도 존재하는데, 가장 중요하게는 복지 혜택에 건강보험이 포함되지 않고 있다는 점이다. 당초 전미가사노동자연맹은 건강보험의 적용을 원하였지만, 재정적 문제와 더불어 노동자들이 강하게 요구하지 않으면서 도입되지 못했다. 또한 고용주나 고객들이 보험료를 지불한다는 점에서 기존의 프리랜서 공제회보다는 진일보한 면이 있으나 고용주나 고객들의 자발적 참여를 전제로 한다는 점에서는 여전히 한계가 있다. 알리아는 일단 사용자의 편의성을 높여 고용주나 고객들의 적극적인 참여를 유도하고 노동자들에게는 쉽게 복지 혜택을 이용할 수 있도록 하는 기술적 해법을 시도하고 있다. 하지만 시스템의 확실성과 지속 가능성을 높이기 위해서는 궁극적으로 보험료 납부에 강제성이 부과될 필요가 있을 것으로 보인다.

5. 해외의 정책 사례를 통해 무엇을 얻을 것인가? ✓

경제의 디지털화가 가져온 기회와 위기 앞에 현재 세계 각국은 혁신성과 안정성을 조화시키기 위해 고심하고 있다. 지금도 세계 곳곳에서는 다양한 정책실험들이 이어지고 있으며 이러한 실험들은 기술적 해법에서부터 정부의 입법 활동에 이르기까지 다양한 형태로 진행되고 있다. 본 연구는 이러한 다양한 정책 대안들을 분석하기 위하여 기존의 학술연구와 정책보고서로부터 플랫폼 노동을 보호하기 위한 정책 과제 4가지를 도출하였다.

본 연구가 주목한 핵심 과제는 ① 고용관계의 재정립, ② 양질의 디지털 노동을 위한 노력, ③ 노사관계의 확립과 노동자 이해대변, ④ 사회보장시스템의 혁신이다. 이 정책 과제들을 중심에 두고 각 과제에 대한 대응책으로서 개별 사례들을 소개함으로써 과제와 해법을 함께 조망하고자 하였다. 이렇게 정책 과제를 중심으로 개별 사례를 소개한 것은 개별 사례의 실천적 함의를 강화하기 위한 목적이었다. 아래에서는 앞서 소개된 사례들이 한국의 상황에 주는 시사점을 중심으로 플랫폼 노동 보호를 위한 제언을 담았다.

먼저 본 장에서는 고용관계의 재정립으로 크게 세 가지 가능한 접근법과 이에 해당하는 개별 사례들을 살펴보았다. 이 중 플랫폼 종사자의 권리보장이라는 관점에서 가장 시급한 조치는 고용관계를 명확히 하는 것이며, 이를 위해서는 법과 제도의 정비가 필수적이다. 관련된 사례로서 AB5법의 통과는 지금까지 거론된 정책 대안 중 가장 강력한 조치로 한국에 주는 시사점이 크다.

그동안 국내에서는 '디지털 특고'로 불리는 플랫폼 노동이 등장하기 이전부터 특수형태근로종사자의 종사상 지위와 관련한 법적 분쟁과 함께 오분류로 인한 '위장 자영자'의 문제가 지속되고 있었다(윤애림, 2019). 이러한 상황에서 사용자의 책임성을 강화하고 형식계약상 지표가 아닌 실질적 노무제공관계를 살펴보기 위한 기준을 수립하는 것이 중요한데(조돈문 외, 2015), 미국의 AB5법에서와 같이 근로자 추정 규정이 도입될 경우 플랫폼 노동뿐만 아니라 특수형태근로 전반의 고용관계를 명확히 하는 데에도 크게 기여할 수 있다. 무엇보다 플랫폼 종사자가 현재의 법제도로부터 보호받고 있지 못한 이유가 이들의 종사상 지위 문제라는 점에서 이들을 노동자로 전제하겠다는 방침은 여러 문제를 일시에 해결할 수 있는 효과적인 정책이 될 수 있다.

이와 함께 플랫폼 노동의 특수성을 고려하여 종사상 지위를 판단하는 기준을 개선하는 것도 우리에게는 중요한 과제이다. 산업 전반의 플랫폼화가 확산되면서 새로운 종류의 플랫폼 노동이 계속 등장하고 있고, 기존의 플랫폼 노동 역시 기업의 사업 전략에 따라 빠르게 변화하고 있다. 문제는 이러한 변화를 통해 플랫폼 기업들이 고용관계를 모호하게 하고 사용자의 책임성을 회피하는 방식으로 빠르게 진화할 수 있다는 점이다. 이를 예방하기 위해서는 지속적인 실태조사를 기초로 플랫폼 노동을 포괄할 수 있는 보편성과 간명성을 갖는 근로자 판단기준을 수립해야 한다.

플랫폼 노동에 대한 지속적인 실태조사는 본 연구가 다룬 두 번째 정책 과제인 양질의 디지털 노동기준의 확립에도 기초가 될 수 있다. 인터넷과 모바일을 기반으로 한 플랫폼 노동은 종사자의 인적 특성이나 노동과정, 일의 사회적 의미까지 여러 측면에서 기존의 노동과는 차이를 보인다. 그 결과 알고리즘에 의한 관리, 데이터 주권, 연결되지 않을 권리 등 기존의 불안정 노동에서는 주목받지 못했던 새로운 이슈들이 등장하고 있다.

본 연구는 새로운 노동기준 확립을 위한 움직임으로 국제노동기구의 100주년 선언과 함께 학계와 노동조합의 제안을 살펴보았다. 하지만 국가별로 제도적 환경이 다를 뿐 아니라 플랫폼별로도 업무 특성과 사업 전략이 이질적이다. 따라서 앞으로는 구체적이고 세밀한 실태조사를 바탕으로 좋은 노동에 대한 기존의 사회적 규범과 기준을 확장하고, 한국의 상황에 맞는 더 섬세한 노동의 표준을 수립하는 것이 필요하다.

양질의 디지털 노동기준이 실질적 효력을 갖고 실행되기 위해 프랑스나 이탈리아의 사례와 같이 플랫폼 노동자의 권리와 플랫폼 기업의 책임을 법제화하는 것이 필요하다. 특히 우리나라가 미국이나 유럽보다 기업의 사회적 책임에 대한 강제력이나 구속력이 낮은 점을 고려한다면 개별 플랫폼 사업자의 자발적인 개선 노력에 의존하기보다는 법적 의무로서 그 책임을 명시하고 강제하는 방법이 더 큰 효과성을 가질 것으로 보인다.

이와 함께 노동조합과 시민사회, 학계는 페어크라우드워크, 터콥티콘, 다이나모의 사례에 주목할 필요가 있다. 해당 사례들은 모두 플랫폼 산업의 건전성과 공정성을 향상하기 위한 사회적 운동으로서 플랫폼 노동에 대한 공공의 관심을 환기시키고 새로운 노동 규범을 확산하는 효과적인 수단이 될 수 있기 때문이다.

플랫폼 노동 보호를 위한 다른 중요 과제는 바로 집단적 노사관계의 확립과 플랫폼 종사자의 권리 보호를 위한 이해대변 문제이다. 이와 관련하여 의미 있는 최근의 흐름은 바로 플랫폼 기업과 플랫폼 종사자들을 대변하는 노동조합 사이에 맺어지고 있는 단체협약이다. 지난해 힐퍼와 3F노조가 최초의 단체협약을 체결한 이래 유럽을 중심으로 단체협약을 체결한 사례가 늘어나는 추세에 있다. 단체협약은 플랫폼 종사자의 보호와 관련한 법·제도상의 공백을 메울 수 있는 실질적이고 유효한 대안이 될 수 있어 가치가 크다.

이와 관련하여 최근 국내 1위의 배달 플랫폼사와 노동조합이 교섭에 들어가면서 국내에서도 플랫폼 기업의 단체협약이 맺어질 수 있을지 관심이 쏠리고 있다(이효상, 2020.2.17). 국내의 대표 플랫폼 기업의 사례인 만큼 유의미한 단체협약이 맺어진다면 향후 플랫폼 종사자의 노동조합 조직화와 이해대변에 있어서도 긍정적인 영향을 미칠 수 있을 것이다. 또한 플랫폼 종사자의 이해대변은 노동조합이 아니더라도 다른 대안적 방식을 통해서도 이루어질 수 있다. 특히 플랫폼 산업 내 주요 행위자들 간의 협력적인 대화기구나 분쟁 조정 장치를 마련하는 것이 중요하다. 국내에서는 기존의 노사정 대화의 틀을 활용할 수 있을 것이며, 볼로냐시의 사례처럼 일부 선도적인 지방정부의 노력으로 다양한 형태의 대화기구를 마련하는 것도 고려해 볼 만하다.

본 연구가 주목한 마지막 과제는 디지털 노동시장 환경에 맞는 더 유연한 사회보장시스템의 도입이다. 전통적인 고용관계를 전제로 수립된 사회보장시스템이 지금의 변화한 노동시장에는 맞지 않은 상황에서 이 불일치를 해소하기 위해서는 노동시장 내에서 안정성을 높이는 것 못지않게 사회보장시스템 자체를 재조정하는 것이 필요하다. 이 문제에 관하여 선행 연구들이 현재의 사회보장제도 속에 플랫폼 노동을 어떻게 편입시킬 것인지에 초점을 맞춰 왔다면, 본 연구는 이동형 복지와 초국가적 사회보장시스템과 같은 새로운 형태의 사회보장제도의 가능성을 탐색하였다. 다만, 두 사례 모두 구상단계 혹은 실험단계에 있는 정책 아이디어로 빠른 시기에 한국에 도입되기에는 현실적인 제약이 크다. 따라서 구체적 실현을 염두에 두고 평가하기보다는 실험적이고 창의적인 아이디어로서 이해할 필요가 있다.

역사적으로 기술의 진보와 함께 노동시장의 구조, 기업의 고용 관행과 노사관계, 사회보장시스템은 계속해서 변화했다. 그러나 지금의 디지털화는 전 지구적이고 동시대적 현상이라는 점에서 과거보다 대응책을 마련하기가 쉽지 않다. 본 연구에서는 플랫폼 노동 보호를 위해 시도되고 있는 다양한 정책실험들을 다루었다. 하지만 현실적으로 이러한 실험들 대부분이 의미 있는 변화를 가져오기에는 미미한 수준이고 성과를 논하기에는 아직 이르기도 하다. 무엇보다 지금의 변화가 어느 한 영역에 국한된 문제가 아니고 사회 전반의 변화를 예고하고 있는 만큼 개별 정책에 대한 평가 자체가 적절하지 않을 수도 있다.

따라서 플랫폼 노동자에 대한 보다 실효성 있는 보호 방안을 수립하기 위해서는 개별 정책의 효과성을 따지기보다는 다각적인 차원에서 포괄적이고 종합적인 대안을 마련해야 한다. 이를 위해 플랫폼 노동을 포함하는 다양한 불안정 노동자들에게 적용될 수 있는 법·제도상의 보완과 함께 플랫폼의 고유한 특성을 반영하는 다양하고 창의적인 보호 장치를 마련할 필요가 있다. 본 연구에서 자세히 다루지는 못했지만, 디지털 기술 자체가 노동자의 권리 보호에 기여하는 새로운 해법에 대해서도 더 많은 고민이 필요하다. 이 과정에서 플랫폼 산업을 둘러싼 주요 이해관계자의 역할 역시 중요하다. 정부의 법제도 정비, 기업의 사회적 책임 강화, 플랫폼 종사자들의 조직화, 시민사회와 학계의 감시 모두 필요하지만, 무엇보다도 이들 간 상호 이해와 협력적 관계를 구축하는 것이 필수 과제이다.

■ 참고문헌

- 강이수. 2009. 가사서비스 노동의 변화의 맥락과 실태. 사회와역사, (82), 213-247.

- 경제사회노동위원회. 2019. 디지털 전환 시대 노동의 미래를 위한 도전과 과제: 노사정 보고서. 경제사회노동위원회 디지털 전환과 노동의 미래 위원회.

- 경제사회노동위원회(2020).『디지털 전환과 노동의 미래 위원회 활동 보고서』. 경제사회노동위원회.

- 그레이·메리·수리·시다스. 2019.『고스트 워크: 모든 일과 직업의 모습이 바뀐다』. 신동숙 역. 한스미디어.

- 김동원. 2016. "플랫폼 담론과 플랫폼 자본".『문화과학』. 통권87호: 75-97.

- 김성혁·박장현·이문호·장진숙. 2019.『플랫폼노동 보호와 조직화 방안 연구』. 전국서비스산업노동조합연맹.

- 김영선. 2017. "플랫폼 노동, 새로운 위험사회를 알리는 징후".『문화과학』, 통권92호: 74-102.

- 김영아·이승호. 2019.『배달앱 확산이 고용에 미치는 영향』. 고용노동부·한국노동연구원.

- 김원. 2004. 근대화 시기 주변부 여성노동에 대한 담론:'식모'(食母)를 중심으로. 아시아여성연구, 43(1), 181-236.

- 김정훈·이상아·장희은. 2019.『디지털 플랫폼의 노동통제 양식과 일 중독』. 한국노동안전보건연구소.

- 김종진·정경은·장희은·김정훈·노성철·박관성. 2018.『산업4.0

시대 노동의 미래: 디지털 플랫폼 노동의 대응과제』. 한국노동사회연
구소.

– 김종진 · 김영욱 · 김유휘 · 김윤영 · 김정훈 · 노성철 · 문수연 · 양경
욱 · 이상아 · 이찬우 · 장희은 · 김진하 · 윤자호. 2020. 서울시 디지털
플랫폼노동 실태와 정책과제 연구. 한국노동사회연구소.

– 김종진. 2020. 고용다변화시대, 새로운 노동형태와 조직화 문제. 한국
사회노동연구소 147차 노동포럼 자료집. 고용다변화와 새로운 노동의
출현 자료집(2020년10월28일)

– 김준영 · 권혜자 · 최기성 · 연보라 · 박비곤. 2019. 『플랫폼 경제 종사
자 규모 추정과 특성 분석』. 한국고용정보원.

– 김진영. 1994. 『정보기술과 화이트칼라 노동』. 한울아카데미.

– 김철식. 2011. 『대기업 성장과 노동의 불안정화: 한국 자동차산업의
가치사슬 생산방식 고용관계 분석』. 백산서당

– 김철식. 2015. 「표준화에 근거한 사업모델과 자영업자의 자본–노동관
계로의 포섭」. 『경제와 사회』, 105: 170–200.

– 김철식 · 장귀연 · 김영선 · 윤애림 · 박주영 · 박찬임 · 홍석만 · 신순영.
2019. 『플랫폼노동 종사자 인권상황 실태조사』. 국가인권위원회.

– 김철식. 2020. "디지털 자본주의와 노동의 전망". 노동포럼 나무 월례
포럼(2020.10).

– 김태룡. 2016. 「조직구조와 조직효과성: 관계와 재해석」. 『행정논총』,
54(1):1–29.

– 김태은. 2021. 노동자 소유 플랫폼 협동조합은 불안정한 플랫폼 노동
의 대안이 될 수 있는가?. 사회과학연구, 60(2), 233–260.

– 나연묵. 2011. 「클라우드 컴퓨팅 이슈 및 현황」. 『KEIT PD 이슈리포

트』, 2011년 12월호, 한국산업기술평가관리원.

– 노성철·이찬우. 2021. "고숙련 프리랜서 중개 플랫폼의 고용쟁점과 전망".『노동리뷰』. 4월호: 22-43.

– 램버트·크레이그. 2016.『그림자 노동의 역습 : 대가 없이 당신에게 떠넘겨진 보이지 않는 일들』. 이현주 역. 민음사.

– 로젠블랏·알렉스. 2019.『우버 혁명: 공유 경제 플랫폼이 변화시키는 노동의 법칙』. 신소영 역. 유엑스리뷰.

– 민주노총 금속노조·보건의료노조·서비스연맹. 2021.『포스트 코로나 산업전환시대! 금속, 보건의료, 택배와 플랫폼 산업을 중심으로』. 초기업교섭의 새로운 가능성 모색을 위한 국회 토론회 자료집.

– 박명준·권혜원·유형근·진숙경. 2014.『노동이해대변의 다양화와 새로운 노사관계 형성 과정』. 한국노동연구원.

– 박명준·김훈·채준호·황준욱·조현민(2016).『노동시장 행위자로서 사업협회와 직업단체의 역할』. 한국노동연구원.

– 박명준·김이선. 2016.「주변부 노동자 이해대변을 위한 비노동조합적 시도: '준노조'의 한국적 개념화를 위한 일분석」.『산업노동연구』22 (2): 35~77.

– 박명준. 2022.「노동시장 이중구조화와 노사관계의 균열 및 갈등: 해법으로서 '비제도적 사회적 합의 모델'」.『월간노동리뷰』pp.9~26.

– 박상철·이웅규·고준·류성열. 2020. "디지털 기술 환경에서의 그림자 노동 메커니즘 규명 연구".『경영학연구』49(1). pp.31-50.

– 박상철·김종욱. 2021.「온라인 식료품 소비자의 그림자노동인식이 모바일 쇼핑회피와 전환행동에 미치는 영향」.『경영정보학연구』, 23(4), 165-182.

- 박성국. 2021. 「플랫폼 노사관계와 단체교섭: 음식배달·대리운전· 퀵서비스 사례」.『노동리뷰』190: 117-129.

- 박수민. 2021. "플랫폼 배달 경제를 뒷받침하는 즉시성의 문화와 그림 자 노동".『경제와사회』. 통권 제130호: 208-236.

- 박은정. 2019. 플랫폼과 가사노동자: 노동법적 보호를 중심으로. 이화 젠더법학, 11(3), 245-285.

- 박정훈. 2020.『배달의민족은 배달하지 않는다』. 빨간소금.

- 박제성. 2019. 「디지털의 세 가지 표상과 노동법의 과제」.『노동법연구』 (47): 249~286.

- 박태주. 2014. 현대자동차에는 한국 노사관계가 있다. 매일노동뉴스.

- 브레이버만·해리. 1987.『노동과 독점자본 : 20세기에서의 노동의 쇠 퇴』. 이한주, 강남훈 옮김. 까치.

- 서정희·백승호. 2017. "제4차 산업혁명 시대의 사회보장 개혁: 플 랫폼노동에서의 사용자종속관계와 기본소득".『법과사회』. 제56권: 113-152.

- 서환주·안정화. 2001. "정보통신기술의 확산과 결정요인".『기술혁신 연구』. 제9권 제2호: 56-76.

- 송성수. 1995. "기술과 사회의 관계를 어떻게 파악할 것인가?".『우리 에게 기술이란 무엇인가』. 녹두.

- 신태중. 2006. 「퀵서비스 기사의 노동실태」.『비정규 노동』47: 44-57.

- 안정화. 2007. "해외 아웃소싱의 증가와 숙련 구성의 변화".『산업노동 연구』. 제13권 1호: 273-315.

- 안정화. 2016. "숙련형성 시스템의 동학과 분절에 대한 연구".『산업노 동연구』. 제22권 3호: 1-34.

- 안정화. 2021. "가치사슬에서 기술, 숙련의 위계적 구성과 이윤, 임금의 불균등 분배", 『산업노동연구』27권 3호. pp.45-89.

- 양경욱. 2022. 「플랫폼산업의 노사관계 평가와 전망」. 『노동리뷰』. 202: 78-89

- 오준영 · 김경연 · 김동원. 2019. 노동이해대변의 새로운 행위자에 관한 복수사례 연구. 노동정책연구, 127-161.

- 원구환. 2004. 「복잡성, 공식화, 분권화의 조직구조화 변수간 상관성 분석:우정사업본부를 중심으로」. 『한국행정연구』, 13(1): 118-137.

- 윤애림. 2019. "플랫폼 노동자 보호를 위한 법 · 제도적 과제". 『플랫폼 노동 종사자 인권상황 실태조사』. (pp. 138-203). 서울: 국가인권위원회.

- 이광석. 2017. "자본주의 종착역으로서 플랫폼 자본주의에 관한 비판적 소묘", 『문화과학』. 통권92호: 18-47.

- 이광석. 2017. 『데이터 사회 비판』. 책읽는수요일.

- 이상아 · 유다영. 2021. 플랫폼 가사서비스 노동자 위험 경험과 구조에 관한 연구. 산업노동연구, 27(3), 311-346.

- 이승윤 · 백승호 · 남재욱. 2020. "한국 플랫폼노동시장의 노동과정과 사회보장제의 부정합". 『산업노동연구』. 제26권 2호: 77-135.

- 이병희 외. 2012. 『비공식 취업 연구』. 한국노동연구원.

- 이상아 · 유다영. 2021. 「플랫폼 가사서비스 노동자 위험경험과 구조에 관한 연구」. 『산업노동연구』, 27(3). 311-346.

- 이승윤 · 백승호 · 남재욱. 2020. 「한국 플랫폼노동시장의 노동과정과 사회보장제의 부정합」. 『산업노동연구』26(2): 77-135.

- 이재열 외. 2021. 『플랫폼 사회가 온다』. 한울아카데미.

- 이정아 · 김문정 · 노성철 · 이덕재 · 한수연. 2020. 『디지털 노동자의 계층화와 노동시장 이행』. 한국고용정보원.

- 이정희 · 박제성 · 손영우 · 전인. 2021. 『사용자 단체 의의와 역할』. 한국노동연구원.

- 이창근 · 박제성 · 박주영. 2019. 『사업자 단체의 사용자 단체성 연구』. 전국민주노동조합총연맹.

- 이혜경. 2004. 한국내 외국인 가정부 고용에 관한 연구. 한국인구학, 27(2), 121-153.

- 이호근. 2020. "플랫폼 노동 등 고용형태의 다양화와 사회보장법 개선 방안에 대한 연구". 『산업노동연구』. 제26권 1호: 49-112.

- 이효상. 2020.2.17. "배달앱 노사교섭 가시화…'플랫폼' 새 장 여나". 경향신문.

- 일리치 · 이반. 2015. 『그림자 노동』. 노승영 역. 사월의 책.

- 임상훈 · 최영기 · 박용철 · 이성희(2020). 『노동시장 이중구조 해소를 위한 개혁과제』. 한양대학교 산학협력단.

- 임운택. 2018. 『경제의 디지털화와 노동의 미래: 독일 산업 4.0을 중심으로』. 집문당.

- 장지연 외. 2017. 『디지털기술발전에 따른 새로운 일자리 유형과 정책적 대응』. 한국노동연구원.

- 장지연 외. 2020. 『디지털 시대의 고용안전망: 플랫폼 노동 확산에 대한 대응을 중심으로』. 한국노동연구원.

- 장진희 · 손정순. 2019. 『지역수준 취약계층 보호방안 연구: 서울시 음식배달 노동자를 중심으로』. 한국노총 중앙연구원

- 장희은 · 김유휘(2020). 「플랫폼 경제에서의 노동자 보호를 위한 해외

정책동향」.『산업노동연구』26 (1): 1~48.

- 전병목 외. 2020.『4차 산업혁명과 조세정책』. 한국조세재정연구원

- 전효빈. 2017. "'가족 같아서 그랬다.'라는 변명 - 국가인권위원회의 [비공식부문 가사근로자의 노동권 및 사회보장권 보호를 위한 권고]를 중심으로".『공익과 인권』, 17: 475-489.

- 전인 · 서인덕(2008).『한국의 사용자 단체』. 한국노동연구원.

- 정인수 외. 2016.『특수형태근로 및 관련업종의 실태 · 쟁점 · 정책과 제』. 한국노동연구원.

- 정흥준. 2019.「플랫폼 노동과 사회적 대화 플랫폼 노동에 대한 전반적 인 이해를 위하여」.『사회적대화』. 12: 42-47.

- 정흥준, 이정희, 조혁진, 노성철, 황선웅. 2019. 고용관계 다변화와 노동자의 이해대변. 한국노동연구원.

- 정흥준. 2020.「배달 노동자의 노동환경 실태 분석」. 한국비정규직노 동센터.『전국 배달 노동자의 노동 실태 분석과 정책 대안 마련을 위한 국회 토론회』.

- 조경배. 2016.「파견노동 및 현행 파견법의 문제점과 법적 과제」.『민 주법학』. 62: 15-45.

- 조규준. 2021.「배달 플랫폼 노동의 특징과 문제」.『월간 노동리뷰』, 2021년 2월호, 한국노동연구원.

- 조돈문 외 · 2015.『민간부문 비정규직 인권상황 실태조사: 특수형태 근로종사자를 중심으로』. 국가인권위원회.

- 조돈문 외. 2016.『노동자로 불리지 못하는 노동자: 특수고용 비정규 직 실태와 정책 대안』. 매일노동뉴스.

- 최영미 · 김양지영 · 윤자영. 2011. 돌봄서비스 분야 근로조건에 관한

연구 2 실태조사를 통해 본 가사노동자의 법적 보호를 위한 정책방향. 한국노동연구원.

- 최인이. 2020. "창작물 유통 플랫폼의 노동통제 방식에 관한 연구: 유료 웹툰 플랫폼의 사례를 중심으로". 『산업노동연구』. 제26권 2호: 45-76.

- 최철웅. 2017. "플랫폼 자본주의의 정치경제학: 사회적 삶의 상품화와 노동의 미래". 『문화과학』. 통권 92호: 48-73.

- 카도이 유우스케, 2022년, "포스트 코로나 시대를 바라보는 관광 모멘텀 육성의 의의—『DISCOVERJAPAN』에서 배우는 무드 캠페인 기법(원제: ポストコロナを見据えた観光機運醸成の意義—『DISCOVERJAPAN』から学ぶムードキャンペーンの手法)". 『운수와 경제』. 82권 11호: 129-135.

- 톰슨·폴. 1987. 『노동 사회학 : 노동과정에 관한 제논쟁』. 심윤종, 김문종 옮김. 經文社.

- 하대청. 2018. 「루프 속의 프레카리아트: 인공지능 속 인간 노동과 기술정치」. 『경제와 사회』, 118, 277-305.

- 홍성욱. 2010. 「7가지 테제로 이해하는 ANT」. 홍성욱 엮음. 『인간·사물동맹』, 이음.

- 황수옥. 2017. "특수형태근로종사자를 둘러싼 법적 쟁점". 『특수형태근로종사자 근로실태 파악 및 법적 보호방안 연구』. 한국노동연구원.

- 후생노동성, 2022, "2021년 임금구조기본통계조사"

- MUFG은행 연구&컨설팅 센터, 2020년, "푸드 데리바리 서비스 동향 조사".

- 安周永．2013.『日韓企業主義的雇用政策の分岐─権力資源動員論からみた労働組合の戦略』ミネルヴァ書房。

- 安周永．2019.「不安定雇用を包摂する新しい労働運動の分岐─韓国の事例からの考察」『生活経済政策』267号、26-31頁。

- 安周永．2020a.「韓国における最低賃金の政治過程と労働組合の戦略」『貧困研究』24号、26-37頁。

- 安周永．2020b.「なぜ韓国非正規労働者待遇改善は実現したのか─公立学校の非正規労働者を事例として」『龍谷政策学論集』第9巻2号、65-80頁。

- 石田眞．2019.「『プラットフォームエコノミーと労働法』の比較研究に向けて」『労働法律旬報』1944号、6-10頁。

- 呉学殊．2020.「韓国プラットフォーム配達労働に関する画期的な協約」労働政策研究・研修機構ホームページ（https://www.jil.go.jp/tokusyu/covid-19/column/023.html）。

- 川上資人．2019.「プラットフォームエコノミーにおける労働問題について─『ライドシェア』を例に」『Int'lecowk』1091号、7-13頁。

- 金峻永．2020.「労働：プラットフォーム労働の増加と社会保障の課題」宇仁宏幸・厳成男・藤田真哉編『制度でわかる世界の経済─制度的調整の政治経済学』ナカニシヤ出版。

- 下田祐二．2020.「フリーランスも働く仲間」『月刊連合』380号、4-5頁。

- シュミッター／レームブルッフ編．1984.『現代コーポラティズム─団体統合主義の政治とその理論』木鐸社。

- 新川敏光．2007.『幻視のなかの社会民主主義』法律文化社。

- 中村圭介．2018.『壁を壊す─非正規を仲間に』旬報社。

- 浜村彰. 2019. 「日本のウーバーイーツをめぐる労働法上の課題」『労働法律旬報』1944号,32-36頁。

- 藤田実. 2017. 『戦後日本の労使関係―戦後技術革新と労使関係の変化』大月書店。

- 連合総合生活開発研究所編. 2017. 『働き方の多様化と法的保護のあり方―個人請負就業者とクラウドワーカーの就業実態から：「曖昧な雇用関係」の実態と課題に関する調査研究報告書』

- 脇田滋編. 2020. 『ディスガイズド・エンプロイメント：名ばかり個人事業主』学習の友社。

- Aditi Surie. 2020. "On-demand platforms and pricing: how platforms can impact the informal urban economy, evidence from Bengaluru, India", Work Organisation, Labour & Globalisation 14(1): 83-100.

- Aloisi, Antonio. 2019. "Negotiating the digital transformation of work: non-standard workers' voice, collective rights and mobilisation practices in the platform economy." EUI Working Paper MWP 2019/03.

- Amable, B. 2003. The Diversity of Modern Capitalism. Oxford: Oxford University Press.

- Anderson, P. and M. L. Tushman(1990). "Technological Discontinuities and Dominant Designs: A Cyclical Model of Technological Change". Administrative Science Quarterly 35 (4): 604~633.

- Altenried, M., 2020. "The platform as factory: Crowdwork and the hidden labour behind artificial intelligence." Capital & Class, 44(2), pp.145-158.

‒ Barley, S. R. and P. S. Tolbert(1997). Institutionalization and Structuration: Studying the Links between Action and Institution. Organization Studies 18 (1): 93~117.

‒ Behrendt, C., Nguyen, Q. A., & Rani, U. 2019. "Social protection systems and the future of work: Ensuring social security for digital platform workers". International Social Security Review, 72(3): 17‒41.

‒ Behrens, M. and F. Traxler(2004). "Employers' Organisations in Europe". EIROnline, TN, 31, 1101.

‒ Belenzon, S., T. Berkovitz, and L. A. Rios(2013). "Capital Markets and Firm Organization: How Financial Development Shapes European Corporate Groups". Management Science 59 (6): 1326~1343.

‒ Belk, R. W., G. M. Eckhardt, and F. Bardhi(Eds.)(2019). Handbook of the Sharing Economy. Edward Elgar Publishing.

‒ Berg, J., Furrer, M., Harmon, E., Rani, U., and Silberman, M. S. 2018. Digital labour platforms and the future of work: Towards decent work in the online world. International Labour Office, Geneva.

‒ Borghi, P., A. Murgia, M. Mondon-Navazo, and P. Mezihorak(2021). "Mind the Gap between Discourses and Practices: Platform Workers' Representation in France and Italy". European Journal of Industrial Relations 27 (4) : 425~443.

‒ Boyer, Robert. 2015. Économie politique des capitalismes: Théorie de la régulation et des crises. LA DÉCOUVERTE. 서익진 · 서환주 옮김. 『자본주의 정치경제학: 조절이론 매뉴얼‒기초와발전』. 한울.

‒ Brookes, M. 2013. Varieties of power in transnational labor alliances: An analysis of workers' structural, institutional, and coalitional power in the global economy. Labor Studies Journal, 38(3), 181‒200.

- Chang, S. J. and J. Hong(2000). "Economic Performance of Group-Affiliated Companies in Korea: Intragroup Resource Sharing and Internal Business Transactions". Academy of Management Journal 43(3): 429~448.

- Chen, Julie Yujie, and Sun Ping. 2020. "Temporal Arbitrage, Fragmented Rush, and Opportunistic Behaviors: The Labor Politics of Time in the Platform Economy." New Media & Society, 22(9), pp.1561-1579.

- Chesta, Ricardo Emilio and Zamponi Lorenzo and Cariagli Carlotta. 2019. "Labour Activism and Social Movement Unionism in the Gig Economy: Food Delivery Workers Struggles in Italy." PArtecipazione e COnflitto 12(3), pp.819-844.

- Christin, Agèle. 2020. "The Ethnographer and the Algorithm: Beyond the Black Box." Theory and Society, 49(5), pp.897-918.

- Chun, J. J. 2009. Organizing at the margins: The symbolic politics of labor in South Korea and the United States. Cornell University Press.

- Cinco Dias. 2019. "Deliveroo y la Asociacion de Riders firman un acuerdo "para incrementar su seguridad"". (October 28). Retrieved from https://cincodias.elpais.com/cincodias/2019/10/28/companias/1572265374_528680.html

- Crouch, Colin. (2019). Will the Gig Economy Prevail? Polity Press.

- Daugareilh, Isabelle, Christophe Degryse, and Philippe Pochet eds. 2019. "The platform economy and social law: Key issues in comparative perspective." ETUI Research Paper - Working Paper 2019.10. ETUI.

- D'Cruz, P & Noronha, E. 2016. "Positives outweighing negatives: The experiences of Indian crowdsourced workers". Work Organisation,

Labour and Globalisation 10(1): 44−63.

− Deng et al. 2016. "Rapid internationalization and exit of exporters: The role of digital platforms". International Business Review 31(1): 1−15.

− Dias, D. 2017. "Airtasker enters "world−first" agreement with Unions NSW on pay rates and work conditions: "This agreement is only the beginning"". (May 1). Smart Company. Retrieved from https://www.smartcompany.com.au/startupsmart/news/airtasker− enters−world−first−agreement−with−unions−nsw−on−pay−rates−and−work−conditions−this−agreement−is−only−the−beginning

− Duggan, J., Sherman, U., Carbery, R., & McDonnell, A. 2019. Algorithmic management and app−work in the gig economy: A research agenda for employment relations and HRM. Human Resource Management Journal, 30(1): 114−132.

− Dunn.M. 2020. "Making gigs work: digital platforms, job quality and worker motivations", New Technology, Work & Employment 35(2): 232−249.

− Edelman, L. B.(1990). "Legal Environments and Organizational Governance: The Expansion of Due Process in the American Workplace". American Journal of Sociology 95: 1401~1440.

−――――(1992). "Legal Ambiguity and Symbolic Structures: Organizational Mediation of Civil Rights Laws". American Journal of Sociology 97(6): 1531~1576.

− Edwards, P. K. 1979. The 'social' determination of strike activity: An explication and critique. Journal of Industrial Relations, 21(2): 198−216.

− Edwards, R., 1979. Contested terrain: The transformation of the workplace in the twentieth century. New York: Basic Books.

— Ekbia, H. and Nardi, B., 2014. Heteromation and its (dis) contents: The invisible division of labor between humans and machines. First Monday, 19(6).

— Erickson, I. and Mazmanian, M., 2016. "Bending Time to a New End." in Judy Wajcman & Nigel Dodd(eds). The Sociology of Speed: Digital, Organizational, and Social Temporalities. Oxford University Press.

— ESIP. 2019. Are social security systems adapted to new forms of work created by digital platforms?, Report. European Social Insurance Platform.

— Esping–Andersen, Gøsta. 1985. Politics against Markets: The Social Democratic Road to Power. Princeton University Press.

— Eurofound. 2018. Employment and working conditions of selected types of platform work, Publications Office of the European Union. Luxembourg.

— European Commission. n.d. The European Pillar of Social Rights in 20 principles. Retrieved from https://ec.europa.eu/commission/priorities/deeper−and−fairer−economic−and−monetary−union/european−pillar−social−rights/european−pillar−social−rights−20−principles_en

— European Union. 2019. Directive (EU) 2019/1152 on transparent and predictable working conditions in the European Union. Retrieved from https://ec.europa.eu/social/main.jsp?langId=en&catId=1313

— Farrell, Diana and Fiona Greig. 2016. "Paychecks, Paydays, and the Online Platform Economy."(https://www.jpmorganchase.com/corporate/institute/document/jpmc−institute−volatility−2−report.pdf)

- Finck, M.(2018). "Digital Co-regulation: Designing a Supranational Legal Framework for the Platform Economy". European Law Review.

- Finn, Ed. 2017. What Algorithms Want: Imagination in the Age of Computing. MIT. 이로운 옮김. 2019. 『알고리즘이 욕망하는 것들』. 한빛미디어.

- Fisher, Eran and Christian Fuchs(eds.). 2015. Reconsidering Value and Labour in the Digital Age. Palgrave Macmillan.

- Flanagan, F. 2019. Theorising the gig economy and home-based service work. Journal of Industrial Relations, 61(1), 57-78.

- Forde, C., Stuart, M., Joyce, S., Oliver, L., Valizade, D., Alberti, G., & Carson, C. 2017. The social protection of workers in the platform economy. Policy Department-Economic and Social Policy, Employment and Social Affairs (European Parliament).

- Forlano, L. 2008. Anytime? Anywhere?: Reframing debates around municipal wireless networking. The Journal of Community Informatics, 4(1), p.128.

- Friedman, Gerald. 2014. "Workers without employers: shadow corporations and the Rise of the Gig Economy." Review of Keynesian Economy 2(2), pp.171-188.

- Gandini, A. 2019. ""Labour process theory and the gig economy". Human Relations, 72(6), pp.1039-1056.

- Garben, S. 2017. Protecting Workers in the Online Platform Economy: An overview of regulatory and policy developments in the EU. European risk observatory Discussion paper, Luxembourg, Publications Office of the European Union.

- Garud, R., S. Jain, and A. Kumaraswamy(2002). "Institutional Entrepreneurship in the Sponsorship of Common Technological Standards: The Case of Sun Microsystems and Java". Academy of Management Journal 45(1): 196~214.

- Glavin,P.,Bierman,A & Schieman.S. 2021). "Über-Alienated: Powerless and Alone in the Gig Economy", Work & Occupations 48(4): 399-431.

- Gonzales, R. 2019. "California Governor Signs Law Protecting Gig Economy Workers". Los Angeles Times. (September 18). Retrieved from https://www.npr.org/2019/09/18/762108954/california-governor-signs-law-protecting-gig-economy-workers

- Goodrick, E. and G. R. Salancik(1996). "Organizational Discretion in Responding to Institutional Practices: Hospitals and Cesarean Births". Administrative Science Quarterly 41(1): 1~28.

- Greenhouse, S. 2016. On Demand, and Demanding Their Rights. Members only Library, 20(1-2).

- Griesbach, Kathleen, Adam Reich, Luke Elliott-Negri, and Ruth Milkman. 2019. Algorithmic Control in Platform Food Delivery Work. Socius, 5, pp.1-15.

- Griswold, A. 2017. Managed by Q's "good jobs strategy" is paying off for workers—and the company. Quartz. (October 27). Retrieved January 20, 2020, from https://qz.com/1112199/managed-by-q-services-jobs-profitable.

- Grote, Jürgen R. and Claudius Wagemann eds. 2018. Social Movements and Organized Labour: Passions and Interests. Routledge, Abingdon.

- Guardiancich, I. and O. Molina(2021). "From Gradual Erosion to Revitalization: National Social Dialogue Institutions and Policy Effectiveness". European Journal of Industrial Relations 28(1): 85~103.

- Hall, Peter A. and David Soskice(eds.). 2001. Varieties of Capitalism: The Institutional Foundations of Comparative Advantage. Oxford University Press.

- Healy, Joshua and Daniel Nicholson and Andreas Pekarek. 2017. "Should we take the gig economy seriously?" Labour and industry 27 (3), pp.232-248.

- Heckscher, C., & Carré, F. 2006. Strength in networks: employment rights organizations and the problem of co-ordination. British journal of industrial relations, 44(4), 605-628.

- Heeks, R. 2017. Decent work and the digital gig economy: a developing country perspective on employment impacts and standards in online outsourcing, crowdwork, etc. Development Informatics Working Paper.

- Heery, Edmund, Geraldine Healy and Phil Taylor. 2004. "Representation at work: themes and issues." G. Healy, E. Heery, P. Taylor and W. Brown eds. The Future of Worker Representation. Basingstoke: Palgrave Macmillan.

- Hoang et al. 2020. "The winners and the losers of the platform economy: who participates?" Communication and Society 23(5): 681-700.

- Hoffman, A. J.(1999). "Institutional Evolution and Change: Environmentalism and the U.S. Chemical industry". Academy of Management Journal 42(4): 351~371.

- Hui, E. S. I. 2022. Bottom-Up Unionization in China: A Power Resources Analysis. British Journal of Industrial Relations, 60(1), 99-123.

- Huws, Ursula. 2014. Labor in the Global Digital Economy: The Cybertariat Comes of Age. Monthly Review Press.

- Hyman, Jeff. 2018. Employee Voice and Participation: Contested Past, Troubled Present, Uncertain Future, Routledge.

- Hyman, Richard and Rebecca Gumbrell-McCormick. 2017. "Resisting labour market insecurity: Old and new actors, rivals or allies?" Journal of Industrial Relations 59(4), pp. 538-561.

- Ibsen, C. L., & Tapia, M. (2017). Trade union revitalisation: Where are we now? Where to next?. Journal of Industrial Relations, 59(2), 170-191.

- ILO. 2003. "Guidelines concerning a statistical definition of informal employment". Seventeenth International Conference of Labour Statisticians.

- ILO. 2018. Digital labour platforms and the future of work: Towards decent work in the online world. Geneva.

- ILO. 2018. Data collection guidelines for ICSE-18. International Labour Office, Geneva.

- ILO. 2019a. Centenary Declaration for the Future of Work. Retrieved from https://www.ilo.org/ilc/ILCSessions/108/reports/texts-adopted/WCMS_711674/lang--en/index.htm

- ILO. 2019b. Work for a brighter future. Geneva: Global Commission on the Future of Work.

- ILO & OECD. 2018. Promoting adequate social protection and social security coverage for all workers, including those in non-standard forms of employment. International Labour Office, Geneva.

- Irani, Lilly. 2015. "The cultural work of microwork." New Media & Society, 17(5), pp.720-739.

- IRES. 2019. Don't gig up: state of the art report. L'Institut de Recherches Economiques et Sociales. Retrieved from http://www.ires.fr/index. php/etudes-recherches-ouvrages/documents-de-travail-de-l-ires/item/5935-n-02-2019-don-t-gig-up-state-of-the-art-report

- Jacoby, S. M. 1987. Employing Bureaucracy: Manager, Unions and the Transformation of Work in the American Industry, 1900-1945. Columbia University Press.

- Johnston, H. and Land-Kazlauskas, C. 2018. Organizing on-demand: Representation, voice, and collective bargaining in the gig economy. Conditions of work and employment series, 94. International Labour Office, Geneva.

- Johnston, H. (2020). "Labour geographies of the platform economy: Understanding collective organizing strategies in the context of digitally mediated work". International Labour Review 159(1), 25-45. https://doi.org/10.1111/ilr.12154

- Joyce, Simon, Denis Neumann, Vera Trappmann and Charles Umney. 2020. "A global struggle: worker protest in the platform economy." ETUI Policy Brief Nr. 2020/2.

- Keune, Maarten. 2015. "Trade unions, precarious work and dualisation in Europe." W. Eichhorst and P. Marx eds. Non-standard employment in post-industrial labour markets: an occupational perspective, Cheltenham, Edward Elgar.

- Keune, Maarten and Marcello Pedaci. 2020. "Trade union strategies against precarious work: Common trends and sectoral divergence in the EU." European Journal of Industrial Relations 26(2), pp.139-155.

- Khanna, T. and J. W. Rivkin(2001). "Estimating the Performance Effects of Business Groups in Emerging Markets". Strategic Management Journal 22(1): 45~74.

- Kilhoffer, Z. K. Lenaerts, and M. Beblavý(2017). "The Platform Economy and Industrial Relations: Applying the Old Framework to the New Reality". CEPS Research Report No. 2017/12.

- Kim, T. W. 2018. Gamification of labor and the charge of exploitation. Journal of Business Ethics, 152(1), 27-39.

- Kleinrock, L., 1996. "Nomadicity: anytime, anywhere in a disconnected world." Mobile networks and applications, 1(4), pp.351~357.

- Korpi, Walter. 1978. Working Class in Welfare Capitalism: Work, Unions and Politics in Sweden. Routledge & Kegan Paul Books.

- Kraatz, M. S. and E. S. Block(2008). "Organizational Implications of Institutional Pluralism". In Greenwood, R., C. Oliver, K. Sahlin-Andersson, and R. Suddaby (eds.), The Handbook of Organizational Institutionalism. pp.243~275. London: Sage.

- Kellogg, K., Valentine, M., & Christin, A. 2019. Algorithms at work: The new contested terrain of control. Academy of Management Annals, 14(1): 366-410

− Kobis et al. 2020. "The Consequences of Participating in the Sharing Economy: A Transparency−Based Sharing Framework", Journal of Management 47(1): 317−343.

− Komarraju et al.,(2021). "Agency and servitude in platform labour: a feminist analysis of blended cultures", Media, Culture & Society, 1−18.

− Kuhn, K. M., & Maleki, A. 2017. Micro−entrepreneurs, dependent contractors, and instaserfs: Understanding online labor platform workforces. Academy of Management Perspectives, 31(3), 183−200.

− Lee, B. H., J. Struben, and C. B. Bingham(2018). "Collective Action and Market Formation: An Integrative Framework". Strategic Management Journal 39(1): 242~266.

− Lehdonvirta, V., 2018. Flexibility in the gig economy: managing time on three online piecework platforms. New Technology, Work and Employment, 33(1), pp.13−29.

− Lei Y−W., 2021. Delivering Solidarity: Platform Architecture and Collective Contention in China's Platform Economy, American Sociological Review, 86(2) pp.279−309.

− Lenaerts, K., M. Beblavý and Z. Kilhoffer. 2017. "Government Responses to the Platform Economy: Where Do We Stand?". Policy Insights. Thinking ahead for Europe. Available at: https://www. ceps.eu/wp− content/uploads/2017/07/PI2017−30_Government%20 Responses%20to%20the%20Platform%20Economy.pdf (Accessed 20 January 2020).

− Lukes, S. 2005. Power: A radical view. Palgrave macmillan.

− Marchington, M., Grimshaw, D., Rubery, J. and H. Willmott.

2005. Fragmenting Work: Blurring Organizational Boundaries and Disordering Hierarchies. Oxford: Oxford University Press.

− Mazmanian, Melissa, and Ingrid Erickson. 2014. "The Product of Availability: Understanding the Economic Underpinnings of Constant Connectivity." in Proceedings of the SIGCHI Conference on Human Factors in Computing Systems. pp.763−772.

− Meardi, G., Simms, M., & Adam, D. 2021. Trade unions and precariat in Europe: Representative claims. European Journal of Industrial Relations, 27(1), 41−58.

− Mexi, Maria. 2019. "Social Dialogue and the Governance of the Digital Platform Economy: Understanding Challenge, Shaping Opportunities." Background paper for discussion at the ILO−AICESIS−CES Romania International Conference (Bucharest, 10−11 October 2019).

− Meyer. J. W.. & Rowan. B. 1977. Institutionalized organizations: Formal structure as myth and ceremony. American Journal of Sociology. 83: 340−363.

− Moore, P. V. 2018. "The threat of physical and psychosocial violence and harassment in digitalized work." Geneva, International Labour Office.

− Mosco, V. 2015. To the cloud: Big data in a turbulent world. Routledge.

− North, D. C.(1990). Institutions, Institutional Change and Economic Performance. Cambridge, UK: Cambridge University Press.

− Oliver, C.(1992). "The Antecedents of Deinstitutionalization". Organization Studies 13(4): 563~588.

− Paret, Marcel. 2015. "Precarious Labor Politics: Unions and the

Struggles of the Insecure Working Class in the United States and South Africa." Critical Sociology 41(4-5), pp.757-784.

- Parker, Geoffrey G. and Marshall W. Van Alstyne and Sangeet Paul Choudary. 2016. 妹尾堅一郎監訳・渡部典子訳『プラットフォーム・レボリューション』ダイヤモンド社。

- Polanyi, K. (1944). The great transformation. Beacon Press[홍기빈 옮김. 2009. 거대한 전환: 우리시대의 정치·경제적 기원. 길]

- Polkowska, Dominika. 2021. "Unionisation and mobilisation within platform work: towards precarisation-a case of Uber drivers in Poland", Industrial Relations Journal. 52(1): 25-39.

- Prassl, J. 2018, Collective voice in the platform economy: challenges, opportunities, solutions. Available at: https://www.etuc.org/en/ publication/collective-voice-platform-economy-challenges-opportunities-solutions (Accessed 20 January 2020).

- Przeworski, Adam and Michael Wallerstein. 1982. "The Structure of Class Conflict in Democratic Capitalist Societies." The American Political Science Review 76(2), pp. 215-238.

- Purser, G., 2012. ""STILL DOIN'TIME:" CLAMORING FOR WORK IN THE DAY LABOR INDUSTRY." WorkingUSA, 15(3), pp.397-415.

- Rahman, H. A. 2021. The invisible cage: Workers' reactivity to opaque algorithmic evaluations. Administrative Science Quarterly, 66(4):945-988

- Randolph, G., Galperin, H., & Khan, L. 2019. "New Opportunities in the Platform Economy: On-ramps to Formalization in the Global South." Just Job Network.

- Ravenelle, Alexandrea. 2019. Hustle and Gig: Struggling and Surviving in the Sharing Economy. The Regents of the University of California. 김고명 옮김. 2020. 『공유경제는 공유하지 않는다: 긱이코노미의 민낯과 무너지는 플랫폼 노동자』. 롤러코스터.

- Rosenblat, Alex, and Luke Stark. 2016. "Algorithmic Labor and Information Asymmetries: A Case Study of Uber's Drivers." International Journal of Communication, 10, pp.3758-3784.

- Rosenblat, Alex. 2018. Uberland:How Algorithms Are Rewriting the Rules of Work, University of California Press.

- Rueda, David. 2005. "Insider-outsider Politics in Industrialized Democracies: The Challenge to Social Democratic Parties." American Political Science Review 99, pp.61-74.

- Rustagi, P. 2015. "Informal employment statistics", Economic & Political Weekly, 50(6): 67-72.

- Rynhart, G. (2004). "International Employers' Organisations". Comparative Labour Law and Industrial Relations in Industrialized Market Economies, 8th ed. The Hague: Kluwer Law International, 55-76.

- Saint-Paul G. 1996. Dual labor markets: a macroeconomic perspective, MIT press.

- Scheiber, N. and Isaac, M. 2016. "Uber Recognizes New York Drivers' Group, Short of a Union". The New York Times. (May 10). Retrieved from https://www.nytimes.com/2016/05/11/technology/ uber-agrees-to-union-deal-in-new-york.html

- Schmalz, S., Ludwig, C., & Webster, E. 2018. The power resources approach: Developments and challenges. Global Labour Journal, 9(2).

- Schmidt, F. A. 2017. Digital Labour Markets in the Platform Economy: Mapping the Political Challenges of Crowd Work and Gig Work. FRIEDRICH-EBERT-STIFTUNG.

- Scholz, T. 2017. Uberworked and underpaid: How workers are disrupting the digital economy. John Wiley & Sons.

- Schor, Juliet B. 2020. After the Gig: How the Sharing Economy Got Hijacked and How to Win It Back, University of California Press.

- Schor, Juliet B., William Attwood-Charles, Mehmet Cansoy, Isak Ladegaard, and Robert Wengronowitz. 2020. "Dependence and precarity in the platform economy." Theory and Society, 49(5), pp.833-861.

- Scott. R. W. 1994. "Institutions and organizations: Toward a theoretical synthesis." In W. R. Scott. J. W. Meyer and Associates(Eds.). Institutional Environments and Organizations: Structural Complexity and Individualism. Thousand Oaks. CA: Sage. pp.55-80.

- Sennett, Richard. 2000. The Corrosion of Character: The Personal Consequences of Work in the New Capitalism. W.W. Norton & Co Inc.

- Sernick, Nick. 2017. Platform Capitalism. Polity.

- Shafiei et al. 2020. "Crowdwork platforms: Juxtaposing centralized and decentralized governance", 27th European Conference on Information Systems(ECIS)

- Shapiro, Aaron. 2018. "Between Autonomy and Control: Strategies of Arbitrage in the 'on-Demand' Economy." New Media & Society, 20(8), pp.2954~71.

- Sharma, Sarah. 2014. In the Meantime: Temporality and Cultural Politics. Duke University Press.

- Silver, B. J. 2003. Forces of labor: workers' movements and globalization since 1870. Cambridge University Press.

- Smith, C. 2006. The double indeterminacy of labour power: labour effort and labour mobility. Work, Employment and Society, 20(2), 389−402.

- Snow D. A. and S. A. Soule(2010). A Primer on Social Movements. New York: Norton.

- Standing, Guy. 2011. The Precariat: The New Dangerous Class. Bloomsbury.

- Star, Susan Leigh. 1999. "The Ethnography of Infrastructure." American Behavioral Scientist, 43(3), pp.377−391.

- Star, Susan Leigh, and Anselm Strauss. 1999. "Layers of Silence, Arenas of Voice: The Ecology of Visible and Invisible Work." Computer Supported Cooperative Work (CSCW), 8(1), pp.9−30.

- Stark, D.(1996). "Recombinant Property in East European Capitalism". American Journal of Sociology 101(4): 993~1027.

- Streeck, Wolfgang. and Kathleen Thelen. 2005. Beyond Continuity : Institutional Change in Advanced Political Economies. Oxford University Press.

- Streeck, Wolfgang. 2009. Re−Forming Capitalism: Institutional Change in the German Political Economy. Oxford University Press.

- Srnicek, N. 2016. Platform Capitalism. Polity Press. 심성보 역. 2020. 『플랫폼 자본주의』. 킹콩북.

− Sundararajan, A. 2016. The Sharing Economy: the end of employment and the rise of crowd−based capitalism. Cambridge, MA: MIT Press.

− Szelenyi, I. and B. Szelenyi(1994). "Why Socialism Failed: Toward a Theory of System Breakdown−Causes of Disintegration of East European State Socialism". Theory and Society 23(2): 211~231.

− Tapia, M. 2013. Marching to different tunes: Commitment and culture as mobilizing mechanisms of trade unions and community organizations. British Journal of Industrial Relations, 51(4), 666−688.

− Tapia, M. 2019. "Not fissures but moments of crises that can be overcome": Building a relational organizing culture in community organizations and trade unions. Industrial Relations: A Journal of Economy and Society, 58(2), 229−250.

− Taylor, M., Marsh, G., Nicol, D., and Broadbent, P. (2017). Good work: the Taylor review of modern working practices. London: BEIS.

− Taylor, T.A., 2018. "On−demand service platforms." Manufacturing & Service Operations Management, 20(4), pp.704−720.

− Thelen, Kathleen. 2004. How Institutions Evolve: the Political Economy of Skills in Germany, Britain, the United States, and Japan, Cambridge University Press. 신원철 옮김. 2011. 『제도는 어떻게 진화하는가: 독일 · 영국 · 미국 · 일본에서의 숙련의 정치경제』, 모티브북.

− Thelen, Kathleen. 2018. "Regulating Uber: The Politics of the Platform Economy in Europe and the United States.", Perspectives on Politics vol. 16, no. 4: 938−953.

− Ticona, J., & Mateescu, A. 2018. "Trusted strangers: Carework platforms' cultural entrepreneurship in the on−demand economy". New

Media & Society, 20(11): 4384-4404.

- Tomlinson, J., 2007. The culture of speed: The coming of immediacy. Sage.

- Traxler, F. (2004). "Employer associations, institutions and economic change: A crossnational comparison". Industrielle Beziehungen/The German Journal of Industrial Relations, 42-60.

- Turner, L.(2004). "Why Revitalize? Labour's Urgent Mission in a Contested Global Economy". Frege and Kelly (eds.) Varieties of Unionism: Strategies for Union Revitalization in a Globalizing Economy. New York, Oxford University Press. pp.1~10.

- ————(2005). "From Transformation to Revitalization: A New Research Agenda for a Contested Global Economy". Journal of Industrial Relations 32(4): 383~399.

- Tushman, M. L. and P. Anderson(1986). "Technological Discontinuities and Organizational Environments". Administrative Science Quarterly 31(3): 439~465.

- Unterschütz, J.(2019). "Digital Work-Real Bargaining. How to Ensure Sustainability of Social Dialogue in Digital Era?". Precarious Work. Edward Elgar Publishing.

- Vakharia, D. and Lease, M. 2015. "Beyond Mechanical Turk: An analysis of paid crowd work platforms". Proceedings of the iConference. 1-17.

- Vallas, S. and J. B. Schor(2020). "What Do Platforms Do? Understanding the Gig Economy". Annual Review of Sociology 46: 273~294.

- Vandaele, K.(2018). "Will Trade Unions Survive in the Platform Economy? Emerging Patterns of Platform Workers' Collective Voice and Representation in Europe". ETUI Research Paper–Working Paper 2018. 5.

- Van de Ven, H.(1993). "The Development of an Infrastructure for Entrepreneurship". Journal of Business Venturing 8(3): 211~230.

- van der Burg, R.J., Ahaus, K., Wortmann, H. and Huitema, G.B., 2019. "Investigating the on-demand service characteristics: an empirical study." Journal of Service Management. 30(6), pp.739-765.

- Van Dijck, Jose, Thomas Poell and Martijnde Waal. 2018. The Platform Society: Public Values in a Connected World. Oxford University Press.

- van Doorn, N. van. 2017. "Platform labor: On the gendered and racialized exploitation of low-income service work in the 'on-demand' economy". Information, Communication & Society, 20(6): 898-914.

- van Doorn, Niels. 2020. "At what price? Labour politics and calculative power struggles in on-demand food delivery", Work Organisation, Labour & Globalisation 14(1):136-149.

- Weber, C. E., Okraku, M., Mair, J., & Maurer, I. 2021. "Steering the transition from informal to formal service provision: labor platforms in emerging-market countries." Socio-Economic Review. 19(4) : 1315-1433.

- Veronese, I. and Iudicone, F. 2019. Don't Gig Up: ITALY Case Study Report, Fondazione Giacomo Brodolini, Rome. Available at: http://www.dontgigup.eu/wp-content/uploads/2019/11/Casestudy_IT.pdf (Accessed 20 January 2020).

- Wilkinson, F. (eds.). 1981. The Dynamics of Labour Market Segmentation. London: Academic Press.

- Williams, C. and Lapeyre, F. 2017. Dependent self-employment: trends, challenges and policy responses in the EU. ILO Employment Working Paper, (228). International Labour Office, Geneva.

- Wood et al. 2019. "Networked but Commodified:The (Dis) Embeddednessof Digital Labour in the Gig Economy", Sociology 53(5): 931-950.

- Wright, E. O. 2000. Working-class power, capitalist-class interests, and class compromise. American Journal of Sociology, 105(4), 957-1002.

- Wynn Michael. 2015. "Organising freelancers: a hard case or a new opportunity?" Andrew Burke ed. The Handbook of Research on Freelancing and Self-Employment, Senate Hall Ltd.

- Zorob, M. 2019. The future of work: litigating labour relationships in the gig economy. Business & Human Rrights Resource Center.

- 코리아스타트업포럼 홈페이지(www.kstartupforum.org), 2023. 3. 31. 검색

- 뉴시스, "택시업계와 타다 갈등 심화… 접점 찾을 수 있을까", 2019. 10. 24.

- MBC, "자정에 주문해도 눈뜨면 문 앞에… '살인적 노동'", 2019. 6. 28.

- 이데일리, "스타트업 창업자 '멘털 케어' 도울 것", 2023. 2. 5.